本书由浙江省文化艺术研究院资助出版

文化原动力

The Primary Force of Culture

吴福平 著

浙江大学出版社
ZHEJIANG UNIVERSITY PRESS

序　言

　　文化不是文"花"，文化管理重在"化"。

　　由此决定了，文化路，必然地是一条几无终点的"长征路"。文化长征，对于任何一国、一族、一区、一域乃至于一家，等等，都可能注定是一场文化苦旅。

　　这首先是因为，要科学、准确、客观地了解和掌握文化的本质、运行机制、基本规律，要对文化展开管理或治理，就必须深入了解和理解整个人类的文明史、思想史、哲学史。

　　文化管理本质上是对组织内部长期积累和积淀下来的集体意识和无意识的管理或治理。组织文化正是组织内部的这种集体意识和无意识——一股潜藏于组织内部的强大的、无形的力量，即管理视阈的"文化"。所以，1975 年 Harrison 首创文化测量工具时，针对的正是"组织意识"（Organizational Ideology）的测量。事实表明，任何一级组织内部的集体意识和无意识，如不加以有效地规驯、引导和治理，很多时候极有可能是致命的。管理学上所谓的"组织生命周期""黄炎培周期律"以及文化"公地悲剧"的存在，很大程度上正是组织内部的这种集体意识和无意识所导致的必然现象。

　　为了加强文化意义上的集体意识和无意识的研究，并把文化从静态的功能性研究推向动态的规律性的研究和实践，我们偏向于文化的"实践性"定义，即把文化看成是由价值、信仰、习俗、习惯等相当于内在或者说是潜在的规则，即内在制度（潜规则）与知识、语言、法律、礼仪、符号等大体上处于物化或者是外化状态的外在制度（显规则）所构成的规则系统"互动的和"。这是因为，这一定义意味着，实时地流动、迁变的文化机体内，所谓的"文化"，可以由"外在制度""内在制度"及二者"互动的和"这样三部分内容构成。基于此定义，既可以进一步明确文化动力的来源问题：即"内在制度"与"外在制度"，特别是它们所"互动"出来的那种"和"的状态；而且，通过本研究的努力，也可用以深入剖析吉登斯的社会"结构"理论及哈贝马斯的交往行动理论和生活世界范式,可用以深入解读哈耶克所阐发的"第三范畴",还可与社会资本、社会质量等当代社会理论概念深度接域。如果文化动力更主要地是由"互动的和"部分生发的精神力量,那么,社会资本、社会质量、社会结构乃至于哈耶克所说的对于社会现象研究具有极端重要意义的"第三范畴"研究,也就都进入了我们所定义的文化视阈。并且显见,特别是这一"互动的和"部分,经过长期的沉淀和累积,就可能成为一种集体意识和无意识。

集体意识和无意识的普遍性、特定性、遗传性决定了,文化管理或治理几乎成了一种如哈耶克针对"有机的复杂现象"(phenomena of organized complexity)问题时所说的"绝对困难"。尽管文化是什么的问题,迄今未能达成共识,但是,随着文化管理研究和治理实践的不断深入,特别是在具体工作中遭遇窘境或陷入困境的人,大多在有意或无意间都体察到了文化和文化工作的特殊性,并且可能或多或少地都开始赞赏哈氏的另一洞见:文化既不是人为的,也不是自然的,而是一种"自生自发的秩序"。在我们看来,文化的"自生自发"性,一方面可以说明,任何一种文化,一旦成形定格,就可能具有极强的稳固性、遗传性、自足性,因而看上去便具有自生自发性。也因此而使得运用通常的管理理论和管理工具、方法和手段,一旦遭遇文化,常常要显得捉襟见肘。另一方面,这又可以让我们深切地感受到,即便是文化在本质上的确具有"自生自发"性,也足可用以说明,迄今百有余年的文化理论研究,对于文化或文化动力的运行机理、流变机制和基本规律等很大程度上仍缺乏研究、了解和理解,对于以什么"文"来化以及如何"化"等问题,甚或停留在几近于库萨的尼古拉所阐发的那种"有学识的无知",或者陷于因无视文化的"动态有机性复杂"而出现的"知识的僭妄",对于任何一种文化的"原动力"及其传导机制的研究,更是迟滞于浅层和浅表。进而,才导致了文化即便在现象层面也常常表现出"自生自发"性,以及如罗伯特·克利加德1992年在研究文化与发展二者关系的一部著作中所指出的,今天的文化理论和文化政策实践之间,实际上既没有也难以建立密切的专业联系,更难以做出实质性的文化贡献。

究其原因,可能正是因为我们未能找到文化形成的"初因"。在英国学者 R. W. 费夫尔看来,初因就是一种理解事物方式的主题,亦即是理解事物的出发点,是每一种理解事物方式所依赖的基石和基点。"初因"就如生命科学中的"基因",正是因为生命科学发现了基因及其活动机理,我们才有重新设计生命的可能；找到了解释和理解事物的"初因"——如果我们还能幸运地找到其活动规律，则将意味着我们不仅能够理解所有的理解方式，而且也有可能对理解方式进行重组与重构。因而，文化的"初因"就可以进而看成是文化的"原动力"；而文化上"自生自发"现象的存在，则只能说明，人们可能迄今也未能找到正确的和积极意义上的文化原动力。

亚里士多德早就认识到，思维是自愿的还是不自愿的，一直是一个问题。在康德那里，意志自由是道德实践的充分必要条件。叔本华坚信人的自由和行为的必然性相一致的康德学说。他在《论意志自由》中区分了自然的自由、智力的自由和道德的自由三种自由，基本结论是，在经验世界，不仅自然的自由是不可能做到的，智力的自由和道德的自由也同样，由于人的认识能力长期地或者只是暂时地受到了破坏，或者是由于外部环境在个别情况下扭曲了对动机的把握，自由便是不可能的。由此看来，文化作为一种"自生自发的秩序"而存在，还可用以说明，在文化上，人们的"意志"很大程度上是不自由的，甚或可以说是先天地不自由的。意志不自由的直观的和现实的表现，正体现于人们在文化上往往缺乏批判和反思的精神和能力，这就可以进而理解，为什么批判和反思可以成为现代主义的文化主题，也成为后现代主义的有力武器。本研究进而认为，丧失了自由意志（主要是求"善"）、反思（主要是求"真"）、批判（主要是求"美"）的精神和能力，丢弃了对真、善、美的不懈追求，则文化动力将无从谈起。因为，不论时代如何变迁，求真、求善、求美当是永恒的主题。因此，一般性的文化初因或基因，并非都能成为文化原动力，而只有那些具有自由意志（求善）、反思（求真）、批判（求美）精神的初因或基因，才有可能成为真正的文化原动力或其核心要素，并进而发挥出文化动力的功能和效用。

文化说到底便是自然的"人化"，或者如贺麟所说，文化是人化的"自然"。文化的，就是劳动的，实践的，从来就在"人间"。由于康德、黑格尔等古典哲学们所谈论的"自由"大都在"天国"，在整个人类思想史上，唯有马克思主义在对古典哲学和资本主义的反思和批判中，让"自由"进入了有血有肉的人的历史的实践长河，也让我们认清了追求真、善、美的统一对于人的自由和全面发展的重大意义。马克思主义的文化观表明，没有比共产主义社会昭示的真、善、美更值得追求的文化理想了，共产主义的真、善、美的理想，是真正的、内容意义上的文化原动力。因此，本研究所提取的康德"纯粹实践理性的动力"——"自由意志"（求善），黑格尔"对事物作思维着的考察"——"反思"(求真),哈贝马斯"行动的合理性和社会合理化"——"可批判性"(求美)等文化原动力的核心要素,也仅仅可以视作形式意义上的文化原动力。

　　进一步的研究表明,自由意志(求善)、反思(求真)、批判(求美)能力的大小强弱,不仅直接决定了以价值"认同—认异"、"内敛—外张"为两个对立维度建立坐标系区分出的凝聚力、传播力、学习力、革新力等四种不同类型的文化软实力的强弱,而且在很大程度上也决定了一区、一域、一族、一国在基于文化的实践性定义而区分出的"超"(S)文化态、"合"(I)文化态、"和"(H)文化态、"纯"(P)文化态等四种"文化形态"中的流变、演化状况。基于此,本研究在构建以自由意志为核心、以批判和反思为两翼的文化原动力模型的基础上,试图揭示在任何一个具有动态有机性复杂的文化机体内,文化原动力的核心要素:自由意志、批判和反思能力的大小强弱所导致的"超"(S)文化态、"合"(I)文化态、"和"(H)文化态、"纯"(P)文化态等四种"文化形态"的流变趋向,以及在凝聚力、传播力、学习力、革新力等四种"文化软实力"中的传导机制和基本规律,揭示文化原动力核心要素的传播路径和作用机理;进而,把文化原动力、文化形态、文化软实力视作文化动力系统分析的主要途径和基本要素,并展开基于多国案例的文化原动力及其传导机制的研究。

目　　录

导论　文化长征：一种文化研究的历史回顾

文化路，长征路。文化长征，至少走了五千年。

纵观管理思想史，无论把"人"看成是政治人（亚里士多德，古希腊）、工具人（前管理时期）、经济人（亚当·斯密，1776）、社会人（梅奥，1933）、"自我实现人"（马斯洛，1943），抑或是复杂人（莫尔斯和洛希，1970），这些"人"，都毫无异议地、无孔不入地文化或被文化了。

如果文化一如托尼·本尼特所强调的既是治理的对象又是治理的工具，文化应当被视作一个特殊的"治理区域"，并且需要在文化研究主要问题框架内重新审视"文化"（本尼特，2007），那么，研究管理或治理视阈下的文化首先就必须解决这样两大问题：一是如何"化"的问题，二是以什么"文"来"化"的问题。显见，前一问题涉及的是关于文化的运行机理、机制和基本规律等问题，后一问题涉及的则是整个人类的思想史、文明史和文化史。

在传统中国，从《周易·贲卦·象传》"观乎人文，以化成天下"提出以"文"化"天下"的理想伊始，便可以认为已经开启了人类的文化长征。在西方，从苏格拉底、柏拉图把文化视作善意的"谎言"（柏拉图，1986），到马克斯·韦伯对新教伦理与资本主义精神的关联性做出实质性的阐发，都可以被视为西方文化长征路上的真正文化自觉的重大事件。然而，事实表明，迄今为止，我们既未能全面弄清楚如何"化"的问题，搞清楚"化"的方式、方法、途径、运行机理和基本规律等，也未能完全弄明白应当以什么"文"来"化"的问题。这又进而导致了两个新的"老问题"。一个问题是罗伯特·克利加德1992年在研究文化与发展二者关系的一部著作中提出的："既然文化如此重要，人们研究文化又已百有余年，为什么我们还没有周全的理论和切实的指导方针，而且没有在研究文化的人及制定、管理发展政策的人之间建立密切的专业联系呢？"（亨廷顿，哈里森，2010）另一个问题是戴维·兰德斯在1998年出版的《国富国穷》一书中提出的：同样的价值观为什么可能会在一些国家因政策不好而受阻，却在别处得到机会而施展？文化对于一国的经

济社会发展究竟起什么作用,起到了多大作用?"(兰德斯,2010)

　　所有这些问题,又势必导致当前的公共管理或治理研究,大都忽略了这样一个重要事实,那就是,任何的公共性事务的展开都必然地要经由或者是面对文化了的或者是正在被文化的人。因此,新文化观认为,"要把人自身当作文化品来生产,进而通过人把整个世界当作文化品来生产"(中国社会科学院哲学所"浙江经验与中国发展研究"课题组,2006)。同时,文化产品是一种特殊产品,任何一个文化品即便是纯粹的私有品,其公共性的功能和效用本质上也始终没有被湮没,作为人类文明成果的一种存在或存在方式,其公共性的功能和效用仍然要通过产品本身或其拥有者的价值认同、认知而时时外溢、外现于公共领域。同时,任何文化品均有其看得见的有形作用,也往往还有着看不见的无形作用;而且,很多时候其无形作用比有形作用还要强大,还要深远(吴福平,2014)。从这个意义上说,文化和文化决策的理论性和科学性,相较于任何其他的公共决策,恐怕难度更其大,要求亦更高。文化上十年的破坏,可能百年也难以补救偿还;任何的文化公共政策乃至于通常的公共政策的广泛实施,都可能会留下几乎是永久性的文化记忆。因此,有人认为应当慎提文化治理,也有其理由。因为如果是错误的文化治理过程,或者是任由着携带负能量的文化广泛地起着动力的作用的过程,可能正是全社会各个领域创造和活力丧失的过程。特别是由于文化产品无形作用的存在,决策者就必须有敏锐的洞察力以及更高的关于文化和公共文化产品、公共财政、公共管理、社会学、社会心理学、法学、政治学等等,事实上必然要牵涉到方方面面的理论知识储备和理论素养。没有比文化决策更需要慎重对待的公共决策了。因此,开展文化和文化动力研究,搞清楚如何"化"以及以什么"文"来"化"的问题,揭示文化的动力机制、基本规律及其功能和效用等,显见地具有重要的理论和现实意义。

一、研究背景与意义

(一)研究背景

　　文化,可能从来就没有像今天这样,成为一个热议、争议和质疑的话题;同时,也没有像今天这样被摆上了民族国家的重要议题和议程。20世纪四五十年代,西方社会科学界研究文化问题和重视文化的作用曾是主流。后来这方面的兴趣降低了。在过去的30多年,文化研究又有了复兴,正接近于明确提出一个"新的以文化为中心的发展范式,或人类进步范式"(亨廷顿，哈里森，2010）。现在，越来越多的学者、新闻媒体、政治家和从事发展工作的人，正在把注意力集中到文化上的价值观和态度在促进或阻碍进步方面所起的作用。戴维·兰德斯（1998）在被誉为"新国富论"的《国富国穷》一书中指出："文化使局面完全不一样。"国际政治现实主义学派创始人汉斯·摩根索（2006）强调："在影响国家权力的具有决定性的三项人的因素中，民族性格和国民士气是突出的因素，因为难以对它们进行合理的预测，也因为它们对于一个国家在国际政治的天平上有着持久、并且经常是决定性的影响。"马克斯·韦伯把新教伦理看成是资本主义社会发展的决定性力量。帕森斯和斯梅尔塞（1989）的功能主义经济社会学理论认为，文化对社会具有"系统维持"功能。诺思（1994）认为文化（意识形态）作为一种非正式制度具有节约交易费用的功能，是资源配置的"第三只手"，在无形中引导人们从事社会交往活动；文化是社会或民族分野的标志，它使我们的社会有了系统的行为规范，也是社会团结的重要基础。文化在很大程度上塑造了社会中的人。美国学者约瑟夫·奈（1990）明确地把文化看作国家软实力的核心要素，认为一个国家的综合国力既包括由经济、科技、军事实力等表现出来的"硬实力"，也包括以文化、意识形态吸引力体现出来的"软实力"。联合国教科文组织在 2001 年 11 月通过的《世界文化多样性宣言》中宣称，文化物品和文化服务体现的是特性、价值观和观念，不应被视为一般的商品或消费品。

　　就转型期的中国而言，我们正处在现代化建设的关键时期，社会发展不光要有经济实力的增长，更需要文化动力的推动。探讨当代社会发展的文化动力，突出文化建设的地位和作用，对于增强我国的综合国力，实现全面建设小康社会，推进社会主义现代化进程，意义深远。"当今时代，文化越来越成为民族凝聚力和创造力的重要源泉，越来越成为综合国力竞争的重要因素"（胡锦涛，2007）。我党高度重视文化建设，在十六大、十七大、十八大、十九大报告中都强调了文化建设的重要性，提出了建设社会主义文化强国的目标。这表明我党对文化和文化动力的认识日趋深刻。"一个国家、一个民族的强盛，总是以文化兴盛为支撑的，中华民族伟大复兴需要以中华文化发展繁荣为条件"，"文化是一个国家、民族的灵魂。文化兴国运兴，文化强民族强"（习近平，2013；2017）。当然，仍然需要指出的是，如果说 30 多年前我们最大的失误是教育；那么，改革开放 30 多年，其中也有些许偏误，虽然是白璧微瑕，但也值得引起高度重视，那就是文化上的缺失。发端于西方社会的市场经济,植根于西方文化的经济理性,是一把双刃剑,从来就是善恶并存的。西方的文化研究大家们早已经指出,必须警惕"市场经济沦落为市场社会",警惕市场经济在人文精神领域,把人们拖进一个"泛市场化"的涡流之中。也正是因为西方社会,几乎陷于"市场社会"和经济理性而不能自拔,英国学者费夫尔曾毫不留情地宣布了"西方文化的终结"(费夫尔,2004)。这是因为,当一个社会不幸沦落为"市场社会"时,必然无视意义、情感、价值,必然就没有了道德、信仰存活的空间,进而,就有可能造成文化的系统性缺失。张保权(2008)指出,"近现代以后,经济、政治、文化之间的关系开始发生新的变化。在革命年代里,政治对社会发展曾经发挥过无与伦比的作用,但随着经济建设的大规模开展,政治的作用开始弱化,经济的作用开始增强,文化的导向作用爆发了出来"。文化动力是一种渗透于人类生活中的以价值为中心,以创新为动力,在社会活动中整合而构成的综合能量。文化动力的形成能促进人们思想观念、生活方式和行为习惯的演进和改变,从而激发人们身上所蕴含的潜能,在现实中焕发蓬勃的生命力,可以极大地促进经济社会的和谐发展(李长健,伍文辉,等,2007)。"文化是贯穿于人类社会发展始终的动力因素"(李云智,2013)。

(二)研究意义

1. 理论意义

文献调查结果表明,国内外学者在文化动力研究领域开展了大量的研究,取得了很多有价值的研究成果。但是,总体来看,由于当前的"文化"研究,一直"飘零"在各学科的边缘地带(陈立旭,2008)。在西方文化研究史上,自早期的重要代表人物雷蒙·威廉斯之后,文化研究中的两个重要代表学派——法兰克福学派和伯明翰学派,似乎都对给文化概念的准确界定失去了信心,使得"文化"研究陷入了哈耶克(2001)所尖锐批评过的"一种矛盾现象",即所有关涉文化的研究,事实上正如法律实证主义者那样,跌进了"一门科学竟然明确否定它拥有一个研究对象"的窘境。对于文化概念界定的模糊不清,势必殃及包括文化动力在内的所有关涉文化的研究。从已有的研究看,对文化的运行机制、发展规律,对文化动力的核心要素、传导机制等的研究明显不充分,实证研究也极其匮乏。本研究在梳理国内外学者对文化和文化动力研究的基础上,致力于文化原动力及其传导机制、传播路径、基本规律和实证研究,旨在填补这方面研究的空白,深化和拓展新的以文化为中心的发展范式或人类进步范式的研究,拓宽文化动力研究的理论视野。

2.实践意义

中国既是一个社会主义国家，也是一个发展中国家，党的十八大报告中首次明确提出了经济建设、政治建设、文化建设、社会建设、生态文明建设"五位一体"的中国特色社会主义事业总布局。习近平总书记在十九大报告中强调指出，中国特色社会主义已经进入新时代。全党全国各族人民正在扎实努力，决胜全面建成小康社会，推进社会主义文化强国建设，实现中华民族伟大复兴，推动社会主义文化大发展大繁荣，兴起社会主义文化建设新高潮，着力提高国家文化软实力，发挥文化引领风尚、教育人民、服务社会、推动发展的作用。本研究通过分析文化动力的核心要素、作用机制和基本规律，同时通过对柏拉图"理想国"模型与老子"小国寡民"社会文化动力的比较研究，从文化原动力及其传导机制分析的角度来重新审视国家和国家理论的建构问题，试图奠定国家文化动力系统分析的基本框架和基本思路；在此基础上，对以基督新教为核心的美国多元文化动力、以"理性"铸就"辉煌"的德意志精神文化动力、以"大和"精神为核心的日本文化动力以及新中国经济社会发展文化动力的核心要素、运行机制、传播路径展开深入剖析和实证研究，具有重要的实践意义。本研究有助于扬长避短，吸收一些发达国家先进的文化理念和文明成果，丰富新时期中国特色社会主义文化理论，推进中国特色社会主义先进文化建设；有助于更好地发挥社会主义先进文化对中国特色社会主义市场经济的引领作用，更好地理解中国经济社会发展的历史轨迹和基本规律，进而努力为推进社会主义文化强国建设，为新时代中国特色社会主义经济、政治、社会、文化、生态"五位一体"发展提供学理支持和文化支撑。

二、文献综述

国内外学者对文化动力开展了大量的相关研究，积累了丰富的研究成果。本研究从文化和文化动力的内涵、文化动力研究的基本路径、文化动力研究的学科视野三个方面对已有研究成果进行系统整理和归纳。在此基础上，对已有研究进行总结评述。

（一）文化和文化动力的内涵

1.文化的内涵

"文化"是中国语言系统中古已有之的词语。《周易·贲卦·象传》："观乎人文,以化成天下",提出了以"文"化"天下"的理想,可以认为是关于文化和文化动力功能的最早阐述。在古汉语中,"文"即"纹",有各色纹理交叉之本义。所以,《易·系辞下》上说:"物相杂,故曰文。"《礼记·乐记》中提及的"五色成文而不乱",《说文解字》上的"文,错画也,象交叉",也都有相同含义。从词源上看,古汉语中的"文化"即"文治",与"武功"相对,是指以礼乐制度教化百姓,以期实现文治:"圣人之治天下,先文德而后武力。凡武之兴,为不服也;文化不改,然后加诛。"(《说苑·指武篇》)中国近现代学者关于文化概念和含义的代表性观点有:梁启超在《什么是文化》一文中认为,文化就是心能所开掘、释放出来的有价值的共业(梁启超,2005)。梁漱溟在《东西文化及其哲学》中指出,文化就是人类生活的样法,说到底也就是人的活法(梁漱溟,2015)。蔡元培在《何谓文化》(1920年在湖南的演讲)一文中把文化看成是人生发展的一种情性和情状(洪治钢,2008)。冯友兰认为,文化是一种综合体,即包括历史、艺术、哲学、宗教等等的综合体(冯友兰,1996)。张岱年认为,文化有广义和狭义之分,狭义的文化特指文学艺术;广义的文化则包括哲学、宗教、科学、技术、文学、艺术、社会心理、风俗习惯,等等(张岱年,2004)。司马云杰认为,文化是一个复合体,这种复合体由人类创造的不同的精神和物质形态所构成(司马云杰,2011)。贺麟认为,文化有体、用之别,文化是人化的自然,亦即是经过人类精神陶铸了的自然,精神是文化的"体","文化自然"是"用"(贺麟,2011)。

在西方文化研究史上,根据克罗伯等人于20世纪50年代早期的统计,从1871年到1951年,对文化的界说就已经有164种之多。克莱德·克拉克洪在《人类之镜》(1952)一文中,用了将近27页的篇幅,设法对文化进行界说:(1)"一个民族的生活方式的总和";(2)"个人从群体那里得到的社会遗产";(3)"一种思维、情感和信仰的方式";(4)"一种对行为的抽象";(5)"就人类学家而言,是一种关于一群人的实际行为方式的理论";(6)"一个汇集了学识的宝库";(7)"一组对反复出现的问题的标准化认知取向";(8)"习得行为";(9)"一种对行为进行规范性调控的机制";(10)"一套调整与外界环境及他人的关系的技术";(11)"一种历史的积淀物"。(格尔茨,1999)所有这些关于文化的界说,尽管可能都从某一方面触及到了文化的本质,然而,用了那么多的文字篇幅来描述文化,一方面说明了文化这一概念在界定上的困难,另一方面可能也是对于文化概念界定的绝望。所以,克拉克洪最后求助于比喻,把文化直接比喻成一幅地图、一张滤网和一个矩阵。

也许正是由于人们对于文化作出准确界定的绝望，而使得作比喻、打比方的办法成为一个传统。美国人类学协会主席莱斯利·怀特1958年在一个会议的开幕辞中说："人（用文化的象征和含义）建设了一个可以生活的世界……一层文化的纱幕垂在人和自然之间，不透过这层纱幕，人什么也看不见……渗透一切的是话语的精髓：是超出感觉的意义和价值。除去感觉之外，支配人的还有这些意义和价值，而且它们常常比感觉对人的作用更重要。"据此，麦克尔·卡里瑟斯在《我们为什么有文化》（1998）一书中进一步指出："照此说法，唯一有意义的，唯一真正的人类特性包括：一、每个人自己；二、物质世界；三、那个非物质的世界，那层它们之间的纱幕——文化。"这一层纱幕就是"意义和价值"，是由"人自己编织的意义之网"（马克斯·韦伯，2002）。这就是文化。

但是，依靠比喻作出的文化界定，毕竟不能令人完全满意。于是，人们还是一直偏好于由英国社会学家爱德华·伯内特·泰勒在《原始文化》（1871年）一书中提出的文化定义："所谓文化或文明乃是包括知识、信仰、艺术、道德、法律、习惯以及其他人类作为社会成员而获得的种种能力、习性在内的一种复合整体"，是"一个人作为社会一员所习得的全部能力和秉性"。从泰勒文化定义中的"习得"及"获得"二词来看，新生儿尚未"得"到什么，就无文化可言。那么一个新生儿在成长进路中，从他的前辈那里"获得"了什么呢？在泰勒看来，他们获取的是知识、信仰、道德、法律、习惯以及人的行为能力等综合体，即是他们的前辈们认为"所有值得传给他们下一代的事物"。这种意义上的文化，正如汤姆·索厄尔（1998）所说的，"不是博物馆的藏品。它们是日常生活中工作着的调节机制"。新生儿正是在习得这些日常生活的"调节机制"的路途中茁壮成长的。在此基础上，柯武刚、史漫飞在《制度经济学》（2003）中认为，文化含有许多人们在实践中习得的内在制度，这些内在制度很难予以清晰地表述，更难以孤立地传递给该文化圈外的人们。于是，我们完全可以把文化视作"一套基本上不可言传的规则系统"，文化可以被解释为"一种由共同价值支持的规则系统"，它同时又依靠"各种符号和其他有关其制度性内容的有形提示物而得到巩固"。在这里，柯武刚与史漫飞似乎想说明，文化是由无形的"内在制度"与有形的"外在制度"（即所谓的"有形提示物"）构成的"共同价值支持"的规则系统。这为从制度（或规则系统）着手研究文化开了先河。关于文化由无形的"内在制度"与有形的"外在制度"构成这一观点，当代美国文化人类学家克鲁洪（1905—1960）

《文化概念:一个重要概念的回顾》(1936)一文通过对161种文化定义进行归纳和总结后指出:"文化是历史上所有创造的生存式样系统,既包括显型式样也包括隐型式样。"可以认为,克鲁洪对文化具有的显露方面与隐含方面所做的区分,具有划时代意义。

哈耶克关于文化的论述,是对文化概念界定的又一次突破。在《自生自发秩序与第三范畴》(2001)中,他认为,文化的表现形态,无论是显型式样(外在制度)抑或是隐型式样(内在制度),本质上都是一种"自生自发的秩序"或此种"秩序"的外现;并且,如"文化"这样一种"人之行动而非人之设计的结果"的"自生自发的秩序",应该作为新的且极为重要的"第三范畴"。进而,他还强调,"第三范畴"的研究应当成为社会理论研究的核心对象。可以认为,哈耶克关于"第三范畴"的论断,使得关于文化问题与后现代话语体系实现了很好的对接。因为作为一种"自生自发的秩序",文化当是实时地、动态地"生成"的"有机"系统,始终处于如后现代主义者费斯克所说的与日常生活相关性的"生产"之中,处于"过程"之中、流变之中(Fiske,2001)。

至此,我们可以达成这样几点"强共识":(1)文化是一种"自生自发"的秩序;(2)文化是由"共同价值支持"的"规则系统";(3)文化的"式样"有"隐型"与"显型"、"有形"与"无形"、"潜在"与"显在"之区分;(4)文化的内容包括价值、信仰、习俗、习惯、知识、语言、法律、礼仪、符号等等。归结起来,我们至少可以把文化看成是由价值、信仰、习俗、习惯等相当于内在或者说是潜在的规则,即内在制度(潜规则)和知识、语言、法律、礼仪、符号等大体上处于物化或者是外化状态的外在制度(显规则)所构成的规则系统。这一界说大体上涵盖了迄今为止最有影响的文化定义。

2. 文化动力的内涵

文化对社会发展的动力作用及深远影响早已被人们所关注。康德指出,自由意志和道德法则在遥相呼应、相互促进中,成为实践理性追求善或至善的动力(康德,2009)。文化问题总是与一切的自由和道德问题密切相关,因此,无条件地实践的纯粹理性的动力——自由意志,也就是实质性的文化动力。黑格尔认为,精神是主动的,主动的精神必会表现其自身于外,"我们主要的必须从精神的具体现实性和能动性去考察精神,这样就可以认识到精神的外在表现是由它的内在力量所决定的"(黑格尔,1980)。恩格斯指出,精神是物质的最高产物(恩格斯,2014)。要发现社会的规律,就必须去"探究那些隐藏在——自觉或不自觉地,而且往往是不自觉地——历史人物的动机背后并且构成历史的真正的最后动力的动力"，意识形态"对经济基础发生反作用，并且能在某种限度内改变经济基础"（马克思，恩格斯，1972）。在 1890 年 9 月 21—22 日致约·布洛赫的信中，恩格斯进一步阐明了他的"合力说"。他指出："历史是这样创造的：最终的结果总是从许多单个的意志的相互冲突中产生出来的，而其中每一个意志，又是由于许多特殊的生活条件，才成为它所成为的那样。这样就有无数互相交错的力量，有无数个力的平行四边形，而由此就产生出一个总的结果，即历史事变，这个结果又可以看作一个作为整体的、不自觉地和不自主地起着作用的力量的产物。"（马克思，恩格斯，1972）马克斯·韦伯从文化层面探讨了西方资本主义的发展，认为任何一项伟大事业的背后，都存在着一种支撑这一事业、并维系这一事业成败的无形的文化精神，他称之为"社会精神气质"（韦伯，2002）。斯宾格勒的文化形态学理论，以文化为基础，用文化的有机生长代替社会的阶段演进；C. 恩伯和 M. 恩伯（1987）指出，"我们并不老是感到文化强制的力量，这是因为我们通常总是与文化所要求的行为和思想模式保持一致。然而，当我们真的试图反抗文化教育的强制时，它的力量就会明显地体现出来"。汤因比（1985）甚至认为，文化是人类社会发展的最终决定力量，应从文化的角度，而不是其他角度去考察历史和社会。社会的发展与进步是凭借某种文化精神的力量来实现的，文化是推动社会发展的根本动力。俄罗斯文化符号学家、文艺理论家洛特曼用符号学的观点和方法描绘出了一幅文化发展的动态图景，提供了一种重新认识文化动力的全新视角。洛特曼认为，现实世界中存在着具有二重性的客体：语言世界和非语言世界，要完全地反映现实世界就必须运用至少两种以上的语言。现实就是由不同的语言组成的具有开放性的世界图景。同时指出，"文化具有稳定和去稳定的机制，这是在动态或平衡发展中的自我组织机制"。人类历史的发展进程并不完全是循序渐进的，人类文化动态发展存在两种模式——渐进式过程与爆发式过程。在文化渐进期也会拥有巨大的进步力量。比如说，科学技术的进步往往会带动整个社会的发展步伐。因为先进科学思想中蕴藏着的巨大的能量，也具有爆发式的特点，类似于艺术爆发的不可预测性。洛特曼还通过对语言、政治、道德、时装系统的考察说明不同的文化符号系统具有不同的发展速度（张海燕，秦启文，2010）。

国内大概从 20 世纪 90 年代初开始，从"文化力"的研究开始对文化动力问题展开了日渐深化的研究。被称为"'文化力'研究之父"的学者贾春峰,在 1992 年提出了"文化力"的概念。认为文化力是相对于经济力和政治力而言的,包括四个方面:一是智力因素;二是精神力量;三是文化网络;四是传统文化。他最早提出了加强市场经济中"文化力"的研究,指出"21 世纪的经济赛局将在很大程度上取决于'文化力'的较量"。王恒富(1998)认为文化与生产力有着相互渗透、相互包含的关系,在《"文化生产力"的崛起》一书中使用了"文化生产力"这一概念来谈论文化动力问题,认为当代社会文化"正以日益增进的规模和深度渗透到社会生产力之中,文化—经济一体化已经成为世界性的潮流"。金元浦在其《文化生产力与文化产业》(2002)一文中也使用了"文化生产力"的概念,认为文化生产力已经成为一种产业、一种经济形式而存在。罗若山在《中国文化动力研究刍议》(2000)中把"文化动力"界定为:"文化动力是指渗透在人类活动中的一种以价值为中心、以创新为动力,再经人们交往活动整合而构成的一种综合能力。文化动力是社会发展动力系统中的一个子系统。"刘发海、熊伟在《文化发展动力辩证》(2000)一文中指出,文化发展动力是一种系统性动力。文化动力系统主要由天人矛盾、人际矛盾、个人与群体的矛盾、现代文化与传统文化的矛盾、文化合作与文化冲突等五种矛盾构成。陈占彪的《试论文化发展的内在动力》(2005)从哲学角度阐释了文化发展的内在动力问题,提出人性是文化发展的内在动力之一。杜丽娟、王红英的《文化发展动力浅论》(2006)具体分析了文化发展动力问题,认为文化是民族精神力量的源泉。重点探讨了政治、经济对文化发展的驱动作用,以及文化发展对经济、政治发展的推动作用。陈玉峰《关于文化发展动力的思考》(2007)指出文化发展的动力是由诸多因素合力作用的结果。主客体之间的矛盾、社会系统内部的矛盾、文化系统之间的矛盾是文化发展的主要动力。其中,主客体之间的矛盾是最基本的矛盾,是文化发展的基础,社会系统内部的矛盾和文化系统间的矛盾都间接地反映出它的内容。但是,后两者对于文化的发展又具有更直接的意义。张海燕、黄尚峰(2007)认为,文化动力是指人的精神领域的活动及其成果对人的活动和社会发展所具有的向前的推动力量,这种推动力量是一种精神力量,主要包括个人的理想、信念、情感、意志以及社会的教育、科学、技术、风俗、习惯等精神因素,对经济、社会和人的发展和进步所具有的推动力量。文化动力在性质上具有向前的特点,在存在状态上,相对于物质性力量而言具有持久的特点。单连春在《精神文化发展动力论》(2007)一文中认为,文化发展是多种因素作用的结果,这些因素所起的作用在不同的环境下是不

同的；同时，分析了文化发展动力因素与文化进步的关系，强调构建和谐社
会对文化发展有巨大推动作用。吴福平（2012）认为，任何一个社会文化机
体，在其与当下的政治、经济、社会、文化、环境的互动中，必然会产生并体现
为"文化—经济效用"、"文化—政治效用"、"文化—社会效用"、"文化—文化
（狭义）效用"、"文化—生态效用"。吴军（2015）认为，文化动力中的"文化"，
并不是指那种模糊的、抽象的、无所不包的文化，而是指那些与本地居民生
活息息相关的生活文化设施、多样性组织、各种文化实践等构成的城市场
景，以及场景中隐藏的自我表达、超凡魅力和时尚等价值观与生活方式，
等等。

（二）文化动力研究的基本路径

从世界观的角度看，文化动力研究可以分为唯物主义和唯心主义研究
路径；从方法论看，可以分为结构主义和历史主义研究路径。

1. 唯物主义和唯心主义研究路径

黑格尔把精神的本质置放在精神的"内部自身"（绝对精神），把精神看
成了一种实体性内容，一种绝对（永恒、神圣、真理）。因而，在黑格尔那里，
文化就不是抽象的、主观的和空洞的形式，构成文化的真正实体性的内容，
径直就是"实体"本身，是被决定的意识，而主观思想及其外部反思的"自由
游戏"是不起作用的（黑格尔，1980）。马克斯·韦伯在谈到某种试图以主观
的方式来人为地制造宗教的企图时指出："文化人、学者或咖啡馆里的知识
分子总爱将宗教情绪纳入自己印象与感觉的库存。可这种嗜好从未导致新
宗教的出现。宗教复兴也不可能因作家们写书的冲动，或精明出版商的销
售愿望，而突然降临人世。无论知识分子多么能从表面上激起广泛的宗教
热情，他们的兴致和闲谈从未制造出任何宗教。"（韦伯，2011）汤因比（1985）
继承了柏格森的生命"冲动"理念和弗洛伊德的"非理性"观念，在《历史研
究》和《展望二十一世纪》两部鸿篇巨著中，提出"文明社会结构理论"，认为
每个文明社会都由三个方面构成——政治、经济和文化，其中文化是文明的
核心和精髓，是文明中相对稳定的部分，它培育并制约着政治和经济的发
展。尽管政治、经济发生了变化，但文化的变化却很缓慢，甚至没有变化。
在汤因比看来，超人或者少数人的人格具有创造性、神秘性。超人或者少数
人获得神秘的启示和才智，回归社会，用他们所获得的真知来启发和教育广
大群众，使广大群众拥有了新的精神世界、人生观和价值观，从而改变了人
们的精神面貌，提高了人们的思想境界，推动了社会的发展和进步。因而，

社会的发展与进步正是凭借某种文化精神的力量来实现的,文化是推动社会发展的根本动力。同时,汤因比接受了弗洛伊德非理性的心理学观点,强调社会心理和人类潜意识这种文化心理活动对文明、文化发展的重要作用。认为整个心理活动是由意识和潜意识两大部分构成,意识犹如冰山外露的一角,潜意识则是沉在水下的冰山。潜意识是直觉的源泉,而人们的创造力来源于直觉,所以,潜意识是创造力的深层动因。显见,黑格尔、马克斯·韦伯、汤因比等,他们都把文化意识、精神看作第一性的东西,从社会意识决定社会存在出发来研究社会结构和文化动力功能,所建构的历史哲学,均属于唯心主义或客观唯心主义体系。

对于文化动力研究唯心主义观点具有决定性意义的批判来自马克思。马克思创立的历史唯物主义不仅从总体上揭示了人类社会发展的基本动力,而且为我们认识文化动力提供了科学的方法论。按照唯物史观,经济决定文化,经济发展是文化发展的基础。文化是人类特有的精神现象,是人类社会的重要组成部分。文化作为人类的精神财富具有相对的独立性,具有自身发展的内在动力。在马克思看来,那种神秘化的真正领域乃是精神的"内部自身",也就是精神的自我决定和自我活动,是精神的外化,因而是作为思维的思维、作为知识的知识,即意识,直接地冒充为它自身的他物(感性、现实、生命)。"意识在任何时候都只能是被意识到了的存在,而人们的存在就是他们的现实生活过程。"(陶伯特,2014)这意味着,所谓精神世界的本质性并不在于它的"内部自身",而在于人们的现实生活。这样一来,意识形态及其与之相适应的思维形式便丧失了其独立性的外观。正是这一哲学存在论的变革以及在此基础上的意识形态批判,开辟了一条深入地理解整个精神世界及其演化之现实基础的道路。这条道路一方面坚决拒斥那些完全无视或遮蔽现实的主观思想,另一方面则深刻瓦解了精神世界仅只立足于自身之上的神话学,从而把对精神—意识形态的分析和研究置放在社会现实这一牢固的基础之上。恩格斯晚年在关于历史唯物主义的一系列书信中,对历史唯物主义基本原理作了进一步的丰富和发展。他认为在社会发展过程中,物质生产和经济关系归根到底起决定作用;同时,在社会发展过程中,上层建筑诸因素具有巨大的能动作用。意识形态具有相对独立性、历史继承性、同经济发展的不平衡性以及意识形态的各种因素之间的相互制约性。在社会历史发展中,人的主观能动性和客观规律性是辩证统一的。人们自己创造自己的历史,历史的发展是由许多单个人的意志和力量相互作用的结果。历史发展的总的合力及其趋势归根到底体现着经济运动的必然性(马克思,恩格斯,1972)。朱利安·斯图尔德的文化生态学是一种鲜明的唯物主义理论。他认为他的历史文化多线发展论,有别于马克思和恩格斯的那种19世纪的单线进化论。"文化唯物主义的本质是它将注意力引向了由人类机体和其文化物件为中介的行为与环境之间的互动。它将此作为优先项并预言群体结构与意识形态是对这些物质条件类别的反应";他同时把达尔文进化论称为"单线进化论",把怀特进化论称为"普遍进化论",称自己的理论为"多线进化论"(Steward,1968)。多线进化论的任务是说明种种不同社会结构之间不同发展路线的因果关系。他特别强调文化和环境之间适应关系的重要性,因而也被公认为文化生态学的创始人。美国人类学家马文·哈里斯(Marvin Harris)在学术思想上继承了马克思和恩格斯的唯物史观,倡导"文化唯物主义",勾勒出了一种独特的关于文化的视角。他认为哲学唯物主义与对社会文化现象的考察无关,并把辩证唯物主义归为文化唯物主义的一个子集。他的文化唯物主义,正如他表述的,"乃是基于这样一个简单前提,即人类社会生活是对现实生存中实践问题的应对"(Harris,1979)。哈里斯品评了从柏拉图到孟德斯鸠到黑格尔等哲学家和从文化与人格学派到结构主义到文化进化论等人类学学派的贡献,在此过程中,也表达了对自启蒙运动以来几乎每一位社会思想家往往是否定的观点,进而发展了他的技术—环境以及技术—经济决定论原则。"这种原则坚持认为应用于相似环境的相似技术倾向于产生在生产和分配上对劳动力的相似安排,而这些导致了社会集群的相似类型,这些群体用相似的价值和信仰系统来合法化和调节他们的活动"(Harris, 1968)。理解文化模式首先要从基础结构面——文化—自然的交界面,诸如生计、居住、人口、人口统计等等方面来加以表达,来解释现象;其次是理解这些变迁如何重塑结构和上层结构,等等。

　　现代中国经济社会在发展的过程中既有挫折也有成功,关键在于如何对待中国化马克思主义的文化动力作用,以及如何处理好经济社会发展过程中的一系列问题。学者们坚持马克思主义历史唯物主义和辩证唯物主义,对这些问题也进行了深入的研究。顾钰民在《马克思主义是中国改革的理论基础》(1997)中指出,建设富强民主文明和谐的社会主义现代化是一个整体目标,深入研究和从整体上把握当代中国马克思主义的理论成果,将为我们更好地实现经济增长、社会进步与可持续发展相统一提供思想指导,进而更好地推进中国特色社会主义的市场经济建设、民主政治建设、先进文化建设与和谐社会建设。社会主义市场经济理论是指导中国经济改革的理论依据,马克思主义经济学则是社会主义市场经济理论的基石。胡钧在《马克思的经济理论是我国经济发展和经济体制改革的理论依据》(2003)中指出,马克思的经济理论,既是革命的理论,也是经济发展的理论。它不仅为我们在发展经济方面提供了重要的理论和方法,而且也为我们实行经济体制改革提供了重要的理论依据和发展动力。林琳和顾光海在《经济体制比较之分析与思考》(2003)中认为,实行经济体制改革必须把马克思主义基本原理与本国实际相结合,从本国具体国情出发,与时俱进,走自己的路。对比中苏经济体制改革发展模式,就是为了说明教条运用马克思主义的高度集中的计划经济管理体制不适合中国国情,马克思主义中国化指导下的中国特色社会主义市场经济体制是适合本国国情的发展道路。周肇光在《论马克思开放型经济发展思想及其现实意义》(2004)一文中认为:马克思主义开放型经济发展思想,有利于我们充分利用有利的国际形势,坚定不移地实行对外开放;有利于科学确定理性的开放度;有利于适度保护民族产业的安全与发展等。陈争平在《马克思主义理论与近代中国社会经济变革》(2008)中认为:"中国社会经济基本制度在 20 世纪中叶发生重大变革,为民族复兴创造了基本条件,而这一重大变革可以说是马克思主义中国化的重要成果。"田贵平、竞辉在《马克思主义文化观的再解读》(2014)中认为,马克思主义文化观是在唯物史观的基础上对文化的社会地位和作用及发展规律的科学揭示与概括。它以辩证唯物主义和历史唯物主义为其哲学基石,具有突出的实践属性、批判属性和发展属性;以实现广大人民群众根本利益为其政治立场,具有鲜明的阶级属性和人民属性;以促进人的自由全面发展为其价值目标,具有解放人、塑造人和发展人的文化功用。杨信礼在《马克思主义价值观视野中的发展理念》(2016)一文中认为,党的十八届五中全会提出的创新、协调、绿色、开放、共享发展五大发展理念,鲜明地体现了马克思主义关于发展的科学的世界观价值观方法论。汤荣光在《"五大发展理念"焕发马克思主义哲学旺盛生命力》(2016)中认为,马克思主义哲学致力于探索自然、社会和思维发展的一般规律,是科学的世界观和方法论。"五大发展理念"围绕人和社会、人和自然、人与人之间的关系展开,逻辑体系严密,实践特征鲜明,充分体现出马克思主义哲学的精神要义,等等。

2. 结构主义和历史主义研究路径

19 世纪以来特别是晚近思想界对于文化发展动力问题的讨论,大体遵循两条路径:一种是文化发展的结构主义思路,一条是文化发展的历史主义思路。结构主义思路起始于 C. 列维—斯特劳斯(1963;1976)的"结构主义",他认为社会结构与某种依据经验实在建造起来的模式有关,具有整体性、自我调整性,并按照一定规律互相替换和转变。吉登斯以十分不同的思路给出了"结构"的界定,"结构是潜在于社会系统不断再造过程中的规则和资源"(吉登斯,2009);"结构可以在实践中表现出来,但不是具体实践的外显模式,而是一些记忆中的原则。结构本身也不是具体的存在,它没有时间和空间的边界,它必须以知识的延续(记忆)或实践的延续才能存在。结构对于实践,恰似某种抽象的规则,它是能使某种构造性行为成为可能的虚幻的存在"(吉登斯,1998)。规则属于行动者的知识与理解部分,它是行动的内在因素,是潜在的、非具决定性质的情境界域。行动者"具有知识",这种知识是反思性的。自我反思和相互反思构成"相互知识",成为行动的内在因素。顺着结构主义的思路,斯图尔特·霍尔(2003)的"文化循环论"认为,文化已经变成了与社会文化基础或社会"深层"文化符号相关的"原文化"问题。"文化"生产就是符号的生产,意义持续不断地在我们参与的每一次个人及社会的活动中产生出来,并通过几个不同过程或实践进行循环,规范和组织我们的行为和实践。文化结构论的晚近形态是亨廷顿(2002)的"文化冲突论"。认为结构性关系不再是文化内部的和谐与否问题,而是全球化背景下不同文化、不同文明之间的差异以及冲突问题。尽管"文化冲突论"引起了极大争议,但无疑提供了一种全球化背景下思考文化发展问题的思路。"文化精神结构论",亦谓之"文化心理结构论",则是最具有中国特色的文化结构理论,认为中国传统文明的辉煌,是因为儒、道、佛三位一体形成的与传统经济形态相适应的自给自足的人的精神结构和文化精神结构。20 世纪 80 年代及其后成为中国学者分析文化的民族性与世界性、传统性与现代性的重要理论武器。许明、花建(2005)认为,要实现对文化发展结构的探讨,必须解决这样几个问题:(1)多元视野下定位"文化";(2)在"文化"知识谱系中确立文化发展的动因;(3)将诸文化发展动因予以系统化,并总结出文化发展动因间的结构性关系及其历史组织形态。在系统阐述文化发展动因间的结构性关系的基础上,他们将文化发展归纳为"稳定形态""转型形态""颠覆形态"三种形态。

　　历史主义思路主要有以索罗金(2003)为代表的苏联文化学研究中的一个重要分支——"文化动力学"说。"'动力说'这一术语从字面上看,指的是一种力量,一个有关力量和由它所引发的运动的学说。文化动力说研究的是社会文化在各方面的变化,其中包括文化相互作用的类型、文化变化的性质、社会文化的快定性因素、文化发挥作用的方法、发挥力能的方法和作用结果。"认为文化发展有三种基本类型,即"阶段型""周期型""逆转型"。20世纪七八十年代,史华慈和艾森塔特等一批社会人文学者,通过与文化相对论和文化有机论的激烈论争,提出一种弱势的、比较谦虚的文化整体观,并逐步形成了被称为"文明动力学"的历史社会学新分支(斯科瓦尔佐娃,2003)。继斯宾格勒、汤因比的文明形态论之后,雅斯贝尔斯的轴心期文明理论已成为当代西方颇具影响的学说。雅斯贝尔斯(1989)的"文化轴心论"试图为文化发展找到精神"原点"和"轴心时代",认为在公元前 800 年至公元前 200 年间,存在于古代希腊、以色列、中国和印度的古代文化发生了一次革命性变化,形成了几个文化的轴心。这一阶段就是文明的轴心时代。轴心时代所产生的文化一直延续到今天,它孕育了现代社会。每当人类社会面临危机或新的飞跃,都必须回顾轴心时代,让文化再次被超越突破的精神火焰所点燃。被人称为"文化动力学的晚近思想"的福山(2003)的"历史终结论",认为历史是否走到尽头,取决于当代自由民主国家满足人获得认可的欲望的程度。福山以其意识形态的偏见指出,历史之所以终结乃是因为,人类已经找到了"一种能够满足它最深切、最根本的愿望的社会形态",这种"社会形态"就是西方国家实行的自由民主制度。这是"人类意识形态发展的终点"和"人类最后一种统治方式"。

　　毫无疑问,结构主义和历史主义都为我们分析文化发展、文化结构、文化动力等问题提供了富有启发性的理论资源。但是,大都只能分别适用于特定的文化世界或历史时期,所以,在与结构主义的论争中,马克思主义认为,结构主义只不过是诸多同等结构所共同遵守的静态逻辑,结构主义面对历史只能呈现为"一种富有的尴尬"。与此同时,历史主义路线是通过"反思"而得到的,这就又有可能陷于黑格尔所说的思想对于客观的"一种'朴素'的态度",即相信,"只靠反思作用即可认识真理,即可使客体的真实性质呈现在意识面前。有了这种信仰,思想进而直接去把握对象,再造感觉和直观的内容,把它当作思想自身的内容,这样自以为得到真理,而引为满意了"(黑格尔,1980)。如"文明冲突论""历史终结论"便是典型的事实。正如恩格斯所指出的,要发现社会的规律,就必须去探究那些隐藏在历史人物的动机背后并且构成历史的真正的最后动力的动力。正是因为结构主义和历史主义思路都存在着显著的缺陷和不足,使得探究恩格斯所说的"真正的最后动力的动力"的脚步从未停息。

(三)文化动力研究的学科视野

文化是哲学、社会学、经济学、人类学、政治学、文化社会学、文化人类学等学科普遍关注的议题。就文化动力的研究而言,当前主要集中在经济学、社会学、政治学、人类学等领域。因为,一般来说,这几个领域最能够反映文化的推动或障碍作用。

1. 经济学视角

19 世纪初,德国历史学派的先驱、经济学家、古典经济学派的批判者弗里德里希·李斯特(Friedrich List,1789—1846)就曾批判过当时极其流行的经济与文化二分的观点,认为只顾及单纯的交换价值,不考察国家的精神、政治、生产力诸因素,不考虑国家长远利益以及眼前利益与长远利益的关系等,是"死板的唯物主义"(李斯特,1961),强调文化、艺术、科学以及制度等为精神生产力。19 世纪末 20 世纪初,作为英国新古典学派核心人物阿尔弗雷德·马歇尔就曾强调理想、观念、道德、宗教等因素对经济发展的重要作用。认为决定经济主体行为的并不完全是对财富的追求,除了物质动机,还有精神文化等因素(马歇尔,2005)。兴起于 20 世纪 80 年代的"内生增长理论",作为新兴的新增长理论,着重研究了知识外溢、人力资本投资、研究和开发(R&D)、收益递增、劳动分工和专业化、开放经济和垄断化等新问题,提出的核心思想是认为经济能够不依赖外力推动实现持续增长,内生的技术进步是保证经济持续增长的决定因素,并用以解释经济增长的跨国差异。代表性模型有罗默的知识溢出模型、卢卡斯的人力资本模型、巴罗模型等。保罗·罗默的知识溢出模型认为,知识具有溢出效应,因而可以成为经济增长的重要的内生技术变化因素(罗默,1986);罗伯特·卢卡斯的人力资本模型认为,人力资本也具有"外部性",既影响个人生产率,也能够对整个社会生产率产生递增效应(卢卡斯,1988)。罗伯特·巴罗(Robert J. Barro)用产权保护程度测量法治,用自由选举测量民主,通过考察这两个指标与经济增长的联系,发现法治对于经济增长的效果相当大,而民主与经济增长的关系则相当弱,也就是说,民主不是经济增长的充分或必要条件。因此,巴罗主张发展中国家要实现经济增长必须加强法治;没有法治,民主

不可能带来经济繁荣(巴罗,1988)。作为新制度经济学的重要内容的制度
变迁理论,把制度的创新和变迁看成是经济社会发展的重要因素,对于经济
长期增长具有决定性影响。如诺斯认为,制度可以包括守法程序、伦理规范
以及在生产生活实践中制定出来的一系列规则。制度约束的目的正是人们
片面追求自身福利或效用最大化的行为,道德与经济伦理教育等意识形态
活动所带来的人们行为自觉性的增强,将有利于提高经济运行和经济管理
的效率,节约生产、交易和管理三大成本。D. 麦克莱兰在《商业动机和国家
成就》(1999)一文中,着重考察了成功欲望对经济发展的影响。E. 哈根在
《人格与经济增长》(2001)一文中分析了创新思维对经济发展的影响。美国
学者亚·格林菲尔德在《资本主义精神:民族主义与经济增长》一书中提出
了民族主义也能推动经济增长的独特主张。弗朗西斯·福山在《信任:社会
美德与创造经济繁荣》一书中则着重探讨了人际间的信任对经济发展的影
响。劳伦斯·哈里森(Lawrence Harrison)在其专著《不发达是一种心态:
拉丁美洲案例》(2002)中,从文化的角度对拉丁美洲经济的发展进行了详尽
的分析,并在《促进社会进步的文化变革》(2005)中提出了 10 种经济文化分
类。阿根廷学者马里亚诺·格龙多纳(Miano Grondona)在劳伦斯·哈里
森的经济文化分类基础上,在其文章《经济发展的文化分类》(2006)中提出
了 20 种具体的经济文化分类,指出有些价值观有利于经济发展,而有些价
值观则起着相反的作用。并且特别强调,国家价值观体系首先是必须具备
抵制诱惑的能力,使行动者在价值规范的约束下作出正确的决策,进而才能
实现经济的持续和快速的发展。塔尔科特·帕森斯认为,"价值观"可以看
成是常规象征体系中的重要因子,也可被视作一种行为准绳或准则,引导人
们在各种可供选择的行动策略中做出自己的正确选择(Parsons, 1959)。
詹姆斯·科尔曼(James Coleman,2001)、罗伯特·卢卡斯(Robert Lucas,
2006)、西奥多·舒尔茨(Theodore W. Schultz,2015)认为,城市可以通过教
育、培训和保健等方式来获取人力资本积累,并把其作为一种新要素,去推
动经济增长和人口流动。爱德华·格莱泽(Edward Glaeser,2000)、理查德·
佛罗里达(Richard Florida,2010)、特里·克拉克(Terry Clark,2010)和丹
尼尔·西佛尔(Daniel Silver,2012)则强调,大城市的竞争优势和发展动力
将体现在吸引高级人力资本的能力上,而创意阶层是这种人力资本的重要
代表,吸引与聚集这些人才不仅靠经济性因素,而且还应该包括城市所能提
供的便利设施、文化艺术实践、自我表达氛围以及受该群体欢迎的生活方式

等。这些因素集合所形成的"场景(scenes)"将是推动城市发展与转型的新动力。

20世纪80年代初,苏联的斯·库列戈扬发表了《作为政治经济学研究对象的精神生产》,指出要建立包括文化经济学在内的一些关于精神生产领域的经济学科。1980年,苏联出版了《非生产领域经济学》教科书,系统分析了非物质生产领域的经济学问题。1982年,民主德国的霍马廷和雷瓦特合作发表了《文化领域经济学的现实问题》,阐述了建立社会主义文化经济学的必要性和具体内容,标志着一门新兴的交叉学科——文化经济学的勃兴。中国学界对于经济发展文化和文化动力问题也极为关注。高波、张志鹏在其文章《文化与经济发展:一个文献评述》(1985)和《文化资本:经济增长源泉的一种解释》(1988)中较全面地阐述了文化与经济发展的关系和学术界对这一问题的各种看法。程恩富主编的《文化经济学》一书,对文化建设在推动经济发展中的地位、功能和作用,从改变消费结构、提高劳动者素质、产业结构的提升、社会主义经济的增长等方面,展开了系统阐述(程恩富,1993)。胡惠林和李康化主编的《文化经济学》(2006)一书中,强调文化经济是人类社会发展过程的一种重要现象和重要形态,文化经济必将是推动经济社会发展和人类文明进步的原动力之一。卢希悦在其《中国文化经济学——思维的醒悟与经济的崛起》(2009)一书中,强调昨天的文化,今天的经济,今天的文化,明天的经济,经济的背后有潜在的文化,文化的未来预示着经济;同时指出,国运兴衰与文化力量、文化与经济有着高度相关性。新近关于城市发展文化动力的研究,是一种解释城市发展与转型的新思维。吴京(2015)认为,当城市发展到一定阶段,再依靠传统要素的数量增加很难取得诸如初期阶段的成就,甚至可能出现城市投入的边际效应递减现象。张鸿雁(2012)提出,当今时代,城市发展的动力正在从地理位置、基础设施、城市规模等转变为以智慧、知识等为依托的文化软实力为主体,未来大城市发展的主要路径将依靠文化产业和文化景观生态等特色文化城市的建设。叶裕民、焦永利等(2013)对成都研究后提出以城乡统筹为动力,塑造成都休闲文化与生活方式,吸引创新人才集群与产业升级,从而推动城市转型,等等。

2. 社会学视角

20世纪末期,社会学中发展最充分的领域,无论是在美国、英国、德国还是其他国家和地区,当首推文化社会学。文化社会学吸收许多自然科学的理论和方法,对文化进行了整体性、综合性的研究,旨在从不同社会文化结构中对人的行为给予说明,强调人们的心理、习惯、性格、行为与一定的社会文化密切相关。布尔迪厄(P. Bourdieu)是当代最有影响力的文化社会学家之一。他在探讨教育再生产、文化消费、趣味和社会等级的多篇论文和著作中,提出了"文化资本"的观念。文化资本的特点在于,它以受教育的资格的形式被制度化,是构成社会符号力量的基本条件。"文化资本"概念超越了人们对文化的狭隘理解,将文化带到充斥日常生活内容的社会空间中,祛除了人文主义赋予文化的非功利的神圣光环,使文化走下被膜拜的神坛,成为和衣食住行一样,与社会地位、阶级、社会再生产密切相关的因素。孔德非常重视科学、知识对人类智慧和社会发展的作用,批判了神学政治(相当于封建政治)、形而上学政治(相当于资本主义政治),并试图用实证哲学建立新的社会制度。孔德仿照物理学的动力学原理,提出了"社会静力学"和"社会动力学",试图找到社会发展的动力。"社会静力学"强调感情、理智、家庭、合作、依从、权威等要素在社会发展中的作用;"社会动力学"明确提出科学智慧、道德等是人类发展的动力。马克斯·韦伯认为,"社会学(这个使用上含义十分模糊的词在这里所理解的意义上)应该称之为一门想解释性地理解社会行为、并且通过这种办法在社会行为的过程和影响上说明其原因的科学"(韦伯,2002)。在《新教伦理与资本主义精神》一书中,阐述了以天职观念、禁欲主义、勤劳观念、善功观念、平等观念等为主要内容的新教伦理如何造就整个资本主义的文明,提出并验证了一个著名的社会学假说,即透过任何一项事业的表象,可以在其背后发现一种无形的、支撑这一事业的时代精神力量,与特定社会的文化背景有着某种内在的渊源关系。塞缪尔·亨廷顿和劳伦斯斯·哈里森(2002)主编的《文化的重要作用——价值观如何影响人类进步》,作为哈佛国际与地区问题学会组织的研究课题,回答了文化对经济和政治发展影响等重大的理论和现实问题,并对文化作了一个明确的指向:"我们关心的是文化如何影响社会发展:文化若是无所不包,就什么也说明不了。因此,我们是从纯主观的角度界定文化的含义,指一个社会中的价值观、态度、信念、取向以及人们普遍持有的见解。"哈贝马斯的"交往行动理论",试图在更高层面和更大规模上揭示文化的重要功能和作用。哈贝马斯提出"系统世界"和"生活世界"两大范畴,"系统世界"包括政治系统和经济系统,它们分别按照权力运行规律和利益交换原则组织起来,因而属于社会中"制度整合"的领域。"生活世界"则是指"文化传播和

语言组织起来的解释性范式的贮存",它是按照"社会整合"的原则而形成的
文化公共领域,即人们通过公共社会交往中的相互沟通和理解,进而取得对
某种"解释性范式"的普遍认同。按照哈贝马斯的理解,这个生活世界就是
市民社会中的社会文化系统,它作为一个具有文化批判功能的公共领域,构
成了政治国家合法性的基础。只有当社会文化系统在市民社会中获得高度
的自治和空前的解放,并且与政治国家之间形成良性的互动关系,现代国家
才具有不竭的合法性资源,社会才能获得良性的发展(王新生,2003)。英国
的文化社会学起源于功能学派的社会人类学,主要代表人物为 B. K. 马林
诺夫斯基、A. R. 拉德克利夫—布朗。马林诺夫斯基在《文化论》中说:"科学
的人类学应当知道它的首要任务是建立一个审慎严谨的文化论。这个文化
论应当包括比较社会学,统一所有的社会科学。"(马林诺夫斯基,1987)他还
认为,科学的人类学是对各种文化功能的分析,要"根据经验的定律"或遵守
"功能关系的定律"进行。拉德克利夫—布朗在《现代社会的人类学研究》
(1935)一文中认为,任何文化都是一个完整的体系,因而主张用社会学的方
法研究各种文化现象。他把自己的功能人类学称作"比较社会学",认为比
较社会学与社会人类学是功能的理论化。他着重研究文化的功能,因此,他
的比较社会学也是"功能的文化社会学"。在美国,随着都市化、移民等现象
的出现,要求社会学"美国化",也要求文化人类学的研究重点转向现代社会
生活,从而促使美国的文化社会学的产生。F. 博厄斯在《人类学与现代生
活》(1938)一书中认为,只有深入研究每个民族的文化及其理想,并把不同
的文化价值列入客观的研究,才能建立严格的科学。A. L. 克罗伯、R. H. 洛
维等也主张,社会学应该研究超有机体的文化现象,以说明社会历史的发展
过程。W. F. 奥格本的《社会变迁》(1922)是用文化人类学的观点研究现代
社会文化现象及其变迁的代表性著作,认为现代社会中的许多问题起源于
文化,唯有重视社会中的文化因素的研究,方可得到解决。法国社会学家、
哲学家、社会学实证论的创始人是奥古斯特·孔德(Auguste Comte,
1798—1857 年),他对文化动力问题的研究,最突出的贡献是相当全面地论
证了理智与道德对人类及人类社会的推动作用。用他的话来说:"人类的进
步实质上就是人类所固有的道德和理智品质的进化。"(孔德,1958)

　　"文革"时期,在"左"倾政治思潮的压抑下,中国社会学连同文化研究被
抑制。改革开放后,费孝通呼吁加强社会学的精神文化研究,对于重建中国
文化社会学具有重要指导意义。费孝通晚年在反思社会学"科学性"时,强

调社会学要加强对"人文性"的关注,主张以文化的视角来理解日常生活的深层意义结构(如人际关系及社会关系中的"意会"等),来拓宽传统社会学的界限(费孝通,2003)。重视文化研究也是孙本文等社会学家在 20 世纪前期形成的中国社会学优良传统,尽管孙本文的文化社会学有泛文化论倾向,但仍不失为一种积极的社会学研究取向。因社会生活网络化和消费社会的到来而引起的价值观念变迁,要求提升文化研究在社会学中的地位,这为推进我国文化社会学发展提供了现实基础。正因为存在于符号秩序之中的消费社会,是一种追求意义或价值的社会,而意义和价值正是文化的核心,是文化社会学探求的对象,所以消费社会的到来,就意味着文化在更广阔、更深刻的层面主导着人类社会,经济社会被文化"化"了(刘少杰,2012)。自社会学学科恢复以来,我国学者在文化社会学的学科基础研究上作了诸多有益的努力,并出版了一系列相关教材。如高宣扬的《流行文化社会学》(2006)、司马云杰的《文化社会学》(2001)、刘金龙的《文化社会学》(2000)、范丽珠等的《中国与宗教的文化社会学》(2012)(该书部分章节专门论述了文化社会学)、王春林的《文化的社会学论析》(2011)、袁阳的《文化社会学视阈:经典传统现实的审视》(2012)等书籍。其中尤以司马云杰 1987 年初版、后来多次再版的《文化社会学》一书为代表。该书系统地对文化社会学的含义、研究对象、理论与方法、学术脉络、与其他学科关系、研究意义等基础性议题作了梳理。孙秋云、周浪在《文化社会学的内涵、发展与研究再审视》(2016)一文中,从西方文化社会学"作为学科"和"作为范式"双重视角和晚近文化概念的两大流变出发,重新审视了对文化的理解及文化社会学的学科含义,认为将文化视为"特定群体的全部生活方式"的定义符合文化由整体一致性向分散差异转变、由精英走向大众的特征。

3. 政治学视角

从政治学角度来研究文化和文化动力,大体属于政治文化范畴。作为行为主义学派兴起的重要研究领域,它的研究是对传统政治学研究的突破和发展,使政治学的研究不再仅仅关注制度体制这些实体的和静态的部分,也关注到制度体制的文化根基和精神内核。政治学家西德尼·维巴(Sidney Verba,1965)把政治文化定义为"由得自经验的信念、表意符号和价值观组成的体系,这个体系规定了政治行为所由发生的主观环境"。一个国家的政治生活受社会多个层面的影响:经济、宗教、传统。正如马克思(1845)早年指出的,人们谋生的方式深刻地影响了他们的政府形式。1959 年和

1960 年,阿尔蒙德和维巴调查了五个国家大约 5000 人,通过检测三个重要变量来衡量一国的政治态度:政府对人们的生活产生哪些影响? 公民应对政府履行哪些义务? 他们希望从政府那里得到什么? 区分出三种类型的政治文化:参与型、臣属型和地区型。在参与型政治文化中,人们知道他们是国家的"公民",对政治非常关心。他们对自己国家的政治体制感到自豪,通常也愿意讨论它。比参与型政治文化稍低一点的是臣属型政治文化。这个文化中的人们也知道他们是"公民",并关注政治,但是他们是以一种被动的方式卷入政治。他们对自己国家的政治体制并无自豪感,感到没有什么激情来表示忠诚。他们觉得谈政治是不舒服的,不是一个好话题。更低一级的是地区型的政治文化,这里的人们从来没有感到自己是一个国家的公民。他们只认同于身边的事物,所以有了"地区"(英文词根意为牧区等)这一名称。阿尔蒙德和维巴指出,没有一个国家是纯粹的参与型、臣属型或地区型政治文化,所有国家都是三种类型不同程度的混合体。通常认为,政治文化几近恒久,或变化得非常缓慢,而大众舆论则是不稳定的,变化很快。不过近年研究表明,政治文化同样处于不断变化中。当社会稳定时,有效率的政府和经济增长巩固了合法性;而社会衰败时,混乱无序的政府和经济倒退是合法性削弱的反映。大众舆论如果长时期地保持不变,慢慢也会成为政治文化。20 世纪 90 年代,美国哈佛大学教授、国际问题专家约瑟夫·奈提出了"软实力"这一新概念,可以认为是新的以文化为中心的发展范式,或人类进步范式标志性的理论事件。软实力理论的核心思想是,认为国家的软实力"主要来自三种资源:文化(在能对他国产生吸引力的地方起作用)、政治价值观(当它在海内外都能真正实践这些价值观时)及外交政策(当政策被视为具有合法性及道德威信时)"(Nye,2013)。约瑟夫·奈创建的"软实力"理论有两个维度:第一个维度是与以物理资源等为代表的硬实力相对的柔性力量;第二个维度是以国家为载体存在的软实力。前者规定了软实力的内涵,后者使软实力与国家权力相结合而成为软权力。文化则是软实力构成因素整合的纽带,因此,文化软实力不再仅仅是软实力的一个子概念,它也已经成为软实力问题研究的核心内容,是指一个国家或地区文化的影响力、凝聚力、感召力和竞争力等一些关于文化的有形或者是无形的作用,是指文化产品的流动的、活态的、外溢的意识形态功能和效用;而且,文化不仅是软实力"三种资源"中的核心资源,也可以为国家软实力的培植、塑造作出关键性的贡献(牛文浩,王琳,2011)。丹尼尔·贝尔在《资本主义文化矛盾》(2010)中将社会分解成技术经济、政治和文化三个领域,这三个领域并不互相重合,领域间的不相调和造成了社会的各种矛盾。技术经济系统的核心价值是效益、效率、效用;政治系统强调的应当是公平、正义,轴心结构是表达与参与;现代文化的触角则伸及所有体验,当然可以包括政治体验与经济体验在内,在文化领域,似乎"没有什么是被禁止的,所有一切都待开发",因为即便是某种幻想,文化所付出的代价极少,而往往还需要政治系统或技术和经济系统来"买单"。在丹尼尔·贝尔看来,"国家—社会"的关系问题,很显然将是未来几十年显著的政治难题。文化已成为我们文明中最有活力的组成部分,文化领域被认为是变革的发轫地。文化将永远不会再把自己当成潜在社会结构的一种"反映",它要开启一条朝向完全崭新的世界的道路。托尼·本尼特主张把政策、制度与管理的背景与手段看作文化的重要领域和成分,进而将文化研究视为特殊的"文化治理区域",以便在文化研究主要问题框架内重新审视"文化",强调文化既是治理的"对象"又是治理的"工具"(本尼特,2007)。Larry Diamond 在《发展中国家的政治文化和民主》(1994)中对政治文化怎样促进和阻碍民主的发展作了全面梳理和讨论;Jean Bethke Elshtain 在《民主实践》(1996)一书中指出,对个人权利的纠缠破坏了美国的共同体意识和公民义务;James A. Morone (1991)指出,美国人对政府权力的深层恐惧阻碍了富有意义的改革。Robert D. Putnam(1993)认为,意大利地方政府的成败依赖于几个世纪以来形成的信任、合作和参与的态度。Claudio Veliz(1994)认为拉丁美洲人从西班牙继承来的政治文化解释了他们落后的原因。

　　"政治文化"的研究在 20 世纪 80 年代开始进入我国学者们的研究视域,也取得了较为丰硕的研究成果。徐大同、高建在《试论中国传统政治文化的基础与特征》(1988)一文中认为,政治文化就是政治思想理论或者政治价值,是它们在实践中所形成的总积淀。万高在《简论"政治文化"》(1995)中认为政治文化由政治制度表现出来的实体性政治文化和政治心理、政治思想、政治价值的观念性"诊治"文化所构成。李传柱围绕五个方面回顾总结了国内学者对于政治文化的理解和研究:一是在最宽泛的意义上将政治心理、政治思想、政治行为模式和政治制度等纳入政治文化的外延;二是把政治文化视作一种观念性的东西而与政治制度等实体性内容加以区分;三是把政治文化视作"政治体系的心理方面"来加以探讨和研究;四是将政治文化视作政治思想理论和政治价值观念的总积淀;五是将政治文化等同于社会文化,包括伦理价值观和生活方式文化,等等(李传柱,1997)。最早将西方比较政治学中的政治文化研究成果译介入中国的学者是王沪宁,其在与王邦佐等合著的《新政治学概要》(第 2 版)中将政治文化界定为:"一个国家中的阶级、民族和其他社会团体,以及国家中的成员,在一定的生产方式基础上,于一定的经济、政治和文化的历史和现实的环境中形成的关于国家政治生活的政治心理倾向和政治价值倾向的总和。"(王邦佐,孙关宏,等,2011)政治文化的这一定义中包含:主体,即政治活动的主体;基础,即现实的社会存在,"最深层次的是社会生产方式";对象,即国家的政治生活;内容,即政治心理和政治价值倾向。王浦劬在《政治学基础》(2006)中,将政治文化界定为"政治关系的心理和精神的反映,它是人们在社会政治生活中形成的对于政治的感受、认识和道德习俗规范的复制综合"。包括表层和感性部分的政治心理与深层和理性部分的政治思想。杨亮在《政治文化对我国政治体制改革推动力研究》(2013)中认为,现代国家的政治发展,已不再是仅仅关注政治体制本身的完善与否,对于制度本身所应具有的文化的关注也是非常重要的。在现代国家发展转轨,改革旧有的政治制度、体制,为现代民主政治的形成努力的过程中,除了从制度、组织、机构等现实的实体领域入手外,政治文化也对发展政治体制具有重要的推动力。在现代国家的政治发展进程中,政治发展的文化积淀也显得尤为重要,政治文化与政治体制的互动性关系,能够使政治体制改革更加深入、更加有效。从这些学者对政治文化这一概念的理解上来看,他们的差异较为明显,然而,这表明政治文化被译介入我国后以及从政治学角度研究文化已经得到了国内学者的重视。综上所述,国内学者对于政治文化的研究不仅已经引起高度重视,而且研究正在日渐深化,成果也较为丰硕。

4. 人类学视角

早在 19 世纪中叶,人类学的研究就产生了重大的影响。真正意义上的文化人类学于 1901 年创立,20 世纪 20 年代以后丰富和发展为考古学、语言学和民族学等多门分支学科。人类学致力于解决一系列人类思索了数千年的问题,诸如:什么是社会的本质? 为什么文化会发生变化? 作为个体的存在的人与作为某个特殊社会群体成员的人之间的关系是什么? 人性独具的特征有哪些? 为什么文化会有差异(穆尔,2009)? 在人类学史上,爱德华·泰勒关于文化的定义,刘易斯·亨利·摩尔根对于社会进化的考察,埃米尔·涂尔干对社会学的创立,弗朗兹·博厄斯坚持以特殊的历史背景来看待文化,这些立场形成了人类学领域从 19 世纪晚期发展至今所呈现的景象,使他们毫无疑义地成为人类学的奠基者(穆尔,2009)。泰勒(1871)坚持文化进化论和"均变论",强调由于人类的精神过程普遍相似,人类社会文化的发展遵循着"几乎一致的渠道",表现为进步的特征,并且在文化的进化中得以展现。在定义人类存在的文化维度的过程之中,泰勒创立了人类学这一门研究人类的学问。摩尔根的目标是追踪各亲属称谓制度之间的关联,并探究它们在人类经历"野蛮时代"过程中所发生的"进步性变化",并以四项文化成就为标准来定义进化的不同阶段:发明和发现;政府的观念;家庭的组织;财产的观念。进步的线索在发明和发现领域表现得最为明显(Morgan,1871)。摩尔根与泰勒相类似,也认为人类的经历,沿着一条近乎一致的轨迹发展,人的智力规则运转是一致的(Morgan,1970)。弗朗兹·博厄斯则怀疑真实有效的文化法则,推翻了文化进化论模式,强调个人与社会、文化要素与文化整体之间的关系。"社会形态上的分类可能会提示我们一些问题,却不可能解决它们。每种情况都有可以化约为同一种起源,即个人与社会之间的交互作用"(Boas,1932)。涂尔干认为,人类的存在有其独特的领域——社会,它拥有特殊的结构,使我们得以区别建立在机械性团结基础之上的社会形式与建立在有机性团结基础之上的社会形式。可以从机械性团结的典型事例中发现有机性团结的起源,这种机械性团结是"真实的社会原生质,一切社会类型发展的萌芽",同时认为,神圣与凡俗之间的界限是集体的、社会的表现(Durkheim,1968)。

　　人类学在其后的发展中对文化和文化动力的研究,还需要特别重视的有波兰克拉科夫的人类学家布洛尼斯洛·马林诺夫斯基的功能主义,法国人类学家 C. 列维—斯特劳斯的结构主义(前文已部分述及),美国人类学家莱斯特·怀特关于文化的"普遍科学"的阐发等等。马林诺夫斯基认为,文化是对各种需求做出回应的一张庞大复杂的行为之网,文化成就直接或者间接地体现了人体功用性的进步和人体需要的某种满足,因此,文化是实用的、适应性的、功能上整合的(马林诺夫斯基,1987)。C. 列维—斯特劳斯在人类学理论的发展和 20 世纪的学术活动当中都占有一席之地。主张社会人类学应特别关注那些被认为是表征系统的制度的研究。表征这个词指代信念、情感、规范、价值、态度和意义等等;制度则是其使用者们通常加以检视的文化表达方式。他还从分类体系、亲属理论和神话逻辑三个主要领域考察了社会生活的潜在结构,认为"人类学是因集体现象的无意识本质的存在而产生的"（C. 列维—斯特劳斯，1963）。怀特致力于理解普遍的文化模式，对定义具体的文化品质及各种特殊的文化不感兴趣。怀特认为，各种特定文化在具体形式和内容上各不相同，但是在普遍的层面上则全都相似，文化科学必须要让自身关注文化系统的结构和功能，进而展示文化的普遍性方面。文化发展的程度，可以人均产出的、满足人类需求的商品和服务的数量来衡量，是由人均掌控的能量数量以及将其加以运用的技术手段的效率决定的。怀特还用一个简明的公式——E×T→C 来表达他的文化发展观。其中，C 代表的就是文化发展及具体的发展程度，E 代表的即是年均每个人消耗的能量，T 指消耗能量时工具的使用效率（怀特，1959）。拉德克利夫—布朗，作为英国人类学家的重要代表人物，他特别强调文化是在社会结构体系中表现出来的，离开具体的社会结构、社会交往就观察不到文化，更体察不到文化的力量（拉德克利夫—布朗，1952，1977）。英国人类学家 R. 弗思在 1951 年出版的《社会组织要素》一书中则认为，文化是社会重要的结构要素，如果可以把社会看成是由具有特定生活方式的人所组成，那么本质上就可以认为，文化即是生活或生活方式，或者更准确地说，文化就是社会。社会是什么，文化就是什么（弗思，1951），等等。

中国人类学的研究出现过两个高峰时期：20 世纪三四十年代，特别是抗日战争爆发后，中国高校内迁，大部分从事人类学社会学研究的学者、研究机构以及研究工作的重心也随之转移到了中国西部和西南地区。主要有云南大学、华西大学等的学者，他们在大后方不仅展开了农村和工厂调查，而且足迹远至边疆和少数民族地区，进而开启了中国人类学社会学的学科研究，并且也涌现出了费孝通、张之毅、田汝康、史国衡、许粮光等一批重要学者，出版了一批重要著作和成果，包括《禄村农田》（费孝通著）、《摆夷的摆》（田汝康著）、《易村手工业》（张之毅著）、《玉村的农业与商业》（张之毅著）、《昆厂劳工》（史国衡著）和《祖荫下：中国乡村的亲属、人格与社会流动》（许粮光著）等。费孝通的专著《乡土中国》和《生育制度》，出版于 1948 年，提出的"差序格局"理论在中国人类学和文化人类学界产生了巨大影响，并且对于今天研究中国传统文化也具有重要的理论价值。这一时期是中国人类学和文化人类学发展的第一个高峰时期。由于"左"的思潮影响，中国人类学研究也曾经被禁止，直到 20 世纪 80 年代获得重建，同时也迎来了第二个发展高峰。这一时期，费孝通不仅开展了对黄河三角洲、长江三角洲、珠江三角洲等实地调查，提出了既具有全局意义又符合当地实际的一系列重要的发展思路与对策建议,同时,也开始进行一生学术工作的总结,提出并阐述了"文化自觉"这一重大命题,出版有《学术自述与反思》(1996)、《行行重行行》(1997)、《从实求知录》(1998)等著作。其他从不同角度开展人类学和文化人类学研究的学者有阎云翔、黄宗智、庄孔韶、庄英章、黄树民、刘晓春、刘朝晖、吴毅,等等,这一时期的主要研究成果包括:《礼物的流动——一个中国村庄中的互惠原则与社会网络》《华北的小农经济与社会变迁》《银翅》《村治变迁中的权威与秩序:20 世纪川东双村的表达》等等也都具有较大影响。王莅在《从"唯物史观"到"人类史观"——文化人类学对马克思历史研究的影响》(2016)一文中认为,唯物史观"是马克思解释人类历史的重要理论,但是它形成于马克思从资产阶级社会向后思索一般人类社会的研究时期,因而无法具体说明史前社会的情况,这一难题构成马克思中后期历史研究的主攻方向。在进一步研究过程中,马克思以公社为切入点,通过借鉴文化人类学的研究成果,具体说明了公有制的历史存在、公有制向私有制的历史转变和公有制社会的内部结构三个关键问题,建构了"人类史观"这一理解史前社会的理论结构,从而实现了"唯物史观"的发展。这在一定意义上标志着中国人类学及文化人类学的研究,从早期费孝通等先辈开创的注重乡土社会和田野调查转向了更加宽广的研究领域,也具有更为深广的理论视阈。正如马佳所指出的,社会转型的今天,民族的、地区的文化也是全人类的、世界的文化,保持文化的多样性是我们义不容辞的责任。"吾辈"也会成为"他者",文化人类学的研究正是在互相吸引中慢慢发展和丰富起来的。我们对文化人类学的研究,一方面应该注重大整体与小个体之间的联系,首先,人类文化不是独立存在的,它依赖于一定的自然因素和社会条件,同时,特定的文化对社会的多个方面又产生着重要的影响。另一方面,文化的形成也不是一蹴而就的,它是多年以来人们行为和信仰的积淀。文化人类学者深入地参与到异文化的人类生活中,以较长的时间为保存、记录和研究"他者"的文化,让我们看到世界多样文化的同时也在反思着自己的文化(马佳,2015),等等。

(四)已有研究存在的主要问题

通过上述文献梳理发现,文化和文化动力是一个在哲学、社会学、经济学、政治学、人类学等各个领域普遍关注的问题和议题,学者们在文化的内涵、结构、功能、样式、运行机制、演变规律、发展模式等方面做了大量的研究工作,取得了丰富的研究成果,为本研究奠定良好的基础。但是,迄今的文化和文化动力研究，显然沿袭着文化研究史上的一种"癖好"和显著倾向，即都在着力避免给文化作特别有力的或者是能够在方法论上有启发意义的界定，进而使得文化研究始终缺乏程序上的连贯性（史密斯，2006）；并且，显然陷入了哈耶克针对法律实证主义者所批评的那种"矛盾现象"，即一门科学竟明确否定它拥有一个研究对象（哈耶克，2001）。回避"文化是什么"的问题，对文化概念缺乏明确界定，对所有关涉"文化"的研究来说，始终是一个缺憾；对于"文化动力"的研究所导致的结果是：文化和文化动力的研究反倒成为缺乏"文化"的研究。因而，研究存在的问题是显见的，主要可以体现为以下几方面。

第一，经验性描述的多，基础性研究的少。从已有的研究看，哲学、政治学等方面的研究，往往只是指明文化可能的动力功能和效用等；经济学、社会学强化了文化的功能性研究，但大都没有跳出一个圈子，即基于"由内容来保证其功能"的想法（李军波，江翱，2006），一些研究甚至忽视了文化有着良莠之别的常识（在纯粹形式意义上，文化可能是没有优劣之分的，文化是善恶并存的，文化力量具有双重性，既可以带来进步，也可能导致衰败，亦即塞缪尔·亨廷顿所说的"既可以使人团结，又可以使人分离"。然而，在内容意义上，文化显见是有层次的，有优劣之别的，不然，何以谈论人类的文明和进步。这一问题，在本研究的结论中将予以进一步阐述）。人类学的研究往往是经验性的描述或功能性的解释，如在人类学的奠基人泰勒、摩尔根、涂尔干、博厄斯等那里，正如他们所强调的田野调查那样，往往只是"田野"的记录或实录。

第二，功能性解释的多，规律性研究的少。文化动力研究的唯物主义和历史主义路线对文化的发生机制、动力功能和作用等的研究作出了巨大贡献，然而，对于文化动力规律性的研究明显不足。恩格斯晚年提出的"合力说"，揭示的是历史发展的"合力"，而不是就文化动力的意义上来阐发历史运动和发展的规律；哈里斯的"文化唯物主义"则极有可能沦落为如杰里·D. 穆尔（2009）所批评那样，"把人类文化缩减成为单纯的饮食与养育之事"。唯心主义特别是黑格尔等的客观唯心主义，正如马克思在《关于费尔巴哈的提纲》中所批判的，他们把"能动的方面抽象地发展了，当然，唯心主义是不知道现实的、感性的活动本身的"，"哲学家们只是用不同的方式解释世界，而问题在于改变世界"（马克思，恩格斯，1979）。结构主义面对历史不仅呈现为"一种富有的尴尬"，而且，其"结构"正如吉登斯所阐发的，要么成了"虚幻的存在",要么被严重地"物化"了(吉登斯,1998)。怀特期望建立一门大写的文化的"普遍科学"的努力是值得赞赏的;但是,把人类机体与文化机体的功能直接相类比,将文化系统的基本目的定位成"获取和运用能量",不仅在论述上是"同义反复"的,而且整个逻辑都可能需要重构(穆尔,2009)。

第三,宏观层面分析的多,微观机制研究的少。迄今的文化动力研究,很多情形恰如后现代主义所批判的那样,只是"宏大的叙事",多数聚焦于民族—国家宏大和宏观层面。文化有没有自身存在和发展的逻辑? 能不能成为一个独立的研究领域、研究对象? 文化动力研究能成为如怀特所期望的一门科学吗? 文化是如何发挥"动力"作用的? 哪些因素推动或阻碍了文化自身的发展并且限制了其外部性的功能和效用,即"动力"作用的发挥? 作为具有"动力"作用的文化因素、要素的发生机制、动力机制、传导机制是怎样的? 如果文化始终处于费斯克(2001)所解说的与日常生活相关性的"生产"之中,处于过程之中、流变之中,那么,没有搞清楚文化的本质及其流动、迁变的规律以及文化动力的核心要素、传导机制等一些基本要素、微观机制等问题,所有关涉文化和文化动力的研究都必然地要大打折扣。

第四,文化的内部性动力与外部性动力之间,理论上界说不清,论述上飘忽不定,实践中一头雾水。如果借用经济学内部性和外部性概念来对迄今的文化动力及动力机制的研究加以区分,大体可以归结为两类:一类是以阐述文化自身发展的内在动力——可以称之为"内部性动力",也就是以探究文化自身发展的动力或动力机制为主的研究。这方面的代表人物有索绪尔和洛特曼等。另一类是以文化外在功能和效用,即外在动力——可以称之为"外部性动力",亦即是以文化对经济、政治、社会整体发展的具有外部性功能和作用机制为主的研究。黑格尔、马克斯·韦伯(Max Weber)、汤因比等都是这方面的代表性人物。同时基于文化天然独具的公共性,可以认为内部性动力就是外部性动力,或者说文化天然地就不存在"内部性"或"内部性"动力问题。但是,首先将此二者加以严格区分,又是极为必要的;不然,极容易造成理论上的盲区和实践中的盲动。

综上所述,已有研究的主要问题在于:经验性描述的多,基础性研究的少;功能性解释的多,规律性研究的少;宏观层面分析的多,微观机制研究的少;对文化的运行机制、发展规律,对文化动力的核心要素、传导机制等的研究明显不充分,侧重于揭示文化衍生、演变的规律性方面的研究更是极其匮乏。

三、研究内容与方法

(一)主要研究内容

1. 文化原动力核心要素研究

不论时代如何变迁,求真、求善、求美当是永恒的主题。本研究通过对康德实践理性、黑格尔反思哲学、哈贝马斯交往行动理论和生活世界范式的系统梳理和研究,结合哈贝马斯认识论的核心概念——"兴趣"及其所建立的用以建构其社会批判理论的"兴趣"框架:技术的认识兴趣、实践的认识兴趣和解放的认识兴趣,借助康德、黑格尔关于积极的、真正的自由和消极的、形式的自由的区分,致力于文化原动力核心要素的研究及文化原动力模型构建。本研究认为,文化原动力的核心要素可以包括康德的"纯粹实践理性的动力"——"自由意志"(主要是求"善"),黑格尔"对事物作思维着的考察"——"反思"(主要是求"真"),哈贝马斯"行动的合理性和社会合理化"——"可批判性"(主要是求"美")等几个重要方面。当然,正如康德在《纯粹理性批判》(1960)第一版、第二版序中强调,他所说的"批判"乃一方法论,目的在于通过批判通常所说的理性能力,以警示人类理性越出经验限界所可能导致的风险。因此,也可以这样认为,我们所说的自由意志(求善)、反思(求真)、批判(求美),从根本意义上说,也是一方法论,是在求取文化动力的经验限界。因为,在我们看来,丧失或丢弃了自由意志(求善)、反思(求真)、批判(求美)精神和能力,则文化动力将无从谈起,也因此而成为经验世界具有经验限界的文化原动力。对此,我们可以从方法论意义上加以提取,以作为文化原动力的核心要素,而在世界观上,作为文化动力核心要素的自由意志、反思、批判三者,则都必须坚持马克思主义的文化观和自由观,对其加以批判地吸收。本研究将系统阐述其理论渊源及其内在逻辑,为文化原动力及其传导机制、基本规律的研究奠定基础。

2. 文化动力的功能性研究

结合杨曾宪的价值论和杜威的价值哲学,本研究认为正如商品有价值和使用价值,一切的文化品也有价值和效用价值。所谓"文化价值",是人类生命创造力区别于动物本能力量的一种属性,是人类在一切文明创造活动中所表现出来的"本质力量"或"文化力"。由于这种"文化力"直接体现了人类的创造力,体现了原创性,因此,它是"最纯正"的价值;而蕴含这种文化力的文化质,便是"最纯正的"文化价值因素(杨曾宪,2002)。文化价值在一种文化质、文化品被创造的那一刻,便凝固于其中,并在不同的文化空间和文化时间里,散发出人类文明的辉光,体现着人类的价值追求。正如商品那样,我们一般更关注的是其"使用价值"一样,任何一个文化实体,通常情况下,更值得我们关注的当然也可以是其所体现的"文化效用价值"。然而,鉴于文化产品是一种特殊的精神产品,因而很多时候更值得我们重视和关注的,当是其价值。无视文化的价值,唯求其效用或使用价值,事实上已经在文化实践中造成了诸多的问题和困境。

3. 文化动力的规律性研究

本研究偏向于这样一个文化定义,即把文化看成是由价值、信仰、习俗、习惯等相当于内在或者说是潜在的规则,即内在制度(潜规则)和知识、语言、法律、礼仪、符号等大体上处于物化或者是外化状态的外在制度(显规则)所构成的规则系统"互动的和"(吴福平,2006;2012)。任何一个文化机体,在其外在制度(显规则)和内在制度(潜规则)互动的过程中,首先是都必然有一个"初因"或"基因",文化的"初因"是一种文化形态发生、发展、繁荣的出发点,是每一种文化规则系统所依赖的基本点。不同文化时间和文化空间里呈现的文化机体,正是一个或者是一个以上的文化"初因"衍生或者在交杂互动中产生的"混血儿"。文化的"初因"就如生命科学中的"基因",正是因为生命科学发现了基因的活动原理,使我们可以有重新设计生命的可能,找到了文化的"初因",将意味着我们不仅能够理解所有与文化相关联的生活方式、行动方式、思维模式,以及理解事物的方式等;而且,也很有可能对任一文化时空中呈现着的文化机体进行重组或重构,以及必要时的整合和提升。也因此,"文化动力"研究的首要任务便是要找到某文化机体运行的"初因"(或"基因")。在此基础上,摸清文化流变的形态,把握其流动、迁变、衍生和活动的规律等,进而展开关于文化动力机制、基本规律的研究。通过本研究的努力,可以发现,一般性的文化初因或基因,并非都是本研究所论及的文化原动力,而只有那些具有自由意志(求善)、反思(求真)、批判(求美)精神的初因,才可能成为真正的文化原动力,并且实时地、动态地发挥出文化动力的功能和效用。

基于一个或者一个以上初因的文化实体中,所创设或滋长的内在制度(潜规则)与外在制度(显规则),在互动中将产生四种"文化形态"。简要地说,在不同文化时间和文化空间中流变的文化机体,文化的内在制度(潜规则)与外在制度(显规则)在互动中可以表现为:不相容(或完全不相容);基本相容；相容；完全相容，也因此表现出"超"文化态（Super cultual state，简称为"S"态文化）、"合"文化态（Integrated cultural state，简称"I"态文化）、"和"文化态（Harmonious cultural state，简称"H"态文化）、"纯"文化态（Pure cultural state，简称"P"态文化）这四种文化形态（吴福平，2006；2012）。考察一个文化机体在不同的文化原动力和文化软实力状态下文化形态的流变趋向，以及在不同的文化形态下文化原动力及文化软实力的强弱变化状况，是本研究的重要任务之一。

4. 多国视角下的文化原动力传导机制研究

本研究在构建以自由意志为核心，以批判和反思为两翼的文化原动力模型构建的基础上，结合从价值"认同—认异"、"内敛—外张"两个对立维度建立坐标系，区分出的凝聚力、传播力、学习力、革新力等四种不同类型的文化软实力（吴福平，2014），试图揭示文化原动力的核心要素：自由意志、批判和反思及其在"超"（S）文化态、"合"（I）文化态、"和"（H）文化态、"纯"（P）文化态等四种"文化形态"，以及其在学习力、革新力、凝聚力、传播力等四种文化软实力中的传导机制和基本规律，揭示文化原动力核心要素的传播路径及其功能和效用等。进而，把文化原动力、文化形态、文化软实力视作文化动力系统分析的主要途径和重要因素，并展开多国视角下的探索性案例研究。

（二）主要研究方法

1. 文献研究法：通过对国内外相关文献的阅读和梳理，揭示已有研究存在的问题并借鉴已有研究成果，提出本研究的技术路线、努力方向和实施步骤。

2. 逻辑归纳法：通过对文献资料的归纳整理和分析研究，努力使本研究在逻辑、结构和思路上显得严密、合理和清晰。

3. 案例分析法：选取典型案例，努力寻找能反映理论原理的案例，运用本研究所构建的文化原动力及其传导机制理论模型，对所观察到的事实和现象进行深入剖析和研究。通过探索性案例研究，试图描述通常的实证研究不容易度量的问题，例如"关系""面子"等（赵莉，乔鹏程，2013），以及本研究涉及的"自由""批判"和"反思"等。

4. 系统研究法：文化和文化动力都是如哈耶克所说的具有"动态有机性复杂"的系统，要对文化和文化动力问题展开研究，揭示其本质和内涵，都需要采取系统研究的方法。本研究力图从更宽广的视野、更深入地探讨文化原动力、文化形态、文化软实力等文化动力系统的基本要素及其运行机理、传导机制和基本规律。

5. 比较研究法：通过对不同国家文化原动力及其传导机制的案例研究，进一步验证本研究所揭示的文化原动力核心要素及在不同文化形态和文化软实力中的传播路径、基本规律，揭示文化原动力及其传导机制模型的合理性、科学性和有效性。

（三）本研究技术路线（见图 0-1）

（四）研究的重点、难点、创新点

1. 研究的重点

本研究的重点主要有三个方面，一是开展文化的实践性定义、文化动力内涵以及文化内部性动力与外部性动力区别和联系等问题的研究。二是文化原动力核心要素及其模型构建，旨在阐明以自由意志（求善）为核心、以反思（求真）、批判（求美）为两翼的文化原动力核心要素的哲学基础及其理论和实践意义。三是文化原动力传导机制理论模型构建，旨在揭示文化原动力核心要素：自由意志（求善）、反思（求真）和批判（求美）在"超"（S）文化态、"合"（I）文化态、"和"（H）文化态、"纯"（P）文化态等四种"文化形态"，以及在学习力、革新力、凝聚力、传播力等四种文化软实力中的传导机制和基本规律，揭示文化原动力核心要素的传播路径及其功能和效用。

2. 研究的难点

本研究的难点主要有两个：一是文化原动力核心要素及其哲学基础的研究。本研究将方法论意义上的文化原动力核心要素，确定为自由意志（求善）、反思（求真）、批判（求美）等几个重要方面；由于真、善、美三者之间既相对独立，又内在地统一于人类的实践活动之中，马克思主义哲学中的真、善、美以及真、善、美的统一对于人的自由和全面发展具有根本意义，因而，共产主义的真、善、美的理想才是真正的不竭的而且是内容意义上的文化原动力。要阐述这些问题，就必须从西方古典哲学、现代哲学乃至于后现代哲学中寻找思想基础和理论渊源，这在事实上几乎又涉及包括马克思主义实践哲学在内的整个西方哲学史和人类思想史。二是对美国、德国、日本及新中国经济社会发展的文化原动力及其传导机制的案例分析，主要运用"历史—哲学"的方法，由于第一手材料奇缺，只能依靠解读文献为主，如自由意志、批判和反思能力的强弱等，也难以展开数据统计和分析，因此解读过程中就难免会出现以偏概全的现象；同时，由于条件所限，作者也没能亲赴美、德、

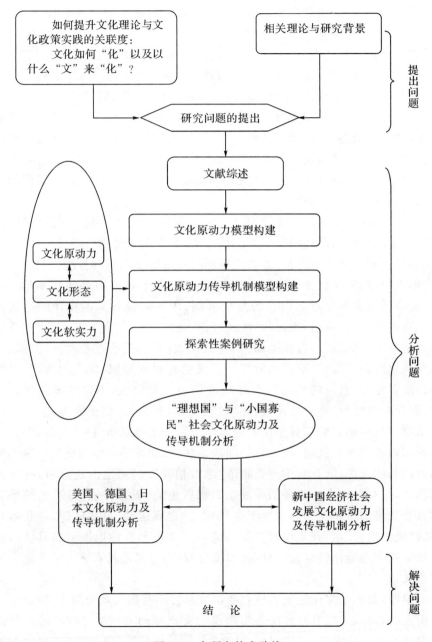

图 0-1　本研究技术路线

日等国家展开实地文化考察,只停留在间接认知,很难做到准确无误。

3. 研究的创新点

第一,进一步阐发了"文化的实践定义"的理论和实践价值。运用"文化的实践性定义",进一步揭示了公共治理视阈的"文化"的特质和特性,如潜在性、公共性、动态性、自足性、遗传性、主体间性,等等;同时,用以深入剖析吉登斯的社会"结构"理论及哈贝马斯的交往行动理论,深入解读哈耶克所阐发的"第三范畴",并试图与"社会资本""社会质量"等当代社会理论概念深度接域,进而,努力使文化研究深入到社会学、人类学、文化人类学、政治学乃至于整个社会科学研究的核心区域,成为如托尼·本尼特所强调的特殊的"文化治理区域"。

第二,基于"文化的实践性定义",对文化动力的内涵作了新的解读,严格区分了文化的内部性动力和外部性动力,具有创新性和实践性。

第三,就精神动力而论,如果说康德仅仅考察了意志的自决力量是不够的,那么,黑格尔仅仅考察意志内容的规定性问题,同样也暴露了不足。因此,仍有进一步考察意志内容的发生机制、传导路径和基本规律的迫切需要。这是因为,一方面,康德的"纯粹理性"及黑格尔的"绝对精神"更侧重于探究精神的自我创造、自我运动、自我认识、自我实现的过程;另一方面,正如马克思所强调的,形形色色的唯心主义把知识的知识、观念的观念、思维的思维冒充为"自身的他物",企图把精神加以神秘化,不仅注定是要失败的,而且必然导致"绝对精神"的腐败(马克思,1961)。也正因为此,哈贝马斯指出,"我所感兴趣的只是精神进入历史这个主题"(哈贝马斯,2012)。考察意志内容的发生机制、传导路径和基本规律,亦即是考察历史和实践中的精神的具体过程,既有利于有效防范"绝对精神"或"观念的观念"可持续的"腐败",也有助于进一步揭示即便如康德所说的"无条件地实践"的纯粹理性以及黑格尔所阐发的一直处于自我创造、自我运动、自我认识、自我实现中的"绝对精神",在有条件的以及马克思主义所创造性地揭示的具体的历史和实践中的运作机制、运行机理和流变规律,显见地具有重大的理论和现实意义。

第四,揭示了文化原动力核心要素及其哲学基础和理论渊源,构建了以自由意志为核心,以批判和反思为两翼的文化原动力模型;同时,对文化原动力及其核心要素在"超"文化态、"合"文化态、"和"文化态、"纯"文化态等不同文化流变形态中的学习力、革新力、凝聚力、传播力等文化软实力的具

体表现、作用机制、传播路径等,进行了较为严密的逻辑演绎,并在此基础
上,构建了文化原动力传导机制模型。在"文化原动力模型"的四个象限中,
基于四种理性,似乎整个人类思想史上的每一种重要的思想,都可以从中找
到固有的位置和特定的坐标,进而似乎可给予这些重要思想以更客观的估
价和评议。进而,或者可以大大减少我们在思想领域和认识实践中陷于盲
动或者是持续性地"瞎子摸象"。

　　第五,运用文化原动力传导机制模型,通过对美国、德国、日本三个国家
的经济社会发展的文化动力进行分析,得出这些国家在文化上基本上都存
在着显著的"先民决定论"。"先民决定论"正是美国人类学家莱斯特・怀特
所强调的独立于"某一社会性中出生和死亡的众多个体而存在的"、"本质上
是非生物性的"文化实质性地存在的重要体现(怀特,1959)。这一方面说
明,任何一种文化"初因"或"基因",一旦成形定格,就可能具有极强的稳恒
性、稳固性;另一方面,则又恰恰说明,迄今为止,在管理或治理领域对于文
化或文化动力的运行机理、流变机制和基本规律等仍然缺乏研究,对于究竟
以什么"文"来化特别是如何"化"等问题,仍缺乏基本的了解和理解,对于任
何一种文化形成的"初因"或者本研究所说的"文化原动力"及其传导机制的
研究,更是迟滞于浅层或浅表。究其原因,可能正是因为我们未能找到文化
形成的"初因"或"基因"。因而,文化的"初因"就可以进而看成是文化的"原
动力";这些国家在文化上"先民决定论"的存在,则又说明,那些资本主义国
家可能迄今也未能找到正确的和积极意义上的文化原动力。

　　本研究是拙著《文化全面质量管理——从机械人到生态和谐人》(中国
社会科学出版社,2006 年 11 月版)、《文化管理的视阈:效用与价值》(浙江
大学出版社,2012 年 4 月版)、《文化测量:原理与方法》(浙江大学出版社,
2014 年 6 月版)的继续和深化。笔者认为,前三部拙著,基于本研究提及的
"文化的实践性定义",基本解决了关于"文化"如何"化"的问题,包括"化"的
主要途径、基本规律以及如何评估测量等问题。本研究的重点则在于解决
以什么"文"来"化"的问题。

　　这一看似简单的问题,却涉及整个思想史。中西哲学史、思想史上下数
千年思考探索中集成的思想宝库,有着取之不尽的思想原料和素材,一个个
思想巨人,就是一座座丰碑,为本研究提供了诸多便利;同时,要在整个人类
思想史中厘清思想巨人们的思想脉络,并梳理出一个关于以什么"文"来
"化"的问题,显然给本研究带来了重重的负担,也几乎为笔者力所不能及。

好在本研究似乎找到了一个化繁就简的办法,就是找到了自由意志(求善)、反思(求真)、批判(求美)等几个如哈耶克在论及"社会的"一词时所说的"小小的词汇",通过对这些日常运用的词汇的深入剖析,我们看到了"有时候不仅能够凸显出诸多理念的进化过程和人类犯错误的轨迹,而且还常常会产生一种人们意识不到的力量(irrational power)"(哈耶克,2001)。本研究进而试图阐明自由意志(求善)、反思(求真)、批判(求美)原生地是、也一直是人类文化和文明进步的原动力。同时,基于上述认识,本研究将按如下思路和步骤展开。

首先,如果文化的衍生、发展、迁变和演化是从洛特曼所阐发的"符号的零状态"开始的,而且,洛特曼意义上的"'零'状态"可以被认定为是一种"'零'存在",其经验直观即当是"自由"。由此深入,就不难理解,为什么恩格斯说,"文化上的每一个进步,都是迈向自由的一步"(马克思,恩格斯,1995)。就公共领域和社会实践领域言之,马克思主义的"自由理性",必然地是人类社会和谐稳定和可持续发展的"最初动力的动力",也是"最后动力的动力"。于是,"'零'存在机制"或许不仅应当成为中西哲学研究的可能的思路和进路,也可以成为文化哲学、文化动力研究的一种全新视角(第1章)。

其次,建立以自由意志(求善)、反思(求真)、批判(求美)为核心要素的文化原动力模型。关于该模型图,需要特别指出并且也值得高度重视的是,本质上整个人类思想史上的一些重要思想,似乎都可以在这个文化原动力模型中,准确地找到其固有的位置或坐标。这进而也为本研究力图解决的以什么"文"来"化"的问题,提供了可靠的思考路径(第2章)。

第三,深化文化实践性定义的研究,努力使文化研究成为如托尼·本尼特所强调的特殊的"文化治理区域"。运用文化的实践性定义,深入剖析吉登斯的社会"结构"理论及哈贝马斯的交往行动理论,深入解读哈耶克所阐发的"第三范畴",并试图与"社会资本""社会质量"等当代社会理论概念深度接域,进而,努力使文化研究深入到社会学、人类学、文化人类学、政治学乃至于整个社会科学研究的核心区域,成为特殊的"文化治理区域";同时,运用笔者前三部拙著提出的文化实践性定义,以及基于该定义的深入阐发而得到的"超"文化态、"合"文化态、"和"文化态、"纯"文化态等四种文化形态,基于价值"认同—认异"和"内敛—外张"两个对立维度而析分出来的学习力、革新力、凝聚力、传播力等四种文化软实力,建立了以自由意志为核心,以批判和反思为两翼的文化原动力传导机制模型,并对该模型进行了较为严密的逻辑演绎,阐明了自由意志(求善)、反思(求真)、批判(求美)等文化原动力核心要素在上述四种"文化形态"及上述四种"文化软实力"中的作用机理、传播路径及互动关系等(第 3 章)。

第四,运用该文化原动力传导机制模型,进行探索性案例研究。通过对如柏拉图所构想的"理想国"及老子的"小国寡民"社会文化动力进行对比分析,试图奠定从文化原动力、文化形态、文化软实力等三个维度对国家文化动力展开研究的基本框架;在此基础上,对美国、德国、日本以及新中国等当前国际舞台上有着重大影响的大国强国,展开较为系统和全面的文化动力分析及探索性案例研究(第 4、第 5、第 6 章)。

就公共领域的文化和文化治理而言,如既能解决如何"化",又能得出以什么"文"来化的问题,那么,基于文化的实践性定义,通过对文化外在制度与内在制度特别是其"互动的和"部分的深入剖析和解读,以及基于文化原动力及其传导机制、传播路径、基本规律等的全面揭示,马林诺夫斯基所希望建立的"一个审慎严谨的文化论",莱斯利·怀特所希望致力于构建的能够关注文化系统的结构和功能,展示文化的普遍性方面的文化科学,可能可以期待。无论如何,尽管人类的文化长征依然任重而道远,然而,文化不能任由其继续"飘零"在各学科的边缘地带,而成为一门独立的科学,这应当可以成为一种共识(第 7 章)。

第1章　文化动力研究:哲学基础与可能路径

在物理学中,渗流理论:$v=ki$,式中,v 为水的渗流速率,k 为渗透系数,i 为水力坡降($i=\Delta V/L$,式中:ΔV 为水压,L 为渗径);或电流理论:$I=V/R$,式中:I 为电流强度,V 为电压或电势差,R 为电阻。从电流或渗流理论可以看出,水力坡降或电势差(渗压差)越大,水的渗流率或电流强度也就越大;电阻 R 越大或渗透系数 k 越小,电流 I 越小或渗流速 v 就越小。牛顿定律中的力的定义,即力 $F=ma=m\cdot dv/ds$,其中,m 是物体的质量即阻尼,dv/ds 是加速度即速度对时间的导数,而导数=斜率=梯度=势。据此,李德昌进一步认为,事物的演化和发展是由不同层次的"势"推动的。几乎所有重要的自然科学问题,都可以归结为导数或偏导数构成的势函数问题。科学中重要的基本理论都表达为某种势函数:"从牛顿定律到麦克斯维方程,从量子力学的波函数到相对论的场方程,均以某种导数的形式构建成不同的偏微分方程;而导数的本质就是差别与联系之积,即差别÷距离=差别×联系,即势,所以各种偏微分方程就是不同的势函数。"(李德昌,2007)势是力的必要条件,有力产生的地方必须有势。势的运行规则是差别促进联系,联系扩大差别,所以"势趋"不变。势的稳定增长达到某种临界值,系统就会发生非平衡相变和非线性分岔;势的增长极限产生对称,对称形成群,无干扰的物质势作用形成物质群,所以物质世界和谐(李德昌,2007)。

这里所论及的"联系"与"差别",是中西哲学史上两个重要论题,也可以说是两个极其重要的内生变量;特别是中国哲学史上被人称为"经典中的经典","智慧中的智慧"的《易》哲学中论及的太极阴阳及其变易,本质上也可以归结到差别和联系互推互动的"势"机制;同时,如果太极阴阳的运行机理如周敦颐在《太极图说》中所论及的"无极而太极。太极动而生阳,动极而静,静而生阴,静极复动。一动一静,互为其根",那么,结合导数和微分数理,便可以进一步导出海德格尔在《存在与时间》、萨特在《存在与虚无》中倡导的存在论意义上的"'零'存在机制"。"'零'存在机制"所展示的,当是大自然的自由和美。如果文化的发生、发展和迁变演化是从洛特曼所阐发的"符号的零状态"开始的,而且,"'零'存在"的经验直观或者也正是 17 世纪法国哲学家马勒伯朗士所谓的"神秘"的"自由";那么,"'零'存在机制"不仅应当成为中西哲学研究的可能的思路和进路,也可以成为文化哲学、文化动力研究的一种全新视角。

一、"'零'存在机制"及其存在论意义

(一)中西哲学中的"差别—联系"论

1. 西方传统哲学中的"差别—联系"论

在西方哲学史上,从苏格拉底开始,联系与差别问题就是一个极其重要的论题;并且,显然肇始于对"一"的探索。在柏拉图的《理想国》中,苏格拉底与格劳孔的对话就曾论及这个"一"。苏格拉底指出,这个"一"首先是视觉和感觉所不能完全把握的,但却可以引导心灵去把握实在,发现"可知事物"和"可见事物"的差别与联系。这是因为,"如果'一'本身就是视觉所能完全看清楚的,或能被别的感觉所把握的,它就不能牵引心灵去把握实在了……但是,如果常常有相反者与之同时被看到,以致虽然它显得是一个,但同时相反者也一样显得是一个,那么,就会立刻需要一个东西对它们作出判断,灵魂就会因而迷惑不解,而要求研究,并在自身内引起思考时,询问这种'一'究竟是什么。这样一来,对'一'的研究便会把心灵引导到或转向到对实在的注视上去了"(柏拉图,1986)。在这一点上,亚里士多德继承了苏格拉底和柏拉图的思想,并对这个"一"作了进一步的探究。他指出,"多"的命意相对于"一","别'之各义与'同'相反"(亚里士多德,1986)。"同就是多于一的事物之'合一',或是一事物而被当作多于一事物之合一;有时我们说一物与它本身相同,因先前我们拿它当作了两物"(亚里士多德,1986)。如以差异论视之,则差异以及完全差异必须是两个事物之间的差异(亚里士多德,1986);"假如逐级进求差异中的差异,达到了最后一级差异——这就是形式和本体"(亚里士多德,1986)。也就是说,在"别"与"同"的差异与"合一"中,可以追寻到"形式和本体",也就是追索到"一"。"一"与"多","别"与"同",亦即"差别"与"联系"这一论题后经由库萨的尼古拉、笛卡尔、康德、黑格尔等人的系统阐发,同时也完成了整个西方传统哲学的建构。被人誉为"近代哲学真正创始人"的库萨的尼古拉就认为,"那先于一切差异的,无疑

是永恒的,因为差异与可变性是一回事;一切按本性先于可变性的,都是不可变的,因而是永恒的"(库萨的尼古拉,1988)。由于联系按本性先于差异,它也就必定与"一"同样是永恒的。相等就本性来说先于不相等,也就证明了相等按本性先于差异。这就必然得出结论:相等是永恒的。因此,"一"、相等和联系,三者同等的永恒,它们是同一,这也正是毕达哥拉斯的"三一体"(库萨的尼古拉,1988)。笛卡尔从普遍怀疑开始,反复强调真理必须并且也能够明白和清晰地加以表达,认为凡是像个真理一样可以清楚而且明晰地被设想的东西都是真的(斯宾诺莎,1980)。那么,什么叫作明白和清晰呢?笛卡尔指出,"所谓明白的对象,就是明显地呈现于能注意它的那个心灵的对象,就如一些对象如果呈现于观察它们的那个眼睛前面,以充分的力量来刺激它,而且眼睛也处于观察它们的适当位置,那么我们可以说自己是明白地看到了那些对象。至于所谓清晰的对象,则是界限分明与其他一切对象厘然各别,而其中只包括明白内容的一个对象"(笛卡尔,1980)。可见,在笛卡尔那里,所谓的"明白"就是与"那个心灵的对象",存在着如库萨的尼古拉所阐明的"一"、相等和联系永恒同一的毕达哥拉斯的"三一体"关系,不然,难以"明白"。而所谓的"清晰",因为是"界限分明与其他一切对象厘然各别",所以,就是"差别"。没有差别,就难以"清晰"。这一点后来在维特根斯坦和萨特那里也都得到了诠证。维特根斯坦强调,"正如我们根本不能在空间之外思想空间对象,或者在时间之外思想时间对象一样,离开同其他对象结合的可能性,我们也不能思想一个对象。如果我能够思想在事态中结合的对象,我就不能离开这种可能性来思想对象。"因而,每一个这种可能性必定在该对象的本性中,之后不可能发现新的可能性(维特根斯坦,1996)。萨特则认为,"使认识意识成为对它的对象的认识的充分必要条件是:它意识到自身是这个认识"(萨特,1987)。也就是说,只有意识到自身就是这个认识,即具有与认识对象如维特根斯坦所说的"结合的可能性",才有可能拥有这个认识,这是必要条件;同时,若能意识到自身是这个意识,当然也就认识了对象。因此,可以认为,萨特关于认识意识的"充分必要条件",维特根斯坦的与"对象结合的可能性",正是笛卡尔的关于"明白和清晰"的最好表述,也是存在能在"感觉"和"表象"中"显露"联系和差别的根源所在。笛卡尔对真理的明白和清晰的不懈追求,开拓了"欧陆理性主义"哲学,并且使他成为"近代科学的始祖"。尽管康德以"我之存在之意识同时即为在我以外其他事物存在之直接的意识"(康德,1960),破除了笛卡尔"我思故我在"这一命题,但一方面这并不影响笛卡尔对真理的"明白和清晰"的追索,另一方面,康德先验哲学显然延续了"一"既是联系亦是差别这一认知理路。他的先验统觉、时间、空间等等,本质上就是这个"一",并且在这个"一"内生的联系和差别中展开了他的纯粹理性、实践理性和判断力批判。对联系与差别作出全面系统阐述的当属黑格尔。他指出,"如果思维活动只不过是一种抽象的同一,那么我们就不得不宣称思维是一种最无益最无聊的工作。概念以及理念,诚然和它们自身是同一的,但是,它们之所以同一,只由于它们同时包含差别在自身内"。本质主要包含有差别的规定,否定性同时就作为联系、差别、设定的存在、中介的存在而出现。"因为如果把同一认作不同于差别,那么我们事实上只能有差别,因而无法证明由同一到差别的进展"(黑格尔,1980)。

2. 西方现代哲学中的"差别—联系"论

西方现代哲学从海德格尔的"存在差别论"开始,正式宣告与传统哲学势不两立。海德格尔认为传统哲学陷入了"二元论"困境。在西方传统哲学中,从苏格拉底开始探究的"一",被人戏称为"一"哲学,这个"一"即是最高实体,进而使整个西方哲学发展成了实体主义。柏拉图的实体和"一"就是绝对理念,库萨的尼古拉否定神学的实体和"一"就是上帝,黑格尔的实体和"一"即绝对精神。这样,整个世界就被二重化为现象世界和本质世界,现象世界只是表象,本质世界才是最高实体、最高的客体范畴。在海德格尔看来,在存在者之为存在者的任何行止中,在存在者之为存在者的任何存在中,都先天的有个谜(海德格尔,1999)。必须把存在从存在者中崭露出来,以解说存在本身,这正是存在论的根本任务(海德格尔,1999)。当人们摆脱了尼采所谓的"显象背后的世界这幻觉",不再相信"显象背后的存在",显象就成了完全的肯定性,于是便获得了胡塞尔或海德格尔的"现象学"中所遇到的那种现象或"相对—绝对者"的观念。现象是什么,就绝对是什么,现象就是现象自身的绝对表达(萨特,1987)。因而,"此在"正是世界万物展露自己的场所,"此在"也是存在和存在者之间"联系—差别"的纽带。海德格尔正是在存在与存在者的"联系—差别"中展开他的"存在之思",进而超越了自巴门尼德、亚里士多德以降的"存在之存在"论,使存在的意义第一次在哲学上被特别作为问题提了出来,并且使整个西方哲学出现了一股强大的向胡塞尔的"生活世界"回归的潮流。并且都不同程度上表露出对超越实体主义、理性主义、科学主义的强烈愿望,以及向"此在"和"生活世界"及主客不分的"诗化哲学"归依的热切企盼(戴茂堂,魏素琳,1999)。

在现代哲学思想史上,萨特的贡献是需要推崇的。萨特指出,现代思想把存在物还原为一系列显露存在物的显象,这是一个很大的进步。这样做的目的是为了消除某些如海德格尔所阐发的使哲学家们陷入困境的二元论,并且试图用现象的"一元论"来取代它们。但是,这种尝试并没有成功(萨特,1987)。现象的存在显露其自身,它就像显露它的存在一样显露它的本质。它无非是把这些显露紧密联系起来的系列而已。有限的显现是在它的有限性中表明自身的,但是为了把它当作"显现的东西的显现",它同时要求被超越而走向无限。现象理论本质上以现象的客观性取代了事物的实在性,并且是求助于无限性来建立这种客观性的。"有限与无限"的对立,或者说是"有限中的无限"这种新的对立,亦即"新二元论"取代了存在和显现的"二元论"(萨特,1987)。鉴于此,萨特把目光投向了"虚无",进而发现了实在物的一种新成分:非存在。他认为,否定便是虚无的概念性统一,它是具体心理活动的结果,它的存在在于它的被感知。否定是在人与世界关系的原始基础上显现出来的,我之所以期望存在的显露,是因为我同时就对非存在的显露的或然性作好了准备,对于不首先把非存在看作可能性的人,世界并不显露它的非存在(萨特,1987)。因此,本质上"我们被虚无包围着","正是在我们之外,又在我们之中非存在的永恒可能性制约着我们对存在提出的问题。非存在甚至还将对存在进行限制:存在将要成为的那个东西将必然地隐没在它现在不是的东西的基质中"(萨特,1987)。同时,也正是虚无把"准多样性"引入了存在,这种"准多样性"是一切世界之中的"多样性"的基础,因为一种多样性要求有一种原始性统一,多样性是在这种原始统一内部酝酿的。正是因为准多样性使得数目在世界上显露出来。这样,存在与非存在,同一性和多样性,亦即差别与联系就原始地统一在了存在或存在内部(萨特,1987)。这同时意味着,笛卡儿的"反思","一点也不比被反思的意识更优越:并非反思向自己揭示出被反思的意识。恰恰相反,正是非反思的意识使反思成可能:有一个反思前的我思作为笛卡尔我思的条件"(萨特,1987)。显见,萨特从"这个显露的存在的问题"出发,在存在原始地涵容的"联系—差别"中,进一步阐发了海德格尔的生存论存在论,并试图解救现象理论陷入的"新二元论"窘境。萨特显然得到了同时期阿多尔诺的赞同。阿多尔诺的"否定的辩证法"抵制任何打算赋予世界以"同一性"从而把世界限定在一个原则上的企图,认为哲学所寻求的秩序和不变性实际上是不可能的,唯一可能的是连续的否定,一如亚里士多德"逐级进求差异中的差异"。因而,阿多尔诺认定,辩证法本质便是始终如一的对非同一性的意识(阿多尔诺,1993)。如果康德的先验主体为了能够起作用,或者说是为了能够进行有效的判断,而严格需要感觉的话,"这个主体就似乎在本体论上不仅依赖统觉,而且也依赖物质、即统觉的相反一极",这将会从根本上破坏整个主观构造的学说,而关于"某种不变的东西、某种与自身同一的东西的观念也就崩溃了"(阿多尔诺,1993)。否定的辩证法与黑格尔的分界线很难靠个别区别来划出,"毋宁说是靠意图来划出的——即在意识中、理论上以及实践后果中,我们是把同一性当作最终的、绝对的东西来维护和巩固,还是把它体验为普遍的强制机制。但我们最终也需要摆脱这种普遍的强制,正如自由只有通过强制的文明、而不是靠'回归自然'而成为现实的一样"(阿多尔诺,1993)。在阿多尔诺看来,海德格尔虽则到达了"对同一性中的非同一性的辩证法的边界"(阿多尔诺,1993),但是,他在存在的概念中没有贯彻这一矛盾,他压制了它。"他把绝对同一性中的非同一性当作一种家庭耻辱而掩盖起来"(阿多尔诺,1993)。尽管一如哈贝马斯所说,阿多尔诺的否定辩证法之所以能要求恢复黑格尔的非同一性,是因为非同一性早就存在于黑格尔的体系中(哈贝马斯,2012)。然而,这同时又正好说明存在与显现、存在与非存在、同一性与非同一性等的"联系"与"差别",一直是西方哲学史上的核心论题。而萨特的特别贡献在于,他让"虚无"来到了这个世界,找到了"虚无"这样一种"非存在"的"存在",并且认为存在与纠缠它的非存在(虚无)之间存在某种关系,进而把"存在与非存在看作实在物的两种相辅相成的成分,就像黑暗和光明那样:总之,这是两个完全同时性的概念,它们在存在物的产生中是以某种方式结合在一起的"(萨特,1987)。存在和非存在之间具有相互排斥的力量,从某种意义上讲,实在物正是"由这些互相对立的力造成的紧张状态"(萨特,1987)。

　　3. 中国传统哲学及《易》中的"联系—差别论"

　　中国传统哲学同样也肇始于对"一"的探究。周易哲学中的虚无本体"太极",即是"一"。太极一词出自《庄子·大宗师》:"大道,在太极之上而不为高;在六极之下而不为深;先天地而不为久;长于上古而不为老。"庄子论述的正是这个"一"。老子说,"道生一,一生二,二生三,三生万物"(《道德经·四十二章》),也认"一"为世界的本源、本体,而一阴一阳的联系与差别的互推互动正是变易的根源。惠施、公孔龙一派"辩者"提出的一些命题,虽然本身仍属诡辩范畴,但已包含着发展为"联系—差别"辩证命题的可能性。宋明理学的"理一分殊"、华严宗的"一多相容"对一系列的对立范畴如"人法""总别""同异""成坏""真妄""理事""一多""因果"等的"差别与联系"以及"一"(或与一相当的本体对象)的重要性、根本性和唯一性,也都作过系统的阐述。这里特别需要提及的是,中国古代辩证法所遭遇的种种责难。如黑格尔认为,中国哲学从思想开始,然后流入空虚,而哲学也同样沦于空虚,其中那些具体规定"没有概念化,没有被思辨地思考,而只是从通常的观念中取来,按照直观的形式和通常感觉的形式表现出来的。因此在这一套具体原则中,找不到对于自然力量或精神力量有意义的认识"(黑格尔,2013)。邓晓芒也认为:"中国古代辩证法由于缺乏个体生存论的动力,而不具备古希腊辩证法那种彻底性和思辨性。比较之下,中国古代辩证法粗而不精,泛而不深,每个思想家的辩证思维中都随时埋藏着形而上学的种子,总是最终导致放弃和抹杀自己的主体生存,而以大而化之、堂而皇之的大话自欺。"(邓晓芒,2008)其实,这些责难可能忽略了两点:一是在中国古代及封建皇朝的高压政治下,个体生存论是不太可能从形而上学的种子里茁壮的。正如黑格尔所看到的那样,在东方那种主观性精神因素是没有也不可能得到充分发挥的,"个体若与自在自为者对立,则本身既不能有任何价值,也无法获得任何价值。只有与这个本体合而为一时,它才有真正的价值。但与本体合而为一时,个体就停止其为主体,(主体就停止其为意识),而消逝于无意识之中了"(黑格尔,2013)。其二,中国文化本质上反倒是某种意义上的早熟的文化,中国哲学是早熟的哲学。大凡深入研究过《易经》学说的人,一般都会承认,《易经》中几幅"易图"才是关键,而包括孔子的"十翼"及朱熹的诠注等,都只是读易图的"心得报告",并且,很多时候也并不可靠。因而,要读《易经》,读懂中国哲学可能更需要也更值得去深究的当是易图。相较于亚里士多德在《形而上学》一书中提及的泰勒斯的"水"、阿那克萨奇拉的"理性"、巴门尼德等的"情爱""元一",留基伯与德谟克利特的"原子"、恩培多克勒的"善恶"与"爱情",毕达哥拉斯的"数"、柏拉图的"意式"等作万物之因,中国哲学中一张"太极图",实际上就已经更直接、更抽象地导出了"一",导出了一阴一阳之谓道的真谛,导出了万物动因及萨特意义上"存在与虚无"的差别与联系。

　　同时,细究起来,中国古人讲阴阳至少还有这样三大优点:一是如老子在他的《道德经》中,把有无、大小、高下、多少、远近、厚薄、轻重、静躁、黑白、

寒热、歙张、壮老、正反、生死、美丑、善恶、强弱、利害、祸福、荣辱、智愚、兴
废、进退、是非、巧拙、辩讷、公私、难易、柔刚、贵贱、贫富、治乱等,统统纳入
了阴阳的思维和语言框架。这说明阴阳这个思维框架具有强大的包容性,
可以无限地拓展和延伸,只要你愿意去填空。第二大优点,正是因其富有更
大的包容性,所以本质上,阴阳只是一个"空筐",也因此具有更强的再生能
力,用这样一个"空筐"讲起辩证法来,可能且事实上也更为灵便。这是因
为,我们不仅可以通过一些活生生的自然和社会现象中存在的"矛盾",来展
开辩证思考,而且还可以通过这些实例来讲解什么叫"辩证",什么叫"对立
统一",以及什么叫作联系与差别等问题。这显然不像我们现在,大体上只
是通过"矛"与"盾"来讲解"矛盾"。第三个优点则更为重要。正是因为阴阳
这个思维框架,是可以通过活生生的生活实例来感知的,并且一"阴"一
"阳",是对事物内部矛盾性的更高层次的概括,所以,看起来要比"矛"与
"盾"更富"质感",也更"接地气"。正是因为这种"质感"更强,所以,能够使
中国古人更早地进入了"有"与"无"的思考和探索,并直达变易。在西方哲
学中,到了黑格尔才提出"有"与"无"的区别,只是指谓上的区别,是完全抽
象的区别,是没有共同基础和共同规定的区别;变易则是两者的统一,但这
两种规定在变易这一表象里又是不可分离的(黑格尔,1980)。萨特的存在
与虚无,即存在与非存在始终纠缠在一起的认识,所表达的本质上也可以看
成是一种阴与阳在差别和联系中的"纠缠"、变易和生化。由此看来,可以认
为,中国古人讲阴阳,实际上倒使中国文化早熟地进入了对"世界本原"和
"元一"问题的探讨。至于在后世的具体运用中,出现一些偏误,甚至陷入与
西方传统哲学那样的独断论,几乎成了抹杀、压制个体性精神的祸首,这当
别论。

　　综上所述,"联系"与"差别"显见是中西哲学史上的两个重要论题,也可
以认为是缘起于"一"的两个始终"纠缠"在一起的哲学意义上的内生变量。
同时,中西哲学史上人们一直在寻找联系与差别的作用机理,寻找"势"。亚
里士多德因为找不出这个"势",所以武断地下了一个结论,认为"原动者必
须存在",而且这是"第一原理"。"所谓必需者当统有下列命意(甲)对反于
自然之脉动为势力所逼而不得不然者,(乙)舍此常道即不能成业善者,和
(丙)舍此方式,别无其他方式,而只能在这唯一方式可得其存在者"(亚里士
多德,1986)。康德在论及实体的"同时共在原理"时指出,纯然存在是无法
感性直观的,我们所能观察到的只是纯然存在"交相作用"后的"某某事物",

据此还可以推导出这些"纯然存在"的"同时共在"性。因为,"无此共同相处之关系,则空间中现象之每一知觉,将与一切其他知觉隔断,而经验的表象之连锁——即经验——每逢新对象,即将完全重行开始,与先前之表象无丝毫联结,且无任何之时间关系矣"(康德,1960)。康德所说的纯然存在交相作用后的"某某事物",本质上看,也是一种"势"的存在。海德格尔强调,"绽出的时间性源始地敞明'此'。绽出的时间性首要地调整着此在本质上具有的一切生存论结构的可能统一"(海德格尔,1999)。萨特认为,"诸存在领域之间的关系是一种原始的喷射,并且就是这些存在结构本身的成分"(萨特,1987)。维特根斯坦的逻辑哲学认定,"只要我们随意地规定了一个东西,某种其他的东西就必然要发生"(维特根斯坦,1996)。亚里士多德的"势力所逼"、康德的"交相作用"、黑格尔的有无"变易"、海德格尔的"绽出"、萨特的"喷射"、维特根斯坦的"必然",本质上都是在苦苦追寻一与多、一致性与差异性、存在与非存在之间相互作用的机制和机理,在找不出"势"的作用机制、运行机理,在无法明白清晰地做出解释,说明缘由时,便只能运用"势力所逼""绽出""喷射""必然"等等词汇加以模糊地表述。

(二)"'零'存在机制"的哲学基础和数理内涵

1. "'零'存在机制"的哲学基础:多等于多,多即一,一即是零

400多年前,杰出的意大利哲学家乔尔丹诺·布鲁诺曾深刻地洞察到:"谁要认识自然的最大秘密,那就请他去研究和观察矛盾和对立面的最大和最小吧。深奥的魔法就在于:能够先找出结合点,再引出对立面。"(布鲁诺,1984)纵观中西哲学史(包括宗教史),关于"终极实在"的探讨几乎走了两条完全平行而不可相通的路线,在实在论与观念论之间至今没有一个统一的结论,但是"一"都有着举足轻重的地位(兰顿,2010)。公元前1世纪的罗马历史学家马尔库斯·瓦洛在他所著的《古代史》中曾注意到"西渗尼人"把"一"尊为极大。老子(前571—前480)、毕达哥拉斯(前580—前500)这两位东西方的哲学巨人,他们尽管生活在不同地域却几乎在同一个时期提出了"一"是世界的本源、本体这个思想。在伊斯兰哲学家那里"安拉"即是"一";在基督教否定神学那里,"一"就是单纯性超越于一切可称道的和不可称道的事物之先的"上帝"(库萨的尼古拉,2012);在六祖慧能那里,"一切即一,一即一切"(《六祖坛经·般若·第一节》),等等。归结起来,中西哲学史上对于"一"的探索,可以分为三个层次:多等于多;多即是一;"一"即是"零"。

　　首先,多等于多。公元前五世纪哲学家阿拉克萨哥拉(前 500—前 428)指出,"每一事物就是每一事物"(库萨的尼古拉,2012)。库萨的尼古拉在《论有学识的无知》中指出,"事实上,在每一被造之物中,宇宙就是被造之物;因此,每一被造之物都受取一切被造之物,所以,在任何被造之物中都可以相对找到一切被造之物"(库萨的尼古拉,2012)。譬如,"绝对的人性首先是在人中找到,然后也在每一肢体和部分中找到;人类的缩影在眼睛中就是眼睛,在心中就是心,其他类推,这样,通过缩影,每一事物就都在每一事物中"(库萨的尼古拉,2012),一切都在一切之中,一切"一"也都在一切"一"之中。因而,便可以导出:多等于多。多等于多,本质上正是今天我们所说的局部反映整体,每一部分中都包含着其他部分,同时每一部分又被包含在其他部分中的全息律的哲学基础。

　　其次,多即是一。因为每一事物都在每一事物之中,一切都在一切之中,所以才有一切即一,一即一切,多即是一。特别值得重视的是毕达哥拉斯的"一"是"三一体"的论断。亦即"一"、相等、和联系,三者同等的永恒,它们是同一,是一个"三一体"(库萨的尼古拉,2012)。阿拉伯逍遥派哲学的集大成者伊本·鲁世德也有类似的阐述:宇宙是一个"一",发源于"一",这个"一",一方面是单一的原则,另一方面是殊多的原因,每个殊多,其中必有单一,它的单一性使殊多归于单一,此单一性使殊多成为单一,这就是单一发源于"一"这个简单的意义(库萨的尼古拉,2012)。因此,不仅多等于多,多亦即是一。显然,多等于多与多即是一,是相互联系和依存的。正是因为多等于多,所以多即是一;也正是因为多即是一,才有多等于多。

　　复次,一即是零。这仍然需要从哲学上的"一"说起。因为"一"、相等和联系,三者同等的永恒,它们是同一,正如毕达哥拉所说,是一个"三一体",亦即"一"就是"相等",就是"联系"。由于联系按本性先于差异,相等按本性先于不相等,如果我们以世界的存在为逻辑起点,那么,那个最原初的"相等"和"联系",不但为"一",而且必须为"零",不然,何以有相等? 在中西哲学史(包括宗教史)上,这个"零"有很多称谓,有学者概括为"空无""无""非存在""绝对非存在""非实体",等等。印度数学家称零为"s'ūnyam",相当于佛家和一切与实存的境界相关的痛苦全然消除的空或空无的境界(伍德,2015)。佛家唯识论认为这个"零"是"无二有无故,非有亦非无。非异亦非一,是说为空"(《辩中识论·空》)。"非异亦非一"可以说是对"零"的最透彻的了悟;同时,"零"既然是"异"与"一"的对立面,可见,"零"的出现,"一"即是"零",可以认为恰恰说明了"异"与"一"的存在,说明了经验世界的客观实在性;而非反之。老子所谓的"道生一,一生二,二生三,三生万物",《周易》所强调的"一阴一阳之谓道",周敦颐《太极图说》所阐发的"无极而生太极,太极动而生阳,动极而静。静极复动,一动一静,互为其根;分阴分阳,两仪立焉",这些阐述,显然都是以世界的存在为逻辑起点,为前置条件的。老子的"道"、周敦颐的"无极"都可以认为相当于"零"。另一方面,"零"的出现,"一"即是"零",又可以进而说明经验世界对称性的存在,不然何以有"零"?因而,对于我们的存在以及为了更深入地阐发我们的何以存在而言,"0"("零")的发现是革命性、突破性的。据说世界上最早发明"0"的民族是玛雅人,亚非古文明中最早使用"0"的是佛国印度人,并创造了数码 1、2、3、4、5、6、7、8、9、0,这是对数学知识的巨大贡献,并很快引起了计算技术的革命。

　　基于对中西哲学史上关于多等于多、多即是一、"一"即是"零"的讨论和梳理,我们可以进一步发现"势"的哲学内涵及其运行机理。中西哲学史上对"一"、单一、相等、联系、殊多、差别等的探讨,至多是导出老子所说的"无中生有""有生于无"这样的命题(对此,当代理论物理学也基本已经达成共识),但是,如何生?生的动力和动力机制是什么?这在中西哲学史上都是难以找到的,即使说到也是含混不清或玄奥莫测的。如《周易》这样一部讲变易生化的书,也未能指出生和化的动力机制。《周易·系辞》中说"天地之大德曰生",又说"生生之谓易"。"生"是《周易》的核心概念之一,天地以化生万物为最伟大的德行。朱谦之在《周易哲学》一书中赞颂"生"之伟大,并指出:"生之真意义,就是变化。"但如何"生",如何以及为何变?给出的结论是"变化莫测谓之神"(《黄帝内经·阴阳应象大论篇》),最后基本上只能求助于"神"。物理学史上至今对此也没有达成共识,从相对论、量子理论、超弦理论,也难以得到一个"大统一"的理论,且有日趋繁杂的态势。根据关于"势"的相关理论,某些时候可以看出,哲学上所说的"相等"的时候,正是差别最大、联系最紧密的时候,直至趋近甚至是等于零。因为当"一"趋近于"零"时,差别最大,联系最紧密(即对称),这可能正是在微观世界,基本粒子在越来越高的能量中加以检验,耦合强度总是向零移动(这就是当代物理中被称之为"渐进自由"理论)的根本原因。因为两颗粒子越是接近,说明联系越紧密,同时差别越大,"个性"越强,因而越是"自由"。因为当"一"趋近于"零"时,差别最大,联系也最紧密,所以任何的粒子总是可以找到其反粒子,按照物理学家的说法,大自然的结构是围绕着"非阿贝尔规范对称"设计的。

因为当"一"趋近于"零"时(即当"一"作为不变性时,其导数为零,此点是一个对称点,从对称性与势的关系而言,此处"势"可能最大,也可能最小),差别最大,联系最紧密,所以那个"一",那个"相等",也就是那个"零"的状态(即对称的状态),正是势最大的时候(暂不考虑最小的情况)。宇宙物质世界正是在这种"零"的势态下(这时,宇宙可能正如阿·热所说的在 10^{15} 乘以核子质量的能量级上),"无"中生有的,这时,差别最大,联系最紧密,因而必然引发"爆炸",也即是相当于理论物理学家们所说的"大爆炸"而生成的。此后则是,差别促进联系,联系扩大差别,所以"势趋"不变,宇宙加速胀,并使整个宇宙成为一个有机、有序、有层次的"一"系统、有机系统(吴福平,李德昌,2016)。

　　那么,当"一"即是"零"时,即势最大时(暂不考虑最小的情况),那个最初的差别和联系应当或可能是什么呢? 这一步工作首先是康德做了,然后爱因斯坦、霍金等物理学家们也接着做了。康德在"先验感性论"中,将时间和空间看成是感性表象的两种方式。认为空间非由外来的经验引来之概念,乃存于一切外的直观根底中之必然的先天表象,是一种纯粹直观(康德,1960);时间亦非自任何经验引来之经验的概念。"盖若非先假定时间表象先天的存于知觉根底中,则同时或继起之事即永不能进入吾人之知觉中。唯在时间之前提下,吾人始能对于自身表现有一群事物在同一时间中(同时的)或在不同时间中(继起的)存在"(康德,1960)。时间和空间的区别在于,种种时间非同时的乃继续的,因而乃是一维向量;种种空间非继续的而为同时的。亦即空间与时间的区别主要体现为"同时"与"继续"的不同。由于种种时间是继续的,因而唯有在时间中才能表现差异;由于空间是同时的,因而唯有在空间中才能体现联系。由此看来,最原初的那个"差别",正是一种纯粹直观的时间;而最原初的"联系"正是一种纯粹直观的"空间"。"时间与空间,合而言之,为一切感性直观之纯粹方式,而使先天的综合命题所以可能者……即此二者之应用于对象,仅限于对象被视为现象而非表现事物自身。此一点乃时空二者适用效力之唯一领域;吾人如超越此点,则时空二者即不能有客观的效用"(康德,1960)。也就是说,作为纯粹直观的时间和空间,只有观念实在性,而不具有客观实在性。同时,可以认为,先验的时间和空间各等于"一",合起来也是一个"一";而且,这些"一"在不同层次之间通过关系的缩并,合起来也即是零。所以,康德否定作为纯粹直观、作为"一切外的内的经验之必然条件"的时间空间的客观实在性。如若将客观实在性归之于非经验的作为表象方式的时间和空间,则将"无术制止一切事物因而转为幻相"(康德,1960)。相反,经验的时间空间,具有客观实在性。但由于作为纯粹直观的时间是一种纯粹的继续、一种纯粹的差别,因而,对于作为直观方式的时间,不能说一切时间在一切时间中,不能说一切差别在一切差别之中(对于后续差别和时间则可以,因为后续一切差别相对于高一级层面的差别,就是联系,或者具有联系性,按照理论物理学的说法,后续的联系与差别之间,具有变换以后的不变性,即对称性),因而时间便是一维向量。这正是时间的原初本质和特性。空间则不同,因为空间体现了"同时"和"联系",只有具有"联系",即具有共同或相似、相应性质的物质,才能"同时"充满一个空间。而且,可以进一步推论,只要是同处于一个空间中的物质,必然具有共同或相似的性质。因而,空间在本质上体现的是宇宙物质世界的联系性。这正是先验空间的本质和特性。因而,对于空间,无论是作为纯粹直观的空间,还是经验的空间,我们都可以说,一切空间在一切空间之中,这也正是宇宙物质世界全息律的来源和哲学基础。

　　对于经验的时间空间,当代物理学家们特别是爱因斯坦等作了深入系统的研究和阐发。当代物理学及其宇宙观,主要是基于两大原理:一是光速恒定原理;二是海森堡测不准原理以及建立于这两大原理基础之上的相对论和量子力学。正如吴忠超教授所说的那样,20 世纪初,"物理学经过了剧烈的挣扎以后以一种崭新的面目出现,其主要成果是量子力学和相对论"(吴忠超,1994)。霍金正是以宇宙的这两条"基本原则"为起始点,着手他的新宇宙学理论的构建的。这两大原理正是宇宙在宏、微观领域的两个界限,或者说是两大"属性"。绝对光速的存在,说明时间、空间的结合牢不可破,并联结成了"时—空"。也就是说,在时间、空间、速度三者之中,如果速度恒定不变,那么"变"的就只有也只能是时间和空间;而且,二者必须同时易变。时间的流逝依附于空间,空间的变换有赖于时间。时间与空间一旦结合,便成了一个互相依存、互推互动的有机系统。正如霍金在《时间简史》中指出的,这一简单的观念可以得出一些非凡的结论,如能量与质量等价原理以及没有任何东西能够运动得比光还快的定律,等等。能量与质量等价意味着,物体由于它的运动所得到的能量应该加到它的质量上面去。也即是说,一个物体运动得越快,质量就会变得越大,当该物体接近光速运动时,其质量就变得无限大。这就需要无限大的能量才能使之继续运动,而这是不可能的。所以相对论限制任何正常的物体永远以低于光速的速度运动。只有光或其他没有内禀质量的波才能以光速运动。同时,由于物体运动越快,质量越大,时间的流逝就会变慢。这是因为光能量和它的频率(每秒钟里光振动的次数)有一关系:能量越大,则频率越高,这表明两个波峰之间的时间间隔变小,这就相当于当一个物体运动得越快,时间的"密度"(能量)在增加,这就对与之偕行的空间产生了一种引力,于是必然产生空间的弯曲。所以,在空间中光线看起来不是沿着直线走。这样,广义相对论预言光线必须被引力场所折弯。爱因斯坦据此断言,时空是由于在它中间的质量和能量的分布而变弯曲或"翘曲"的(霍金,2002)。也就是说,正是因为时—空是相互依存的有机系统,才在互推互动之中使时空变弯曲,这时,空间和时间变成为动力量。当一个物体运动时,或一个力起作用时,它影响了空间和时间的曲率;反过来,时空的结构影响了物体运动和力作用的方式。正如一个人不用空间和时间的概念不能谈宇宙的事件一样,同样,在广义相对论中,在宇宙界限之外讲空间和时间是没有意义的。于是,我们就可以这样来描述爱因斯坦他们的宇宙观:宇宙在奇点处温度很高,此时时间密度很大,流逝得很慢,空间则迅速拓展。之后随着温度的下降,时间的流逝逐渐加快。时—空结合在一起,则刚好以我们现在看到的那样以临界速率膨胀。最后,由于空间的不断展开,物质密度不断增大,能量越来越高,时间转而不断收缩,流逝得越来越慢,空间的弯曲也越来越厉害,当时间停止时,整个宇宙就塌陷成为黑洞。由此看来,宇宙的演化史,就是一个基于时—空互推互动的有机系统史,也即是一部"时间通史",更准确地说,便是一部"时—空通史",也是一部"联系—差别"史。这一部历史起始于"零",宇宙物质世界正是在这种"零"势态下(这时,宇宙可能正如阿·热所说的在 10^{15} 乘以核子质量的能量级上),"无"中生有的,这时,差别最大,联系最紧密,因而必然引发"爆炸",也即是相当于理论物理学家们所说的"大爆炸"而生成的。此后则是,差别促进联系,联系扩大差别,时—空的互推互动,所以"势趋"不变。

"势"不仅可用以阐释了一切宇宙物质世界生化变易的动力机制;而且,这种变易生化也不是"变化莫测"的,而是可以测量的。根据笔者导出的预警系数理论(吴福平,2012),可以发现,一个总力量值为 1 的系统,其"势"的强弱与系统的"一致性"力量存在正相关关系(吴福平,李德昌,2016)。同时,还可以将黄金分割点 0.382、0.618 看成系统的"崩溃系数"(吴福平,2012)。理由如下:首先是可以从毕达哥拉斯所说的"万物皆数"说起。据说毕达哥拉斯之所以认数为事物的本质,是由于观察音调的现象所得到的启示。在哲学思想史上,人人都知道,毕达哥拉斯站在伊奥尼亚派哲学家与爱利亚派哲学家之间。前者如亚里士多德只是停留在认事物的本质为物质的学说里,而后者,特别是巴门尼德,则已经进展到以"存在"为"形式"的纯思阶段。黑格尔据此认为,正是毕达哥拉斯哲学的原则,在感官事物与超感官事物之间,仿佛架起了一座桥梁;同时指出,与其说毕达哥拉斯的数的哲学走得太远了,不如说他的哲学走得还不够远,在量的各个环节的辩证运动中,量的无穷进展最初似乎是数之不断超出其自身,但细究起来,量却被表明在这一进展的过程里返回到它自己本身,返回到质,最终则进展到质与量的统一和真理,进展到有质的量(黑格尔,1980)。在这个意义上,万物皆数与万数皆物,就只有一步之遥了。这是因为,在无限的数的王国里,数是没有大小的。搞清楚了 1 以内的数的活动规律,也就摸清了关于事物运动的数和理;同时,数与物也就一一对应起来了。

如果仅从 0~1 之间的数来一一对应宇宙物质世界的万事万物万象,由于万物皆数,万数皆物,那么,0~1 之间任一个数或比例,应当都可指称一物,都是一物。现在,我们再用 0~1 之间的数来展示同一事物的运动过程,可以发现,首先,物质运动过程中会分裂、分化、变易,这是客观存在的,也就是必然的,正如"势"理论中所指出的,势的稳定增长达到某种临界值,系统就发生非平衡相变和非线性分岔,那么,仅从 0~1 之间的数来考察事物的运动变易分裂、分化,在处于哪个数或比例状态时,系统会发生非平衡相变和非线性分岔呢?我们认为,在黄金分割点 0.618 处最有可能发生分裂、分化;而且,0~1 之间每一个层级的有理小数(比例)的对应物,作为具有自由、独立个性的物,作为一个"一",都极有可能在其各自的 0.382 或 0.618 处分裂、分化。其理由在于,黄金分割律及黄金分割数列至少具有如下几个特性。

(1)全息性。黄金分割之所以被称为"黄金"分割,是因为其分割出来的那一条较短线段的长度:$0.382 \approx 0.618 \times 0.618$。

而且,可以得出:

$$1 \approx 0.618 + 0.382 \approx 0.618 + 0.618 \times 0.618$$

据此,笔者在《动态复杂自反馈系统预警系数与黄金分割律》中指出,黄金分割之所以被称为"黄金"分割,是因为黄金分割点首先是遵循了全息律。很显然,如被分割出来的那个较短的线段大于或少于 0.618 个 0.618,即大于或少于 0.382,这样的分割因为未能体现"全息律",就不能成其为"黄金"

分割。我们知道,基于《周易》思想提出的"宇宙全息基因说",又称"宇宙全息种子论",认为宇宙基因是包含着宇宙全部信息的无限小的奇点。它的外在形式就是新宇宙学上所说的"奇点"。奇点是宇宙的缩影,宇宙是奇点的展开。这表明,宇宙万物具有同源性,这才导致宇宙及其所生化的万物的统一性、全息性。而且,宇宙的各个部分,乃至于任何一个子系统都有一个共同的起源,亦即都起源于同一种东西,都是同一原型"有序化"的结果。如枝繁叶茂的大树,由一粒简单的种子生成;具有五脏六腑且精神世界如此复杂的人,却由一个小小的合子生成;千姿百态、包罗万象的太阳系,起源于一团简单的星云(台震林,1995)。根据全息理论,黄金分割点的呈现,其根本原因在于,那个被分割出来的较短的线段长度 0.382 中,蕴藏着 0.618 个 0.618;就是局部已经拥有了整体的某种信息,某个可以"分割"的雏形。由此看来,一条线段,只有进行"黄金分割",才能体现线段内的全息性、同源性、统一性;或许,也正是因为对一条线段按照"全息律"进行分割,作为遵循全息律而存在和生化的人,才会感觉到"美"(吴福平,2012)。

（2）对称性。黄金比又称黄金律,是指事物各部分间一定的数学比例关系,即将整体一分为二,较大部分与较小部分之比等于整体与较大部分之比,其比值约为 1∶0.618,即长段为全段的 0.618。由此可见,黄金分割具有旋转不变性,符合对称性的定义,具有理论物理学所说的对称性。

（3）"群"化性。根据群论,可以推导出黄金分割数乘法作用的恒等元为 1,且黄金分割数列是实数群中唯一存在的全息数群(吴福平,2017)。

由此看来,"一"不仅具有中西哲学史所阐发的是世界的本源、本体,具有极端的重要性、根本性和唯一性;而且,当我们把数与物一一对应起来时,那么,搞清楚了 1 以内的数的活动规律,或许便可以摸清关于事物运动的数和理。在"分形理论"中,通过数学演绎,大自然看上去有着无限选择、无限种"分形模型"的可能性;然而,或许正是因其具有无限的选择能力,所以就选择了不选择,并且只有唯一的选择。如果我们所观察到的宇宙物质世界的确是按照黄金分割律分裂、流变、化生的,那么,这样的选择、这样的"分形",就更可以体现宇宙物质世界终极设计的对称性与美。同时,根据"吴福平系数理论",还可以得到这样的结论:任一动态复杂自反馈系统,在其离散系数小于等于 0.28 或大于等于 0.414 时,便进入"预警"时期,因而便将其称之为"预警系数";当少于等于 0.236 或大于等于 0.447,则可能就会出现分割、分裂或系统崩溃,因而可称之为"崩溃系数"。"吴福平黄金数列",与黄金分割点 0.618、0.382 以及斐波纳契数列那样，显见有着可以预期的广泛用途（吴福平，2012）。

2. "'零'存在机制"的数理内涵及其存在论意义

萨特的存在与虚无如何能"纠缠"在一起而成为一种同时性的"存在"？《易经》阴阳太极哲学到底展示了怎样一种"存在"机制呢？这可以借助于数学中导数和微分数理及"势—吴福平系数理论"来加以进一步阐发。

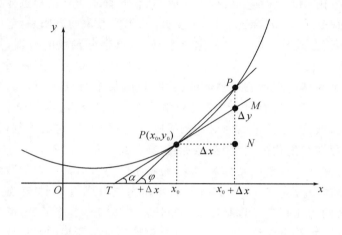

图 1-1

设曲线 $y＝f(x)$ 的图形如图 1-1 所示。根据微分定义，对于自变量在点 x_0 的改变量 Δx，如果函数 $y＝f(x)$ 的相应改变量 Δy 可以表示为：

$$\Delta y＝A\Delta x+\alpha\Delta x \tag{1}$$

其中 A 与 Δx 无关，而当 $\Delta x\to 0$ 时，$\alpha\to 0$，则称函数 $y＝f(x)$ 在点 x_0 处的微分，记为 $\mathrm{d}y$ 或 $\mathrm{d}f(x)$，即

$$\mathrm{d}y＝\mathrm{d}f(x)＝A\Delta x \tag{2}$$

在微分和导数的关系中，设函数 $y＝f(x)$ 在点 x_0 可微，公式（1）成立，用 $\Delta x(\Delta x\neq 0)$ 除以公式（1）的两边得

$$\frac{\Delta y}{\Delta x}＝A+\alpha$$

由于当 $\Delta x\to 0$ 时，$\alpha\to 0$，所以

$$y'＝\lim_{\Delta x\to 0}\frac{\Delta y}{\Delta x}＝A \tag{3}$$

这里值得注意的是这样三点:(1)对于 $\lim\limits_{\delta x \to 0}\dfrac{\Delta y}{\Delta x}$ 的值 A,完全可以看成是萨特所阐述的"存在"(可以指 $dy=df(x)=A\Delta x$)与"虚无"($\Delta x \to 0$)相互"纠缠"在一起的值,亦即是导数,是曲线梯度,即势。由此可以进一步认为,虚无($\Delta x \to 0$)当是"势"在海德格尔和萨特存在论意义上的"存在"存在的根源。(2)必须重视 $\lim\limits_{\delta x \to 0}\dfrac{\Delta y}{\Delta x}$ 这一式子的存在论意义,也就是要全面考察、深入理解当 $\Delta x \to 0$ 时,$\dfrac{\Delta y}{\Delta x}$ 这个式子的"存在"意义。如果说在数学上,"乘"所代表的意义是"彻底的相互作用",那么,"除"所展示的显见就是"完全的平均分布",即"比例"。于是,微分 $dy=df(x)=A\Delta x$ 代表的就是虚无与存在"彻底的相互作用",也就是如萨特所感觉到的我们被"虚无"($\Delta x \to 0$)所包围的"存在"(A)。$y'=\lim\limits_{\delta x \to 0}\dfrac{\Delta y}{\Delta x}=A$ 代表的就是"虚无"($\Delta x \to 0$)在"存在"中的"完全的平均分布"。或许,毕达哥拉斯正是在这个意义上,才说万物皆"数",万物皆"比例"(由此看来,"乘""除"当是"上帝"做的,所以必须谨慎;至于"加""减",如果这个世界一如《心经》及龙树《中论》等所言,是"不常不断""不增不减""不生不灭""不来不去"的,那就尤须认真)。而且,这种"虚无"隐藏于"存在",没有如萨特那样敏锐的嗅觉,是觉察不到的。这样,从海德格尔、萨特那里得到的启示便是,存在与非存在,亦即存在与虚无都是同时性的"存在",即 $\lim\limits_{\delta x \to 0}\dfrac{\Delta y}{\Delta x}$,因而是终始"纠缠"在一起的,并产生了"势",在上式(3)中,其值即是导数值 A。

斯宾诺莎在《笛卡尔哲学原理》一书中谈到,即使取消物体的硬度、重量和其他可以感觉的性状,物体的本性也不会遭到破坏,也就是说物体的本性并不会因为取消了它的感觉性状就不存在了,所以,感觉性状不是物体的本质。于是,物体或物质的本性只在于广延及其状态,凡有广延或空间的地方即必有实体,因而,"虚空本身是一个矛盾的概念"(斯宾诺莎,1980)。于是可以进一步得出,任何一物不能进入他物的位置,如果他物不同时进入第三物的位置。在每一运动中,同时运动的物体就不能存在于一直线上,而是形成一个完整的环。所谓"运动物体环",仅指最后一物在他物推动下与最初运动着的物体紧相邻接,虽然全部物体经由这一运动的推动而经过的路线是曲折的。在此基础上,可以进一步论证,凡做圆运动的物体,经常被决定要沿切线方向运动(斯宾诺莎,1980)。由以上图 1-1 可知,函数 $y=f(x)$ 在点 x_0 处的导数 $f'(x_0)$,就是曲线 $f(x)$ 在点 $P(x_0,y_0)$ 处的切线 TM 的斜率,即李德昌势理论所阐发的"势",而"势"又正是被虚无所包围着的"存在"。这就是说,是虚无使存在产生"势",并且使一切存在物在运动中不仅形成了一个"完整的环",而且,必须走在运动的物体所形成的"完整的环"的切线上。因为函数 $y=f(x)$ 在点 x_0 处可导,则它在点 x_0 处一定连续;相反,函数 $y=f(x)$ 在点 x_0 处连续,但在 x_0 处不一定可导;"可导"意味着事物运动有"势",有"势"意味着物体在沿切线方向运动,并且形成了一个连续的、即"完整的环"或者甚至是在做圆运动;显见,如果物体产生运动必须有"势",并由"势"致动,那么,物体运动就必然形成如笛卡尔所论证的"完整的环"。也就是说,形成连续的、完整的"环"或者是做圆运动,是物体运动存在的充分必要条件。由于"存在"就必须"可导",也因此,存在就必须与虚无($\Delta x \rightarrow 0$)"同时性"地存在。通过导数和微分的数理分析,这个虚无,就不再是一个如黑格尔所说的"不可言说之物",它与存在的区别,也不再"只是一个单纯的指谓上的区别",而是一种可以进行数理模拟并做出合理解说的"存在"。由此看来,萨特的存在与虚无之所以终始纠缠在一起,正是因为"此在"(不谈"彼在"或巴门尼德、亚里士多德以降的"存在之存在")这样一种特殊"存在"存在着一种"'零'存在机制"。这同时意味着,是"'零'存在"或"虚无"催生了宇宙物质世界的联系扩大差别,差别促进联系的"势"机制。正是在这个意义上,"'零'存在机制"不仅进而导致了"势"理论所阐述的运行机制在物质世界的呈现,而且极有可能是一种真正的终极机制。由此而论,萨特既走出了海德格尔时间性的存在论建构,也没有阿多尔诺"非同一性"的纠缠,他直通"虚无"和非存在这一种"存在",而使问题得到洞悉。这自然可以使人想到佛家对"色"和"空"的洞见。佛家言,"色不异空,空不异色,色即是空,空即是色"(《摩诃般若波罗蜜大明咒经》)。这里的"不异"和"即"就表明,色与空都是海德格尔和萨特所论及的存在论意义上的"存在",色"存在",空也"存在";而且,有多少"色"就应当也必须有多少"空";同理,有多少空,应当也必须有多少色,这才是"色不异空,空不异色,色即是空,空即是色"这一命题的真意。

　　综上所述,"'零'存在机制"表明,"零"的出现,正说明了经验世界对称性的存在,不然何以有"零"? 对"此在"而言,"0"极限正是对"无限趋近又永远不能到达"这样一种特殊的"'零'存在"的精确表达,也就是说,萨特意义上的"虚无"（$\Delta x \rightarrow 0$）这样一种"非存在"具有"0"极限的严密的数理内涵。于是，"'零'存在"就不仅仅只是表达客观世界的对称性存在，而且可能兼具康德先验哲学的本体论意义。因而，对于我们的存在以及为了更深入地阐发我们的何以存在而言，"零"的发现的革命性、突破性意义，远非仅仅在数学和计算技术上。"'零'存在机制"明白清晰的存在，使我们不至于再陷入萨特的困惑，因为他在存在与虚无的"纠缠"中，竟得出了"人是使虚无来到世界上的存在"这样一种纯思辨的主观倾向。现在可以说，如以海德格尔的"此在"为逻辑起点，那么，"'零'存在"就是一种客观机制，也仅仅是一种机制，与人的"存在"其实无关。因为"'零'存在机制"表明，在人存在前"存在"就已经存在了。"'零'存在机制"当是"此在"的真。

还需要特别注意的是，数学上自然数和有理数的加法作用都成群，其恒等元均为0，实数的乘法作用除0以外也成群，其恒等元为1（因为乘所代表的意义是"彻底的相互作用"，实数的乘法作用不但成群，且恒等元为1，说明这个萨特及以往哲学家们所阐发的这个"一"或"实体"，可能正是这个"1"，1这个恒等元前后，分别代表的正是萨特所阐发的存在与虚无）。李亚楠根据群论，还导出了"吴福平黄金分割数列"的前半部分（吴福平，吴思遥，2017）：

$$\cdots\cdots \quad 0.0896 \quad 0.145 \quad 0.236 \quad 0.382 \quad 0.618 \quad 1$$
$$1.618 \quad 2.618 \quad 4.236 \quad 6.854 \quad 11.089 \quad \cdots\cdots$$

这样就很容易看出，吴福平黄金数列的乘法作用成群，其恒等元为1。实际上，由于实数的乘法作用除0以外都成群，并且其恒等元均为1；而黄金分割的特殊性在于其全息性，黄金分割数列是实数群中唯一存在的"全息数群"，这就为"吴福平系数理论"在开区间（0，1]考察事物的运行机理提供了更为坚实的数理基础。"吴福平系数理论"的基本思想是：如果从一阶张量来考察任何一个存在系统，无论其内部构成是如何的错综复杂，都可以析分出两大部分向量——"一致性"向量与"差异性"向量，进而也可以归结为"差别"与"联系"的关系问题，据此便可导出0.382、0.414、0.56、0.618等几个重要系数；同时，将0.414、0.56确定为系统的"预警系数"，将黄金分割点0.382、0.618确定为系统的"崩溃系数"（吴福平，2012；吴福平，李德昌，2016）。进而认为，如果任一动态复杂自反馈系统，一致性是存在的理由，差异性是活力的源泉，那么，吴福平系数也可以称为社会系统的"管理常数"；同时，黄金分割律则不仅可用以解决一些静态和美学设计等方面的比例性、艺术性、和谐性问题,而且亦可望用以洞开一切存在系统分裂、流变、进化的谜团(吴福平,2012)。如果终极设计者充分考虑到了一致性与差异性、对称性与多样性、差别与联系的有机美,那么,运用导数和微分数理,结合"势—吴福平系数"理论,运用"'零'存在机制",或许可以使我们从全新视角,更深入地洞察终极设计问题以及存在的存在机理。根据"吴福平黄金数列与斐波那契数列对应表"还可以推导出,没有"'零'存在",就不可能出现自然界的黄金分割现象,且由于黄金分割律不仅具有"变中有不变"的对称性,而且也是一种全息性、群化性的存在;同时,"势"也必须是在"'零'存在机制"下运行,因而可以将"'零'存在机制"图示如下。

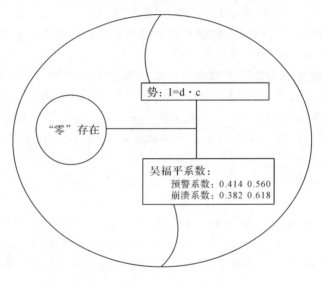

图 1-2 　"零"存在机制

图 1-2 中,根据李德昌对"势"的阐发,在社会信息系统,"I"(即 Information)为信息或信息势[或"ST"(system tendency, ST),即"势"],d(即 difference)为"差别",c(即 connection)为联系(李德昌,2007)。"'零'存在机制"表明,"'零'存在"应当正是几千年来中西哲人们孜孜以求的存在本质,"零"存在必然产生"势",势的运行达到吴福平系数所导出的预警系数或崩溃系数值,系统就可能发生非平衡相变和非线性分岔,进而衍生出各种素质、创新和风险。

如前所述,在"'零'存在机制"下,当"一"趋近于零时,即势最大时,那个最初的差别和联系正是时间和空间。这一点,不仅康德想到了,黑格尔、胡塞尔、海德格尔、萨特这样的哲学大家,也都洞察到了。针对康德作为现象之方式的时间空间,胡塞尔提出,除了内在的和超越的"时间客体"以外,时间本身、客体的延续和相继又是如何构造起自身的呢?"我们所理解的特殊意义上的时间客体,不只是在时间之中的统一体,而且自身也包含着时间延展。如果一个声音响起,那么我的客体化的立义便可以使这个延续中的声音成为对象。这个延续中的声音本身是一个时间客体"(胡塞尔,2010)。黑格尔则认为,空间与时间是"抽象的相互外在",空间即"是"时间,时间是空间的"真理",时间是"被直观着的变易",当空间在它的所是中辩证地被思的时候,空间这一存在就绽露自身为时间。"时间是存在,这存在借其存在而不存在,借其不存在而存在,亦即被直观着的变易,这就是说,那些纯然瞬间的、直接的自我抛弃着的类别被规定为外在的、然而却是对其自身外在的差别"(海德格尔,1999)。海德格尔"此在"整体性的生存论存在论的建构根据于时间性,认为必定是绽出的时间性本身的一种源始到时方式使对一般存在的绽出的筹划成为可能。"并非说时间被联结到一个处所上,而是说时间性是定期之所以能够与空间处所性的东西相系束的条件;而这种系束在于:空间处所性的东西作为尺度对人人具有约束力"(海德格尔,1999)。萨特则认为,时间性并不存在。只有具有某种存在结构的一种存在在其自己的存在统一之中才能是时间性的,是自为在存在的过程之中自我时间化(萨特,1987)。显见,对于时间和空间,这些哲学家们并没能达成一个一致的意见。康德的时空是先验的直观方式,黑格尔的时空尽管带有先验的抽象,但已经是"相互外在"了,到胡塞尔,时间是"时间客体";当海德格尔论及"时间性本身的一种源始到时方式",实际意味着在他的"存在之思"竟然带有康德的先验性,或者说也依附于康德的先验统觉。萨特的敏锐性在于,他认定时间性并不存在,海德格尔在时间性中绽出的"此在"只是存在的自我时间化。那么,如何对时间性的这一到时样式加以阐释?从源始时间到存在的意义有路可循吗?时间本身是否公开自己即为存在的视野(海德格尔,1999)?这也是海德格尔在《存在与时间》中遗留的问题。如果把时间看成最原初的或纯粹的差别,空间当成是最原初的或纯粹的联系,这至少在康德那里是得到允许的,"时间与空间,合而言之,为一切感性直观之纯粹方式,而使先天的综合命题所以可能者"(康德,1960)。当黑格尔把空间与时间看成是"抽象的相互外在",胡塞尔进而把时间看成"时间客体",而海德格尔认定绽出的时间性源始地敞明"此在",萨特敏锐地捕捉到时间性存在于具有某种存在结构的存在统一之中(萨特,1987),根据这些阐述,基本可以断言,时间和空间正是最原初的差别和联系;而且,在"'零'存在机制"的作用下,时—空互推互动,产生了差别促进联系,联系扩大差别的"势"。势的稳定增长达到某种临界值,系统就会发生非平衡相变和非线性分岔(李德昌,2007)。这也正是"'零'存在机制"对海德格尔时间性的这一到时样式的基本阐释,也可以认为是从原始时间到存在所遵循的路径,并使时间和空间本身公开自己即为存在的视野。从这个意义上说,运用"'零'存在机制"来解读存在的时间和空间,可以对"此在"这样一种特殊的"存在者"的存在机制及其存在论意义,给出一个更为明白清晰的解读。同时,如果联系与差别是中西哲学史上两个核心论题和内生变量,而且,最原初的差别和联系正是时间和空间,那么,为了更深入地揭示"'零'存在机制"的存在论意义,就还需要对中西哲学史上关于哲学意义上的"一"和"同一哲学"作更为系统和全面的考察。

二、中西哲学中的"一"及"同一"

正如哈贝马斯指出,"如果说过去的哲学学说有什么共同的地方,那就是他们都试图通过解释自身理性经验的途径,来思考世界的存在或世界的统一性"(哈贝马斯,1996)。这个"统一性"的基本内涵,便可以看成是哲学意义上的"一"或"同一"的重要构件。在哈贝马斯以及阿伦特、德里达、福柯等诸多后现代主义哲学家看来,随着经验科学的实际进步,同时,伴随着这种进步而产生的反思意识,不仅使哲学反思在科学协作范围内失去意义;而且,在当代,黑格尔论及的"同一"哲学,也再不能按全部知识的意义论述世界、自然界、历史和社会的整体,哲学思维由此变成"纯理哲学"而衰败了。20世纪一流的哲学家,如维特根斯坦和海德格尔,对这种"被称为哲学的蠢行"发起了最全面也是最深刻的攻击,他们认为西方哲学是"一种错误、一种病态或幻觉的历史",通常所理解的"哲学",已经或应该终结(卡弘,2001)。但是,如果在对"一"的探讨中,可以推导出"多等于多,多即是一,一即是零"这样一个哲学"公理",或亦可谓之"哲学通式","同一"哲学不仅因此造就了中西古典哲学的"辉煌",而且,基于"一"可以内生出联系和差别或一致性和差异性两个重要的变量,进而产生"势",产生黄金分割数及自然界的黄金分割现象,那么,中西哲学上的"一"及"同一"哲学便可能有着维特根斯坦、海德格尔等没有意识到的重要的地位、作用和价值。

（一）从老子的"抱一为天下式"到西方的"同一"哲学

老子强调："圣人抱一为天下式。"（《道德经·二十二章》）进而，他还把"一"的重要性提高到事关天地万物生荣死枯、生死寂灭及"侯王"政权生死存亡的高度来加以阐发："昔之得一者：天得一以清；地得一以宁；神得一以灵；谷得一以盈；万物得一以生；侯王得一以为天下正。其致之也，谓天无以清，将恐裂；地无以宁，将恐废；神无以灵，将恐歇；谷无以盈，将恐竭；万物无以生，将恐灭；侯王无以正将恐蹶。"（《道德经·三十九章》）亚里斯士多德指出，"由于'一'的某一命意在各范畴上分别相符于各范畴之是，元一遂与实是相合，而'一'却并不独自投入任何范畴之中"，但是却"与实是相联系而存在于诸范畴之中"（亚里士多德，1959）。也就是说，这个"一"虽则在其所指涉的范畴上存在差异，但是显见都有"实是"、本体等意义，所以，直到近代，西方哲学都曾被人统一戏称为"一"哲学或"同一"哲学（黑格尔，1980）。这个"一"即是最高实体，进而使整个西方哲学发展成了实体主义。那么，如何来正确理解这个"一"呢？亚里士多德认为，"一"即"元一"有四义，包括"自然延续之事物、整体、个别与普遍"。"延续的事物，出于本性的生长而成一者，这一类活动较单纯而一致，应是更严格更优先地合乎'一'的命意"。成为整体而具有一定形式者为较高级的"一"，这一类中，"其延续的原因当以出于自性"；"个体之在数上为不可区分的"或"在形式上，其理解与认识为不可区分的，所有这些足使本体成为一者，便当是基本命意上的'一'"（亚里士多德，1959）。亚里士多德的"单纯"的"一"、"自性"的"一"、整体的"一"、形式的"一"，本质上也是毕达哥拉斯"三一体"的立论基础（库萨的尼古拉，1988）。黑格尔认为，"对于同一的真正意义加以正确的了解，乃是异常重要之事。为达到这一目的，我们首先必须特别注意，不要把同一单纯认作抽象的同一，认作排斥一切差别的同一。这是使得一切坏哲学有别于那唯一值得称为哲学的哲学的关键。真正的同一，作为直接存在的理想性，无论对于我们的宗教意识，还是对于一切别的一般思想和意识，是一个很高范畴"（黑格尔，1980）。在黑格尔看来，"同一作为自我意识来说，是区别人与自然，特别是区别人与禽兽的关键，后者即从未达到认识其自身为自我，亦即从未达到认识其自身为自己与自己的纯粹统一的境界。就同一和在思维的联系方面的意义而言，最要紧的是不要把存在及其规定作为扬弃了东西包含于自身内的真同一与那种抽象的、单纯形式的同一混淆起来"（黑格尔，1980）。"同一"是抽象的又是具体的，"同一"之所以"同一"，是因为它们同时包含差别于其内(黑格尔,1980)。如果说天地万物,一致性是其存在的理由,差异性是其活力的源泉(吴福平,2017),那么,黑格尔所强调的真正哲学中的"把存在及其规定作为扬弃了东西包含于自身内的真同一"或"一"就的确是一个很高范畴。显见,"同"是因为"不同","不同"是因为"同"。在这个意义上,黑格尔所阐发的"同一律"和莱布尼茨所强调的"相异律"(黑格尔,1980),是可以"同时共在"的。没有一物不"同一",与没有一物不"相异",是等价的,具有同等重要的意义和价值。

(二)"同一"哲学与西方理性的四次飞跃

理性是西方哲学探讨的主要问题。西方理性精神从古希腊以来经历了四次大的飞跃(邓晓芒,赵林,2005)。总体来看,在古希腊以前,在本体论意义上,理性或"逻各斯"即是"一";在柏拉图以后,出现了主客二分,出现了感性和理性,可见事物和可知事物的区分;笛卡尔则使理性达到了能动的"自我意识";到了康德,又进一步把理性区分为理论理性、实践理性和审美理性。本质上,这是"理性"的"一"与多、同一与差异的辩证运动和发展的过程。而且,康德哲学虽则受到了黑格尔的深刻批判,但是黑格尔也把"一"理解为"绝对主体"。在哈贝马斯看来,"同一"哲学的危机在于"一"如何能够在不危及自身同一性的情况下成为"一切"(哈贝马斯,2012)?巴门尼德坚持用非存在抗对存在,否定用"一"对抗"多"。普罗提诺认为,"一就是一切,但绝对不是(一切中的)一"。为了成为"一切","一"存在于万物当中;但与此同时,为了保持自身,"一"又超越于万物之外。哈贝马斯进而认为,"形而上学当中充满了诸如此类的悖论表述,因为从本体论的角度来看,形而上学徒劳地试图把'一'本身归纳为客观范畴;但是,作为一切存在者的起源、基础和总体,'一'首先构成了一种视角,从而使得人们能够把'多'刻画为不同的存在者"(哈贝马斯,2012)。于是,"同一"哲学进而又促成了绝对否定性本体论的产生。否定性本体论的"一",拒绝一切论证活动,也曾被冯友兰称为西方哲学的"负的方法",即不能说它是什么,只能说它不是什么。巴门尼德的"存在之存在"论、斯宾诺莎的"观念的观念",库萨的尼古拉的否定神学,康德的纯粹理性、黑格尔的绝对精神,本质上都是"负的方法"的产物。显见,《易经》中的"无极"或"太极"、老子的"道"也可以看成是一种否定性本体论。周敦颐《太极图说》:"无极而生太极,太极而生阳,动极而静。静极复动,一动一静,互为其根;分阴分阳,两仪立焉。"这个"无极"也是不可言说,不能说它是什么,只能说它不是什么的一种"绝对否定性"的概念。老子《道德经》开宗明义地指出:"道可道,非常道;名可名,非常名。无,名天地之始;有,名万物之母。故常无,欲以观其妙;常有,欲以观其徼。此两者,同出而异名,同谓之玄。玄之又玄,众妙之门。"(《道德经·一章》)老子在第四十二章又强调:"道生一,一生二,二生三,三生万物。"(《道德经·四十二章》)可见,老子的"一"与"道"是有区别的,"一"是由"道"而生的。老子的玄之又玄的"道"也是不可言说,不能说它是什么,只能说它不是什么的一种"绝对否定性"概念。冯友兰通过梳理,认为中西哲学柏拉图传统和儒家传统,被称为形上学本体论的路子,康德传统和道家传统,被称为形上学认识论的路子,这两条路子共同强调的"某物",也是绝对否定性本体论的对象(冯友兰,1997)。可见,无论中西哲学,从源头上说,似乎一直便是一种"绝对否定性"本体论。西方哲学从"同一哲学"的本体论发展为"绝对否定性本体论",进而使经过四次飞跃的理性基础陷入了非理性的深渊。胡塞尔曾对人们曲解康德以及超越论哲学先辈的"最内在的动机",导致超越论哲学出现完全沉没的危险,深表担忧(胡塞尔,2013)。胡塞尔的担忧看来是有理由的,这还可以从西方的"同一哲学"到现、当代哲学思想的四度"提升"中,窥其一斑。

(三)"同一"哲学与西方哲学思想的四度提升

"同一"哲学遭到了现代哲学的批评,更遭遇了后现代主义的猛烈抨击和全面解构。西方哲学思想史上,一般所指的"近代"是指笛卡尔到黑格尔,"现代"是指黑格尔至今。自黑格尔之后的现当代哲学,出现了唯意志主义、实证主义、新康德主义、直觉主义、分析哲学、现象学、存在主义、解释学、西方马克思主义、实用主义、结构主义、解构主义等新流派,它们带来了西方哲学两千年来最为深刻的思想方式的变革:反形而上学、反基础主义、反主体主义、向语言的转向,对境域的关注等等,既令人耳目一新,极大地丰富了人的哲学思维;同时也使得通常所理解的哲学在自我批判中失去基础和视域,并且几乎都不约而同地要求与"同一"哲学彻底决裂。西方现代哲学从海德格尔开始,宣告不仅与本体论,也与绝对否定性本体论哲学势不两立,并希望用"现象"的"一元论"来取代"同一哲学"的"二元论"(萨特,1987)。在海德格尔看来,现象是什么,就绝对是什么,"此在"是世界万物展露自己的场所。维特根斯坦认为,世界是我的世界,这表现在语言(我所唯一理解的语言)的界限就意味着我的世界的界限。世界和人生是一回事(维特根斯坦,1996)。人生问题的解答在于这个问题的消除。即使一切可能的科学问题都已得到解答,也还完全没有触及人生问题。当然那时不再有问题留下来,而这也就正是解答(维特根斯坦,1996)。"整个现代的世界观都是建立在一种幻觉的基础上,即认为所谓的自然律是自然现象的解释。当代人们站在自然律面前就像古代人站在神和命运面前一样,把它视为某种神圣不可侵犯的东西。世界是独立于我的意志的"(维特根斯坦,1996)。霍克海默、阿多尔诺认为,那种既"是其所是,同时又向非其所是转化"的辩证法,是软弱无力的,充其量只不过是一种"恐惧的嘶喊",这种"恐惧"正是"恐惧本身所带来的二重性和同义性特征中发展起来的",继而"把令人毛骨悚然的事物化为神圣";"人类只能假想唯有在其无所不知之时,方能最终摆脱恐惧,获得自由。这便是人们祛除神话进程的决定因素,神话把非生命与生命结合了起来,启蒙则把生命和非生命结合了起来。启蒙就是彻底而又神秘的恐惧"(霍克海默,阿多尔诺,2006)。哈贝马斯指出,"神话和巫术中所透露出来的对于难以控制的危险的恐惧,反而在具有控制力量的形而上学概念中扎下了根"(哈贝马斯,2012)。这些企图把"同一哲学"连根拔除的批判,也导致了科学哲学以及后现代主义哲学等的兴起。科学哲学认为,传统哲学因逻辑与诗搅混、理性的解释与比喻搅混、普遍性与类似性搅混而受到伤害,导致空洞的空话和危险的独断论,这样的独断只不过是将一些不可并存的成分混合在一起的"古怪杂物"。"经由类比而造成的有害错误是一切时代哲学家的通病"(赖欣巴哈,1983)。通常来说,"后现代"不是一个时间概念,更多的是指"后现代性",但仍然有着时间上的规定,是相对于现代而言的。关于后现代,有两种不同的理解,并进而呈现出对于后现代主义的两种不同的哲学倾向。在一种意义上,"后现代"是指"非现代",表明了与现代和现代性的彻底决裂,是"一种旧的东西的终结和新东西的来临";在另一种意义上,"后现代"被理解为"高度现代"(hyper-modern),是对现代的继续和强化,后现代"不过是现代主义的一种新面孔和一种新发展"(冯俊,2003)。无论后现代是对现代和现代性的全盘否定、彻底决裂,抑或是对现代和现代性的继承和发展、继续和强化,对后现代持不同态度和见解的后现代主义,有一个共同而显著的文化特征,就是均颠倒文化的原有定义,反对传统标准文化的各种创作原则,扬弃传统的语言、意义系统、形式和道德原则。后现代主义者通过对科学主义、基础主义、整体主义、本质主义和偏狭性的全面轰击,提出了"去中心化"、文本主义、解构主义、符号主义等的明确主张,进而宣告"同一"哲学和绝对权威、绝对真理、绝对精神、绝对价值的绝对"死亡"。

　　在我们看来,在邓晓芒所说的西方理性的四次飞跃中,正是"同一哲学"的不断深化、系统化的过程。从"同一哲学"到现代和后现代哲学,整个西方哲学思想还经过了四度提升。首先是当笛卡尔认识到"思"是属于"我"的一个属性,严格来说,"我"只是一个"在思维的东西",也就是说,"一个精神,一个理智或理性"。因为"如果我停止思维,也许很可能我就同时停止了存在"。因此,笛卡尔认为只有"我思"是不容怀疑的(笛卡尔,2008)。从笛卡尔在普遍怀疑中提出"我思,故我在",到康德在"批判的时代"展开系统的"批判"和黑格尔"对事物作思维着的考察",使"同一哲学"达到了一个前所未有的高峰。其次是康德以"我之存在之意识同时即为在我以外其他事物存在之直接的意识"(康德,1960),破除了笛卡尔"我思"的存在。萨特进而认为,"反思一点也不比被反思的意识更优越"(萨特,1993)。其三,阿多尔诺认为,如果康德的先验主体必须依赖物质,即统觉的相反一极,进而彻底颠覆了"同一"哲学整个主观构造,使得关于"某种不变的东西、某种与自身同一的东西的观念也就崩溃了"(阿多尔诺,1993)。正是基于阿多尔诺的这一批判,一方面使得"同一"哲学几乎显得名誉扫地,也使得后现代主义开始重新评估一切价值,并走向了"多中心主义",整个西方哲学出现了语言哲学的转向。其四,在语言哲学的转向中,正如罗素在品评维特根斯坦的"逻辑哲学"时所言,"不管它是否证明就其考察的问题提供了最后的真理,由于它的广度、视界和深度,确实应该认为是哲学界的一个重要事件"(维特根斯坦,1996)。或者可以认为,这是对西方哲学思想的迄今为止的最后一度提升。维特根斯坦指出,全部哲学都是一种"语言批判"。凡是能思考的东西都能清楚地思考,凡是可以说的东西都可以清楚地说出来(维特根斯坦,1996)。哲学中唯一严格正确的方法是:除了可说的东西,这些东西如自然科学命题那样,是与哲学无关的某种东西,就不再说什么。对于不可说的东西我们必须保持沉默(维特根斯坦,1996)。当他把整个现代的世界观都指责为"建立在一种幻觉的基础上",认为"世界是独立于我的意志的"(维特根斯坦,1996)。在他对西方哲学最后一度的提升中,以"同一"哲学为基础和起始的整个西方哲学正是自此走向"终结"。

　　问题继续在于,虽则"同一哲学"在现代哲学和后现代哲学的围追堵截中,的确动摇了根基,然而,不仅"同一哲学"的贡献是不可磨灭的,而且,其本质和灵魂依然在哲学思辨中作为某种"基因",成为哲学思考和探索的某种"路径依赖"式的存在而存在,并发挥着不可替代的作用。不仅是笛卡尔的"我思",康德的纯粹理性、实践理性、审美理性,黑格尔的"绝对精神"是"同一哲学"的产物,而且,马克思的"自由理性"、海德格尔的"此在"、维特根斯坦的"语言批判"、哈贝马斯的"交往理性"等等,也都是在寻求探索某种"一",或者可以认为是"此在"的"一"。如果说全部哲学从形而上学到后形而上学,从古典主义、现代主义到后现代主义有什么原则性区别的话,则只不过是前者过于强调绝对性、基础性、一元性、"一致性",后者则过度强化了多样性、多元性和"差异性"。自由问题是马克思主义哲学中的一个基本问题,人类的自由与解放始终是马克思终身为之奋斗的伟大事业;因此,马克思主义的"自由理性"可以看成是马克思主义的"硬核"。马克思主义自由观,既强调了每个人的自由,也突出了一切人的自由,是"每个人的自由"和"一切人的自由"的有机统一(马克思,恩格斯,1979)。当马克思把"自由王国"推向"真正物质生产领域的彼岸"时,也就是在把"此在"的"自由"推向了一个极限,也就是在"自由"的"多"与"一"的辩证运动中,把"自由"推向了"一",进而可以看成是一种真正的"理性"的自由,或者说是一种真正的"自由理性"。这种"自由理性"表明,"此在"的每一个人的自由发展,必须以一切人的自由发展为条件,且"工作日的缩短是根本条件",不然,永无可能有"此在"的自由。在海德格尔看来,必须把存在从存在者中崭露出来,以解说存在本身,这正是存在论的根本任务(海德格尔,1999)。海德格尔本质上深受"同一哲学"形而上学的影响,他的"存在"也只不过是在"多"与"一"的对抗中把"此在"推向了一个极限,推向了"此在"意义上的"一"。维特根斯坦"语言批判"的本质,亦如康德所说的是方法论意义上的,其目的是为了划定语言或言语的经验限界,进而为思想划定明确的界限,划清可言说和不可言说、必须保持沉默的东西的界限。也就是说,维特根斯坦的"语言批判"是在语言的"多"与"一"的对抗中,把"此在"的语言、言语、逻辑能力推向了极限,推向了"逻辑哲学"意义上的"一"。所以,他在《逻辑哲学论》中反复强调:"逻辑之所以是先天的,就在于不可能非逻辑地思考"。"唯一的逻辑常项就是一切命题根据它们的本性所彼此共有的东西。"(维特根斯坦,1996)显见,一切命题本性所彼此"共有"的东西,在"同一哲学"意义上说,这种"共有"也可以认为是一个"一"。当然,这个"一"是海德格尔"此在"意义上的"一"。哈贝马斯的"交往理性"和"生活世界范式"也可以看成是"此在"的"一"。哈贝马斯继承了胡塞尔关于生活世界的思想,结合许茨对生活世界概念的现象学分析,同时受奥斯丁、塞尔和维特根斯坦语言哲学、韦伯的社会合理化理论、皮亚杰认知心理学的个体化理论以及马克思的社会批判与西方马克思主义物化批判理论等的影响,建构了以语言为媒介的主体间交往互动的生活世界范式以及系统和生活世界双重架构的交往行动理论。生活世界既是行为人在他所界定的客观世界、社会世界与主观世界三个世界的交往行动背景,也为这三个世界的重新统合提供了可能。三个世界整个地构成了一个在交往过程中共同从属的关系体系(哈贝马斯,1996)。"如果我们从宽泛意义上把社会看作是由符号建构起来的生活世界,那么,社会的形成和再生也就的确只能依靠交往行为。"(哈贝马斯,2012)生活世界是"由文化传统和制度秩序以及社会化过程中出现的认同所构成的。所以,生活世界不是什么个体成员组成的组织,也不是个体成员组成的集体。相反,生活世界是日常交往实践的核心,它是由扎根在日常交往实践中的文化再生产、社会整合以及社会化相互作用的产物。"(哈贝马斯,2012)。从哈贝马斯的这些论述中,可以看出,交往行动以言语为媒介,言语行为具有独立性,言语行为中的交往理性是要说明言语本身包含着一种非强制的共识,言语行为能够自我解释,具有一种反思结构,参与者双方都可以批判检验各种主张,并以主体间相互承认为基础达成共识。语言不仅能够表达一个真实性的命题,当我们学会一种语言,就意味着我们懂得如何使用语言,与他人协调、达成共识,以及如何说服对方相信自己,因而言语行为同时还包含着命题真实性、规范正确性、主体真诚性等多种有效性要求。如果说维特根斯坦把语言和言语能力推向了一个极限,那么,也可以认为哈贝马斯的"交往理性"是在把以语言为媒介的"交往"能力推向了一个极限,既找到了言语本身包含着的一种"非强制的共识",也为交往实践找到了一个"硬核"或"核心",即由客观世界、社会世界与主观世界三个世界统合而成的交往行动背景——"生活世界"。而这样的"共识"和"硬核",就既可以看成是"一"的"此在",也可以看成是"此在"的"一"。正因为此,可以认为哈贝马斯的交往理性是介于先验论和经验论之间的,在德国伦理学家 E. M. 恩格斯看来,哈贝马斯走的正是这样一条调和折中的道路(E. M. 恩格斯,1980)。对于"同一哲学"具有决定性意义的批判来自于后现代主义,特别是如汉娜·阿伦特所强调的关于人的"复数性"存在。西方研究阿伦特的著名学者玛格丽特·卡凡诺曾指出,与自柏拉图以来的孤寂思想家所打造的哲学传统,把人看成是一单数存在的抽象主体不同,阿伦特的复数性概念强调,人不是一个人,也不是作为抽象的类,而是作为无数人中的一个人,与他人生活在一起。在她看来,如果人不是彼此差异的——每个人也不同于现在、过去和将来的其他任何人，那么就不需要言说或行动来让自己被理解，只要用手势或声音来传达直接的、同一需求或欲望就够了（卡凡诺，2012）。阿伦特显然陷入了康德意义上的"二律背驰"，如果把她的复数性概念当成"正题"，那么"反题"同样成立，亦即如果人不是同一、类的乃至于是抽象的类的存在，她所论及的人们彼此间的言谈与行动被彼此所理解也是绝对不可能的，甚至于彼此的言谈与行动也不会发生。而且，还必须要看到的是，如若这个世界的"同"是因为"不同"，"不同"是因为"同"，相异律与同一律是等价的，那么，包括汉娜·阿伦特在内的后现代主义者所强调的"复数性"、复多性、多样性、多元化，就只不过一种"同一哲学"所强调的"同一"问题的一体两面而已。

黑格尔曾强调指出，"哲学史上所表现的种种不同的体系，一方面我们可以说，只是一个哲学体系，在发展过程中的不同阶段罢了。另一方面我们也可以说，那些作为各个哲学体系的基础的特殊原则，只不过是同一思想整体的一些分支罢了。那在时间上最晚出现的哲学体系，乃是前此一切体系的成果，因而必定包括前此各体系的原则在内"（黑格尔，1980）。在我们看来，黑格尔基于"同一哲学"所得到的关于哲学史和哲学体系问题的判断和结论，基于前述对于中西哲学中"一"和"同一"的研究和探讨，今天仍可适用。如果说"同一哲学"所强调的"同"是因为"不同"，"不同"是因为"同"；"同一律"和"相异律"是可以"同时共在"的。没有一物不"同一"，与没有一物不相异，是等价的，具有同等的意义和价值；那么，后现代主义所强化的"差异性"与"同一哲学"所强调的"一致性"不仅具有同等价值，也具有"同一"意义。或者可以认为，前者如库萨的尼古拉、斯宾诺莎等强调的是"彼在"的"一"，而后者强化的只不过是"此在"的"一"以及"此在"的"一"所必然衍生而出的差异性、复数性、复多性。

综上所述，如果哲学上的"一"可以内生出联系和差别、一致性和差异性两个重要的内生变量，而且，"多等于多，多即是一，一即是零"可以成为整个哲学体系的通式，那么，哲学史上所表现的种种不同的思想体系，究其根源，则在于自由和意志自由原当是强迫的。首先，"自由的强迫性"表明，我们没有不自由的自由。这是因为，其一，自由是一种内在必然性，正是因为自由意志有着无限自由选择的可能性，所以才选择了不选择，选择了这种具有"内在必然性"的自由。其二，正如维特根斯坦所强调的，"意志自由在于不可能知道尚属于未来的行为。仅当因果性像逻辑推论一样是一种内在的必然性,我们才能知道这些行为。——知与所知的联系是逻辑必然性联系的"。如果没有掌握这种"内在必然性",不能像逻辑推论一样推演出这种"内在必然性",自由必定是自愿的(维特根斯坦,1996)。自愿的自由,往往是黑格尔意义上的"形式的自由",至多是康德意义上的"消极自由"。其三,内在必然性是绝对运动的产物。内在必然性的自由,本质上必须是一种无限的自由。这也正是康德关于人的自由和行为的必然性相一致的"自由和必然共存说"的基本内涵和立论根据。拥有了这种"内在必然性"的自由,自由不仅是无限的,也必然是强迫的。其次,自由的强迫性既意味着一与多、联系与差异、一致性与差异性的"同时共在"性,也决定了善与恶的并存性。也正是因为善恶的并存性,决定了黑格尔所说的实体性的统一,即最高"实体"只能是排除了恶的"善"。从这个意义上说,巴门尼德用非存在与存在,萨特用虚无与存在对抗"多"与"一",是因为始终未认识到,恶只能是也必须是善的边角料,因为"善"是以"存在"为最高尺度的,而"恶"在黑格尔那里只是一种否定性。因此,"善"也是"强迫"的,相当于康德所说的"绝对命令"。这时的"善"即是"一","一"即是"零","'零'存在"便是扬弃了一切"恶"且涵容了所有善的本质、本性的一种"至善",一种真正"自由"的"存在"。这还可以被认为是通常所谓的人性论领域的"人择原理",因为人性若非如此,就不可能尚存在"人性"去可持续地谈论它。同时,也应当看成是胡塞尔所说的超越论哲学需要继续光大的"最内在动机"。下文根据我们所说的"哲学通式"以及虚数 i 与 $-i$ 的导出,还可以看出所谓的"多"也只不过是 i 与 $-i$ 经由"对称操作"以及对称性泛化的结果。因此,本质上,后现代主义所强调的"差异性"与"同一哲学"所强调的"一致性"不仅具有同等价值,也具有"同一"意义。由此深入,一致性是存在的理由,差异性是活力的源泉,当可以成为中西方哲学几千年来思想探索实践的核心表达。

三、虚数 i 与 $-i$ 及老子的"道"

数学与哲学同宗同源。在西方,从苏格拉底、柏拉图开始,就极其重视数学的研究。苏格拉底认为,"算学这个学问看来有资格被用法律规定下来;我们应当劝说那些将来要在城邦里身居要津的人学习算术,而且要他们不是马马虎虎地学,是深入下去学,直到用自己的纯粹理性看到了数的本质⋯⋯便于将灵魂从变化世界转向真理和实在"(柏拉图,1986)。公元前 387年,柏拉图在朋友的资助下在雅典城外西北角的阿卡德摩(Academus,以后西方各国的主要学术研究院都沿袭它的名称叫 Academy)建立学院,柏拉图学院明确要求:不懂几何学者,不得入内。毕达哥拉斯一生信奉的哲学信条是:万物皆比例。可见,在西方的哲学研究中有着重视数和数学的悠久传统。中国的"易学"有义理派和象数派,义理派主要阐释《周易》的文义与道理,阐发卦爻象数所象征的物象、事理;象数派侧重对《周易》的卦象、卦变的研究,创制出卦变、互体、八宫、纳甲、爻辰、卦气、飞伏、世应、旁通诸说。象数派在先秦时已有表现,两汉达到其鼎盛时期。象数学代表人物有汉代的孟喜、焦延寿、京房、郑玄和三国时期的虞翻。他们特别追求象数,所有经传词语都要从《周易》中找出象数的根源。中西哲学上谈论的"数",应当认为都是柏拉图所说的"纯数",是数的本质,"不属于可见物体或可触物体的数",是为了"脱离可变世界",成为"真正的计算者"(柏拉图,1986)。如果说,西方哲学经由苏格拉底、柏拉图、库萨的尼古拉、斯宾诺莎、康德、黑格尔等哲学大家,把对宇宙物质世界的思考和认识推到了"一",传统中国哲学如《易经》的"无极"、老子的"道"以及印度佛学则可以认为把对宇宙物质世界的思考推到了"零"。而根据群论及哲学通式:多等于多,多即是一,一即是零,我们还可以把对这个世界的认识推进到 i 和 $-i$。而且,如若可以把 $\sum_{n=1}^{\infty}=i$, $\sum_{n=1}^{\infty} y_n=-i$ 或 $\sum_{n=1}^{\infty} x_n=-i$, $\sum_{n=1}^{\infty} y_n=i$ 看成是一阴一阳,则不仅可以从更深层次上认识和理解《易经》中所论及的阴阳及老子的"道",可能还有着根本性、基础性的形上学本体论和认识论意义。

(一)群论的哲学内涵:多等于多,多即是一,一即是零

群论是由法国传奇式人物伽罗瓦(Galois,1811—1832)发明的。他用该理论,具体来说是"伽罗瓦群",解决了五次方程问题。在此之前柯西(Augustin-Louis Cauchy,1789—1857)、阿贝尔(Niels Henrik Abel,1802—1829)等人也对群论作出了重要贡献。群在抽象代数中具有重要地位:许多代数结构,包括环、域和模等都可以看作是在群的基础上添加新的运算和公理而形成的。群的定义如下:

设 G 是一个非空集合,* 是它的一个代数运算,如果满足以下条件:

Ⅰ.结合律成立,即对 G 中任意元素 a,b,c 都有(a*b)*c=a*(b*c)。

Ⅱ.G 中有元素 e,它对 G 中每个元素 a 都有 e*a=a,叫作 G 的左单位元;G 中有元素 e,它对 G 中每个元素 a 都有 a*e=a,叫作 G 的右单位元;

如果 e 既是左单位元又是右单位元,则 e 叫作 G 的单位元。

Ⅲ. 对 G 中每个元素 a 在 G 中都有元素 a^{-1},叫作 a 的左逆元,使 $a^{-1} * a = e$。

符合上述三个条件,则称 G 对代数运算 * 做成一个群。

同时,一般说来,群指的是对于某一种运算 *,满足以下四条规律的集合 G:

(1)封闭律

若 $a,b \in G$,则存在唯一确定的 $c \in G$,使得 $a * b = c$;

(2)结合律

任意 $a,b,c \in G$,有 $(a * b) * c = a * (b * c)$;

(3)幺元律

存在 $e \in G$,对任意 $a \in G$,满足 $a * e = e * a = a$,称 e 为单位元,也称幺元或恒等元;

(4)逆元律

任意 $a \in G$,存在唯一确定的 $b \in G$,$a * b = b * a = e$(单位元),则称 a 与 b 互为逆元素,简称逆元,记作 $a^{-1} = b$.

通常称 G 上的二元运算 * 为"乘法",称 $a * b$ 为 a 与 b 的积,并简写为 ab.

若群 G 中元素个数是有限的,则 G 称为有限群;否则称为无限群。有限群的元素个数称为有限群的阶。

基于上述,可以看出,群论的哲学基础正是我们导出的哲学通式:"多等于多,多即一,一即是零"。首先,因为一切都在一切之中,一切"一"也都在一切"一"之中,所以可以推导出:多等于多。因为每一事物都在每一事物之中,一切都在一切之中,所以才有一切即一,一即一切,多即是一。多等于多,多即是一,既是关于局部反映整体,每一部分中都包含着其他部分,同时每一部分又被包含在其他部分中的全息律的哲学基础,也是群论中封闭律和结合律得以成立的基础条件和本质原因。因为一切都在一切之中,所以可以对一切"一"进行任意的"组合",这种组合必然地仍在"一"之中,因而这种操作必然就具有"封闭性",符合群论的"封闭律";同时,正是因为对一切的"一"的这种任意的操作仍在"一"之中,所以,这种意义上的"任意"的"一"的组合就可以无关次序,进而也符合"结合律"。其次,"多即是一"为群论中提出"单位元"的存在提供了思考路径和哲学基础。因为"一"、相等和联系,三者同等的永恒,它们是同一,正如毕达哥拉所说,是一个"三一体"(库萨的尼古拉,1988),亦即"一"就是"相等",就是"联系"。而且,由于在哲学上,没有一物不相异,与没有一物不同一是等价的,所以,任何一个自在自为的体系,总是可以找到"相等"、"联系"和"一"这样的"三一体"结构,即群论上所说的"单位元"或"恒等元"。复次,根据库萨的尼古拉的阐述,由于联系按本性先于差异,相等按本性先于不相等(库萨的尼古拉,1988),如果我们以世界的存在为逻辑起点,那么,那个最原初的"相等"和"联系",不但为一,而且必须为零,不然,何以有相等?因而才有"一即是零",这就又为群论提出"逆元律"提供了哲学基础。需要特别指出的是,这里所谈论的"数"首先是哲学意义上的"纯数",特别是我们所说的"零"或"'零'存在"更是"纯数"意义上的。"'零'存在"本质上所体现的正是一切"存在"必然地具有"变中有不变"的共性,并出现物理学上所说的各种事物的对称性以及对称性的泛化现象的根源。因此,可以这样来概括群论的哲学思想:一是"同一哲学"所揭示的世界的统一性、一体性,亦即多等于多,多即是一;二是对称性,在很多数学家看来,"对称即群"。德国著名数学家魏尔(H. Weyl)曾经给出"对称"的定义:"如果一个操作使体系从一个状态变换到另一个与之等价状态,或者说,状态在此操作下不变,我们就说这体系对于这一操作是'对称的',而这个操作叫作这体系的一个'对称操作'。"(顾沛,2011)从群论所体现的哲学意义来看,正是由于"同"是因为"不同","不同"是因为"同",同一律与相异律是等价的,才使得自然界的"变中有不变"的对称性普遍地存在着,并可以展开各种"对称操作",而且可以运用群论这一数学工具,来研究自然界的这种"对称"。由此看来,在"变中有不变"的"对称性"的本质意义上,普罗提诺所说的"一就是一切,但绝对不是(一切中的)一"的论断(哈贝马斯,2012),只不过是因为不了解"对称性的泛化"现象的自然和必然的存在,并不能因此而否定"多等于多,多即一,一即是零"以及"一即一切,一切即一"。

　　如果毕达哥拉斯的万物皆数能够成立,那么,根据我们导出的哲学通式以及群论可以得出,实数加法作用的恒等元为0,非零实数的乘法作用的恒等元为1;同时,因为自然物质世界一切自在自为的体系,在量上不是增加便是减少,并且总是"彻底地相互作用"在一起,因而,对于任何一个自然体系总是可以同时进行加法和乘法运算,于是便可导出这样一个方程式:

　　根据群论,设 $\sum_{n=1}^{\infty} x_n$ 与 $\sum_{n=1}^{\infty} y_n$ 互为可逆元,其中,$n \in N$,且其加法作用的恒等元为0,乘法作用的恒等元为1。可列出如下二元一次方程:

$$\begin{cases} \sum_{n=1}^{\infty}(x_n + y_n) = 0 \\ \sum_{n=1}^{\infty}x_n y_n = 1 \end{cases}$$

其中,$\sum_{n=1}^{\infty}x_n$,$\sum_{n=1}^{\infty}y_n \neq 0$;$n \in N$。

进而,可解得:$\sum_{n=1}^{\infty}x_n = i$,$\sum_{n=1}^{\infty}y_n = -i$ 或 $\sum_{n=1}^{\infty}x_n = -i$,$\sum_{n=1}^{\infty}y_n = i$;进而,还可作如下推论:

推论 1:所有自在自为的可逆元之和为 0,可逆元之积为 1。

推论 2:同一时空的所有可逆元的加和值为 i 或 $-i$。

推论 3:凡加法作用为 0 的可逆元,乘法作用的值必为 1;反之亦然。

推论 4:纯然存在及其加和的势值恒等于 1。

根据上述演算结果及所得到的四个推论,可以得出,由于群论所展现的数理,本质上正是前述基于中西哲学史上对"一"的探索所得出的"多等于多,多即一,一即是零"这一命题的数学意义;如若该命题成立,则萨特的存在与虚无以及老子的一阴一阳或者应当表示为 i 和 $-i$,且其意义之深远是可以预期的。在数学上,根据笛卡尔对虚数的定义,$i^2 = -1$,亦即:$1 = (+i) \times (-i)$。那么,虚数 i 与 $-i$ 的导出,亦即 $\sum_{n=1}^{\infty}x_n = i$,$\sum_{n=1}^{\infty}y_n = -i$ 或 $\sum_{n=1}^{\infty}x_n = -i$,$\sum_{n=1}^{\infty}y_n = i$ 有着什么样的形上学本体论和认识论意义呢? 如若自然界正如今天的物理学家所言,对称性原理遍及整个自然(阿·热,1996),那么,运用群论,根据这里所导出的与之间的对称性,必然具有根本性、基础性的哲学内涵。

首先,可以认为,古典的"同一哲学"仅仅把对这个世界的认识推进到对"一",显然是不够的。因为"一"或许原本就应当由 i 与 $-i$ 经过相应的"对称操作"组合构建而成。如果可以认为传统中国哲学如《易经》的"无极"、老子的"道"以及印度佛学,把对宇宙物质世界的思考推到了"零",那么,本质上也存在着固有的缺失。如若毕达哥拉斯的万物皆数能够成立,因为自然物质世界自在自为的体系,在量上不是增加便是减少,并且总是"彻底地相互作用"在一起;那么,就可以进而认为,这个"零"就只不过是虚数 i 与 $-i$ 经过"加法作用"以及对称操作或对称性泛化作用的结果;而"同一哲学"中所论及的"一",则可以看成是实数乘法作用的产物。

其次，从本体论的角度来看，$\sum_{n=1}^{\infty} x_n = i$，$\sum_{n=1}^{\infty} y_n = -i$ 或 $\sum_{n=1}^{\infty} x_n = -i$，

$\sum_{n=1}^{\infty} y_n = i$ 的导出，可以发现，即便把"零"看成是世界的本体，也有错置原因与结果的嫌疑；而把"一"看成是一切存在者的起源、基础和总体所构成的那种视角，其唯一的贡献可能就是可以把"多"刻画为不同的存在者和割裂的差异者。亦即是说，当"同一哲学"把"一"看成是本体和实体时，也为后现代主义把"多"看成是"解构"的"法宝"，并对"同一哲学"所建构的基础主义、整体主义、本质主义展开全面"围剿"埋下了"祸根"。"同一"哲学所促成的绝对否定性本体论中的"一"，因为拒绝一切论证活动，也曾被冯友兰称之为西方哲学的"负的方法"。哲学史上，如柏拉图的"理念"、巴门尼德的"存在之存在"、斯宾诺莎的"观念的观念"、库萨的尼古拉的否定神学，就拒绝一切论证，本质上也都是"负的方法"的产物。现在看来，根据群论以及虚数 i 与 $-i$ 的导出，这些绝对否性的本体，可能都仅仅是看到了本体"一"的一体两面中的某种特质、某一面向。

复次，$\sum_{n=1}^{\infty} x_n = i$，$\sum_{n=1}^{\infty} y_n = -i$ 或 $\sum_{n=1}^{\infty} x_n = -i$，$\sum_{n=1}^{\infty} y_n = i$ 的导出，显见也成了经验的限界；同时也意味着，经验世界总是可以进行抽丝剥茧般的追溯，以及通过如康德和黑格尔那样的批判和反思，而其结果却既非传统哲学意义上的"一"，亦非"多"，既非"存在"亦非"虚无"，既非"此在"亦非"彼在"，而仅仅是 i 或 $-i$ 或具有 i 或 $-i$ 性状的"某物"。由此而论，迄今中西哲学史上所谈论的"一""多"和"零"，可能都只不过是维特根斯坦意义上的作为"事实的总体"而非"事物的总体"的"世界"（维特根斯坦，1996），经过加法和乘法两种不同的作用所导致的不同结果，而绝非原因。总之，中西哲学史上，无论是本体论抑或许是绝对否定性本体论，实在论抑或是观念论意义上找到的"一"或者是"零"乃至于"多"，都是由虚数 i 与 $-i$ 构造的，因而，实质上都不是本体论意义上真正的"本体"；中西哲学可能都找错了论域和对象。同时，如果我们能够把虚数 i 与 $-i$ 看成是《易经》里所说的一阴一阳，或许还可以给我们以更多的启示。

（二）虚数 i 与 $-i$ 及《易经》"一阴一阳之谓道"新解

《易经·系辞上》："一阴一阳之谓道，继之者善也，成之者性也。"《道德经·四十二章》："道生一，一生二，二生三，三生万物。万物负阴而抱阳，冲

气以为和。"可见,老子《道德经》以及《易经》中,"道"不是"一"但是可生
"一"。由于 $1＝(＋i)×(－i)$,是否可以认为,"易经"中一阴一阳都应当表
示为 i 和 $－i$? 老子的不可言说的"道",是不是也是由 i 和 $－i$ 组合构造而
成呢? 是否还可以这样认为,因为 i 和 $－i$ 的乘法作用为"一",所以才有"道
生一"?"道"原本应当由 i 和 $－i$ 经过"对称操作"而构成? 同时,由于 i 和
$－i$ 的加法作用为"零",所以,可以认为"'零'存在"的本质就是"道",或者
说,"道"的本质就是一种"'零'存在"? 或许,正是因为"道"是一种"零"存
在,所以,老子在《道德经·一章》开宗明义地强调:"道可道,非常道;名可
名,非常名"。而且,"有"与"无",分别是"万物之母"和"天地之始",且是"玄
之又玄"的"众妙之门"。老子所说的"无"可能正是由 i 和 $－i$ 经过加法作用
的结果,即"零";而"有"可能正是 i 和 $－i$ 乘法作用的结果,即"一"。所以,
有与无,"同出而异名",且因为 i 和 $－i$ 的存在,而变得"玄之又玄"。尔后,
经过 i 和 $－i$ 对称操作及对称性的泛化作用,便可以"一生二,二生三,三生
万物"。再从维特根斯坦所说的"事实的总体的"来看,i 和 $－i$ 的对称性存
在,既是"万物负阴而抱阳,冲气以为和"的原因,也为之奠定了基础。因此,
可以认为,我们所导出的虚数 i 与 $－i$ 本质上可以为《易经》中所论及的"一
阴一阳"以及老子的"道"作出新的且具有严密数理逻辑意义的解读。也就
是说,老子的"道"应当也是一种对称性的"存在",《易经·系辞上》所说的
"一阴一阳之谓道",本身就认为"道"是由一阴一阳对称性地型构的。

　　还需要引起重视的是,中西哲学史(包括宗教史)上的"一",并不意味着
"一切都化约为'一',而是意味着,'多'可以追溯到'一',并且因此可以被理
解为一个整体和总体"(哈贝马斯,2012)。现在看来,如果"一"是 i 和 $－i$ 彻
底相互作用的结果,那么,实在论与观念论所论及的这个"一",无论是作为
"实在"还是"观念"就都显得虚妄不实。如若在"'零'存在"的前提下,通过
i 和 $－i$ 对称性相互作用以及对称性的泛化,完全可以"生产"出"多",那么,
巴门尼德用非存在对抗存在,阿多尔诺用"否定"对抗"一",同样也是存在诸
多偏误。因为,如若无论是本体论抑或是绝对否定性本体论,实在论抑或是
观念论意义上找到的"一"或者是"零"乃至于"多",都是由虚数 i 与 $－i$ 构造
的,那么,存在与非存在,"否定""多"与"一",就均可以表示为 i 和 $－i$ 或者
是二者"冲气以为和"的结果,亦即是"对称操作"及对称性泛化的结果,而非
纯粹"对抗"的结果。进而,还可以看出,"同一哲学"、现代哲学所陷入的"二
元论"和"新二元论"困境,也是由于其对于对称性相互作用以及对称性的泛

化现象缺乏认知。形而上学处理的问题,是源于"被剥夺了特权的多元性对带有强制性和虚幻性的同一性的反抗"(哈贝马斯,2012)。人们从多个角度反复提出了同一个问题:"一"和"多"、"无限"和"有限"相互之间究竟是怎样一种关系?萨特认为,近代思想试图用现象的"一元论"来取代"二元论"的尝试并未成功,所导致的只不过是一种新的"二元"对立,即"有限"与"无限",或者不如说"有限中的无限",取代了存在和显现的二元论而已(萨特,1987)。在维特根斯坦看来,"如果我们不把永恒性理解为时间的无限延续,而是理解为无时间性,那么此刻活着的人,也就永恒地活着"(维特根斯坦,1996),这样,有限、无限及其相互间的"对立"便自行瓦解。真正讲来,有限和无限的对立统一问题才是哲学的根本问题,正是在有限与无限的对立统一之中,才派生出了"一"与"多"的关系问题。而且,正如康德关于人的自由和行为的必然性相一致的"自由和必然共存说"那样,有限与无限的"同时共在"性,当是一切如斯宾诺莎所说的"真观念"的立论依据和基本属性,大凡经不起有限和无限"同时共在"性或亦可谓之"有限和无限共存说"推敲的理论和学说,绝非是我们这个作为如维特根斯坦所说的"事实的总体"的世界或海德格尔"此在"的真理。基于 $\sum_{n=1}^{\infty} x_n = i$, $\sum_{n=1}^{\infty} y_n = -i$ 或 $\sum_{n=1}^{\infty} x_n = -i$,

$\sum_{n=1}^{\infty} y_n = i$ 的导出,可以看到,康德倒反而是具有先见和洞见的。康德否定作为纯粹直观、作为"一切外的内的经验之必然条件"的时间空间的客观实在性。如若将客观实在性归之于非经验的作为表象方式的时间和空间,则将"无术制止一切事物因而转为幻相"(康德,1960)。这里,康德似乎想要说明,作为纯粹表象方式的时间和空间,既非"存在"亦非"非存在"。基于虚数 i 和 $-i$ 的导出,反观康德的这一观念,可以看出其的确是富有非凡的洞察力。萨特把否定看成是虚无的概念性统一,且通过纯粹逻辑思辨的形式,推导出"虚无"、非存在的存在,也是很值得赞赏的。但是,在我们看来,从"同一哲学"到现代和后现代哲学,整个西方哲学思想从笛卡尔的"我思故我在"到康德的"在我以外其他事物存在之直接的意识"及萨特"非反思意识"来破除笛卡尔的"我思",从阿多尔诺指出康德的先验主体极有可能依赖于"物质",即"统觉的相反一极",到维特根斯坦把整个现代的世界观都指责为"建立在一种幻觉的基础上",认为"世界是独立于我的意志的"(维特根斯坦,1996),对于不可说的东西必须保持沉默。在这样的四度提升和自我批判中,哲学之所以被认为是走向了"终结",正是因为对虚数 i 与 $-i$ 及《易经》"一阴一阳之谓道"缺乏认知,虽则能够将事物归结到"一"与"多"、存在与非存在、存在与虚无的同时性存在,也充分体现了哲学先辈们深邃的洞察力和卓绝的思考力。根据群论,i 和 $-i$ 这样一种特殊的对称性,其加法作用为零,而乘法作用为"一"。因为整个自然不是增加就是减少,或者就是彻底相互作用在一起,因此,可以认为,自然界的"加法作用"和"乘法作用"必然是"同时性"地存在着的。于是,自然之道就可以认为既是"一"也是"零",且"一即是零"。这不仅意味着,我们可以对《易经》所强调的"一阴一阳之谓道"作出全新的解读;而且可以认为,无论是同一哲学所阐述的"彼在"的"一",还是现代哲学所强调的"此在"的"一",无论是巴门尼德、亚里士多德以降的"存在之存在"论,还是海德格尔、雅斯贝尔斯的"此在"、萨特的"存在与虚无",乃至于后现代哲学的"多",都只不过是 i 与 $-i$,即一阴一阳经过对称操作或对称性泛化作用的结果,几乎可以看成同一问题一体两面或多面。基于 $\sum_{n=1}^{\infty} x_n = i, \sum_{n=1}^{\infty} y_n = -i$ 或 $\sum_{n=1}^{\infty} x_n = -i, \sum_{n=1}^{\infty} y_n = i$ 的导出,不仅可以找到我们的经验限界,进而逻辑地解构中西哲学上所谈论的"一"和"零",而且可以进一步认为,存在与非存在、联系与差别、"否定""多"与"一"本质上是等价的,具有同等价值。同时,如果毕达哥拉斯的万物皆数成立,那么,经过黑格尔的阐述,既然数的无穷进展可以达致有质的量,亦即万数皆物与万物皆数是等价的,那么,虚数 i 与 $-i$ 自然也是"物",世界的本体应当就是虚数 i 与 $-i$ 的对称性"存在"和"实在",而绝非是霍克海默、阿尔多诺所危言的"神秘的恐惧"或者是"令人毛骨悚然的事物"。传统哲学也不是赖欣巴哈批评的那样是"空洞的空话和危险的独断论"以及是将一些不可并存的成分混合在一起的"古怪杂物"(赖欣巴哈,1983)。当然,这种意义上的"实在"既非中西哲史上所论及的存在或非存在、绝对本体或绝对否定性本体,等等,而是一种超越。这种超越既可以说明既往的哲学研究存在固有的缺失和局限,也可以进一步认定,在哲学研究中,对 0、1、i 和 $-i$ 及其相互间的关系研究,将具有基础性、根本性意义。而且,i 和 $-i$ 的导出或者还可以为中西哲学的研究开辟一个新境域。当然,这里所论及的 0、1、i 和 $-i$,已经远非通常数学意义上的数,而是一种如柏拉图所说的"纯数"。唯有如此,才能真正挖掘出基于 $\sum_{n=1}^{\infty} x_n = i, \sum_{n=1}^{\infty} y_n = -i$ 或 $\sum_{n=1}^{\infty} x_n = -i, \sum_{n=1}^{\infty} y_n = i$ 的哲学内涵。显而易见,我们这里的研究仅仅是一个开端。

综上所述,虚数 i 与 $-i$ 的导出,对于中国传统哲学而言,诸如"无极"和"道"等"绝对否定性"概念,已经变得可以言说,即不但可以说它不是什么,也可以说它是什么,进而成了绝对的肯定性。对于西方哲学而言,从"同一哲学"到现代主义、后现代主义哲学,基本可以表述为老子所说的"道生一,一生二,二生三,三生万物。万物负阴而抱阳,冲气以为和"(《道德经·四十二章》)。老子的"道生一",可以用简单的数学式表达为:$1=(+i)\times(-i)$。这同时意味着,"同一哲学"、现代哲学所论及的存在与非存在、"一"与"多"、此在的"一"和"彼在"的"一",似乎都有着相同的性质,其间并不存在"对抗"性关系,只不过是"万物负阴而抱阳",并且进而"冲气以为和"的结果,所以才进而有了"二生三";而后现代主义的复数性、多元化只不过是在 i 与 $-i$ 的对称性相互作用及对称性泛化的结果,所展示的正是老子"三生万物"的一幅世界图像。

四、老子"三"及"势成之"

老子《道德经·四十二章》中所说的"三",自古以来,注家颇多,且众说纷纭。古今对于老子"三"的解读大体可以归结为三大类:一类是对老子文本原义的解读。如《淮南子·天文》:"一而不生,故分而为阴阳,阴阳合而万物生,故曰'一生二,二生三,三生万物。'"《老子·王弼注》:"万物万形,其归一也。何由致一,由于无也。由无乃一,一可谓无,已谓之一岂得无言乎,有言有一,非二如何,有一有二,遂生乎三。从无之有,数尽乎斯,过此以往,非道之流。故万物之生,吾知其主,虽有万形,冲气一焉!"在我们看来,《淮南子·天文》和王弼所注,只不过就是老子的文本本义。解与不解,注与不注,并没有实质性的区别,也没有多少突破性的进展。譬如,为什么"一而不生,故分而为阴阳,阴阳合而万物生"?为何"有一有二,遂生乎三"?不但没有说清楚,而且可能更让人摸不到头绪。第二类的解读,大体可认为是"内容"意义上的。《老子·河上公注》:"道始所生者一也,一生阴与阳也。阴阳生和、清、浊三气,分为天地人也。天地人共生万物也,天施地化,人长养之。"显见,河上公把老子的"三"解读为天、地、人"三"才,正是内容意义上的解读。今人从内容意义上来在解读老子的"三"的就更多了。特别是随着当代科学技术的发展,有的从宇宙学、物理学、生物学,有的乃至于从语言学意义上来解读老子的"三"。如李远国认为:"阴阳变化,犹如强大的动力,激活了宇宙间的'精'，从而产生天地，产生了人类，他们与道并存，老子把这个过程称为'二生三'，所谓'三'，即指天、地、人三才。宇宙间有了这三种东西，万物得以资生，即通过阴阳运动生成新的统一体后，生化出世界万物，老子把这个过程称为'三生万物'。"（李远国，2007）李玉山在《"三生万物"对世界前沿科学研究的启示》一文中指出，在自然界的种种物质生命演化过程中，可以发现各种不同过程表现的"三生万物"。"干细胞"是当代生物经济热中流行于传媒的新名词。干细胞具有三种等级层次：全能干细胞、多能干细胞、专能干细胞。所有哺乳动物的胚胎演化过程与人一样，细胞的进化都经过了一个全能→多能→专能的演化"三级跳"。受精卵和它头 3 次分裂所产生的 8 个细胞每个都有能力产生发展成为一个完整的人体。从一个单细胞的"受精卵"变成一个"人"或其他各种哺乳动物，从而"涌现"或"突现"出具有各种各样动物形态与功能的"万物"（李玉山，2003）。王君君从汉字构造的角度来解说老子的"三"，并且指出，一般认为"三生万物"是道家思想，其实，早在道家思想产生之前，汉字构形中早就已隐含"三生万物"的意识。从汉字视阈看，文字不仅仅是直观的方块符号，更是一种表达符号，还是一定社会人群的文化符号，是一定地域、一定时间内社会人群的集体创造物。汉字本身就充当古代某些文化信息的生动提示或指向。一方面，从汉字外在构形上，彡字引申出诸多与修饰相关的汉字，如绘、彤、彩、彰、彤、形、彬、修、彦、衫等。以不能独立使用的三叠同体品字形作部件，同样具有强大的生命力和衍生力，如：傝叠靐儽壨槑攝瑡灗礨磉纍缥蕐蕌蟲譺藟鑷轠；桑嗓搡颡槡磉；紤壵；飈协噂拹怷憯熸揗，等等。另一方面，从汉字的语义层面看，三叠同体品字形"以三示多"，以三个相同的叠加部件表示多数，三人成众，三水成淼，三土成垚，三羊成羴等。王君君进而认为，"本质上，从官方认可的通行的正字及流行于民间的约定俗成的俗字两大字体构形创制的角度看问题，早在民间，早在我们先祖门创造文字之初就从具象、抽象两大层面述说了这一'三生万物'的观点"（王君君，2016）。第三类是"形式"意义上的解读。从已有文献看，从"形式"意义来解读老子的"三"的罕有所见，在这方面林安梧的解读可能具有代表性。林安梧指出："'二生三'的三，此乃承于一之整体性、二之对偶性，转而为三之定向性，此定向性必指向存在，而经由一主体的对象化活动，使得存在的事物成为一决定了的'定象'，此即'三生万物'之谓也。'三生万物'此是从定向性之转向于对象性。道生一、一生二、二生三、三生万物，由根源性、整体性、对偶性、定向性，终而成就其为'对象性'也。"(林安梧，2009)林安梧把"三生万物"的过程说成是"从定向性之转向于对象性"，看起来有其形式合理性，但是，对于"定向性必指向存在"的说法却显然没有依据。而且，在他的解说中，一之整体性、二之对偶性，三之定向性，此三者似乎有着本质的不同，却又难以说清此三者区别之所在，因此必然削弱其解释力。我们认为，老子在《道德经》中所论及的"一"、"二"和"三"显见都是柏拉图"纯数"意义上的，因为具有"数"的纯粹性本质，甚或可以认为是黑格尔所说的那种"纯粹思想"，因此而既有其内容意义，也有其形式意义，并且可以认为是更侧重于"纯粹形式"意义上的。只有搞清楚了这种"纯粹形式"的意义，才能展开内容意义上的解读。因此，上述三大类对于老子"三"的解读，前两类显见未能触及"三"的本质，唯有林安梧的解读思路可能是对的，但仍缺乏说服力。真正讲来，老子的"三"首先只是一个具有"形式"意义的"筐"，找到了并且搞清楚了这个"筐"，当然在"内容"上就什么都可以往里"装"。并且，老子的"三"亦即是老子的"势"，都是一个结果而非过程的概念。

（一）老子"三"的形式意义

黑格尔拒斥无内容的形式，认为真正的形式绝不是抽象的、主观的和空洞的，相反，形式的就是内容的，形式与内容是一体的。进而还批判了我们的表象表现出的两种情况："或者内容虽是一个经过思考的内容，而形式却未经过思考，或者正与此相反，形式虽属于思想，而内容则与思想不相干。"(黑格尔，1980)真正的思想，"除了属于思维本身，和通过思维所产生的东西之外，它不能有别的东西。所以逻辑学中所说的思想是指纯粹思想而言"(黑格尔，1980)。如果老子所谈论的是"纯数"，那么，这个"三"应当也是一种"纯粹思想"，既是形式的，也是内容的，是形式和内容的有机统一。因此，对于老子的"三"的内容意义上的解读虽则不无意义，但是如果不能找到这些内容的具体、客观和有内容的形式，必然是徒劳而无功的。

康德在论及事物"同时共在"原理时指出，"事物在其存在同一时间中之限度内为同时共在"(康德，1960)。康德是这样来推导的：首先，是因为我们能经验地感知到事物的同时共在性。德语中"同时共在"，即"共同相处"，可以解之为相互关系(Communio)，亦可解之为交相作用(Commercium)。康德采纳了后一种含义，即所谓"同时共在"或"共同相处"为"交相作用"之意："吾人今则以后一意义用之，指力学的共同相处而言，盖无此力学的共同相处，则即位置的共同相处(Communio spatii)，亦绝不能经验的为吾人所知"

(康德,1960)。经由"经验表象之连锁"而推导出经验表象的"共同相处"的关系,由此不得不叹服和钦佩康德的洞察力和思考力。其次,正是因为我们能感知和察觉到事物的共同相处关系的存在,才可以证明事物必然具有同时共在性,而且,即便是最远的事物,亦当如此,"盖仅由此等物质之交相影响,物质之各部分始能证明其为同时存在,因之即最远之对象亦能证明(虽仅间接的)其为同时共在"(康德,1960)。归结前述两点,康德进而得出,"故现象领域中之一切实体,在其同时共在之限度中,应在彼此交相作用之彻底的共同相处之关系中云云,实为所必须者"(康德,1960)。由上可见,康德的"同时共在"有两个要点:一是康德认为表象世界或事物是同时共在的,不然就会因为表象间"无丝毫联结,且无任何之时间关系"而无以获取经验"表象";二是一切事物即便是最远之事物都是彻底地交相作用在一起的(这同时也论证了为什么物质世界的"加法作用"与"乘法作用"可以"同时共在"的原因)。根据"同时共在"原理,康德实质上已经推导出了老子的"三"的形式意义:"故除甲与乙纯然之存在以外,必须有甲对于乙及乙又对于甲所由以规定其在时间中位置之某某事物,盖惟有在此种条件下,此等实体始能经验的表现为同时共在。"(康德,1960)亦即是说,"甲与乙纯然之存在"二者之外,还有"某某事物",且正是因为"甲与乙纯然之存在"彻底地交相作用在一起才出现了这个"某某事物",并且规定了"甲对于乙及乙又对于甲"在时间中的位置。因此,这个"某某事物"的功能和作用体现为,既表明了"甲与乙纯然之存在"(所以能经验地感知二者的存在),也表明了"某某事物"在规定了"甲与乙纯然之存在"在"时间中位置"的同时也规定了自身的同时共在性。我们认为,这个"某某事物"本质上就是老子的"三",并且是"纯粹形式"意义上的"三"。理由如下:

首先,如果物质世界真如今天的物理学界所揭示的那样,对称和对称性遍及整个自然,那么,康德所说的"甲与乙纯然之存在"与老子所说的"二"即一阴一阳,必然遍及整个世界,并且必然彻底地相互作用在一起,这也可以看成是物理学界所说的"对称性决定相互作用"的原因和结果。值得注意的是,如若甲与乙、阴与阳都只是纯然地存在着的,那就不可能被感知,当且仅当出现了"某某事物",才可能被感官所感知。也就是说,在经验世界,我们所能感知的都只是"某某事物",即已经是第三样东西了。而且,正是因为这第三样"某某事物"的存在,让我们推知了甲与乙、阴与阳以及与此"某某事物"的同时共在性。由此深入,我们所能真正"看"到的,本质上又正是康德的这个"某某事物"和老子的这个"三",而绝非"二",即唯有"三"遍及我们所感知的世界,而对于甲与乙、阴与阳则只能知其为"纯然存在",却从未"看"到其"存在";虽则,我们可以感知"二"与"三"的同时并在性。也就是说,本质上,在宇宙物质世界,我们从来就没有真正"看"到过甲与乙、阴与阳的存在,而仅仅"看"见过"三"。所以黑格尔指出,"事物自身与我们对于事物自身的认识,完全是两回事。这种将思想与事情自身截然分开的观点,特别是康德的批判哲学所发挥出来的,与前此时代认为事情(Sache)与思想相符是不成问题的信心,正相反对"(黑格尔,1980)。于是,这个"三"就不仅具有了"内容"意义,更具有"形式"意义,而且,可以成为一种最彻底的"纯粹形式"。由此看来,现代哲学所谓的现象是什么,就绝对是什么,现象就是现象自身的绝对表达,进而把"此在"作为世界万物展露自己的场所和存在与存在者之间"联系—差别"的纽带,这个"此在"所"表达"的,也只不过是这个"三"。而且,也只有在"三"经过"二"的"彻底的相互作用"而变易成为"一"时,现象才有可能是现象自身的绝对表达。如若"三"经过"对称操作"而成下文将述及的"八",则"此在"也就成为"多",进而使海德格尔所津津乐道的"此在",也成为现象的"一种"存在方式或存在结构而已。

其次,正是因为这个"三"具有"纯粹形式"的意义,所以老子强调"三生万物"而非"二生万物"或其他,尽管这个世界本质上说是"一阴一阳之谓道",即世界的本质是一阴一阳的对称性决定其相互作用的。显见,如果把康德的甲与乙、老子一阴与一阳也看成是一种"纯粹形式"意义上的,那么,在最原初时期也只能生"三"。由此而论,老子所说的"道生一""一生二"理当艰难,而"二生三"就相对容易,"三生万物"则就更为简便了。

复次,甲与乙、阴与阳是终始地彻底地交相作用在一起的,此二者也基于此而向世界"表达"了它们的"存在",而且,也让"我"透过"三"即"某某事物"而感知而非"看"到其存在。由此深入,康德的"同时共在"原理本质上还表明,甲与乙、阴与阳之类的"纯然存在"都是"自由"的,按照黑格尔的说法:"自由正是在他物中即是在自己本身中、自己依赖自己、自己是自己的决定者。"(黑格尔,1980)因而,只要有丝毫的乃至于仅仅是某种纯粹形式意义上的"障碍",就不可能使甲与乙、阴与阳终始地、"彻底"地交相作用在一起,进而不仅难得见"三",而且,"同时共在"和共同相处也就不复存在了。这就是说,通过康德的"同时共在"原理,就可以推导出纯然存在的"自由"存在,而这种"自由"的本质,从其对于推动事物彻底交相作用的意义上说,就是"虚空"，就是"无"，就是"零"，也因此，亦即是事物交相作用特别是彻底交相作用的"道"。也就是说，没有"自由"，就不可能有"虚空""无"和"零"，事物就不可能彻底地交相作用在一起。从这个意义上说，"自由""虚空""无""零"就既是事物交相作用的"最初动力的动力"，也是"最后动力的动力"。这又反证了自然界存在"道"及"'零'存在"乃至于"'零'存在机制"的客观性、根本性和必然性；或许，也正因为此，老子才可以极其肯定地得出："道生一，一生二，二生三，三生万物。"

归结前述三点，正是因为我们可能从来就没有"看"到过甲与乙、阴与阳的纯然存在，而仅仅"看"到过"三"，所以，"我"作为一种"纯然存在"，就既从来没有"看"到过"他者"，也从来没有"看"到过"自己"。这样，不仅笛卡尔的"我思"无从谈起，康德的"在我以外其他事物存在之直接的意识"及萨特的"非反思意识"亦属虚妄，阿多尔诺认为康德的先验主体极有可能依赖于"物质"，即"统觉的相反一极"，那是因为他不仅没有读懂康德，也可能从来就不知道中国的老子有一个"三"。因为，本质上，康德的"统觉"正是这个"三"，虽则从表象层面和感知上似乎的确依赖于"物质"，但是从根源上说，所依赖的却完完全全是物质的"彻底的交相作用"，不然无以"统觉"。而且，"统觉"的"最初动力的动力"和"最后动力的动力"都必然是"自由""虚空""无""零"。同时，还需要指出的是，虽则康德的"某某事物"的确是"三"，但是，也只有到了维特根斯坦，当他看到"世界是独立于我的意志的"，强调对于不可言说的东西必须保持沉默，对于老子的"三"才算是真正有所体悟。

（二）老子"三"的内容意义

如果"三"遍及感知世界，那么，这个世界的本质也就是一个"三"，这也正是老子的"三"的内容意义。而且，因为这个"三"是形式和内容的有机统一，而成为一种"纯粹形式"或"纯粹思想"，进而在经验世界就具有普遍性和普适性。

首先，毕达哥拉斯的"万物皆数"，经过黑格尔的进一步阐述就可以进而得出"万数皆物"，亦即万物皆数与万数皆物是等价的。于是，根据"吴福平黄金分割数列与斐波那契数列对应表"（见表 1-1），就可以推演出，当且仅当生"三"，才符合也才能出现自然界的黄金分割现象。斐波那契数列是根据"兔子问题"推演而来的，在斐波那契数列中，从"2"到"3"的推演中，在感性和表象层面上，是从"1 只幼兔和 1 只成兔"，即数列中的 2 只兔，变成了"2 只成兔和 1 只幼兔"，即数列中的 3 只兔。"兔子问题"所反映的事实是，

表 1-1　吴福平黄金分割数列与斐波纳契数列对应表

	斐波纳契数列后续任一项或吴福平黄金分割数列后续项加和与第(1)项比值	(1)	(2)	(3)	(4)	(5)	(6)	(7)	(8)	(9)	(10)	(11)	(12)	……
斐波纳契数列（数取）	……	233	377	610	987	1597	2584	4181	6765	10946	17711	28657	46368	……
递归定义	$F_0=0, F_1=1, F_n=F(n-1)+F(n-2)(n\geq2, n\in\mathbf{N})$													
兔子问题	斐法纳契数列（起始部分项）	1	1	2	3	5	8	13	21	34	55	89	144	……
	幼兔、成兔数量	1只幼兔	1只成兔	1幼兔+1成兔	1幼兔+2成兔	2幼兔+3成兔	3幼兔+5成兔	5幼兔+8成兔	8幼兔+13成兔	13幼兔+21成兔	21幼兔+34成兔	34幼兔+55成兔	55幼兔+89成兔	……
吴福平黄金分割数列	1.618	0.382	0.618											
	2.618	0.382	0.382	0.618										
	4.236	0.382	0.382	0.618	0.618									
	6.854	0.382	0.382	0.618	1	0.618								
	11.09	0.382	0.382	0.618	1	1.618	0.618							
	17.94	0.382	0.382	0.618	1	1.618	2.618	0.618						
	29.03	0.382	0.382	0.618	1	1.618	2.618	4.236	0.618					
	46.97	0.382	0.382	0.618	1	1.618	2.618	4.236	6.854	0.618				
	76.00	0.382	0.382	0.618	1	1.618	2.618	4.236	6.854	11.09	0.618			
	122.97	0.382	0.382	0.618	1	1.618	2.618	4.236	6.854	11.09	17.94	0.618		
	198.97	0.382	0.382	0.618	1	1.618	2.618	4.236	6.854	11.09	17.94	29.03	0.618	
	321.94	0.382	0.382	0.618	1	1.618	2.618	4.236	6.854	11.09	17.94	29.03	46.97	0.618
	520.91	0.382	0.382	0.618	1	1.618	2.618	4.236	6.854	11.09	17.94	29.03	46.97	……
	$\dfrac{F_1}{F_{n+1}}=0.618$　$(n\in\mathbf{N})$	……												
递归定义	$F_0=0, F_1=0.382, F_{n-1}=F(n-2)+F(n-3), F_n=0.618(n\geq3, n\in\mathbf{N})$ 其中，$n=4$ 时，$F_1=0.236$													

假如一对兔子每一个月可以生一对小兔子，而一对兔子出生后，第三个月开始生小兔子，假如没有发生死亡，那么，兔子的总数从斐波那契第三项起，每一项都等于前两项之和，而且，兔子便会按照这个"数"的规律繁殖下去。但

是,必须要认识到,斐波那契所谈论的"数",显见是柏拉图所说的"纯数",是数的本质,"不属于可见物体或可触物体的数"。

从"吴福平黄金分割数列与斐波纳契数列对应表"看,斐波那契在谈论和计算的绝非是"兔子"问题,而必须是"二"如何生"三"的问题。斐波那契数列首先反映的是自然界的前两个"纯然存在"必然产生后一个"某某事物",即其固有的"三"。其次,斐波那契数列中的"兔子"以及"吴福平黄金分割数列"都是严格按照"二生三"和"三生万物"规律演化的,而且,在实数中,也有且仅有斐波那契数列和"吴福平黄金分割数列"既符合"三生万物"的规律,也符合黄金分割律。其三,正是因为斐波那契数列和"吴福平黄金分割数列"具有"变中有不变"的对称性规律,因而符合群论推导出的非零实数乘法作用的恒等元为1,实数的加法作用的恒等元为0。归结前述三点,可以进一步推导出,"吴福平黄金分割数列与斐波那契数列对应表"的实质,不仅可以说明自然界"加法作用"和"乘法作用"的同时共在性——没有"乘法作用",即没有事物"彻底相互作用"发生,也就没有自界事物的增加或者减少的现象,"加法作用"也就无从谈起。而且,"'零'存在"必然是"兔子"衍生的"最初动力的动力",也是其"最后动力的动力"。因此,"吴福平黄金分割数列与斐波那契数列对应表",尽管只是演示了一个"三"的衍生过程,却不仅从内容意义上充分展示了老子的"三",而且,基于自然界黄金分割现象的普遍存在,又反证了"零存在""'零'存在机制"当是自然界"加法作用"和"乘法作用"的"同时共在"作用的必然结果。

其次,结合中外关于文化和文化动力研究的文献调查,我们偏向于这样一个文化定义,亦即我们所说的文化的实践性定义,即把文化看成是由价值、信仰、习俗、习惯等相当于内在或者说是潜在的规则,即内在制度(潜规则)与知识、语言、法律、礼仪、符号等大体上处于物化或者是外化状态的外在制度(显规则)所构成的规则系统"互动的和"。通过对老子的"三"的解读,可以得到这样三点:其一,文化的实践性定义中所说的文化的"内在制度"与"外在制度",作为两个"纯然存在",对于长期处于某种文化或文化圈的人而言,本质上往往是"看"不见的,真正"看"得见的,也因此而能真正实时地发挥作用的所谓的"文化",恰恰正是"互动的和"部分,亦即是作为黑格尔所阐发的"无条件的共相"而存在着。这也正是老子的"三",也是哈耶克、波普尔、卡里塞斯等所说的"世界三"或"第三范畴"。其二,如果仅从"内在制度"与"外在制度"二者的角度来看,因为文化问题,是在海德格尔等所说的"此在"的背景下来讨论的问题,根据二者相交融的程度,就可以出现不相容、基本相容、相容、完全相容状态,这样就出现了我们所说的"超""合""和""纯"四种文化形态。这也可以认为是《易经》所说的"两仪生四象"理论在内容意义上的一种运用。显见,这四种文化形态中的每一种都可以成为一种具有独特意义和固有特性的老子内容意义上的"三"。也就是说,《易经》的"二生四"与老子的"二生三"没有本质的区别,只是角度的不同;其三,因为是在"此在"或存在的背景下来讨论问题,康德所说的两个"纯然存在"也是一种"实在",并且,与它们所交相作用所产生的"三"是"同时共在"的,因此,根据群论,第一次产生的"同时共在"的"三"经过"对称操作",就可以产生《易经》的"八卦",即八种结构方式(没有"'零'存在","三"就不可能衍生出这个"八")。这样,细胞的进化都要经过全能—多能—专能演化的"三级跳",受精卵和它头 3 次分裂所产生的 8 个细胞每个都有能力产生发展成为一个完整的人体,便显得顺理成章了(关于这个问题,下文将进一步展开)。

复次,就形而上学意义言之,如果在纯数意义上,最原初的一阴一阳可以表述为 i 与(或)$-i$,而且,$1=(+i)\times(-i)$,那么,老子的"三"便即是"一"。也因此,而使老子的"三"和"一"在哲学上都具有广泛的意义。显见,正是因为"一"在形而上学中具有基础性、根本性的意义,才使得老子的这个"三"在哲学上也具有普适性,最为突出的表现则正是在康德和黑格尔哲学中,他们在本质上无不依"三"以及"三"而"一"、"一"而"三"展开其哲学思辨。康德的"三"大批判所展示的就是典型意义上的"三"。西方理性精神在邓晓芒所说的四次大的飞跃式发展中,赫拉克利特和巴门尼德时期,"逻各斯"只是纯粹的"一";到了柏拉图,则有了"二",即有了主客之分,理性被分割或分裂了;康德则把"逻各斯"一分为三,明确区分为理论理性、实践理性和审美理性。康德是这样来区分出这个"三"的,在《纯粹理性批判》中指出:"悟性不能直观,感官不思维。唯由二者联合,始能发生知识。但亦无理由使此二者混淆;实须慎为划分,互相区别。此吾人之所以区分为论感性规律之学(即感性论)与论悟性规律之学(即逻辑)二者也"(康德,1960)。由此可见,康德首先是发现了感性与悟性的"联合"和"交相作用",才可能进而产生"三",即"知识";其次,在"纯粹理性"批判中,康德是在通过研究感性和悟性规律的基础上,发现了理性的经验限界或限度,进而把人类理性推向了一个极限,亦即相当于维特根斯坦所说的,理性"可以言说的限度"及对于不可言说的事物则必须保持沉默;其三,正是因为理性有着感性和悟性的区别,又可以生发出实践理性和审美理性，故而康德展开了对实践理性和判断力的批判。康德的《纯粹理性批判》主要着眼于理性的理论应用，涉及理性的纯粹认识能力问题，《实践理性批判》涉及的则是理性的实践应用问题，考察的是"纯粹理性是否足以决定意志"，由于纯粹理性自身包含着批判其全部应用的准绳，所以实践理性判断的主要责任就是"去防范以经验为条件的理性想要给出意志决定根据的狂妄要求"（康德，2009）。在《判断力批判》中，康德指出："在高层认识能力的家族内却还有一个处于知性和理性之间的中间环节。这个中间环节就是判断力……同时可以先天地包含一条它所特有的寻求规律的原则……这个原则虽然不应有任何对象领域作为它的领地，却仍可以拥有某一个基地和该基地的某种性状，对此恰好只有这条原则才会有效。"（康德，2002）亦即是说，康德所说的"判断力"也是一种理性，而且可以认为是理论理性和实践理性"互动的和"，因而，也可以认为是依傍"三"而展开的。本质上，康德的"统觉"、纯粹直观方式时间和空间以及作为悟性能力详备目录的"范畴表"，均是"一"而"三"或"三"而"一"的产物。如"范畴表"中的量、质、关系、形相，均"三"分而得，并且认为已经"详备"，依据的正是老子的既具有形式意义又有着内容意义的"三"，且因为"三"可"生万物"，因而据此而"始能理解直观之杂多中所有之任何事物"（康德，1960）。据此，康德在《纯粹理性批判》中还进一步强调："故一切综合判断之最高原理为：一切对象从属'可能的经验中所有直观杂多之综合统一之必然的条件'。是以在吾人使先天的直观之方式条件、想象力之综合及'此种综合在先验的统觉中之必然的统一'，与普泛所谓可能经验知识相关时，先天的综合判断始成为可能。"（康德，1960）也就是说，一切的综合判断之所以可能，正是先验统觉和经验知识"互动的和"，既是一个"三"也是一个"一"。黑格尔认为，哲学这一门科学应当分为三个部分：逻辑学，研究理念自在自为的科学；自然哲学，研究理念的异在或外在化的科学；精神哲学，研究理念由它的异在而返回到它自身的科学。在本质上，哲学这三个特殊部门间的区别，只是理念自身的各个规定，而这一理念也只是表现在各个不同的要素里。在自然界中所认识的无非是理念，不过是理念在外在化的形式中；在精神中所认识的，是"自为存在着、并正向自在自为发展着的理念"（黑格尔，1980）。也就是说，黑格尔所说的"理念"正是自然和精神"互动的和"，研究理念自在自为规律的科学即是逻辑学，而自然哲学精神哲学只不过是逻辑哲学的具体运用。按照黑格尔说法就是"逻辑学是自然哲学和精神哲学中富有生气的灵魂"(黑格尔,1980)。黑格尔的整个哲学体系就是从抽象的纯存在"无"(及其对立面"有")到"无",从"自由"到"自由"的反思过程。在逻辑学中,"存在论""本质论""概念论"正是绝对理念自由运动的产物。同时,概念正是存在和本质"互动的和",存在、本质和概念三者既是"三",也是"三"而"一"的东西。概念和客观性的绝对统一就是理念,理念就是自在自为的真理(黑格尔,1980)。黑格尔在逻辑学中不仅完成了从"自由"开始又返回到了"自由",从绝对理念开始又返回到绝对理念,并且从逻辑学自然地过渡到了自然哲学,又从自然哲学过渡到精神哲学的构建,进而使绝对理念在整个哲学体系中运动起来,同时也完成了对反思的反思过程,完成了"对事物作思维着的考察"。因此,可以认为,黑格尔的逻辑学、自然哲学、精神哲学也是"三"而"一"或"一"而"三"的产物。同时,还值得重视的是,在黑格尔看来,"只有当没有外在于我的他物和不是我自身的对方时,我才能说是自由"(黑格尔,1980),"自由正是在他物中即是在自己本身中、自己依赖自己、自己是自己的决定者"(黑格尔,1980)。在这个意义上说,"自由"不仅是经验世界"彻底相互作用"的前提和基础,而且,可以进而认为,"自由"的经验直观便即是一种"'零'存在",或者说"'零'存在"的经验直观便即是"自由"。总之,康德和黑格尔哲学都既是"三"而"一","一"而"三"的产物,也是"'零'存在"的产物,"'零'存在"是康德的先验"统觉"、黑格尔的"绝对理念"自我运动的"最初动力的动力",也是"最后动力的动力",进而使得老子哲学所说的"道生一,一生二,二生三,三生万物"的理念在西方哲学中得到了极为抽象又极其具体的运用。

(三)老子的"三"和"势"

真正讲来,老子的纯自然意义上的"三"也就是《道德经·五十章》所提及的"势成之"的纯自然意义上"势"。而且,可以认为,也正因如此,"势"才成为了中国传统文化以及现代科学中的一个极其重要的概念。《说文解字·卷十三·力部》:"势,盛力权也,从力执声。经典通用执。舒制切。"《汉语大词典》解释"势"有多种含义:(1)权力,权势;(2)力量,气势;(3)形势,情势;(4)姿态;(5)样式,架势;(6)男性生殖器;(7)文体名。《孙子兵法·势篇》:"勇怯,势也;强弱,形也……故善战者,求之于势,不责于人。故能择人而任势,任势者,其战人也,如转木石。木石之性,安则静,危则动,方则止。圆则行。故善战人之势,如转圆石于千仞之山者,势也。"韩非子在《难势》一篇中提出了著名的"自然之势"与"人设之势"的区别:"夫尧、舜生而在上位,虽有十桀、纣不能乱者,则势治也;桀、纣亦生而在上位,虽有十尧、舜而亦不能治者,则势乱也。故曰:'势治者不可乱,而势乱者则不可治也。'此自然之势也,非人之所得设也。"王元化在《韩非论稿》中将"势"与"法""术"等视为商鞅、申不害、韩非等法家思想流派的三个主要范畴(王元化,1994)。张岱年将"势"列为先秦时代的重要思想范畴,并将"势"归纳为形势、趋势、权势三种意涵(张岱年,1989)。法国学者余莲以整本著作的规模深入讨论"势"在政治、军事、文学、艺术、社会、思想等几乎所有中国文化重要领域中的复杂意蕴,认为"势"表达了中国人的意识中与西方观念截然不同的效能的观念(余莲,2009)。"势"也是诗歌、书法等艺术中的一个重要概念。东汉崔瑗在被誉为古代书法理论的开山之作《草书势》中,专门讨论了书法中的"势"。"势"(energy)与"语势"(energy in language/ energy of language)也是研究庞德翻译理论的重要概念,从早期诗歌研究开始,庞德的头脑里就充满了"势"的思想,他认为诗歌的翻译就是要向读者传达诗中的"势","势"是诗歌中"动态的内容",是"诗的生命力"(谢丹,2012)。

　　"势"也是现代科学中的重要概念。化学中有化学势,物理学中有电势、位势、真空势、量子势和超量子势。真空势推动了宇宙暴涨产生了世界万物,是暴涨宇宙学的出发点,量子势和超量子势是物理世界量子化的唯一原因。人们最熟悉的是位势和电势。位势一般指引力场空间中两个位置点由于高低差别形成的梯度;所谓电势,一般指电场地中某点至无限点之间的场强之差,在数值上等于把单位正电荷从某点移到电势为零的点时,静电场力所做的功。所以,电势有时也称为电动势,往往与"能"和"功"联系在一起。"势"理论认为,无论是传统文化中的"势",还是现代科学中的"势",都表达着系统发展所具有的一种共同本质:有一种势,就有一种做功的本领,而且强大的势场将产生"非平衡非线性"作用,为系统造就内在创新分岔的动力机制,成为宇宙、社会、组织及人才成长的共同规律。所以老子说"势成之",毕达哥拉斯说"万物皆比例"(李德昌,2008)。显然,一般可以认为,最早提及"势"的应当正是老子《道德经·五十章》:"道生之,德畜之,物形之,势成之。"那么,老子2000多年前就提出的"势",为什么一直以来并且在今天看来还有着更广泛的用途和作用呢?因为"成"显见的是一个结果而非过程的概念,老子又为什么说是"势成之"呢?特别是,"势"概念在老子哲学中有着怎样的地位和作用呢?我们认为,现在来澄清这些问题,对于在自然科学和社会科学研究时正确地运用"势"和"势"概念,不无裨益。

　　大凡一门学科能得以成立,都必须要有一个"硬核"。"硬核"也可以说是一门学科的立足点、起始点、出发点。起始点、出发点的突破,标志着一门新科学的诞生,是创立新学说的最重要的条件(台震林,1995)。老子哲学的"硬核"显见是"道"。《道德经》正是以"道"来解释宇宙万物的演变;而且,"道"是体,"德"是用,而"势"在老子哲学中的地位,可以作如下简要的估算:据统计,《道德经》全篇 81 章,其中上篇 37 章,下篇 44 章,总字数 5284 个,那么,"势"的地位就是《道德经》中五千二百八十四分之一。这可以认为是一种消极估算;如果作积极估算,那么,"势"在《道德经》中的地位,就是老子说的"道生之,德畜之,物形之,势成之"(《道德经·五十章》)这 12 个字的十二分之一。而且,要真正读懂老子的"势",必须先读懂老子的"三"。理由如下。

　　首先,根据李德昌"势"理论的推演,势＝差别/距离＝差别×联系,因而,势即梯度即斜率即导数即比例。且在一定条件下,势的运行规则是差别促进联系,联系扩大差别。这当然是精当的,也是今人对"势"的科学化认识上的一个突破。但是,还必须引起重视的是,在哲学意义上,根据黑格尔和莱布尼茨的演绎,"同一律"与"相异律"是同时共在的;而且,同是因为不同,不同是因为同,"没有一物不同一"与"没有一物不相异",具有相同意义和同等价值。由此可见,在自然界,事物之间的联系与差别、一致性与差异性是同时共在的,是一种相当于萨特所说的相互"纠缠"在一起的"同时性"的存在。根据前文对康德所阐发的一切事物的"同时共在"原理的进一步解读,已经得出,在宇宙物质世界,我们所能"看"到的,显见地是事物的"交相作用"而非"物自身",亦即是在这种交相作用中所呈现的"某某事物",即"三",这种"交相作用"当然是因为事物中存在着联系与差别、一致性与差异性,因而这个"三",这个"某某事物"在"势"理论看来,便正是"势"。同时,因为事物的"同时共在性"以及基于这种"同时共在性"才让我们"看"到事物的存在,在终极意义上,我们满眼"看"到的就都是这种"同时共在"性,亦即是基于事物的联系与差别呈现出来的"三"和"势"。

　　其次,在自然领域,这同时意味着,本质上我们无法也不应当将自然界的联系和差别、一致性与差异性加以人为地"析分"或"割裂",亦即是说,在自然界我们不仅无法造出韩非子早就认识到的"人设之势",且即便是能造出"自然之势",亦当慎之又慎。这是因为,根据今天所能认识的自然界言之,可能依然如中国战国时期惠施所说,是一种"至大无外""至小无内"的存在(《庄子·天下篇》),这同时意味着,自界物质世界的联系与差别也是"至大无外"、"至小无内"的,无法人为割裂或割断其"联系"和"差别"。正如当代物理学家阿·热在《可怕的对称》一书中指出的:"自然的设计不仅简单,而且是最大限度的简单。这就是说,如果设计再简单一点的话,宇宙就会变得单调无味。理论物理学家有时候设想,自然设计的对称性再少一点的话,宇宙将会怎样来自娱。这种脑力游戏得到的结果是:为了防止整个大厦坍塌,不能去动其中的任何一块石头。否则,像光从宇宙中消失这一类的事就不是什么玩笑了。"(阿·热,1996)

复次,在社会领域能否随意地造出"人设之势"呢? 我们认为,首先在老子看来是不能的。在《道德经·五十章》中,老子提出"道生之,德畜之,物形之,势成之"时,紧接着就说:"是以万物莫不尊道而贵德。道之尊,德之贵,夫莫之命而常自然。"老子这里所说的意思,需要重视两点:一是老子的"势成之"有三个前置条件,即需要"道生之,德畜之,物形之"。在某种意义上说,这个"势成之"可理解为"势承之",即经过"道生之,德畜之,物形之",最后由"势"来"承"之。亦即是说,"势"在老子那里是一个结果的概念而非过程的概念。二是强调"万物莫不尊道而贵德",因而要"莫之命而常自然"。这个"莫之命"和"常自然"的意思,也就是在说人们不能造"人设之势"。老子显然认为不可以造韩非子所说的"人设之势"。这首先可以从其"小国寡民"思想中,看出端倪。《道德经》说:"小国寡民。使有什伯之器而不用。使民重死而不远徙。虽有舟舆无所乘之。虽有甲兵无所陈之。使民复结绳而用之。甘其食、美其服、安其居、乐其俗。邻国相望,鸡犬之声相闻。民至老死不相往来。"(《道德经·八十章》)这种只有"差别"而没有"联系"的社会,显然没有"势"。再来看韩非子所说的尧、舜造就的"势治",正是因为其能"尊道而贵德",进而能造出"莫之命而常自然"的"势",所以有"十桀纣不能乱"。而且,尧、舜的势治,"此自然之势也,非人之所得设也"。由此看来,对于"势治"而言,道与德是首要的,是基础,是前置条件,尔后,才能造出"自然之势"。而失道败德的桀、纣所造的"人设之势",必致"势乱",虽"有十尧舜而亦不能治也"。总之,在社会领域,无论是老子抑或是韩非子,都认为有"道"有"德",进而才有"势",并最终才能达致真正的"势治"。亦即"德治"自可以成就"势治",有"道"有"德"的社会,自然可以进而造就差别促进联系,联系扩大差别的和谐有序的"势"。在这个意义上,"道"是体,"势"是用;或者也可以说,"道"和"德"都是实现社会"势治"的"最初动力的动力",也是

"最后动力的动力"。以上是社会领域能否造"势"问题的一个方面。另一方面，真正讲来，不仅自然界的"势"是自在自为地存在着的，纯粹自然的"势"是客观的；而且，根据前述"推论4"，其值恒等于1。因此，一切破坏自然势的行为，无异于饮鸩止渴、自绝前路。社会领域的"联系"和"差别"也是"至大无外"和"至小无内"的，其所遭遇的"问题"往往也是"至大无外"和"至小无内"的。这就决定了社会领域的造势乃至于找势，虽然不无意义，然而，如若没有敏锐的洞察力、思考力，也必然就会困难重重。也就是说，对于社会领域的"势"，我们所可能做的，基本上能且只能问，这个"势"是不是"自然"的、充分的。特别是，如若没有"道生之，德畜之"这样的前提条件和基础，所造的还可能是桀、纣那样的失道败德的"人设之势"。正如对于一些系统性的文化问题，局部性的文化策略往往难以奏效一样，局部性的造势，恐亦难以达成预期目标。费孝通指出，中国"乡土社会"的基层结构是一种"差序格局"，即是由"一根根私人联系所构成的网络"，现代西洋社会基本上是一种"团体格局"。同时认为，这是相对意义上的。只是中国"乡土社会"的"差序格局"较为明显些，"团体格局"少一些；西方则反之（费孝通，1998）。如果在造势运动中，过于强化"势"运行过程中的"联系"和"差别"，那就只能造成全人类、全社会的清一色的"差序格局"，而破坏整个人类社会的"团体格局"。这是必须引起高度重视的。归结前述，老子的"势"是一个结果而非过程的概念，纯自然的"势"亦即是纯自然的"三"。同时，从某种意义上说，"道"即是一种"'零'存在"，因此，"道"及"'零'存在"才是"势"的"最初动力的动力"，也是"最后动力的动力"。

综上所述，老子在《道德经》中所论及的一、二和"三"显见都是柏拉图"纯数"意义上的（或者说是一种"本体数学"），因为具有"数"的纯粹性本质，甚或可以认为是黑格尔所说的那种"纯粹思想"，因此而既有其内容意义，也有其形式意义，并且可以认为更侧重于"纯粹形式"意义上的。就形而上学意义言之，如果在纯数意义上，最原初的一阴一阳可以表述为 i 与（或）$-i$，而且，$1=(+i)\times(-i)$，那么，老子的"三"便即是"一"。也因此，而使老子的"三"和"一"在哲学上具有普适性和广泛的意义。老子哲学所说的"一"、"二"、"三"及"三生万物"，首先是哲学中的哲学，是真正的哲学"原理"。有了"三"，经过群论上所说的"对称操作"便既可成"一"，亦可成"八"，进而也让我们认识到，中国的《易经》的确可以认为是"智慧中的智慧""哲学中的哲学"，可以成为中西"哲学"的基础和基本原理。在内容意义上，老子的哲学及其"三"的内容意义表明,康德和黑格尔哲学都既是"三"而"一","一"而"三"的产物,也是"'零'存在"的产物,"'零'存在"是康德的"统觉"、黑格尔的"绝对理念"以及老子的"势"运动的"最初动力的动力"和"最后动力的动力",进而使得老子哲学所说的"道生一,一生二,二生三,三生万物"生化模式在西方哲学中得到了极为抽象又极其具体的运用。在文化哲学意义上,文化的实践性定义中所说的文化的"内在制度"与"外在制度",作为两个相对意义上的"纯然存在",对于长期处于某种文化或文化圈的人而言,本质上往往是"看"不见的,真正"看"得见的、也因此而能真正实时地发挥作用的所谓的"文化",恰恰正是"互动的和"部分,亦即是作为黑格尔所阐发的"无条件的共相"而存在着。斐波那契在谈论和计算的不是"兔子"问题,而是"二"如何生"三"的问题。"吴福平黄金分割数列与斐波那契数列对应表"的实质,不仅可以说明自然界"加法作用"和"乘法作用"的同时共在性,而且,"'零'存在"必然是"兔子"演生的真正动力。因此,"吴福平黄金分割数列与斐波那契数列对应表",不仅从内容意义上充分展示了老子的"三",而且,基于自然界黄金分割现象的普遍存在,又反证了老子的"道"及"'零'存在""'零'存在机制"的客观性、根本性和必然性。"'零'存在""'零'存在机制"是自然界"加法作用"和"乘法作用"的同时共在作用的必然结果。

五、基于"'零'进制"的"易图"推演

霍金在《时间简史》中指出,空间中存在着负引力能,"在空间上大体一致的宇宙的情形中,人们可以证明,这个负引力能刚好抵消了物质所代表的正能量,所以宇宙的总能量为零"(霍金,2002)。同时,霍金所描述的宇宙演化史,就是一部基于时—空互推互动的有机系统史,也就是一部"时间通史",更准确地说,便是一部"时—空通史"。如若空间是最原初的"联系",时间是最原初的"差别",物质世界的运行似乎就遵循"'零'存在机制"所揭示的规则运行。"'零'存在机制"表明,"零"存在是一种特殊的存在,且因其存在而不存在,因其不存在而存在。如果这个世界是"多等于多""多即是一""一即是零"的,那么,"'零'存在"就具有根本性、基础性意义。这种"'零'存在"应当是有层次的,最高阶的"'零'存在"则当是佛学意义上的"空",或者是老子、黑格尔和萨特意义上的"无"或"虚无"。如果毕达哥拉斯的万物皆数以及经过黑格尔阐述的万数皆物均成立,那么,"'零'存在"或许就既可以认为是物质世界存在的原因,也是其必然结果。如果可以根据"多等于多"

"多即是一""一即是零"这一哲学通式,推导出巴门尼德的存在与非存在、萨特的存在与虚无、老子的一阴一阳可以进而表述为 i 与 $-i$,那么,根据群论,实数的加法作用为 0,非零实数的乘法作用为 1,这个 0 与 1,就既具有虚数的意义,也有着实数的意义,既具有数学意义,也具有"同一哲学"中的"一"的基本内涵。就终极意义言之,"零"和"'零'存在"当是这个世界的本体,并且可以进而得出自然物质世界的"'零'进制"。基于这种"'零'进制",还可以对《易经》中的五行、八卦、六十四卦及其无穷卦象的推演,作出较具说服力的解读。当然,这里所论及的,仅仅是一种尝试,或者说是一种"假说",还需要作进一步的研究和探索。

(一)"'零'进制"的基本内涵

大凡深入研究过易经学说的人,一般都会承认,《易经》中几幅"易图"才是关键。显见,如果把同一性与非同一性、一致性与差异性、存在与非存在以及老子所说的有无、大小、高下、多少、远近、厚薄、轻重、静躁、黑白、寒热、歙张、壮老、正反、生死、美丑、善恶、强弱等统统归结为一阴一阳的思维框架,那么《易经》的太极、两仪、四象、八卦、六十四卦图就能够极其精当地图示哲学史以及"'零'存在机制"中所论及的"联系"与"差别"。运用卦象"符号",从太极到卦象的每一次演化结果,都既可以标示出每一卦的"联系"及相互间的"差别",而且,还可以标示太极、两仪、四象、八卦、六十四卦或其无穷卦象的演化过程的不同层级关系。而每一层级的演化结果都具有变中有不变的对称性,也就是说,八卦、六十四卦均符合数学群论,其恒等元为零,每个对角卦都互为可逆元。我们知道,从古希腊开始,人类对于数的研究就有 5 进制、10 进制,日常生活中还有 12 进制,16 进制,60 进制。自然界可能恰恰都不是,它极有可能遵循"'零'进制"。由《易经》从太极、两仪、四象、八卦、六十四卦及其无穷卦象的变易、生化和演进过程及其所展示的这种"变中有不变"的"对称性"机制来看,本质上,可以认为其精确地展示了"'零'是存在"和"'零'进制"。一般进位制(位置计数法)仅仅是一种记数方式,故亦称作"进位记数法"或"位值计数法",可以用有限的数字符号代表所有的数值。可使用数字符号的数目称为基数或底数,基数为 n,即可称 n 进位制,简称 n 进制。现在最常用的是十进制,通常使用 10 个阿拉伯数字 0~9 进行记数。我们这里所说的"'零'进制",显然不是或不仅仅是进位制(位置计数法),而是表明"零"是存在的一种推动力量,即在自然界的对称性相互作用中,存在着一种"'零'进制",亦即遇"零"必"进"。如八卦只能进而被"零"推动着演变成六十四卦,因为八个卦在对称性的破缺中,在这八个卦中共计出现了十二个阴爻和十二个阳爻,总体呈现为一种"'零'存在"。六十四卦也只能进而被"零"推动着演变成为四千零九十六卦,共计出现二千零四十八个阴爻和二千零四十八个阳爻。其余卦变,可依次类推。"'零'进制"意味着遇"零"必进,"零"存在是推动物质世界发生、发展直至消亡的原动力,亦即可能是自然界"最初动力的动力"和"最后动力的动力"。

(二)基于"'零'进制"的河图、洛书、五行及其生克解读

根据"'零'进制",再来看《易经》上的先天八卦图、六十四卦图以及河图、洛书,便可以得到很多启示。可以认为"先天八卦图"、"六十四卦图"均明白清晰地展示了"'零'进制"。因为,如前所述,八卦和六十四卦,每一卦首先是厘然各别的,然后又层级分明地联系在一起,如"先天八卦图"中这八个"卦",合在一起既可以认为是"一"哲学中所论及的"一",也可以认为是一个"零"。六十四卦显见地也是同一理路。那么,这"五行"是怎么回事呢?郭戊英在《中医数学病理学》中指出,"在大系统的分解研究中,如果对每一系统都考虑对该系统有促进与抑制两种作用的两个小系统,及该系统对其他系统促进与抑制的两种作用时,大系统划分为小系统的最小数目是五。这就是五行学说中'五'的来源"(郭戊英,1998)。郭戊英对"五行"的解读看来是精当的,从河图中也可以发现,如果从1~10这10个整数层面,来展示一个大系统,又要表达"变中有不变"的对称性结构,也有且仅有如河图这样五种存在状态:金、木、水、火、土。在郭戊英看来,名称是不重要的,关键在于"大系统划分为小系统的最小数目是五"。那么五行学说的生克原理是怎么来的呢? 笔者曾指出,关于五行的生克关系,关键在于要搞懂"顺生"与"倒克"原理。五行间所谓的"相生",是指某一因素越强盛,越有利于另一因素的成长;而所谓的"克",则刚好相反,是指某一因素越减弱,越有利于另一因素的成长。这样,就可以推论出"顺克"与"倒生"两个重要原理:(1)如果A 系统生 B 系统,B 系统生 C 系统,那么,A 系统克 C 系统。这就是所谓的"顺克"原理。推理如下:因为 A 系统生 B 系统,B 系统生 C 系统,那就是说,A 系统越强盛,对 B 系统越有利;B 系统越强盛,对 C 系统越有利。根据能量守恒定理或是对称性原理,A 系统、B 系统、C 系统三者作为一个小系统,它们各自的能量以及三者相加的大系统的总能量,在运动变化的过程中,必然是守恒的。于是,A 系统越减弱,说明它把能量都贡献给了 B 系统,B 系统就越强盛;B 系统越强盛,就越有可能促成 C 系统的成长。这就

等于是说,A系统越减弱,也必须减弱,才能促成B系统的滋长,只有B系统走向强盛,才能促成C系统的成长。由于A系统越强盛,说明从A系统到B系统的能量传递没有完成,并且存在着"时间滞延",B系统不够强大,就不能促成C系统的壮大。所以,A系统越强盛,说明它不"愿意"把能量传递给B系统,C系统就不能滋长,于是,便可以推出A系统"克"C系统。这也就是中国古人"五行学说"里所谓的"顺克"原理。(2)如果A系统克B系统,B系统克C系统,那么,C系统生A系统。这就是所谓的"倒生"原理。推论如下:因为A系统克B系统,B系统克C系统,那就是说,C系统越强盛,B系统必将越弱,B系统越减弱,说明B系统已经把能量传递给了A系统,这样A系统必然越加强盛。这等于是说,C系统越强盛,那么,A系统亦必越强盛,于是可以推理出C系统"生"A系统。"顺克"与"倒生"规律,当是一切存在系统运行过程中两个极其重要的相互作用原理(吴福平,2006)。实际上,运用群论中封闭律、结合律、幺元律和逆元律,也可以推导出"五行"的生克规律;而且,河图、洛书本质上图示的也是一种"'零'进制"。首先,河图、洛书中间都有一个"5",这个"5"显然极其重要,是读懂这两张图的关键。河图以"5"为中心,展示了5种结构方式:φ_1:[1　6]、φ_2:[2　7]、φ_3:[3　8]、φ_4:[4　9]、φ_5:[5　10]。洛书则以"5"为中心展示了φ_6:[1　9]、φ_7:[2　8]、φ_8:[3　7]、φ_9:[4　6]这样四种组合方式,而且,无论纵、横、斜对角加和值都为15。根据数学的对称性与群论理论,首先,如果从1～10这10个整数层面,并且按照中国古人奇数属阳、偶数属阴,那么,以"5"为单位进行"保距变换"所得到的事物变易结构,便有仅且有"河图"这样五种存在或"结构"状态。从1～9这9个整数层面展示运动事物及其存在状态,也有且仅有"洛书"这样四组八种存在状态。通过对河图中的φ_1～φ_5、洛书中的φ_6～φ_9以"5"为单位相继实施"保距变换",还可以得出它们满足群论中的封闭律、结合律、幺元律和逆元律。因而,河图和洛书也均是数学上的群,河图与洛书以"5"为中心,均非常直观地反映了"变中有不变"的对称性本质;同时,运用群论还可以推导出,其恒等元均为零,每个对角项都互为可逆元。因此,河图与洛书所展示的正是一种"'零'进制"。

运用群论中的封闭律、结合律、幺元律和逆元律,根据"'零'进制"也可以推导出"五行"的生克规律。在河图和洛书中,古人规定偶数为阳,奇数属阴,这几组整数亦属实数范畴,无论怎么规定,其加法作用的恒等元必为零。这是其一。其二,由于河图与洛书均是在用整数10以内的"数"来推演宇宙物质世界的衍生规律,所以,凡遇 10 便是变化的"极数",遇极数必变为零,或视作零。其三,凡是阴与阳经过"加法作用"为零的两组必然可以相互促进、相互推动,即古人所谓的相"生"。凡是互为可逆元的必然相互抑制、相互制约,即所谓的相"克"。依据前述三条基本规律,首先是可以看出,河图中央"土"位的 10 数,因为是极数,便可视作零,这样"河图"就可以衍生出"洛书"。就河图而言,河图中凡是经过"加法作用"为零的两组数,必相生,如 φ_4:[4　9]即"金";生 φ_1:[1　6]即"水";φ_3:[3　8]即"木"生 φ_2:[2　7]即"火";因其阴与阳的加和总值为零。φ_1:[1　6]即"水",生 φ_3:[3　8]即"木"。这里的相"生"还有一个原因是两阴数 6 与 8 相加为 14,因 10 为极数,可视作零,所以本质便是阴的加和总值 4 与阳的加和总值 4,再作相加后其值为零。特别需要注意的是 φ_5:[5　10],即"土"。这个"土"位的 10 为极数,虽可视作零,然而,由于这个"'零'存在",是一个因其存在而不存在,因其不存在而存在的事物,因此,如认为其"不存在","土"位就变成了纯阳数即"5",并可以由"河图"衍生出"洛书";如认为其"存在","土"位就变成了纯阴数"5",因此,与 φ_2:[2　7]即"火"、φ_4:[4　9]即"金"两个"阳"性物相之间存在着相"生"关系;而与 φ_1:[1　6]即"水"、φ_3:[3　8]即"木"两个阴性物相之间,存在相"克"关系。也正是因为"土"位以"5"为中心,即"阴"即"阳",亦"阴"亦"阳",所以,古人认为"土行四方",与外围的四"行"均有关联。河图中凡是以"5"为中心阴阳对立的两个物相,如 φ_4:[4　9]即"金"与 φ_3:[3　8]即"木",φ_1:[1　6]即"水"与 φ_2:[2　7]即"火",都存在相"克"关系。从群论看,也可以把它们看成是互为可逆元,等等。对于五行生克的关系,目前来看,我们认为这也是一种较为合理的解读。特别需要强调的是,古人只是在"立数以尽意",当你得"意"之后,则便可以忘"数"了。"洛书"与"河图"只是中国古人希望用最简洁的"数学模型"用以展示宇宙物质世界的关系规律,或者相当于柏拉图所说的"纯数",所以,不必过于纠结这其中的"数",更重要的是这些"纯数"所蕴含的"意"(其中相关问题的更深入的解读,请参见拙著《与霍金对话——中国自然哲学之于新宇宙学》,中国社会科学出版社,2006 年版)。

(三)基于"'零'进制"的周敦颐《太极图说》解读

解决了五行及其生克问题,再来看周敦颐的《太极图说》:"无极而太极。太极动而生阳,动极而静,静而生阴,静极复动。一动一静,互为其根。分阴分阳,两仪立焉。阳变阴合,而生水火木金土。五气顺布,四时行焉。五行一阴阳也,阴阳一太极也,太极本无极也。五行之生也,各一其性。无极之真,二五之精妙合而疑。乾道成男,坤道成女。二气交感,化生万物。万物生生,而变化无穷焉。"(《太极图说》)如果把"无极"看成是萨特存在论意义上的"虚无",那么,从"无极"进展到"太极",就离不开"'零'存在"的作用。理由在于,"无极"之所以能进展到"太极",正是因为如笛卡尔所说,"虚空"本身是一个"矛盾"的概念(斯宾诺莎,1980)。现在看来,虚空之所以是"矛盾"的概念,或许正是因为"虚空"是由虚数 i 与 $-i$ 型构的。进而,可以认为,存在与虚无,或存在与非存在终始的"纠缠"关系,显然存在着李德昌"势"理论所说的"联系"与"差别"的关系。由于差别促进联系,联系扩大差别,亦即太极动而生阳,动极而静,静而生阴,静极复动。二气交感,化生万物。万物生生,而变化无穷焉。也就是说,阴、阳两仪差别促进联系,联系扩大差别,与势的运行有着相同机理。从"无极"而至"生化成物"这三个大空白圆圈及夹于"五行"中间的那一个小空白圆圈。周氏太极图说中出现了三个大的空白圆圈,加上五行——金、木、水、火、土中间还出现了一个小空白圆圈,共计 4 个空白圆圈。可以认为,周氏在太极图说中,本质上是在图示从无极而太极,两仪至五行直至"生化万物",这中间终始为"零",亦即是说,"太极图说"所展示的正是一种"'零'存在""'零'进制"和"'零'存在机制"。如果把"无极"看成是"零",而"零"本身亦如笛卡尔所说的是一个"矛盾"的概念,那么,由无极而太极,就变得顺理成章。或者可以说,这个太极及其内含的阴阳以及阴阳之间互推互动的结果,正是"'零'存在机制"产生的第一个"势",有着萨特存在论意义上的存在与非存在的"纠缠"关系,亦即是李德昌势理论所强调的"联系"与"差别"的关系。之后,由于差别促进联系,联系扩大差别,亦即太极动而生阳,动极而静,静而生阴,静极复动。二气交感,化生万物。万物生生,而变化无穷焉。这也正是周敦颐《太极图说》所展示的"'零'存在""'零'进制"和"'零'存在机制"的基本内涵。

根据海森堡测不准原理,我们既然不能同时确定粒子的位置和速度,那就正好说明,粒子内部的时一空也是"负阴抱阳"、不可分离的。于是,宇宙物质世界只要拥有了这样一个"负阴抱阳"的粒子,就必然按照老子设定的"一生二,二生三,三生万物"的规则演化出宇宙万物。也就是周敦颐在《太极图说》中所指出的:"'乾道成男,坤道成女'。二气交感,化生万物,万物生生而变化无穷焉。"而这又正是"八卦"所图示的分类规律和演生模式。只要这个宇宙物质世界永恒地运动着,"八卦"便正是我们这个宇宙万物最准确的分类模型和最科学的演生模式。而且,宇宙万物均可以在八卦模式系统中找到自己的位置。承认宇宙是绝对地运动着的,承认阴阳(或称"时—空")是推动整个宇宙运动的原动力,我们就可以从容地运用这个模式系统,对整个宇宙的物质世界进行持续不断的分类,一直分到宇宙中所有的有机物质系统都在这个模式系统中找到各自的位置。可以想象,从巨大的星系直到微观的粒子,将都能够纳入这个模式系统。正如笔者曾指出的:"这样,整个宇宙物象世界就构成了一个联系紧密的大整体、大系统、大集团。从此,宇宙中一切物象就再也不是孤零零的了。这就是物质世界普遍联系的最根本原因。"(吴福平,2006)我们认为,这些便正是周敦颐《太极图说》中所展示的基本内涵。万物分类准确了,那么这些"类"与"类"之间,各系统与系统之间它们的关系规律能否找到,又如何去图示呢? 这又正是"五行"思维所要解决的问题。任何一个系统,当它在运行过程之中,会有很多错综复杂的因素在起着作用,我们可以把它们简约为五种性质不同的因素,这就是前文所说的中国古人所倡导的"五行学说"。由此深入,如果说,在社会领域"道"与"德"是产生联系扩大差别,差别促进联系的"势"的原动力,那么,"'零'存在"正是推动自然世界联系扩大差别,差别促进联系的根本推动力量,即自然界存在着"'零'进制"。由此看来,还可以进一步得出,无论是在社会领域抑或是自然界,不仅老子所说的"道生一,一生二,二生三,三生万物",可能是一种最基本的创生模式,而且,"道生之,德蓄之,物形之,势成之"也可以认为是社会领域和自然物质世界最基本的运行规律。

可以认为,就我们现在所研究的"学问"而言,从某种意义上说,无非就是要解决两大问题:一是关于被研究对象的分类问题,二是关于被研究对象的运动、"关系"规律问题(吴福平,2006)。这是因为,正如陶同所指出的,"有了对对象的分类才有人的思维","没有分类,人类就不可能进行万物之灵的思维"(陶同,1996)。事实上,若是对对象的分类准确了、无懈可击了,那就意味着我们对对象的本质特征已经全面地掌握了,如若不然,将无以着手分类。任一事物之所以是该事物而非别一事物,正是因为该事物拥有其"本质特征"。正如笛卡尔指出,"从一物取消它而不破坏此物之完整性者,则非此物的本质;反之,凡取消它事物即不存在的,则为此物的本质"(斯宾诺莎,1980)。所以,黑格尔认为,"本质是映现在自身中的存在",也是"自己过去了的存在,这就是说,本质的简单的自身联系是被设定为否定之否定,并且是以自己为自己本身的中介联系"(黑格尔,1980)。因此,找到了事物的本质,也就找到了所要研究对象自身,甚或是康德所说的"物自身",也就说明我们已经全面掌握了对象本质,并且可以着手"分类";反之,如果能够进行准确无误的分类,那就是说,我们已经全面地掌握了所要研究的对象。从这意义上说,基于"对称性"遍及整个自然,八卦模式图实际上运用对称性及对称性的破缺,准确推导出了物质世界的运动变化的"'零'存在"和"'零'进制"模型,并且也是一种最为准确的分类方法。而"河图"则通过对10以内整数的研究,图示了物质世界的运动变化和关系规律。这就可以理解,为什么那么多数学家、物理学家能从《易经》、易图中得到很多启发,来推进其研究。同时,可以认为,《易经》从太极、两仪、四象、河图、洛书、五行、八卦、六十四卦及其无穷卦象的变易、生化和演进过程及其所呈现的"变中有不变"的"对称性"机制,本质上精确地展示了"'零'存在""'零'进制"和"'零'存在机制"。

六、本章小结

阿·热在《可怕的对称》中指出:"当代物理学正着手向进一步的简化进发。我们对自然探究得越深,她就越显得简单。这个结果确实是惊人的。因为并无先置的理由使我们能期望,这个包含极多迷惑人的复杂现象的宇宙,最终只是由几个简单的规则支配的。"(阿·热,1996)史蒂芬·霍金在《时间简史》中则期待:"……如果我们确实发现了一套完整的理论,它应该在一般的原理上及时让所有人(而不仅仅是少数科学家)所理解。那时,我们所有人,包括哲学家、科学家以及普普通通的人,都能参加'为何我们和宇宙存在'的问题的讨论。如果我们对此找到了答案,则将是人类理智的最终极的胜利——因为那时我们知道了上帝的精神。"(霍金,2002)我们所存在的世界,极有可能正是在几个简单的规则支配下产生、变易和进化的,如果宇宙物质世界的确是多等于多、多即是一、一即是零的,那么,如"势"的运行机理所揭示的那样,所有重要的自然科学问题,都可以归结为导数或偏导数构成的势函数问题,这将是科学而有效的。势的运行规则是差别促进联系,联系扩大差别,所以"势趋"不变,宇宙加速胀。势的稳定增长达到某种临界值,系统在发生非平衡相变和非线性分岔时,极有可能正是遵循着黄金分割律而衍生、演化和进化。

如果存在是存在了的存在,也就是以存在为逻辑起点来讨论物质世界的运行机理,运用导数和微分数理,结合"势—吴福平系数"理论,便可以进一步导出海德格尔在《存在与时间》、萨特在《存在与虚无》中倡导的存在论意义上的"'零'存在""'零'进制"和"'零'存在机制"。从古希腊开始,人类对于数的研究就有多种"进制",自然界可能恰恰都不是,它极有可能遵循"'零'进制"。而且,可以认为,《易经》精确地展示了"'零'存在"和"'零'进制"。这个"零"既有康德先验哲学的本体论意义,也有海德格尔、萨特的存在论意义。牛顿发现了微积分,显然并没有充分理解"零"这样一种特殊存在及其存在论意义。倒是恩格斯曾说过:"在一切理论成就中,未必再有什么像 17 世纪下半叶微积分的发明那样被看作是人类精神的最高胜利了,如果在某一个地方我们看到人类精神的纯粹和唯一功绩,那就是这里。"(恩格斯,1984)如果物质系统的一致性与差异性、对称性与多样性、差别与联系遵循势增原理,那么,"'零'存在机制"不仅可以把势理论与吴福平系数有机地结合起来,也可以使我们从全新视角,更深入地洞察物质系统的运行机理。至此,"'零'存在机制"可以表述为:"'零'存在"是一种特殊的"存在",并且也正是因为"零"的存在,才使得萨特所阐发的"存在"与"虚无"得以终始地"纠缠"在一起,成为一种"同时性"的存在,并进而产生"势"。如果这个世界可以归结为多等于多、多即是一、一即是零的,那么,在区间(0,1)运行演化的物质系统,当其势增的"一致性"力量临界"预警系数"值:0.414、0.56 时,或者临界"崩溃系数"值 0.382、0.618 时,系统都将可能发生非平衡相变和非线性分岔。势的增长极限产生对称,对称形成群,无干扰的物质势作用形成物质群,所以物质世界和谐(吴福平,李德昌,2016)。

纵观东西方哲学,西方哲学经由库萨的尼古拉、斯宾诺莎、乔尔丹诺·布鲁诺、康德、黑格尔等哲学大家,把对宇宙物质世界的思考推到了"一",东方老子及印度佛学则可以认为把对宇宙物质世界的思考推到了"零",根据群论及我们所阐发的哲学通式,则可以把对这个世界的认识推进到 i 和 $-i$。这至少意味着,中西哲学上,0、1、i 和 $-i$ 及其相互间的关系研究,具有基础性、根本性意义。同时,在此基础上,哲学或者可以直接当"科学"来研究,且可以称之为"本体科学"。从这个意义上说,或许还可以认为,当代科学很大程度上是"现象层面"的科学,真正的科学可能还需要包括"本体层面"的科学,科学可能亟须作出这样的区分。"现象科学"可以指当代科学技术之类;"本体科学"主要当是指研究牛顿自然哲学意义上的"绝对运动"以及中医、《易经》等等。而且,"'零'存在""'零'进制""'零'存在机制"当是现象科学与本体科学研究共同的逻辑起点。现象科学与本体科学则可以相互促进、相得益彰,以共同完成对真理的求索。当然,还需要强调指出的是,本研究所论及的内容都仅仅是一种尝试,这种尝试的科学性、正确性、合理性如何,在多大程度上触及中西哲学的本质,以及在何种意义上对文化哲学和文化动力的研究有所裨益,都有待进一步的论证、探索和研究。

第2章　文化原动力模型构建

批判和反思是现代主义的文化主题,也是后现代主义的有力武器。在西方文化史上,如果没有文艺复兴和启蒙运动,人类可能直到今天还匍匐在神权时代;如果没有马克思及其后继者的国际共产主义运动高扬批判的武器和拿起武器的批判,受奴役、被殖民国家人民的觉醒和觉悟、自由和独立是不可想象的;如果没有 M. 霍克海默、T. W. 阿多尔诺、H. 马尔库塞、J. 哈贝马斯等法兰克福学派三代人高扬批判和反思的旗帜,资本主义世界持续的"异化"和"物化"问题,可能直到今天也难以识其本真;如果没有后现代主义对文本、意义、表征和符号的无情解构,在批判和反思中对"无中心意识"和多元价值取向的确认和确证,使人们的思想得到全面的解放以及对于"自我"更深刻的了解和理解,我们则可能根本无法深刻领会 17 世纪法国哲学家马勒伯朗士关于"自由是神秘的"这一命题的真意(爱尔维修,1996)。可以认为,一部人类思想史乃至于整个人类文明和文化史,就是一部在自由意志的撑扶下批判和反思的历史。批判是一种"超越",反思是一种"回溯"。没有反思,批判必然失去基础,因为正如黑格尔所说,"批判即需要一种普通意义的反思";没有批判,反思恐亦难以开启,更难以求得如斯宾诺莎所说的"真观念"。批判的本质,可以认为是一种如康德在《判断力批判》中强调的规定性判断力,反思则是一种反思性判断力(康德,2002)。批判可以认为是一种从普遍到特殊的判断能力,由此决定了,只有用全人类的思想和智慧武装起来的人,才有可能或有资格做出相对正确的"批判";反思可以认为是一种从特殊到普遍的判断能力,由此决定了,反思不仅是一种高度概括和抽象的能力,而且,迄今为止,不得不承认,人类的反思依然在路上。批判和反思还需要有一个宏观的"背景"或"前景",有一个共同规定、共同基础——自由意志。没有自由意志,进行深刻和全面的反思是不可能的;没有自由意志,进行正确、正当和客观的批判势必困难重重。自由意志是在诸多哲学前辈的反思和批判中得以确立和确证的;自由意志及其在回溯和超越、反思和批

判中,还被证实为都需要有一个"度"。批判走过头,极有可能成为非理性的
"批斗",反思走向某个极端,也可能会成为一种"反动"。在经验世界和历史
事实中,这方面都有着深刻的教训,有实例为证。而那种如黑格尔所说的
"形式的自由",因为在公共领域,必然会堕落为"花哨的无政府管理形式",
并且使那些"没有必要的欲望得以全面的释放",进而还极有可能称"傲慢为
有礼,放纵为自由,奢侈为慷慨,无耻为勇敢",这在柏拉图那里,就已经得到
过严格反思、严厉批判了(柏拉图,1986)。因此,运用"意志自由"、反思和批
判等几个简单的词汇,以阐明人类文化和文明发展的进步性或障碍性动力,
显见有着重大而深远的理论和现实意义。正如哈耶克在论及"社会的"这一
词时所指出的,对于日常运用中的好些词汇,因为太熟悉了,就难以意识到
这些词在含义上存在的任何问题了。而在事实上,看上去只是几个小小的
词汇,"有时候不仅能够凸显出诸多理念的进化过程和人类犯错误的轨迹,
而且还常常会产生一种人们意识不到的力量(irrational power),而唯有当
我们经由分析阐明了这个词的真正含义的时候,它所具有的这种力量才会
暴露无遗"(哈耶克,2001)。基于自由意志、批判和反思等几个小小词汇的
深入剖析及其所"暴露"出来的强大力量,可以认为,如果没有康德对"纯粹
实践理性的动力"——"自由意志"的系统阐述,黑格尔对事物作"思维着的
考察"将难以起步,哈贝马斯的"行动的合理性和社会合理化"的"可批判性"
问题也可能无从展开;同时,"意志自由"(主要是求"善")、反思(主要是求
"真")和"可批判性"(主要是求"美"),可以被进一步确立和确定为文化原动
力或其核心要素。

一、文化原动力核心要素及其哲学基础

(一)康德"纯粹实践理性的动力"——"意志自由"

亚里士多德提出过一个至今也难以给出满意答案的问题:"思维是自愿
的还是不自愿的。"(叔本华,1996)费希特认为:"现实的行动总一直依赖于
绝对自由;自由理智力量的行动并不是在现实中得到规定的,不是必然机械
地得到规定的,因为这会取消自我规定的自由,相反地,它仅仅是在关于行
动的必然概念中得到规定的。"(费希特,2007)斯宾诺莎认为,人的自由是这
样的,所有的人都吹嘘自己拥有自由,人们相信他们自由,而自由只在于,人
感受到了自己的愿望,自己意识着自己的行为,而毫不知道决定他们行为的
原因(斯宾诺莎,1983)。黑格尔将"自由"看成是"无"的最高形式,"这种自

由,虽是一种否定,但因为它深入于自身的最高限度,自己本身即是一种肯定,甚至即是一种绝对的肯定",因此,自由本质上是具体的、内在的,同时又是必然的。它永远自己决定自己(黑格尔,1980)。在笛卡尔那里,意志自由是"自明"的,"我们分明具有一个自由的意志,可以任意来同意或不同意"(笛卡尔,1980)。萨特则认为,"我们命定是自由的",除了自由本身以外,人们不可能在"我"的自由中找到别的限制,或者可以说,我们没有停止我们自由的自由。"我"是一个通过活动而知晓自身自由的存在者。自由在"我"的存在中不是一种外加品质或者"我"的一种属性,它完完全全地是构成"我"的存在的材料。可以认为,经验世界对"自由"的觉察和体悟,与黑格尔的"无"以及萨特所阐发的处在人的内心中的"虚无"是相吻合的,自由是"在人的内心中被存在的、强迫人的实在自我造就而不是去存在的虚无"。或者,正是因为经验世界"自由"这样一种"存在"的存在,才使得萨特的"存在"与"虚无"得以终始地"纠缠"在一起,成为一种"同时性"的存在(萨特,1987)。然而,迄今为止,哲学意义上的"自由",依然如马勒伯朗士所说,是"神秘的",一直是一个谜。

尽管许许多多的文化和哲学大家们都对自由和自由意志问题作过研究和阐发,关于自由问题,可能首先仍然需要如早期新康德主义代表人物李普曼在《康德与后继者》(*Kant und die Epigonen*,1865)中通过对唯心主义(费希特、谢林、黑格尔)、现实主义(赫尔巴特)、经验主义(弗里茨)以及先验哲学(叔本华)等的批判,在每一个章节的末尾都用类似战斗口号的方式写道:"必须重返康德。"这是因为,虽然康德哲学自诞生之日,就直面枪林弹雨般的批评,但是,正如布劳德所指出的那样,"康德的失误比大多数人的成就更重要"(布劳德,2002)。胡塞尔强调,康德在全部哲学史中具有无与伦比的重要性,他的三部基本著作,不仅使超越论哲学本身产生出来,而且是"如同在真正意义上确实产生一种新科学一样产生的"(胡塞尔,2013)。同时,胡塞尔还曾对人们曲解康德以及超越论哲学先辈的"最内在的动机",所可能导致的超越论理念完全沉没的危险,深表担忧。叔本华也曾说,"除了歌德,只有他(康德)才是德意志民族的真正骄傲"。关于自由意志问题,叔本华坚信人的自由和行为的必然性相一致的康德学说。他进而认为,自由"对我们的认识来说不是那么容易达到的领域,即它是超验的";"人实际上只有在原罪之前曾拥有过一个完全自由的意志,但是在原罪之后,就受到它的束缚,就只能从神恩的选择和拯救中期望解脱……"(叔本华,1996)在《纯粹理性批判》中,康德指出:"能离感性的冲动而唯由理性所表现之动机决定者,名为自由意志(*arbitrium liberum*)⋯⋯实践的意志自由之事实,能由经验证明之。"(康德,1960)在《实践理性批判》中,他还对此作了系统的阐发,提出了关于人的自由和行为的必然性相一致的"自由和必然共存说"。叔本华进而认为,这也是康德最重要、最值得赞赏的甚至是最深刻的学说,没有康德的首创,很多人包括如费希特和谢林这样的哲学大家可能根本就不可能掌握这个观点(叔本华,1996)。我国著名的康德研究专家郑昕指出:"超过康德,可能有新哲学,掠过康德,只能有坏哲学。"(郑昕,2001)要讨论意志自由,无法掠过康德。

康德认为,经验的道德法则可以径直导致自由概念。"正是我们(一旦我们为自己拟定了意志的准则,立刻就)直接意识到道德法则首先展现在我们面前,而且由于理性把它呈现为不让任何感受性条件占上风的、确实完全独立于它们的决定根据,所以道德法则就径直导致自由概念"(康德,1999)。在康德看来,意志便可以看成是意志自由的原因或结果;自由意志的存在,是不能否定的先验和经验事实。这是因为,如果没有自由意志就不能感性地"表象"意志,亦即感觉不到意志,也就不可能进而通过意志产生实践理性的真正动力。自由意志,不仅在理性面前展示和规定了实践法则、道德义务和神圣职责,使道德法则受到无上的敬重和敬畏,并且也为理性存在者走向意志自由,找到了实践的普遍法则和行动准则。因此,一方面,可以认为,自由意志本质上正是道德实践的充分和必要条件。其充分性体现于,只要拥有了自由意志,道德法则就会自然和必然的在实践理性面前展现其现实的存在。这是因为,一旦我们为自己拟定了意志的准则,自由意志立刻就可以让我们"直接意识到道德法则首先展现在我们面前"。而感性和理性(非纯粹的)层面的一切禀好,不但远远不足以用作普遍法则,它在普遍法则的形式下反而会而且必定会自行瓦解。"譬如,因为追求幸福的欲望,以及每个人借以将欲望作为自己意志的决定根据的那个准则,是普遍的,所以聪明人居然想起把它们据此冒充为普遍的实践法则,便是令人奇怪的了。因为本来一条普遍的自然法则使一切都和谐一致,那么在这里当人们要把法则的普遍性给予这个准则时,结果恰恰是与一致性正好相反,恰恰是最严重的冲突,恰恰是准则自身及其意图的彻底瓦解"(康德,1999)。其必要性体现于,只有拥有自由意志,才能意识到道德法则,并且让道德法则在实践理性面前赢得威望。道德法则,"一如它通过纯粹实践理性乃是行为的形式决定根据,一如它乃是善恶名义之下行为对象的虽系质料却纯客观的决定根据,因而,也就是这种行为的主观决定根据,即动力;因为它对主体的感性施加了影响,产生了一种促进法则去影响意志的情感";这种"在主观上被视作动力的德性本身,因为纯粹实践理性通过排除与其相对的自爱的一切要求,使现在唯一具有影响的法则获得了威望";进而,还使道德法则成为"对于绝对完满的存在者是一条神圣的法则",对于每一个理性存在者,成为一条职责法则,"一条道德强制性的法则,一条通过对法则的敬重以及对于其职责的敬畏而决定有限的理性存在者的行为的法则"(康德,1999)。另一方面,自由意志还通过道德法则增进了"自身"的自由。没有道德法则,自由原本是不会被认识到的。"因为一个人之所以能够做某事,乃是由于他意识到他应当做这事,并且在自身之中认识到自由";"倘使没有道德法则和与之偕行的实践理性出来,把这个自由概念强加给我们,就没有人敢于冒险将自由引入科学之中"(康德,1999)。自由意志和无条件的、普遍的道德法则就这样相互促进、相互呼应起来了。

在伦理学研究上,恐怕没有人能如康德那样经由纯粹逻辑的推演,直达道德实践的真正核心——自由意志,以及在自由意志前提下的行动法则、道德义务和神圣职责。与休谟的伦理学研究纯粹非逻辑上必然的事截然不同的是,康德是在理性存在物的观念中直接推导出了正确性的终极标准(布劳德,2002)。与斯宾诺莎伦理学也不同,康德的"自由意志"相当于斯宾诺莎所阐述的最完美、最完善的"上帝"的品性。斯宾诺莎指出,善、恶只是一些关系,既不是自然里的东西,也不是自然里的作用;同时,他把人的情感区分为"主动性情感"和"被动性情感"(斯宾诺莎,1983)。主动性情感包括"理性的自爱"和"理性的仁爱";那些莫名的恐惧、征服的爱、憎、嫉妒,都是被动性情感或者说是"典型的被动性情感的暴行",凡是"由意见而来的被动感情都有可能产生巨大危害"。如果我们正确地运用我们的理性,我们就不可能憎恨或嫌恶任何一个东西,因为要是这样,"我们就使自己丧失了每一个东西里都存在的完善","因此对于我们和对于每一个人最有益的事莫过于永远努力去引导人们走向这个完善;因为只有在那时候,人人才能从我们,我们才能从人人取得最大可能的利益"(斯宾诺莎,2010)。斯宾诺莎是在先天和后天地论证"上帝"存在的前提下建构他的伦理准则的。康德不同,虽然在《实践理性批判》中也公设了"上帝存在",但在他的结论里,"在目的秩序里,人(以及每一个理性存在者)就是目的本身,他决不能成任何人(甚至是上帝)单单用作手段,若非在这种情形下他自身同时就是目的;于是,我们人格之中的人道对于我们自身必定是神圣的,因为它是道德法则的主体,从而是那些本身乃神圣的东西的主体,一般来说,正是出于这个缘故并且与此契合,某些东西才能够被称为神圣的。"在《纯粹理性批判》中则强调:"吾人今必须承认'神'存在之说,属于学说的信仰。盖因关于世界之理论的知识,我不能引证任何事物必然以此种思想(按即神之存在说)为我说明世界所展示之现象之条件,毋宁谓我不得不视一切事物一若纯为自然,以使用我之理性。"(康德,1999)因而,正如海涅所说,"罗伯斯比尔砍了路易十六的头,康德砍了上帝的头。"(海涅,1974)可以认为,唯有康德才经由理论理性、实践理性批判,使我们能经验地感知和确证自由意志的存在,并进而让自由意志为道德法则的践履开辟通道。尽管康德也承认,"道德法则如何能够自为地和直接地成为意志决定的根据(这也正是全部道德性的本质所在),这是一个人类理性无法解决的问题,而与自由意志如何可能这个问题乃是同出一辙";"有两样东西,我们愈经常愈持久地加以思索,它们就愈使心灵充满始终新鲜不断增长的景仰和敬畏:在我之上的星空和居我心中的道德法则"(康德,1999)。

至此,可以这样来演绎康德的伦理学:自由意志首先是让实践理性直觉到道德法则,进而敬告我们,你想要幸福或者是获得"足值幸福"吗?你必须"善"。因为感性和理性(非纯粹的)层面的一切禀好——更不必说是"恶"的禀好,都会成为意志自由的严重障碍,会造成与普遍的自然法则严重的不和谐、不一致,倘若如此,则何来"幸福"? 也就是说,自由意志为实践理性构建了一个宏观背景;进而为善、恶和幸福,搭建了一个随"意"(即"自由意志")表演的大舞台,并使它们相互交织在一起、紧密地"联系"在一起。由"恶"至"善"至"幸福"至"意志自由",是一个自由不断增强和提升的序列。由于对"自由意志"的向往并进而导致对"道德法则"的敬畏,就会使实践理性在追求"幸福"的征途上,产生一种弃恶扬善的强大的推动力——追求至善,即完满的善。而且,很容易地推导出,只有"至善",才能最大程度、最高限度地接近"意志自由"并获取"足值幸福"。由此看来,正是因为自由意志所划定的"宏观""背景"或"前景",才让我们直接洞察到如齐格蒙特·鲍曼所说的"善恶面对面地存在于人'最初场境'(primary scene)的中心"(鲍曼,2003)。也正是因为自由意志才让我们看到纯粹实践理性具有向善的天性,是无条件地实践的;而且,这似乎也是符合经验事实的,正如金迪斯和鲍尔斯等人所观察到的,任何个体都具有或多或少的亲社会倾向,如果没有这种亲社会情感——并且如果在经验世界邪能胜正、恶能抑善,那么,无论存在怎样的约束,人们都有可能会成为反社会的人,其结果必然使人类社会不复存在(鲍尔斯,2003)。显见,也正是因为自由意志让"恶""善""幸福"既相互外在又紧密联系在一起,才使得它们之间同时产生种种障碍和阻力,使得实践理性在奔赴自由意志的道路上,疑虑重重、困难重重。正如斯宾诺莎在一段著名的话中所说的:假如这条道路不是非常艰难,为什么只有极少数人发现或走了这条道路呢?"但是,一切高贵的事物,其难得正如它们的稀少一样"(斯宾诺莎,1958)。毫无异议地,如若自由意志的确属于一切理性存在者的意志,且纯粹理性是无条件地实践的,那么,在自由意志的推助下,实践理性为了追求足值幸福和意志自由而生发的向善及追求至善的理想和愿望,当是人类文化和文明的第一推动力。

(二)黑格尔"对事物作思维着的考察"——"反思"

在西方哲学史上,"反思"在黑格尔之前的众多哲学家那里已经是一个讨论的焦点。首次将"反思"作为一个哲学概念而明确提出的是笛卡尔,他敏锐地觉察到,心灵不仅可以同时思考许多事情;而且,还可以随其所愿地反思它的所思并意识到它的思维(笛卡尔,2008)。洛克在用"反思"一词时,是指人心对自己的活动和活动方式所做的那种观察,"有了这种观察,我们才能再理解有了这些活动的观念"(洛克,1959)。斯宾诺莎提出寻求真理本身、事物的客观本质或事物的真观念,方法不是别的,"只是反思的知识或观念的观念",反思可以依适当次序使我们得到那种不能靠偶然而得到的"真理或真观念"(斯宾诺莎,1960)。谢林归纳出"智性的反思"或"自我的反思"的三种情形:"对客体的反思"和"对自身的反思"以及指向客体并同时也指向自身的"最高的反思行为"(倪梁康,2002)。哈贝马斯则认为,"无论是从基础主义的角度把理性当作使整个世界成为可能的主体性,还是从辩证法的角度把理性看作是自然和历史前进过程中显示出来的精神——在两种情况下,理性活动都既是整体反思,同时也是自我关涉的反思"(哈贝马斯,2012)。曾为第 20 届德国哲学大会主席的阿贝尔更是直接强调了反思对于哲学、对于科学和技术的功能性作用。他指出,"反思是哲学的心脏,哲学就是一门反思的科学。反思作为一种功能给哲学打下了很深的烙印。它并不仅仅将世界万事万物作为沉思的对象,更重要的是它能直接深入科学和技术的本身。比如说我们将什么作为科学和技术研究的对象?为什么要研究？目的是什么？排列优先秩序的依据是什么？以什么为参数？根据怎样的理论假设？用什么方法？针对什么样的有趣现象？一旦这些问题得到了阐述，反思也就介入了科学和技术的游戏之中。"从这个意义上说，"反思对于科学和技术的作用不是非功能性的，而是高功能性的，甚至直接进入课题研究的层次"(王国豫，2006)。

赋予"反思"以特殊的含义和深刻的作用的，并且使"反思"贯穿于其整个哲学体系的是黑格尔。黑格尔的辩证法是"一种真正彻底的反思学说"，比历史上一切其他的反思都更为深入，是对"反思的反思"，是"纯粹的绝对反思"(邓晓芒，2008)。反思与辩证法的关系类似于中国哲学中所讲的体用关系。反思是体，辩证法是用(夏妍，2007)。正是基于"反思"，黑格尔对自然，对人及其精神世界，对事物作了全面、深入和系统的"思维着的考察"。黑格尔区分出了三种反思形式：建立的反思；外在的反思；进行规定的反思。建立的反思从"无"开始，外在的反思从直接的"有"开始，进行规定的反思则是前二者的统一体。建立的反思是把否定、无建立为肯定、有；外在的反思又把这个肯定、有当作外在的东西再次加以否定；综合了前两种反思的合理之处而扬弃它们的片面性反思，就是进行规定的反思。这样，反思就既是在他物中的反思，又是自身的反思。在事先建立的反思中，反思把自身回归规定为它自身的否定物，规定为其扬弃就是本质的那个东西，反思在其建立中直接扬弃其建立，于是它便有了一个直接的事先建立。外在反思是在直接物中所规定和建立的东西，对直接物来说，便是外在规定。反思规定是建立起来之有，是否定；但作为自身反思，它又是这个建立起来之有的扬弃，是无限的自身关系。因此，反思是被规定了的反思，反思运动有其自身的规定性和绝对逻辑，且来源于绝对理念(黑格尔，1976)。"绝对理念"是黑格尔哲学体系中的最高范畴，反思则贯穿了"绝对理念"的自我创造、自我运动、自我认识、自我实现的整个过程。从这个意义上说，黑格尔的哲学体系就是围绕他所理解的哲学思维方式——反思而展开的。反思是黑格尔哲学运动发展的内在牵引力。因此，反思就是一种思想的追溯(即 Nach denken)，反思不是"后思"，并无"在什么之后"思考的意思，而是由事实返回到它的根据，即指向、追问它的根据，穷究思想的本质，即概念(邓晓芒，2008)。可以认为，黑格尔的精神逻辑就是从"自由"到"自由"，即从抽象的纯存在"无"(及其对立面"有")到绝对自由的"绝对理念"的反思过程。在逻辑学中，"存在论"、"本质论"、"概念论"正是绝对理念绝对运动的产物。逻辑学中的反思从"纯粹无规定性的思想"开始,也就是从"真正的自由"而"非形式的自由"开始。
在"存在论"中,"纯粹无规定性的思想"首先直面的是纯"有",同时亦即是纯
"无"。黑格尔指出,"有是第一个纯思想,但这种纯有是纯粹的抽象,因而,
是绝对的否定,这种否定直接来说,也就是无"。能在"有"与"无"中发现更
深一层含义的反思作用,就是对此种含义加以发挥——不是偶然的而是必
然的发挥的逻辑思维。因此,"有"与"无"获得更深一层的意义,只可以看成
是对于"绝对"的一个更确切的规定和更真实的界说。于是,这样的界说便
不复与"有"和"无"一样只是空虚的抽象物,而是一个具体的东西,在其中,
"有"和"无"两者都只是它的环节。"有"与"无"的区别最初只是应该有区别
罢了,换言之,两者之间的区别最初只是"潜在"的,还没有真正发挥出来,两
者之间的区别,最初只是指谓上的区别,或完全抽象的区别,这种区别同时
又是无区别。如果说,"无"是这种自身等同的直接性,那么,反过来说,"有"
正是同样的东西。因此,"有"与"无"的真理,就是两者的统一,就是"变易"。
"变易"就是"第一个具体的思想",也是第一个"纯全"的"纯存在"。变易这
样一种"纯存在",作为"纯粹的反思"第一个结果,也就成为第一个"本质"。
同时,"本质"又是"自己过去了的存在",是设定起来的概念。如果将本质与
存在加以区别,本质就是一种被扬弃了的存在,因为,"本质映现于自身内,
或者说本质就是纯粹的反思"。这样,"纯粹的反思"在思维内即直接包含自
由。"思维只是和一切个体相同一",而前此的整个逻辑运动发展而来的"概
念"正是"自由的原则",既是"独立存在着的实体性的力量",又是一个全体,
这全体中的每一环节都是构成概念的一个整体,而且被设定为与概念有不
可分离的统一性。所以,概念在它的自身同一里是自在自为地规定了的东
西。这样,概念就不是死的、空的、抽象的东西,而"是一切生命的原则,因而
同时也是完全具体的东西"。概念和客观性的绝对统一就是理念,理念就是
自在自为的真理。"自为的理念,按照它同它自己的统一性来看,就是直观,
直观着的理念就是自然。但是作为直观的理念通过外在的反思,便被设定
为具有直接性或否定性的片面性特性。不过享有绝对自由的理念便不然,
它不仅仅过渡为生命,也不仅仅作为有限的认识,让生命映现在自身内,而
是在它自身的绝对真理性里,它自己决定它的特殊性环节,或它最初的规定
和它的异在的环节,直接性的理念,作为它的反映,自由地外化为自然"(黑
格尔,1980)。这样,黑格尔在逻辑学中就完成了从"自由"返回到"自由",从
绝对理念开始返回到绝对理念,进而从逻辑学自然地过渡到了自然哲学,又

从自然哲学过渡到精神哲学的构建。自然哲学和精神哲学正是逻辑哲学的展开，并使绝对理念在整个哲学体系中运动了起来，完成了"对事物作思维着的考察"。

正如谢林所说，"没有抵抗，回归是不可思议的，没有客体，反思是不可思议的"（倪梁康，2002）。反思必然要有"客体"，不然，反思就没有或失去了"对象"，而这个对象最为"理想"的，当是康德的"自由意志"。康德的"自由意志"不仅为黑格尔的"绝对反思"或"对反思的反思"提供了坚实的基础，而且确立了"理想"的目标。正如没有"自由意志"，就不可能"表象"意志，没有"自由意志"，首先是不可能感觉到"反思"。其次是不可能"自由"地展开反思，因而也就无法为理性展示和规定实践法则、道德义务和神圣职责，反思也必然失去理想和目标。与此同时，反思或"反思的反思"也为自由意志的确认和确证做出了贡献。康德的"自由意志"本身也是"反思"的产物。康德指出，"悟性不能直观，感官不能思维。唯有二者联合，始能发生知识"。在《纯粹理性批判》中，康德正是运用"感官"并通过"悟性"的反思，才能在先验感性论中反思到一切直观根底中之必然的表象，即"一切感性直观之纯粹方式"和作为种种先天综合知识所能自其中引来之二大知识源流：纯粹观念性的时间和空间；也才能在普泛逻辑的考察中辨析"思维之绝对的必然规律"——先验逻辑（康德，1999）。没有反思，在《判断力批判》中，也无法区分"感官的鉴赏"和"反思的鉴赏"，即那种时刻在发生的期待并且事实上也具有普遍有效性的"美的鉴赏判断"；更难以发现"善只是通过一个概念而被表现为某种普遍愉悦的客体"，而"美是无概念地作为一个普遍愉悦的客体被设想的"那种精细、精致、精确的析分（康德，2002）。还值得重视的是，尽管在黑格尔的反思哲学体系里，从他在1917年出版的《哲学全书》中所包含的"逻辑学""自然哲学"和"精神哲学"三个部分来看，特别是在"逻辑学"中不时地批判并且试图超越康德，但是，黑格尔本质上不仅倚仗康德的自由意志展开他的"反思"，在论及反思的功能和作用时，也回到了康德。他强调，他的"理念"是"享有绝对自由的理念"。也就是说，他的"绝对理念"本身就是一种"自由意志"；或者说，绝对理念的运动就是一种"自由意志"的运动。而且，反思正是在自由意志的推助下对绝对理念的反思。因为，思维即在于揭示出对象的真理，"反思既能揭示出事物的真实本性，而这种思维同样也是我的活动，如是则事物的真实本性也同样是我的精神的产物，就我作为能思的主体，就我作为我的简单的普遍性的产物，也可以说是完全自己存在着的我或我的自由的产物"。因此，"反思作用总是去寻求那固定的、长住的、自身规定的、统摄特殊的普遍原则。这种普遍原则就是事物的本质和真理，不是感官所能把握的。例如义务或正义就是行为的本质，而道德行为所以成为真正的道德行为，即在于能符合这些有普遍性的规定"（黑格尔，1980）。由此看来，反思的目的及其功能和作用，首先是寻找某种"普遍性的规定"，也就是求真，探求如斯宾诺莎所说的"观念的观念"，即"真观念"，或者如巴门尼德、亚里士多德以降的"存在之存在"；同时也是求美、求善的。或者说，反思求真是求美、求善的条件，或者是互为基础和条件的。亦即是说，黑格尔的反思就其在道德生活领域的目的言之，与康德所强调的纯粹实践理性的动力——自由意志是完全一致的，也因此而可以成为推动文化和文明发展的核心要素或原动力之一。

（三）哈贝马斯"行动的合理性和社会合理化"——"可批判性"

批判性一词来自于希腊词"kritic"，其意思就是明辨是非，透过现象抓住本质。从语源上说，该词暗示发展"基于标准的有辨识能力的判断"。黑格尔既强调了批判与反思的联系，同时也指出了批判的重要功能和作用："哲学的认识方式只是一种反思——意指跟随在事实后面的反复思考。首先，批判即需要一种普通意义的反思。但那无批判的知性证实它自身既不忠实于对特定的已说出的理念的赤裸裸的认识，而且它对于它所包含的固定的前提也缺乏怀疑能力，所以它更不能重述哲学理念的单纯事实"（黑格尔，1980）。M. 霍克海默、T. W. 阿多尔诺在《启蒙辩证法》中也认为，思想如果存心摆脱其批判环节，就可能会在违背意志的情况下推动它所选择的积极因素向消极的破坏环节转化（霍克海默，阿多尔诺，2006）。杜威指出，人的心意自发地认为现象间的单纯性、一样性和统一性，比实际存在的更大，因而产生肤浅的类推和急就的结论，忽略细微的差别和例外的存在就可能是常事，如果不以意识的和批判的理论控制着就会发生一种危险的谬见、偏见和偏执（杜威，2002）。哲学意义上的批判精神还被杜威演绎为一种思想性的技能概念，即他所说的批判性思维或"反省性思维"：能动、持续和细致地思考任何信念或被假定的知识形式，洞悉支持它的理由以及它进而指向的结论（杜威，2010）。在杜威的基础上，美国批判性思维运动的开拓者罗伯特·恩尼斯（Robert Ennis）系统分析了"批判性思维"概念，并将批判性思维描述为，"人们在决定该相信什么，应该做什么时的理性与反射性思维"（Ennis，1962）。迄今为止，作为一种思想技能，对于批判性思维还缺乏一个统一的定义。20 世纪 90 年代,鉴于批判性思维定义的严重分歧,美国哲学学会运用德尔菲(Delphi)方法(反复询问调查＋专家意见＋直观结果的方法),将批判性思维界定为:批判性思维是有目的的、自我校准的判断。这种判断导致解释、分析、评估、推论以及对判断赖以存在的证据、概念、方法、标准或语境的说明。批判性思维没有学科边界,任何涉及智力或想象的主题都可从批判性思维的视角来审查。批判性思维并非仅仅是一种否定性思维,它还具有创造性和建设性的能力——能够对一件事情给出更多可选择的解释,思考研究结果的意义,并能运用所获得的新知识来解决社会和个人问题。因此,批判性思维既体现思维技能水平,也凸显了现代人文精神。批判性思维从西方发起,20 世纪 80 年代中期传入我国。我国学者对批判性思维作了自己的理解。罗清旭认为批判性思维是个体对产生知识的过程、理论、方法、背景、证据和评价知识的标准等正确与否作出自我调节性判断的一种个性品质。它包括批判性思维的个性倾向性和个性心理特征两个方面。个性倾向性反映个体的批判性精神,个性心理特征反映个体的批判性能力(罗清旭,2000)。刘叶涛认为批判性思维不仅指一套可由逻辑或其他类似课程提供的具体思维技能和方法,更指一种思维方式和思维习惯,甚至是一种人生态度(刘叶涛,2009)。

哈贝马斯作为法兰克福学派第二代领军人物,其理论的突出主题,就是"批判"(Cannon,2001)。在众多的法兰克福学派理论家中,哈贝马斯也是明确地把批判理论的规范基础问题作为重大的基本问题提出来并加以论证的第一人(钱厚诚,2012)。哈贝马斯通过考察 18 世纪和 19 世纪初英法德三国生成的市民社会——资产阶级的公共领域,这是一个处于私人领域与公共权力的交集,一个由私人集合而成的公众领域。这一个公众可以进行合理批判的资产阶级公共领域,最早是在文学沙龙、咖啡馆、艺术杂志与道德周刊等处出现的文学公共领域,随着国家与社会的分离,两者之间的紧张地带,真正的公共领域——政治公共领域随之出现,这标志着资产阶级知识分子作为一支成熟的文化力量登上了历史舞台。哈贝马斯指出,在资本主义商品经济的历史发展过程中,经历了国家与社会的不断分离模式,至 19 世纪末又出现了逆转趋势,即出现了"公共领域的结构转型",转型为国家与社会的不断融合模式。国家的社会化和社会的国家化,使公共领域不再是一个公众自由通畅地发表自己观点的舞台,进而削弱了公共领域的批判性功能(哈贝马斯,1999)。哈贝马斯致力构建社会批判理论的牢固的规范性

基础。哈贝马斯的规范性"批判"理论源自于其基于意识哲学而提出的具有
"准先验"性质的"兴趣"框架。通过对皮尔士、狄尔泰、弗洛伊德等思想家的
理论考察,哈贝马斯将人类的认识"兴趣"区分为:技术的认识兴趣、实践的
认识兴趣和解放的认识兴趣。技术的认识兴趣旨在不断揭示自然界的奥
秘,扩大人类在自然界的活动领域,并且利用和改造自然,它体现了人类生
存和发展过程中最基本的物质需求;实践的认识兴趣旨在理解"文本"的内
涵、体悟历史文化的精神,它体现了人类生存和发展中的交往需求;解放的
认识兴趣着眼于批判现实社会生活中的宰制和扭曲现象,它表达了人类始
终潜藏着的对现状不满、追求更美好的生活这一超越需求。在"兴趣"的引
导下,分别形成了经验—分析的科学、历史—解释学的科学以及批判性的社
会科学,这些知识类型分别解决了人类的物质需求、符号互动与交往行动的
实践需求以及以反思和批判为纽带的解放需求。所谓经验—分析的科学,
就是通常所说的自然科学;所谓历史—解释学的科学,就是通常所说的一般
人文社会科学;而所谓批判性的社会科学,特指的是哈贝马斯所力图凸显和
论证的批判理论,也包括"深层解释学"层面上的精神分析理论。由于解放
的认识兴趣着眼于批判现实,表达了人类始终潜藏着的超越性需求,从这个
意义上看,它是批判理论得以存在的主体根基和先天条件(钱厚诚,2012)。
在兴趣与经验对象的对举中,因为技术的认识兴趣和实践的认识兴趣与社
会现状、知识类型都具有对应关系,因而可以反向推导的方式来进行理论构
思,而解放的认识兴趣却不能从社会性现象上进行反向推导,因为在哈贝马
斯看来,人类社会本身正陷入启蒙与现代性的负面后果之中,解放只是梦想
而已。正如 M. 霍克海默、T. W. 阿多尔诺在《启蒙辩证法》中所指出的,"在
通往现代科学的道路上,人们放弃了任何对意义的探求。他们用公式替代
概念,用规则和概率替代原因和动机。原因只被当作衡量科学批判的最后
一个哲学概念:或许因为它是唯一一个世俗化形式";而这个世界"正在变得
混乱不堪,它需要整体的解放"(霍克海默,阿多尔诺,2006)。

　　由于解放的认识兴趣不具有与生俱来的先天条件,也由于致力于构建
社会批判理论的初衷,哈贝马斯抓住西方哲学"语言学转向"的契机,通过吸
收奥斯丁、赛尔等人的言语行为理论提出了"普遍语用学",并在此基础上吸
收米德的符号互动论、维特根斯坦的语言游戏概念、伽达默尔的解释学、卢
卡奇的物化理论以及胡塞尔的生活世界思想等重要成果,创立了交往行为
理论。他认为,整个社会生活场域可以划分为"劳动"与"相互作用"这两大

部分,劳动是指物质生产活动,而相互作用指的是人际交往活动。在他那里,技术的认识兴趣和经验—分析的科学体现于"劳动"的领域,而实践的认识兴趣和历史—解释学的科学、解放的认识兴趣和批判性的社会科学则体现于"相互作用"的领域。交往行为就存在于"相互作用"场域,是指两个或两个以上的具有"交往资质"的主体之间通过语言媒介所达到相互理解和协调一致的行为。交往行为具有言语性,它是以"对话"的形式进行的,在对话过程中实现以理解为目的的行为。每一种言语行为都可以在如下三个方面遭到批判而被认为是无效的:"从人为的陈述(以及陈述内容的实际前提)的角度来批判,它是不真实的;从现有的规范语境(或先验规范的合法性)的角度来批判它是不正确的;从言语的意图角度来批判它是不真诚的。"(哈贝马斯,2012)真实性、正确性、真诚性是行动的合理性和社会合理化作批判检验的三个维度,"可批判性"是表达合理性的评估准则。在哈贝马斯看来,交往行为不仅具有极为丰富的含义,基于解放的认识兴趣,他还将批判性思维等同于"解放性学习"(emancipatory learning),即学会从阻碍人们洞察新趋势,支配自己的生活、社会和世界的那些个人的、制度的或环境的强制力中解放出来。由于它是一种不可缺少的探究工具,是一种解放的力量,故而成为人们的私人生活和公共生活的强大资源。哈贝马斯进而指出,把表达的合理性归结为可批判性这种建议虽然有着两个弱点,一方面,这种阐述太抽象,另一方面太狭窄,因为我们运用"合理的"这个词,不只是涉及正确的表达或错语的表达,有效益的表达或无效益的表达;但是,合理的表达基于他们所包含的可批判性,是具有改善的能力的。只有合理地行动、准备遭受批判和愿意遵循规则参加论证的人,才具有合理表达的论证能力(哈贝马斯,1996)。哈贝马斯同时指出,生活世界是交往行动、交往实践的核心。"生活世界不是什么个体成员组成的组织,也不是个体成员组成的集体。相反,生活世界是日常交往实践的核心,它是由扎根在日常交往实践中的文化再生产、社会整合以及社会化相互作用的产物"(哈贝马斯,2012)。因而,生活世界既是行为人在他所界定的客观世界、社会世界与主观世界三个世界的交往行动背景,也为这三个世界的重新统合提供了条件。在"生活世界"里,交往行动因具有"可批判性"而使交往行动的正确性、真实性、真诚性成为可能,并进而成为行动合理性和社会合理化的基础。哈贝马斯批判理论中所论及的"批判"和"可批判性",可以认为是康德在《判断力批判》中所说的一种介于知性和理性之间的具有审美意趣和能力的反思性判断力(当然,在现实中这种反思性判断力往往又仅仅呈现为拙劣的规定性判断力),因而交往行动的真实性、正确性、真诚性三个可批判性的检验维度,在一定意义上便可以看成是推动行动的合理性和社会合理化的三个求"美"的准则。同时,从哈贝马斯把批判性思维等同于"解放性学习",视作一种解放的力量,是人们的私人生活和公共生活的强大资源,把"可批判性"看作增强公共领域的批判性功能,促进文化再生产、社会整合以及社会化相互作用的强大的推动力量等来看,哈贝马斯所阐发的"批判"或"可批判性"完全可以被视作并成为文化和文明发展的核心动力或原动力之一。

综上所述,通过对康德关于"纯粹实践理性的动力"——"意志自由"(主要是求"善")、黑格尔"对事物作思维着的考察"——反思(主要是求"真")和哈贝马斯"行动的合理性与社会合理化"——"可批判性"(主要是求"美")的阐释,我们得到了关于文化原动力的核心要素:即意志自由、反思和可批判性。一般来说,西方文化、哲学以及中国学界对"真—善—美"的认识,多是由康德三大批判而来。康德三大批判中,第一批判《纯粹理性批判》处理的是知识论问题,知识求真,故曰真;第二批判《实践理性批判》讨论的问题事关实践中的道德、人的现实行为问题,故曰善;第三批判《判断力批判》要澄清的是"美学"和"目的论"问题,一般人们撇开"目的论",只注重美学问题,故曰"美"。由此,通常所谓的真—善—美,即对应于康德的三大批判。蓝国桥认为,康德的"真—善—美"的学说,与古希腊时期的亚里士多德学说有着"剪不断,理还乱"的关系,三大批判的真正的"真—善—美"导源地,是由亚氏开创的西方造物塑型哲学的"四因"说,即形式因(本因)、材料因(物因)、动力因(动因)、目的因(极因/本善)。亚氏的形式因沟通与吸取了柏拉图"理念论"的主脉大气,确立了形式因在人之"造物塑型"中的至高地位。目的因即"极因",康德的第三批判中把西方文化中的目的论作了三度提升:"人是目的—道德目的—道德神学",这是目的论超越之价值意义的最后完成。从亚氏的材料因和动力因来看,因为四因说是事物原因知识的一体说,与"真—善—美"说一样,分别是四位一体和三位一体结构,因而,需要特别指出的是,形式因(本因)、目的因(极因/本善)也可以看成是一种动力因,即亚氏所说的"动变的来源"。也就是说,一方面"真—善—美"由于导源于"四因说",是一个三位一体结构,不但内蕴动力因,而且,本身就可以看成是动变的来源(蓝国桥,2014)。真、善、美和追求真、善、美原生的是、也一直是人类文化和文明进步的原动力。同时,相较于康德在《实践理性批判》中对纯粹实践理性的动力——自由意志（求善）和黑格尔对事物作"思维着的考察"——反思（求真）的系统阐发和诠解，也是由于康德在《判断力批判》对"美学"批判和判断能力的澄清，可以把哈贝马斯的"可批判性"当作求美的重要途径。这当然是相对而言的，正如"真—善—美"本为三位一体结构，自由意志、批判和反思三者同样也可以看成是一个三位一体结构。这同时也为我们运用这个三位一体结构构建文化原动力模型奠定了基础。

当然，正如康德所说的，他所谓的"批判"乃一方法论，"唯在警戒吾人决不可以思辨理性越出经验之限界耳"；"我指所谓批判非批判书籍及体系而言，乃指就理性离一切经验所努力寻求之一切知识，以批判普泛所谓理性之能力而言"（康德，1960）。因而，也可以这样认为，我们所说的自由意志（求善）、反思（求真）、批判（求美），从根本意义上说，也是一方法论，是在求取文化动力的经验限界。因为，在我们看来，丧失或丢弃了自由意志（求善）、反思（求真）、批判（求美）的精神和能力，则文化动力将无从谈起，也因此而成为经验世界具有经验限界的文化原动力。在世界观上，作为文化动力核心要素的自由意志、反思、批判三者，都必须坚持马克思主义的文化观和自由观，加以批判地吸收。因为，如康德所强调的自由意志以及黑格尔对绝对精神的反思等，都在"天国"，而哈贝马斯交往行动理论中所强调的可批判性及其解放性的力量，正如马克思、恩格斯所曾指出的，"'解放'是一种历史活动，不是思想活动，'解放'是由历史关系，是由工业状况、商业状况、农业状况、交往状况促成的"，如果把"人"仅仅从这些词句的统治下解放出来，那么"人"的解放也并没有前进一步。"只有在现实的世界中并使用现实的手段才能实现真正的解放。"哈贝马斯过多地注重于"词句统治下的解放"，而使他的交往行动理论很大程度上陷入了"交往的审美乌托邦"。文化研究必须坚持马克思主义文化观，是因为文化的本质是自然的"人化"，人化的本质是"人的活法"，一直就在"人间"，从来就是劳动和实践的产物。在《德意志意识形态》中，马克思、恩格斯指出，"德国哲学从天国降到人间；和它完全相反，这里我们是从人间升到天国。这就是说，我们不是从人们所说的、所设想的、所想象的东西出发，也不是从口头说的、思考出来的、设想出来的、想象出来的人出发，去理解有血有肉的人"。同时，马克思明确提出了"人的自由和全面发展问题"；在《共产党宣言》中强调了"每个人的自由发展是一切人的自由发展的条件"（陶伯特，2014）。共产主义的本质是人的自由和全面的发展，每个人的自由发展是一切人自由发展的条件，也就是说，马克思主义在对德国古典哲学和资本主义的反思和批判中,把人间的"自由"或者说是实践哲学意义上的"自由",推向了一个极限,让"自由"进入了有血有肉的人的历史的审判台,进而为"自由意志"进入历史,创造了"历史"的条件,奠定了"历史"的基础,从而把上帝彻底、干净地赶出了共产主义的自由世界。这充分说明,马克思的自由观不仅超越了康德的作为纯粹形式的自由和处于单纯的道德状态的自由,成功地走出了康德及黑格尔等认识论上无法克服的困难,并把自由拉回到了"人间",拉回到"劳动"和实践领域。马克思主义的自由观、文化观表明,共产主义理想是真正的、内容意义上的文化原动力。人类社会的发展和进步,需要自由和自由意志,同时必须要有批判和反思的精神和能力。批判和反思可以为自由意志筑起一道"防火墙",可以防止自由意志溢出现实世界或者是哈贝马斯的"生活世界"之外,进而失去交往的合理性和行动的合理化。这也正是我们以自由意志(求善)、反思(求真)和批判(求美)作为文化原动力核心要素和方法论意义上的文化原动力的根本原因。由此深入,基于文化独具的公共性,如果说自由意志、批判和反思是形式意义上的文化原动力,真、善、美是内容意义上的文化原动力,那么,可以认为,一切社会科学的研究乃至于是自然科学的研究,当均不能忽视对真—善—美"三位一体"的追求,甚至也不能有意或无意间破坏形式意义上的文化原动力。

二、文化原动力模型构建及其意义阐释

（一）以自由意志为核心、以批判和反思为两翼的文化原动力模型构建

康德通过实践理性的批判,已令我们深切地体会到了这样一点:没有自由意志,就不可能表象"意志",也就不可能意识到并且也更难以运用"批判"和"反思"这样的"意志"。黑格尔严格区分了如"任性"这样一种"形式的自由"与"真正的自由"的本质不同。他指出,"按照意志的概念来说它本身就是自由的",但是任性不是自由本身,而只是"一种形式的自由",只是"一种主观假想的自由";"那真正的自由意志,把扬弃了的任性包括在自身内,它充分意识到它的内容是自在自为地规定的,同时也知道它的内容是完全属于它的"(黑格尔,1980)。康德在《实践理性批判》中则严格区分了"积极自由"和"消极自由":"德性的唯一原则就在于它对法则的一切质料(亦即欲求的客体)的独立性,同时还在于通过一个准则必定具有的单纯的普遍立法形式来决定意愿。但是,前一种独立性是消极意义上的自由,而纯粹的并且本

身实践的理性的自己立法,则是积极意义上的自由。"(康德,1999)实践理性
的自律,是一种积极的、"真正的自由"而非消极的、"形式的自由"的自律,这
种自律本身就是一切法则的形式条件,唯有在这个条件下,一切准则才能与
最高实践法则相一致。而愿望的质料只是与法则联结在一起的欲求的客
体,它如果进入实践,作为实践法则的可能性条件,并产生了依从某种冲动
或禀好的他律,意志给予自己的就不是法则,而只是合理依从种种本能法则
的规矩,这种规矩或准则,"非但不能以这种方式引起义务,而且甚至与纯粹
实践理性的原则,因而也与德性意向正相反对,即便发源于它的行为是合乎
法则的"(康德,1999)。由此看来,批判和反思都必须在"积极的"、"真正的"
而非消极的、"形式的"自由意志的帮扶和支持下,才能正确和合法地展开。
不然,因为不能"自由"地展开批判和反思,必然无法展示批判和反思的功能
和作用,难以为理性展示和规定实践法则、道德义务和神圣职责,进而也就
不能为理性的求真、求美和求善开辟通道,批判和反思都必然失去理想和目
标,也难以成为文化和文明的原动力。同时,批判和反思显见具有同等重要
的意义。反思离不开批判,批判也必须要经过严格的反思,或者如黑格尔所
说,批判即需要一种普通意义的反思;没有经过反思(求真)的批判,是非理
性的,也难以实现求美(当然也包括求善)的目的;没有批判或没有批判性思
维的反思,一定是浅表、浅薄、浅陋的反思,不可能达到求真(当然也可以包
括求善、求美)的理想和目标。同时,反思越是深入深刻,批判才可能越是有
力有效;批判越鞭辟入里,反思才能更深刻全面。因此,批判和反思完全可
以看成是具有对立统一意义的两个对立维度。

　　康德不仅区分积极的自由和消极的自由,而且深刻地洞察到模糊积极
的、真正的自由和消极的、形式的自由在实践中的危害性。一方面,这很可
能产生与纯粹实践理性原则"正相反对"的他律准则;另一方面,还可能陷入
实践理性的"不可理喻的二律背反"。无论是理论理性、实践理性、审美理
性,陷入二律背反的根源在于错把"现象"当"对象"。在理论理性的二律背
反的争议中,康德指出,世界仅存在于"现象系列之经验的追溯中",并不见
及其为某某物自身者,"彼等所争,实际乃子虚乌有之事";只要"否定世界为
物自身,则此二种主张之矛盾对立,乃转变为纯然辩证的对立矣"(康德,
1999)。纯粹实践理性那在德性与幸福依照一条普遍法则联结时的二律背
反,也是出于一种同样单纯的误解,因为人们把现象之间的关系当作物自身
与这些现象之间的关系(康德,1999)。因此,如果批判和反思只是处于或处

理消极自由甚或是形式的自由,所能抓住的极有可能只是"现象"而绝非"对象",甚或只是"先验幻相",或者是它们的混合物,那么陷入二律背反就是必然的。综合前述,为了更清晰地表达我们的意见以及康德区分积极的自由和消极的自由的"最内在的动机",这里不妨先来构建一个以批判和反思、积极自由和消极自由为两个对立维度的"文化原动力模型"(见图 2-1)。

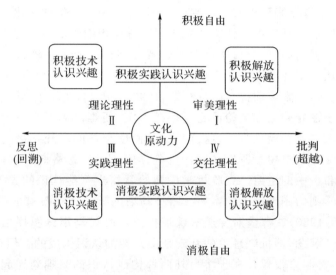

图 2-1　文化原动力模型

(二)文化原动力模型意义阐释

1. 消极自由状态下的社会理论建构及其"二律背反"问题

康德极其谨慎、缜密(按胡塞尔的说法是"科学")地论证了,无论是理论理性、实践理性还是审美理性,如若把现象当对象,因为受现象的束缚和羁绊而处于消极自由状态,就可能陷入不可理喻的"二律背反"。经验世界大都处于消极自由状态,常常把"不限定""无条件的必然者""无限的总量"这样一些矛盾或对立的概念当成"无限",加之"先验幻相"和"自在之物"的推助,一方面总是能"自圆其说",一方面又陷于二律背反且常不自知。因而,在"消极自由"状态下建构的社会理论乃至于其方法论基础往往是经不起推敲的。当代哲学从意识哲学向语言哲学、从工具理性向交往理性的转向中,实际上就已经有陷入康德所预言的"二律背反"的"无可理喻"的地步的嫌疑。哈贝马斯构建的"生活世界范式",试图打破传统意识哲学的思维方式,提出了把意义、理解、互动、交往、规则、秩序置放于社会生活的中心的交往理性。认为只有在交往行为合理化的基础上,工具理性才不会异化为唯利是图的理性,生产力才会成为解放的动力。以生活世界为背景的交往行为的合理化,就会通往一个民主、平等、自由、公正、和谐美好的、交往的乌托邦世界。但是,首先,他的生活世界是先天知识和后天知识相混杂未分化的一片"灌木丛",看起来可以成为一种取之不尽的、用之不竭的文化原料与精神素材,但是,哈贝马斯虽然认为,"对在用语言建构的生活方式内要求具有有效性的一切事物而言,语言所能达成理解的结构却成了一种必然";然而他同时也承认,"交往理性也几乎使一切事物都具有了偶然性,甚至包括它自身的语言媒介的发生前提"(哈贝马斯,1996)。因此,实质上,哈贝马斯的交往理性由于在先验论和经验论之间摇摆不定,便难以确保交往行动在生活世界不陷入二律背反且难以自拔的深渊,而使交往的乌托邦最终成为后形而上学的又一个空想。所以在德国伦理学家 E. M. 恩格斯看来,哈贝马斯走上了调和折中的道路。先验哲学一开始就指出可能认识的先天条件,而哲学人本学则力图确定人的本质。哈贝马斯的整合工作没有取得成功(E. M. 恩格斯,1980)。吉登斯曾经辛辣地指出:"哈贝马斯试图提出批判理论中的一个新观念,即批判理论的基础是由兴趣的认识构成的。但是那种'解放的兴趣'看起来仅仅存在于将另外两种构成认识的兴趣勾连起来的短暂瞬间。"(吉登斯,2003)

　　当代世界观很大程度上是韦伯式的。一方面,在我们的文化中,我们所知道的有组织地趋向权力的运动无一不是采取了科层制的和管理性的模式,我们所知道的对于权威的合理性论证也无一不是采取了韦伯的形式。尽管大多数自由主义者会争辩说,不存在任何诸如"这一种"当代世界观这样的东西;但是,相信价值观上的不可归约的多元性,本身就是韦伯的思想中显著而又核心的观点(麦金太尔,2003)。韦伯倡导"价值无涉"的社会科学研究的"理想类型"方法论,并将其运用于经济和社会理论的构建。然而,价值中立也是一种价值。在康德那里,"中立原理",往往会"使理性自相冲突,与正反两方以武器,然后以冷静讥讽之态度旁观其猛烈之斗争,此自独断论之观点言之,实非佳事,而显见其为幸灾乐祸之恶质"(康德,1960)。事实表明,当韦伯将理想类型的合理性几乎等同于形式合理性时,排斥了人自身,忽视了权力必然导致同化,绝对的权力导致绝对的同化这一事实(麦金太尔,2003),使得由"天才设计而由白痴管理"的科层制,日渐陷于"控制的怪圈",导致了工具理性和"工具性工作观"的横行(奥斯本,普拉斯特里克,2002),工作场域本该具有的"设计的美""过程的美""可持之恒久的价值之美"日渐丢失(圣吉,1997),势必沦落为僵死的、刻板的体制。

吉登斯在构建社会理论时是谨慎的,也是精巧的。他认为社会结构包括社会行动所牵涉的资源——分配性资源和命令性资源,它们是行动者在互动过程中不断地再生产出来的。他将"结构"理解为不断地卷入到社会系统的再生产过程之中的规则和资源,故而结构具有二重性。即社会结构不仅对人的行动具有制约作用,而且也是行动得以进行的前提和中介,它使行动成为可能;行动者的行动既维持着结构,又改变着结构。行动与结构之间这种相互依持、互为辩证的关系反映在处于时空之中的社会实践中。社会实践依赖于行动者的创造和再创造而具有其特定的规律性:行动者是具有知识的,其知识是具反思性的和实践性的。因此,在进行行动时,行动者不仅有其行动的理由和动机,而且还能对自己的行动及所处情境的社会和物理特性进行反思性监控;但是行动者的知识又是不完全的,故而其行动总会遇到一些"未被认知的行动条件"——这就是社会结构,并进而导致一些"非预期的行动后果";而且,后者又会反过来成为前者。未被行动者认知的行动条件、行动者的反思性监控、行动的理性化、行动背后的动机以及"非预期的行动后果"构成了吉登斯的"行动自我的分层模型"。吉登斯进而认为,人类的所有行动都涵括在这个模型之中,且都是以实践意识作为认知基础的(吉登斯,2003)。然而,值得注意的是,吉登斯社会"结构"中的"命令性资源"从何而来?"未被认知的行动条件"到底是什么?特别是参与社会实践的行为人是处于消极自由还是积极自由状态呢?这些问题吉登斯并没有给出答案。在康德那里,积极自由状态和消极自由是处于冲突之中的,几乎没有"第三条道路"可以走。如果行动者处于消极自由状态,那么,他的"反思性监控"就极有可能失效,而行为者的社会行动也将终始地处于他律状态,处于消极自由、乃至于"形式的自由"之中,这样的社会结构就极有可能会出现非预期的二律背反的行动后果。

麦金太尔在考察当代道德哲学论争时指出,当代道德论辩具有三个特征:一是在概念上具有不可公度性(incommensurability)。每个论证在逻辑上都是有效的,所有结论的确都源于自己的前提,但是,对于这些对立的前提,我们没有任何合理的方式可以衡量其各个不同的主张。二是在诉求上的预设性,即预设了非个人标准的存在,在道德以及其他评价性言说那里被割裂了。三是这些争论中所展开的诸对立论辩在概念上具有不可公度性的不同前提,我们所面对的不过是各种道德话语的大"杂烩"。因此,"当代道德论辩是合理的无休无止的,因为一切道德的论辩,甚至一切评价性的论辩,都是且始终是合理的无休无止的。某些当代道德分歧不可能得到解决,因为这类道德分歧在任何时代,无论过去、现在还是未来,都不能得到解决"(麦金太尔,2003)。麦金太尔在《追寻美德》一书中,试图为此找到一种实践的新途径:"美德是一种获得性的人类品质,对它的拥有与践行使我们能够获得那些内在于实践的利益,而缺乏这种品质就会严重地妨碍我们获得任何诸如此类的利益。"他认为这已经"阐明了美德在人类生活中的地位"。因为不难证明,就所有这些主要美德而言,没有它们,就会妨碍我们获得实践的内在利益,并且是以"一种非常特殊的方式"妨碍我们,而不是一般性的妨碍。"诸美德就要被理解为这样一些性好,它们不仅能维系实践,使我们能够获得实践的内在利益,而且还会通过使用它们能够克服我们所遭遇的那些伤害、风险、诱惑和迷乱而支持我们对善作某种相关的探寻,并且为我们提供越来越多的自我认识和越来越多的善的知识"(麦金太尔,2003)。对于麦金太尔所提及的"一种非常特殊的方式"是什么,可以姑且不论;问题在于,如若处于消极自由状态下,又如何确保实践理性能"为我们提供越来越多的自我认识和越来越多的善的知识"? 对此,麦金太尔不得不面对诸多质疑,特别是由于他的这一理论隐含着的"某种形式的相对主义是不可避免的"特征(瓦希布罗特,1983)。他的辩解是,他的美德理论有别于别的道德哲学家从考虑情感或欲望或者从阐明某种义务或善的观念入手,而是从实践开始的,并且历经三个阶段:"首先,将诸美德视为获得实践的内在利益所必要的诸品质;其次,将它们视为有助于整个人生的善的诸品质;再次,显示它们与一种只能在延续中的社会传统内部被阐明与拥有之对人来说的善的追求之间的关系。"(麦金太尔,2003)他认为,一些在第一阶段被检验幸存下来而在第二、第三阶段的检验中失败的品质,也不是美德;除非满足这三个阶段中的每一个阶段所指定的条件,否则没有任何人类品质会被视为一种美德。麦金太尔的实践性的道德哲学的问题在于,一方面,那些诸如愉快和快乐是内在利益还是外在利益,有时连他自己也难以区分,并且实质上也是难以区分的;另一方面,即便"内在利益"被定义得清楚明白并且能精准地、实践地找到,这些"内在利益"及"社会传统内部被阐明"的"善",当行为者处于消极自由时,就可能会出现善与善的悲剧性对抗,这种时候又如何"实践"

地加以抉择？麦金太尔的实践性道德哲学事实上也经不起后现代主义的"解构"。后现代主义者通过对科学主义、基础主义、整体主义、本质主义和偏狭性的全面轰击，而提出了"去中心化"、文本主义、解构主义、符号主义等的明确主张，进而宣告绝对权威、绝对真理、绝对价值的绝对死亡。因而，麦金太尔最后也不得不求助于已属于康德所阐发的积极自由的"某种本真的、实在的善"（麦金太尔，2003）。康德早就指出过，"关于道德价值问题，我们要考究的不是我们能看见的行为，乃是我们看不见的那些发生行为的内心原则"，而那种"混杂的伦理学，一部分是由情感和爱好得来的动机，一部分是由理性得来的概念混合而成的，一定要使行为者的心志游移于那些动机之间——在混杂伦理学看来，那些动机是不能够归在任何一个原理之下的，是只有碰巧才达到善，常常是归于恶的。"这样，就很容易"导致道德自身的腐化"（康德，2012）。

　　2. 西方理性精神的四次飞跃及四种理性的区分

　　在邓晓芒所说的西方理性精神的四次飞跃中，首先是赫拉克利特和巴门尼德的"逻各斯"的发现，它导致了西方人对"一"即普遍规范的追寻；其次，柏拉图和亚里士多德的反思精神，促使"逻各斯"进入了一个从低向高层递进、不断超越的有序系统；复次，近代笛卡尔的怀疑精神，使理性达到了能动的主体即自我意识；最后，康德、黑格尔让理性的主体能动性开始发挥其自我批判和自我建立的作用（邓晓芒，赵林，2005）。理性是资本主义发展的动力，在资本主义发展的过程中理性也得到发展，但在近代，据韦伯讲，理性各部分未能齐头并进，而只有理论理性即工具理性得到了飞速发展，实践理性和审美理性则退化、失落了。工具理性的发展，使社会经济得到了巨大发展，市场经济管理也越来越科学，并且科学技术也渗透到官僚行政管理，甚至于人们的日常生活。这样一来，理性被异化了，人也被异化了。对于这种现象，后现代主义把它不是归咎于某种理性模式，而是归咎于理性本身，从而否定理性。哈贝马斯坚持高扬理性，试图克服康德等意识哲学的同一性思维和利奥塔等后现代主义只承认差异的弊病，提出了后形而上学意义上的交往理性。他还进而把理性区分为四种：理论理性、审美理性（或美学理性）、实践理性、交往理性。康德通过著名的三大批判而完成了前三种理性的阐述和理论构建，而他自己则完成了交往理性的理论构建。显见，康德的理论理性（在未堕落为工具理性之前）和审美理性都是在积极自由的框架下阐发的。在《纯粹理性批判》中，康德把人类理性推向了极限，他在该书中开宗明义地指出,纯粹理性批判"以批判普泛所谓理性之能力而言",找到理性离一切经验所能知及可知程度等问题(康德,1999)。在论及审美理性时,他指出,"每个人都必须承认,关于美的判断只要混杂有丝毫的利害在内,就会是很有偏心的,而不是纯粹的鉴赏判断了。我们必须对事物的实存没有丝毫倾向性,而是在这方面完全抱无所谓的态度,以便在鉴赏的事情中担任评判员"(康德,2002)。进而,康德还精确地区分了善、快适和美的鉴赏。与善只是通过一个概念而被表现为某种普遍愉悦的客体不同,这在快适和美那里都是没有的。无概念而令人喜欢的东西都会被归入快适之中,无概念而要求普遍有效性的判断,就是美的判断。快适被称之为感官的判断,审美则是一种反思的判断,终究而言则是一种规定性判断(康德,2002)。因为积极自由概念是在离绝一切经验的基础上确认和确证的,因而,理论理性和审美理性自然属于积极自由范畴;相反,实践理性并非无条件地实践的,因而就处于消极自由状态,只有纯粹实践理性才把至善和积极自由作为奋力追求的最高理想。这也正是康德只从事于一般实践理性批判的原因,其任务是去防范以经验为条件的实践理性想要单独给出意志决定根据的狂妄要求(康德,1999)。哈贝马斯的交往理性概念正如他自己所说的,"还留存着先验表象的阴影","交往理性的确是一叶摇摆不定的小舟,但它不会在偶然性的海洋中被淹没,虽然在大海中颠簸是它'克服'偶然性的唯一方式",它既没有宣称离开了上帝的世界毫无希望,也没有充当救星,它能够帮助我们学会理解我们所遇到的各种矛盾,学会领会越来越小的活动空间中越来越多的责任要求(哈贝马斯,2012)。可见,哈贝马斯的交往理性与他所建立的兴趣框架一样,具有一种"准先验的性质",而所要解决的正是处于消极自由场域的问题和矛盾。尽管他认为并没有像施舍慰藉的宗教的苍白否定那样,最终成为一种审美理论,但是吉登斯等批评者仍将其归入交往的审美乌托邦。因而,我们可以将理论理性、审美理性、实践理性、交往理性分别划入图 2-1 所示的四个象限(或四个区域)。理论理性和实践理性均需要通过对自由意志的反思或反思性判断而保持理论和实践的纯粹性,因而分属于第二、三象限;审美理性和交往理性都要求具有"可批判性"而作出规定性的判断,故而分属于第一、第四象限。显见,这四种理性都是在自由意志的推助下展开批判和反思的结果。因此,以自由意志为核心,以批判和反思为两翼构建的文化原动力模型中的四个象限,可以把经过四次飞跃的西方理性,到哈贝马斯提出交往理性,加上康德的所阐述的理论理性、实践理性、审美理性,恰好纳入到这个四个象限。而诸如黑格尔的思想,他在对事物作思维着的考察时,是将主体性概念和形而上学的思维方式联系起来展开的,他所强化的现代性是从自律的主体性概念中获得其自由意识和自由意志,以及自我意识、自我解决和自我实现等所特有的内涵。同时,又继承了形而上学思想运动中的自我批判主题,并且把它们推向极致,展开了绝对的反思。正如他自己所说"……这种反思(Reflexion)的联系,本身就是属于理性的;超出那些规定之上,提高到洞见它们的冲突,这是达到理性的真正概念的伟大的、否定的一步"。黑格尔在《费希特与谢林哲学体系之差异》一文中又指出:"反思当其扬弃了有限之物时,就把自己提升成为理性;当其把理性的活动固执在对立之中时,就使自己降格为知识性。"(黑格尔,1976)邓晓芒据此认为,黑格尔的反思就是超越感觉、表象,将它们看作只是对本质的东西的颠倒的反映,因而从表象那里回溯到它的本质,这种反向回溯就是"反思"。因为黑格尔的反思运动,就是用思维去追溯所要认识的对象后面的那个根据或本质,就像循着镜中影像反过来找到它的实体一样,在这一点上,黑格尔不仅超出了洛克和康德的那种主观内在的限制、那种感性经验的限制,而且,"黑格尔所接受的西方'反思'概念一般说来指人的思维对感受性和直观表象的理性超越,并进而将这种超越了感性表象的理性(逻各斯)颠倒为真正的本质和客体"(邓晓芒,2008),进而实现了从自由走向自由的自我反思,他所揭示的正是绝对精神自我运动的逻辑、过程和规律。因此,他的"绝对精神"本质上可以看成是介于理论理性、实践理性、审美理性和交往理性之间的并且是这样四种理性交互作用的产物,因而可以认为其处于文化原动力模型的绝对圆心之中。还可以发现,在这个文化原动力模型的四个象限中,基于四种理性,似乎整个人类思想史中的每一种重要的思想,都可以从中找到固有的位置和特定的坐标。这样似乎就可以更清晰地梳理出人类思想的历史脉络乃至于如哈耶克所说的,"凸显出诸多理念的进化过程和人类犯错误的轨迹"。譬如,下文将要提及的库萨的尼古拉、尼采、海德格尔等的思想,显然均超越了积极自由和消极自由的某个限度,因而极容易走向康德所告诫的"狂热和迷信"。

3. 基于积极自由和消极自由的人类认识"兴趣"的新型分类

在哈贝马斯关于人类认识的"兴趣"框架基础上,图 2-1 根据积极自由和消极自由的划分,我们把哈贝马斯的认识"兴趣"进一步区分为:"积极的技术认识兴趣""积极的实践认识兴趣"和"积极的解放认识兴趣",以及"消

极的技术认识兴趣""消极的实践认识兴趣"和"消极的解放认识兴趣"这样
六种两大类认识"兴趣"。技术的认识兴趣在哈贝马斯那里是明确的,属于
"劳动"范畴的工具理性;实践的认识兴趣和解放的认识兴趣则属于"交往"
范畴的交往理性。显然,从技术的认识兴趣到实践的认识兴趣到解放的认
识兴趣,都需要自由意志、反思和批判参与其中。技术的认识兴趣由于其旨
在不断揭示自然的奥秘,扩大人类在自然界的活动领域,并且利用和改造自
然,因此,一般来说,就需要人们具有强大的反思能力和求真精神。解放的
认识兴趣着眼于批判现实社会生活中的宰制和扭曲现象,它表达了人类始
终潜藏着的对现状不满、追求更美好的生活这一超越需求,则需要具备有力
的批判精神及有审美意趣和能力的反思性判断力。实践的认识兴趣旨在理
解"文本"的内涵、体悟历史文化的精神,它体现了人类生存和发展中的交往
需求,因而界于两者之间。基于积极自由和消极自由的区分,之所以把人类
的认识"兴趣"区分为前述六种两大类认识兴趣,是为了更好地凸显康德区
分积极自由和消极自由"最内在的动机"。从中可以看出,在实践中模糊积
极自由和消极自由是危险的。在消极自由场域,事实上无论怎样的理性"兴
趣",要么如哈贝马斯那样,在先验和经验之间摇摆不定,成为"一叶摇摆不
定的小舟",不得不以"准先验"的立场自许;或者正如麦金太尔所发现的那
样,当代的道德争论中所展开的诸对立论辩在概念上具有不可公度性的不
同前提,所面对的不过是各种道德话语的"大杂烩"。而当他把诸美德看成
是一种获得性的人类品质,是一种内在于实践的利益,也隐含着或者是陷入
了"某种形式的相对主义"。在康德看来,模糊积极自由和消极自由的区别,
其在实践中的危害必须引起高度重视。康德指出,"道德学发轫于道德本性
的高贵性质,这种性质的发展和教化指向一种无穷的益处,终结于——热狂
或迷信"(康德,1999)。康德这里实际上有两层意思,道德学如果在离绝一
切经验的自由意志里走向极端,就可能如库萨的尼拉等那样在否定神学里
寻求宗教慰藉。在《实践理性批判》中,康德虽然也把"灵魂不灭""意志自
由"和"上帝存在"作为"公设",但是,也仅仅是一种"公设",因为这已经超越
了理性的限度或极限。康德在《纯粹理性批判》中告诫:"吾人之理性仅能唯
可能的经验之条件用为事物可能性之条件;绝不能进而构成完全脱离此等
条件之事物概念。盖此种概念虽非自相矛盾,但无对象。"(康德,1960)因
而,康德的"公设"仅仅只是一种他所说的"学说信仰"。由于对经验世界"二
律背反"的忽视,尼采和海德格尔恰恰就因此而走向了康德所说的"热狂"。

尼采的权力意志和"超人"哲学中的"超人",是在他宣称"上帝死了",要对一切传统道德价值进行"重估"的基础之上,用新的世界观、人生观构建新的价值体系的人。"超人"的出现,是尼采"重估一切价值"和英雄道德观的必然结果,也是他的最高的道德理想人格。在尼采看来,正如必须重新创造一种新的价值体系以挽救人类道德的堕落一样,也必须呼唤出一种"超人"来挽救人类自身可悲的退化。他认为"超人"是人类能够而且必须创造的最高价值的人格代表,是英雄道德的载体和人类发展的目标。超人是天才,是真正的精华;超人具有极大的权力欲,他们最有力、最雄厚、最独立、最有胆量。凯撒大帝、拿破仑就是超人的雏形。他在《查拉图斯特拉如是说》中指出,超人就是大地的意义。其喻义是说,超人是对天国的否定,是对上帝的替代(尼采,2007)。海德格尔继承了从笛卡尔到尼采的"意志的意志"的形而上学这一主导范式,"意志的意志"同"客观性"("存在")有紧密的联系,只有按照"主体"的奇想才能被理解和把握。由于如此错误地受惠于主观性形而上学,海德格尔才可能错误地把拯救内心世界的希望寄托在某个实际的、在经验上存在着的历史主体:国家社会主义运动及其"元首"的身上。海德格尔对于作为绝对超越者的存在的推崇,是一种完全陷入形而上学的哲学教条主义,使纳粹主义成为"在反对虚无主义的漫长斗争中发生在本世纪(20 世纪)的最后一次机会"(沃林,2000)。对于晚期海格尔向我们呈现的"他律哲学",戈尔茨和萨特都正确地认识到了"存在的历史"作为一种他律哲学所存在的危险。戈尔茨认为:"事实是,试图摆脱言说者,超越于言说者的认知处境(即,实际关系)之上去把握存在的任何一种关于存在的话语,都含蓄地是一种形而上学的话语:它主张发表关于在人不在场情况下的存在的意见。缺乏以生活为根据让我相信的标准(证据)的任何确定性是一个迟早都会导致教条主义的信念行为。"(戈尔茨,1966)以一种相似的精神,萨特的追问是:"假如我们只把实践当作从根本意义上来讲是某个非人类的过程的一个微不足道的环节,那么我们怎样才能为实践找到坚实的根据呢?假如存在的全体通过它得到计量,那么它怎样才能算是一个真正的计量器呢?"(萨特,1998)我们从中可以清晰地看出,自由意志一旦与批判和反思精神脱离,并走向极端,便会出现两种狂热:要么离绝一切经验的检讨进而可能走向宗教的狂热;要么如尼采或海德格尔那样,在存在主义的唯心主义中把希望寄托于"超人"和法西斯的"元首"。历史的教训警示我们,在积极自由状态或消极自由状态下,理论理性、实践理性、审美理性和交往理性都需要批判和反思精神,也必须在批判和反思中,才能真正凸显理性的力量和理性的精神。历史似乎应当走在积极自由和消极自由交互作用的纳什均衡线上。冯友兰在《中国哲学与未来世界哲学》中梳理了中西哲学传统的两条路子:柏拉图传统和儒家传统,这是形而上学本体论的路子;康德传统和道家传统,被称为形而上学认识论的路子。两条路子全都各自达到"某物",这"某物"在逻辑上不是理智的对象,因为对它作理智的分析就会陷入逻辑的矛盾。因而,"某物"就成了这两条路子共有的"界线",只能采取"负的方法",即不能说它是什么,只能说它不是什么。这条界线也正是康德所说的存在于知和未知、积极自由和消极自由的界线。越过这条界线,达到不可言说、不可思议之境,西方哲学以为极乐,印度哲学谓之"涅槃",而中国哲学没有这么极端,越过界线的实际效果,是提高人的生活境界,以改进人生(冯友兰,1987)。冯友兰进而认为,人生应当有四种境界:"自然"境界,"功利"境界,"道德"境界,"天地"境界。自然境界最低,几乎不需要理解和自觉,而功利、道德境界对理解和自觉需要多一些,天地境界需要最多。道德境界是道德价值的境界,天地境界是可以称为超道德价值的境界(冯友兰,1987)。很显然,冯友兰所说的"自然"境界、"功利"境界处于康德所说的消极自由状态,而"道德"境界,"天地"境界则处于积极自由状态。也就是说越过"界线",虽不能说它是什么,但可以作为一种由哲学达到的理想人生的追求。这就可以理解,为什么雅斯贝尔斯说,"个体自我的每一次伟大的提高,都源于同古典世界的重新接触。当这个世界被遗忘的时候,野蛮状态总是重现"(雅斯贝尔斯,2005)。这可能也正是胡塞尔强调的超越论哲学的"最内在的动机"之一。正是在这个意义上,我们主张人类理性兴趣应当从消极的技术认识兴趣、消极的实践认识兴趣和消极的解放认识兴趣,走向积极的技术认识兴趣、积极的实践认识兴趣和积极的解放认识兴趣。同时,为了在积极自由和消极自由中不至于超越某个度而走向某种极端,我们把文化原动力建立在意志自由(求善)前提下的批判(求美)和反思(求真)精神之上。

三、本章小结

我们一直置身于文化实验场,但罕有自觉。康德觉悟了,在这个实验场,他既没有请来上帝,也没有赶跑上帝,只是请来了"自由意志"。黑格尔觉悟了,他把希望寄托于"绝对反思",以期找到绝对精神运动的固有逻辑和规律。在生活世界的文化再生产中,哈贝马斯把希望寄托于"可批判性",以期实现他的"交往的审美乌托邦"。在我们看来,在意识哲学向语言哲学、从主体性哲学到主体间性哲学转向的路途中,如果不能破解康德所诠证的经验世界常常陷入的"二律背反"难题,那么语言哲学转向不管在多大程度上获得了成功,都是令人质疑的。如果在经验世界乃至于哈贝马斯的"生活世界",常常会陷入"二律背反",那么,又如何确保交往行动的正确性、真实性和真诚性? 文化动力问题,必然要涉及道德哲学问题。文化问题如若不直面并进而破解经验世界的"二律背反",那么,正如麦金太尔对作为现代西方道德哲学典型特征的情感主义的批判中所指出的那样,陷入道德话语的无休无止性,进而导致道德自身的腐化,可能就是文化的宿命。

在当前的语境中,正如哈贝马斯所说,"我所感兴趣的只是精神进入历史这个主题"(哈贝马斯,2012)。关于这个主题,令人不得不想起路易·阿尔都塞在 1965 年出版的《保卫马克思》一书。这本书既是依某种方式的逻辑和准则解读马克思的一个宣言,也是保卫马克思主义,更确切地说保卫真正的马克思主义的宣言。关于精神进入历史这个主题,阿尔都塞断言,马克思建立了一种新的科学:"社会构成"的历史科学。"为了更确切一些,我说过马克思为科学知识'开启了'一个新'大陆',即历史的大陆——从像泰勒士为科学知识开启了数学的'大陆',伽利略为科学知识开启了物理学的'大陆'一样"(阿尔都塞,2010)。马克思、恩格斯明确主张,只有在现实的世界中并使用现实的手段才能实现真正的解放,而且,对于实践的唯物主义者即共产主义者来说,全部问题都在于使现存世界革命化,实际地反对并改变现存的事物。也就是说,马克思主义在对古典哲学和资本主义的反思和批判中,让"自由"进入了有血有肉的人的历史的审判台,也让我们认清了追求真、善、美的统一对于人的自由全面发展的重大而深远的意义。只有把真、善、美三者完美地统一起来,才能实现理论理性、实践理性、审美理性和交往理性的可持续进步,才能实现人的自由和全面的发展。现实的人是集知、情、意于一体的人,人类在整个社会历史发展过程中的活动就是求真、求善、求美的活动。真、善、美三者之间既相对独立,又内在地统一于人类的实践活动之中,通过对真善美三者关系的深刻把握可以更好地理解马克思主义哲学中真、善、美以及真、善、美的统一对于人类自由的意义(贾秀秀,2014)。"人不仅是自由的,而且是全面的、丰富的,不仅物质生活是最富足的,而且精神生活也很充实,不仅是个别人的全面发展,而且是全体社会成员的全面发展,这样,人才能成为一个完整的人"(武天林,2006)。真、善、美的统一对成为一个完整的人、自由的人、全面发展的人,具有十分重要的意义,只有实现三者的和谐统一,才能真正实现人类的自由。由此看来,在整个人类思想史上,也唯有马克思主义让我们认清了追求真、善、美的统一对于人的自由和全面发展的重大意义。由于马克思主义深刻揭露了统治着当代世界的社会不公正的各种历史条件,萨特曾断言,马克思主义是"无法超越的""我们时代的哲学"(萨特,1998)。德里达说:"没有马克思的遗产,也就没有将来。"(德里达,1999)舒开智认为,"批判日常生活中的虚假和无意义,挽救人的理性与感性的双重'异化',从而促进人类的全面自由发展,最终走向共产主义,这是马克思主义超越现代主义与后现代主义的最重要贡献"(舒开智,2010)。马克思主义是劳动的有血有肉的人的历史哲学,在人类历史上,没有比共产主义更值得追求的文化理想了,因此,在有血有肉的人的发展历史中,都需要发出阿尔都塞那样的呼喊:保卫马克思!

第3章 文化原动力传导机制模型构建

在柏拉图构建的"理想国"中,文化是可以起到"药物"般疗救效用的高贵的"谎言"(柏拉图,1986);时隔 2000 多年,纳粹第三帝国文学部长约斯特(Hanns Johst)在他的剧作《施莱格尔》中炮制过一句经典台词:"一听到文化,我就想拔枪。"这一台词同时也几乎成了赫尔曼·戈林这个德国纳粹党的二号人物、希特勒指定的接班人的口头禅。这就无怪乎 M. 霍克海默、T. W. 阿多尔诺曾作出这样几乎是无奈的判断:"当人们谈论文化的时候,恰恰是在与文化作对。"(霍克海默,阿多尔诺,2006)看来,文化的出身并不高贵,并且,时不时地要受到蔑视、歪曲和怠慢。文化又是一个在社会学、经济学、政治学、人类学等各个领域受到普遍关注的问题和议题。关涉领域的普遍性,一方面说明文化功能作用的广泛性,另一方面则说明,文化研究依然散落在各学科的边缘,尚未形成一个独立的领域。因而,文化遭遇种种傲慢与偏见当属情理。究其原因,当是因为人们对于文化和文化的本质缺乏认识。迄今的文化研究,一直都在着力回避"文化是什么"的问题,使得"文化"研究一直"飘零"在各学科的边缘;并且,对于文化研究能否成为一个独立的研究领域,学界也一直心存疑虑。由于缺乏界定研究之核心对象的意愿,也必然暗含着"缺乏方法论上与程序上的连贯性,并且否定了与文化研究最为松散的联系"(史密斯,2006)。因此,文化研究不仅一直以来缺乏规范、自足的理论基础和理性建构,对于文化动力的传导机制、传播路径及其流变规律等也罕有建设性的构架和实质性的贡献。那么,以自由意志为核心和以批判和反思为两翼的文化原动力的核心要素在整个文化机体(或系统)中的功能、作用及其传导机制、传播路径是怎样的呢?有没有基本规律可循呢?本章就来探讨这一问题。

一、文化的实践性定义及其理论和实践意义

（一）文化研究的新视野：文化的实践性定义和文化动力分类

结合中外关于文化和文化动力研究的文献调查，我们偏向于这样一个文化定义，即把文化看成是由价值、信仰、习俗、习惯等相当于内在或者说是潜在的规则，即内在制度（潜规则）与知识、语言、法律、礼仪、符号等大体上处于物化或者是外化状态的外在制度（显规则）所构成的规则系统"互动的和"（吴福平，2006）。这一定义意味着，实时流动的、迁变的文化机体内，所谓的"文化"，可以由三部分内容构成。

Ⅰ．"外在制度"：包括区域社会或社群组织及其全体成员当下、实时的拥有的知识、语言、法律、礼仪、符号等大体上处于物化或者是外化状态的外在制度所构成的规则系统。

Ⅱ．"内在制度"：包括区域社会或组织及其全体成员当下所拥有的价值、信仰、习俗、习惯等相当于内在或者说是潜在的规则系统。

Ⅲ．前二者"互动的和"。（参见图 3-1）

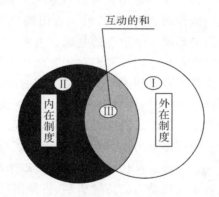

图 3-1　文化外在制度与内在制度互动模型

该预设的意义在于，从文化作为一种"秩序""规则系统"或者说是"制度"的角度，对文化加以界说，本质上就既强调了文化的规范价值、实践价值、"实用"价值，也指明了文化的流变性、动态性特征，进而可以将文化推向动态的规律性的研究和实践，并可谓之关于文化的"实践性"定义。就文化动力的研究来说，这一定义既说明了文化是什么，也回答了文化动力的来源

问题,即"内在制度"与"外在制度",特别是它们所"互动"出来的那种"和"的状态。在我们看来,文化"互动的和"部分,即上图 3-1 中的第Ⅲ部分,才是真正意义上的一些学者们在阐述文化时所强调的"共业",也是康德在阐述"同时共在"原理时所说的"某某事物",或者是黑格尔所阐发的一种"无条件的共相",也可以认为是哈贝马斯交往行动的"背景"或"前景",或者是真正意义上的哈耶克所论及的"第三范畴"。从哈耶克所强调的文化作为一种"自生自发的秩序"来看,文化当是实时的"生成"的"有机"的系统,始终处于如费克斯所说的"生产"之中,处于过程之中、流变之中。只有出现"互动的和",因为达致了"和",才能真正发挥"动力"(善的或恶的、推动或阻碍)的功能和效用。康德所说的能被经验地感知的、全部的"某某事物",显而易见正是纯然存在的"互动的和"。因此,本质上,康德所阐发的"同时共在"原理既划定了理性经验的限界,也为我们所界说的"文化的实践性定义"提供了坚实的哲学基础。黑格尔的"无条件的共相"正是他所阐发的复多性与统一性的"互动的和"。他指出,"因为共相本身与复多性有不可分离的统一,因为持存的质料每一个都是由于他一个之存在而存在;它们是相互浸透的,但彼此又没有接触,因为反过来说,那具有差别的东西,也同样是独立的。因此同时这些质料之纯粹可浸透性或它们之被扬弃事实也就是肯定的了"(黑格尔,1979)。也就是说,每一个持存的质料作为一个个相互独立的差别,它们相互浸透又彼此扬弃的过程,正是产生"无条件的共相"的过程。黑格尔进而揭示了这种"无条件的共相"所生发的力的过程、特征及其具体表现。他把共相本身与复多性之间这种运动过程叫作力:力的一个环节,"即力之分散为各自具有的独立存在的质料,就是力的表现;但是当力的这些各自具有独立存在的质料消失时,便是力本身,或者没有表现的和被返回自身的力。但是第一,那被迫返回自身的力必然要表现其自身;第二,在表现时力同样是存在于自身内的力,正如当存在于自身内时力也是表现一样"(黑格尔,1979)。由此深入,不但作为"复多的"每一个持存的质料既是力的表现,也是力本身;而且,"无条件的共相",作为复多性与统一性的"互动的和",也可以无条件地生发出"力"。这样就容易理解,为什么莫里斯·梅洛—庞蒂可以这样来解说语言的力量:"语言具有它的意义,正如一个脚印表示一个身体的运动和力量。"(庞蒂,2003)这就是语言作为符号的力量。根据黑格尔关于"无条件的共相"的阐发以及莫里斯·梅洛—庞蒂的符号理论,如价值、信仰、习俗、习惯等相当于内在或者说是潜在的规则,即内在制度(潜规则)

和知识、语言、法律、礼仪等大体上处于物化或者是外化状态的外在制度(显规则)等诸"符号",作为独立持存的"质料",不但既是力的表现,也是力本身;当其存在或即便是消失时,都会生发出诸质料"互动的和",亦即产生"无条件的共相",这一"无条件的共相"则会无条件地、"自生自发"地生发出一种精神合力。文化动力就可以被看成是由文化"互动的和"部分生发出来的巨大的精神力量。据此,还可以进一步对文化动力作出新型分类。

　　我们知道,经济学的"内部性"是指经济活动及其产品和服务的内部效应、效用,"外部性"则是指经济活动及其产品和服务的外溢、外部效用。如果借用经济学内部性和外部性概念来对迄今的文化动力及动力机制的研究加以区分,大体可以归结为两类:一是以阐述文化发展的内在动力——可以称之为"内部性动力",也就是以探究文化自身发展的动力或动力机制为主的研究。这方面的代表人物有索绪尔、尤里·米哈伊洛维奇·洛特曼以及上文提及的莫里斯·梅洛—庞蒂等。索绪尔的结构主义语言学研究抛弃了符号发展变化的历史分析,转向对共时结构的研究,可以认为其直接指向了语言和言语的"内部性动力"问题。他认为,单个符号不表示任何东西,每一个符号表达的意义少于该符号在它本身和其他符号之间指出的一种意义差别,符号的意义、符号衍生、演化的动力正是由结构内部这种差异关系造成的。于是,我们仅仅与符号的结构打交道,而符号的意义不能单独地被确定,并且只不过是符号的相互包含、相互区分的方式,意义仅出现在词语的交互中和词语之间,在符号"旁边"产生的这种意义则处在历史文化中(索绪尔,1980)。洛特曼继承了索绪尔符号学的观点和方法来研究文化发展的动力和动力机制。他假设文化动力系统的运转从"符号的零状态"开始。符号的零状态是结构化过程开始的地方,从符号的零状态出发,人类的理性意识和文化符号系统开始形成。社会化的过程既是一个不断掌握文化的过程,同时也是人的个性化的过程,因为文化的价值就建立在每一个人具体的个性、性格、心理素质、性情(精神气质)的基础之上。随着文化规则的不断增加,人的差异性也越来越大。人类对规范的追求实际上是使其现实行为获得具有社会行为功能的语言。符号的这种"零状态"的经验直观,当是自由,也正因为此,文化创造本质上意味着人的自由得以实现,也就是说,人在文化创造活动中不断实现自我超越。文化符号系统内部结构的不对称要求文化在自我发展过程中不断增加新的语言以保存不断产生的新信息,这就引起了文化符号系统内部构成要素的变化,而不同结构的交叉就成为动力之源。洛特曼对文化发展的动态描述与静态描述的结合,兼顾了文化的共时层面与历时层面,从一定程度上弥补了传统历史文化研究的不足(张海燕,秦启,2010)。莫里斯·梅洛—庞蒂在索绪尔著作中得到的启示是,我们与语言打交道,突然被意义所包围。意义与其说是由词语指出的,还不如说是由词语的结构蕴涵的(庞蒂,2003)。和难以理解的事物一样,语言看来只能通过符号的相互作用被理解,如果单独考察符号,那么每一个符号都是模棱两可的或无新意的,只有符号的结合才能产生意义(庞蒂,2003)。意义是言语的整体运动,这就是为什么我们的思想在语言中延伸,为什么我们的思想也穿过语言,就像动作超越它的经过点那样的原因。当语言完全占据我们的灵魂,不为处在运动中的一种思想留出一点位置时,如同芝诺关于运动的悖论,语言被言语的运用超越。随着我们投入到语言中,语言超越"符号"走向意义(庞蒂,2003)。显见,莫里斯·梅洛—庞蒂所指出的语言作为符号的力量以及言语符号间生发的力量,主要指的都是文化符号系统的内部性力量,即文化的内部性动力。另一类是以探究文化外在动力——可以称之为"外部性动力",亦即是以文化对经济、政治、社会、生态等整体发展的具有外部性功能和作用机制为主的研究。黑格尔、马克斯·韦伯、汤因比等都是这方面的代表性人物。黑格尔承认人的思想、目的、理性在社会发展中的动力作用,同时认为不应从人自身、从思想自身去寻找人类历史发展的动力,而要追求隐藏在个人的特殊目的、动机背后的最终目的,即社会历史发展的"动力的动力"——绝对精神。在黑格尔看来,"绝对精神"是一切自然现象和社会现象的始源和基础。韦伯的"新教伦理"动力思想,则提出并验证了一个著名的社会学假说:透过任何一项事业的表象,可以在其背后发现一种无形的、支撑这一事业的时代精神力量;在一定条件下,这种精神力量决定着这项事业的成败。因此,在韦伯看来,"现代资本主义扩张的原动力问题不是以资本主义方式使用的资本额从何而来的问题,而首先是资本主义精神的发展问题。凡是资本主义精神出现,并且能够发挥作用的地方,它就能生产自己的资本和货币供给,作为达到其目的的手段"(韦伯,2002)。汤因比强调精神文化在文明各组成部分中的核心作用,主要研究文化对经济、政治、社会发展的推动作用。汤因比认为,每个文明社会都由三个方面构成,即政治、经济和文化。文明的三个组成部分相互作用相互制约,经济和政治制度为精神和文化的发展提供前提和基础,精神文化则为二者的发展提供智力支持和发展方向。文化是文明的核心和精髓,是文明中相对稳定的部分,它培育并制约着政治和经济的发展,是社会发展的根本动力(汤因比,池田大作,1985)。总结上述,洛特曼继承了索绪尔符号学的观点和方法来研究文化发展的动力,谈论的是文化的内部性发展动力,而他试图揭示的却又是人类历史的发展进程,也就是文化的外部性动力,如先进科学思想中蕴藏着的巨大的能量,并且在这两种动力之间飘忽不定而不能自觉。黑格尔所阐述的是绝对精神的绝对运动,本质上讲的是人类精神的内部性动力,但他得到的却是唯心主义的历史哲学,诸如"凡是合理的都是存在的,凡是存在的都是合理的"之类的精神的外部性功能的结论,这就必然导致如马克思、恩格斯在《德意志意识形态》中所批评的那样,必然导致"绝对精神的瓦解"(陶伯特,2014)。马克斯·韦伯、汤因比谈论的都是文化的外部性动力,即外部性推动力量,但是由于对文化的内部性力量缺乏认识和自觉,不仅陷于唯心主义发展史观不能自拔,马克斯·韦伯也难以解释这种特殊的"社会精神气质"的成因及其可能的演变逻辑,汤因比则把这种精神力量寄托于超人或者少数人的人格所具有的创造性、神秘性,走向了神秘主义。

　　马克思主义关于社会发展动力的理论,坚持经济因素、上层建筑和社会心理这三个基本要素有机结合而成的动力系统。在社会发展中,正是这三个基本要素相互作用,融为一体,构成了推动社会运行的动力机制。恩格斯晚年提出了"合力论"的思想,他在 1890 年 9 月 21 日—22 日致约·布洛赫的信中指出,历史的最终结果总是从许多单个的意志的相互冲突中产生出来的,"这样就有无数互相交错的力量,有无数个力的平行四边形合力,即历史结果,而这个结果又可以看作一个作为整体的、不自觉地和不自主地起着作用的力量的产物"(马克思,恩格斯,2012)。马克思主义的社会发展动力论说明,在社会发展进程中,政治、经济、文化等经济因素、上层建筑和社会心理是互渗在一起,并作为一个整体合力,推动着社会的发展。这既为我们接受文化的实践性定义,即把文化看成是由价值、信仰、习俗、习惯等相当于内在或者说是潜在的规则,即内在制度(潜规则)和知识、语言、法律、礼仪、符号等大体上处于物化或者是外化状态的外在制度(显规则)所构成的规则系统"互动的和",提供了坚实的理论基础,进而也为我们把文化内部性动力和外部性动力整合为一种整体合力来加以研究提供了厚实的理论资源。基于前述,从文化的实践性定义看,任何一个文化机体,其真正地、实时地发挥着动力作用的,当是由外在制度(显规则)与内在制度(潜规则)"互动的和"部分所生发出来的巨大的精神力量;这一部分精神力量显见既有着内部性的动力功能,也有着外部性的动力效用。这是一种系统性、整体性的力量,是一种如恩格斯所说的,"可以看作一个作为整体的、不自觉地和不自主地起着作用的力量"。因此,就文化动力而言,首先是必须严格地区分文化的内部性动力与外部性动力,对文化动力做出新型分类;且这种分类是必须的,以规避理论和实践中的诸多混乱和困惑。在此基础上,则可以把真正处于与日常生活相关性的"生产"之中,处于过程之中、流变之中的能够发挥动力作用的文化,看成是文化的内部性动力与外部性动力"互动的和"。基于文化天然独具的公共性,还可以认为,内部性动力就是外部性动力,文化天然的就不存在纯粹"内部性"或"内部性"的动力,文化的内部性动力与外部性动力是相互依存和"同时共在"的。即便如梅洛—庞蒂考察的语言符号或符号间所生发的力量,以及洛特曼所说的"符号旁边"产生的意义,在发生和发展的过程中,也处在历史文化之中。同时,还可以认为,没有内部性动力的文化,必然失去其外部性的功能和效用,外部性的功能和作用的发挥,依靠内部性动力的支持;而当一个文化机体缺乏外部性动力,则只能说明其也不存在内部性动力。外部性动力与内部性动力必然是一体两面、两面一体的。因此,要全面、系统地揭示文化动力及其动力机制,必须将文化内部性动力与外部性动力有机整合在一起,揭示其功能、效用及传导机制、传播路径和流变规律等,才能揭开文化动力及其运行机理的全貌。同时,一定意义上说,"无论是从社会学功能主义抑或是人类学符号主义路径考察,包括社会管理活动在内的人类一切活动,无不是在创造文明,也因此无不就是文化活动。从这个意义上说,一切社会问题以及管理中所面临和出现的所有问题,本质上无不就是文化问题"(吴福平,2012)。因此,不仅政治、经济、文化等经济因素、上层建筑和社会心理本质上互渗在一起,也不仅仅是文化的内部性动力和外部性动力原生地整合在一起,本质上,所有这些在现实社会中持存的诸质料,共同构成了马克思主义的具有社会属性、公共性功能和实践性意义的文化动力。

(二)文化实践性定义的理论和实践价值

1. 文化的实践性定义,可用以深入解读哈耶克所阐发的"第三范畴"

在哈耶克看来,"文化既不是自然的也不是人为的,既不是通过遗传继承下来的,也不是经由理性设计出来的"(哈耶克,2001)。文化是一种"自生自发的秩序",是"自生自发"地衍生、演化的。万般精巧的人脑,在文化面前,只能是"一个能够使我们吸收文化而不是设计文化的器官"(哈耶克,

2001)。同时，哈氏又进一步认为，"人之行动而非人之设计的结果"的"自生自发的秩序"，应该作为新的且极为重要的"第三范畴"，据此他提出了渊源于苏格兰启蒙运动思想家的"三分法"（哈耶克，2001）。在哈耶克看来，"第三范畴"的研究当是社会理论研究的核心对象。然而，由于哈耶克未能指明这一"核心对象"研究的可能进路，而使该领域的研究至今未能引起研究者的足够重视，且颇受质疑。我们认为，既然有个"自生自发"的第三范畴，那就是说，"自然的"对立面不是"人为的"；"人为的"对立面也不是"自然的"。也就是说，"自然的"对立面，正确的应该是"非自然的"；而"人为的"对立面则是"非人为的"，只有这样，才有可能出现一个"自生自发"的"第三范畴"。所谓"非自然的"可以看成是黑格尔逻辑哲学意义上的扬弃自然并包含自然于其内的"存在"（吴福平，2012）。同时，如果按照黑格尔逻辑改装一下萨特所说的"存在"与"虚无"，那么，这个"非自然的"也可以认为是扬弃存在又包含存在于其内的"虚无"；而所谓"非人为的"，则可以指扬弃人为因素并包含人为因素于其内的"存在"，或者是扬弃人为又包含人为因素于其内的"虚无"。这样，对上述"四分法"进行两两重叠，就出现了"四个范畴"或"四个象限"。

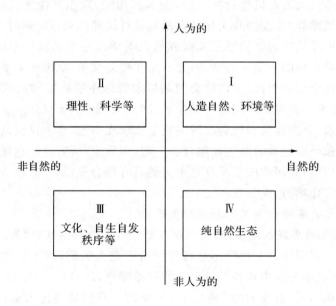

图 3-2　文化及其与四个象限关系图

把我们所要研究的对象,分成上述"四个范畴"或者说是"四个象限",我们的思路可以清晰许多。因为只要植入数学的"象限"概念,就可以看出,这四个象限是相互关联、互相制约的;可以认为,本质上,这四个象限及其间的关系研究,才是也应当是社会科学研究的核心对象。(关于四个象限的内涵及其关系研究上一章已述及,如若再加一"时间"维度,就可变成八个"卦限",其间的关系则更为复杂;然而,许多社会科学领域众说纷纭的问题,或许通过对这几个象限或卦限之间关系的研究,可得以澄清。因不是本书重点,此处不赘。)由图 3-2 可以看出,这里的第三象限,即"文化、自生自发的秩序",亦即相当于文化实践性定义中所指出的"互动的和",本质上也是图 3-2 四个象限中人为的、自然的、非人为的、非自然的等各项因素"互动的和"。文化的实践性定义中之所以运用"互动的和",而不是简单的、静态的"和",就既强调了文化是一个规则系统,同时又是这个系统中的内在制度(潜规则)与外在规则(显规则)在"互动"中不断迁变或演化的产物。同时,把文化看成"外在制度(显规则)",主要是"自然的"或者是"人为的",与"内在制度(潜规则)",主要是"非自然的—非人为的"因素等"互动的和",一方面可以凸现出文化作为哈耶克所说的"第三范畴"或"自生自发的秩序"的深刻内涵。另一方面,则还可以澄清这样几个事实:首先,如果通常意义上的文化是由其实践性定义中的三个部分所组成,那么,文化就有近三分之二,即包括"内在制度"及"互动的和"两大部分是看不见的;而且,值得注意的是,正是这些看不见的部分,特别是"互动的和"部分,往往正是实时地、真正地在发挥着文化的功能和效用。对于一个区域社会或者是社群组织(含企业组织)具有公共性的公共领域而言,真正起到"文化"作用的,大体说来,也应当正是这"互动的和"的部分。再进一步,则又说明了,通常我们所人为创设的"外在制度(显规则)"往往不见得就能起到规则和规制作用。这种"外在制度",只有本身就是"内在制度"的外化,或者是与"内在制度"相融合、相认同,才能发挥其制度调节或调控作用;如若相反,则只有有效地参与到"内在制度"的互动中并达成某种共识,形成黑格尔所说的"无条件的共相",才能进而沉淀成为一种文化,并且也才有可能成功地起到文化动力的功能和效用。所以,柯武刚、史漫飞曾指出,"外在制度的有效性在很大程度上取决于它们是否与内在制度演变出来的制度互补:例如,司法系统是否支持一个社会的道德、文化习俗、惯例和礼貌"(柯武刚,史漫飞,2003)。与此同时,还可以看出,个体的"内在制度"也只有成功渗透到群体的"内在制度"之中,才有可能成功地参与到一个集体的互动。如此看来,就我们这里所偏重的关于文化的实践性定义来看,以观念形态累积沉淀的集体的"内在制度"是主要的,而"有形"的、"显在"的"外在制度"或者是个体的"内在制度"大都是次要的,公共性领域的文化的力量或动力作用,主要是由经过充分交融和合的具有集体性的"内在制度",即集体内部各种内、外制度,潜、显规则"互动的和",相当于哈耶克所谓的"第三范畴"内生的。这应当也正是哈耶克强调必须重视"第三范畴"研究的根本原因和基本理由。

　　2. 文化的实践性定义,可以与社会资本、社会质量等当代社会理论概念深度接域

　　法国社会学家皮埃尔·布尔迪厄于 1980 年在《社会科学研究》杂志上发表了一篇题为《社会资本随笔》的短文,最早在社会学意义上正式提出并分析了"社会资本"概念。布尔迪厄将社会资本定义为:实际或潜在的资源的集合体,那些资源与对某种持久的网络的占有密不可分,这一网络系统是大家共同熟悉的、得到公认的、逐步形成的一种体制化的关系网络(Bourdieu & Wacquant,1992)。从布氏的定义中可以看出,社会资本是那些有用的社会关系,通过"象征性建构"转变为一种双方都从主观上愿意长期维持的关系。社会资本具有潜在性与现实性,只有那些被调动起来的、共同认可的、有价值的并且被"象征性建构"的社会关系才是社会资本;而那些未被调动起来的,只是一种静态的网络关系(包亚明,1997)。基于社会资源理论,美国杜克大学社会学教授林南将社会资本定义为"在目的性行动(Purposive Action)中被获取的和/或被动员的,嵌入在社会结构中的资源"(林南,2005)。社会资本是一种社会资源,是有目的的行动,也是有价值的存在。这一方面体现了社会资本的工具性,另一方面体现了人的能动性;社会资本嵌入在一定的社会结构中,为联结个体行动与社会结构搭建了平台,避免了行动与结构的脱节;社会资本概念背后的前提性假设显而易见,即期望在市场中得到回报的社会关系的投资。这里的市场是个广义的概念,可以是经济市场、政治市场、社会市场。被认为是从理论上对社会资本给予了全面而具体的界定和分析的第一位社会学家——詹姆斯·科尔曼(James Coleman)则认为,社会科学的核心问题是解释社会系统行为,这种社会系统的规模小至由两个人组成,大至整个社会。最基本的社会系统由"行动者"和"资源"组成。行动者拥有资源,并有利益寓于其中,不同的行动者通过交换各自的资源,实现各自的利益,从而形成了持续存在的社会关系,乃至更为

复杂的社会系统。与其他形式的资本不同,社会资本存在于人际关系的结构中,既不依附于独立的个人,也不存在于物质生产的过程之中,是既定社会成员在形成新集体和新社团时支持相互信任、相互合作的人文资源总成。社会资本具有公共性,不是私人物品,它是由社会结构中的要素构成,存在于人际关系中,作为一种公共物品存在于社会结构之中,这是其区别于物质资本、人力资本之所在(科尔曼,2008)。弗朗西斯·福山也把社会资本看成是既定社会成员的人文资源总成。这种"人文资源",不仅仅限于制度层面的法、契约、权利这类东西,而且还在很大程度上与作为社会"非理性习惯"的"道德共同体意识"或"不成文的伦理规则"等密切相关。正是这后者与制度层面上的规范相辅相成,在深层次上规范了人们的交往行为,从而构成人们建立信任关系,进行社会交往和社会组织的有效基础。大凡拥有丰厚"社会资本"的社会便是高信任社会。这类社会往往具有很强烈的社会合作意识和公益精神,拥有较高密度的互助性社会团体,较早地发展出一套团体内部沟通的社交艺术。他同时指出,"在缩减国家职能范围的进程中,它们一方面削弱国家力量的强度,另一方面又产生出对另一类国家力量的需要,而这些力量过去不是很弱就是并不存在"(福山,2007)。在福山看来,国家层面的那种"过去不是很弱就是并不存在"的另一类力量,正是国家层面的社会资本。综上所述,我们认为,社会资本可以看成是社会成员共同熟悉的、得到公认的、逐步形成的一种关系网络,是科尔曼所说的"行动者"主观上认定的有价值的社会关系"资源",这种资源嵌入在林南所说的"一定的社会结构中",是他们相互信任、相互合作的人文资源总成,进而也可以看成是所有参与劳动和交往实践的社会成员长期累积的外在制度与内在制度"互动的和",并且只有达致了"和",才有可能一方面愿意投入资本,一方面能够获取资本进而成为真正的社会资本,真正发挥社会资本的效用和价值。因此,这样一种社会关系网络,或社会人文资源,本质上就是文化,是我们所界定的文化的各种内、外制度"互动的和",是正在实时地发挥着资本性作用的富有实践性、生产性且处于过程之中、不断生产之中的"文化"。也正因如此,在柯武刚、史漫飞的制度经济学那里,便将文化直接称为文化资本或社会资本:"文化——价值和制度的系统,及其更具体化的要素——构成了社会中人力资本的一个重要组成部分,即它对于如何有效地转化劳动、资本、自然这些物质资源以服务于人类的需求和欲望具有重要的影响。因此,我们称其为'文化资本或社会资本'。"(柯武刚,史漫飞,2003)与此同时,这样一种文化资本,特别是其"互动的和"即"第三范畴"的质量,不仅直接和实时地决定了社会资本的质量,并且也直接决定了"社会质量"。

　　社会质量概念的提出是基于学界对"质量"概念的重新解读和界定。质量不仅是一个结果的问题,而且也是一个过程的问题。诸多研究者证明了质量的概念可以被应用到很多不同的领域:工作场所、健康、环境、家庭、性别和消费观念、管理等。质量被看成是处于日常生活的行动者中的永远变化、流动着的一种功能和弹性结构,进而使得社会质量作为社会学发展研究的新范式,引起了国内外学者的关注。一些从事社会发展研究、社会政策研究、社会保障研究的学者,从各自的视角出发将其应用于不同的研究领域,并取得了一些研究成果。尽管是一个产生于欧洲的研究理念,社会质量概念已经跨越欧洲边界,开始在亚洲的许多国家和地区受到重视。从社会学研究的角度看,社会质量范式有可能成为社会发展研究的主导性话语系统中的一支(张海东,2011)。在其创立者那里,社会质量被定义为"人们在提升他们的福祉和个人潜能的条件下,能够参与共同体的社会与经济生活的程度"(Beck et al,1997)。从这个定义中我们可以看出,社会质量关注的是人的福祉和潜能,关注的是人们对共同体生活的参与度,并以此作为衡量社会进步的一个尺度。高质量的社会需要高质量的文化的支持。笔者在拙著《文化管理的视阈:效用与价值》中对文化的力量与质量做出了明确区分,认为文化力量是一种既有大小又有方向的矢量;文化质量则是对文化力量所发挥的功能、效用、效值等的度量。一般意义上,可以认为,高质量的文化总是显得开放、进取、流动、透明、兼容、科学、民主、善治、俭朴、务实、厚德……;相反,劣质文化则总是显得封闭、保守、僵化、神秘、排异、迷信、独裁、恶治、奢靡、形式、浮夸……这就使得劣质文化的再造、重塑、整合、创新既显得迫切又具有重要的现实意义。提高文化的"质量"成了大至一个国家(民族),小到一个区域、一个社群组织亟须引起高度重视的问题。同时,这又使得文化成为一种"社会资本",成为核心竞争力。高质量的文化在推动经济增长与社会进步上具有根本意义。文化质量的研究对于真正地、科学地、动态地指导文化管理实践,维护区域社会文化安全、规避文化风险以及"文化质量周期"乃至于"组织生命周期"等,具有根本意义(吴福平,2012)。这就意味着,区域社会的文化质量与社会质量天然地相关联。高质量的社会需要高质量的文化支持,并为提升社会质量发挥应有的功能和作用;高质量的社会是高质量的人文资源总成,不仅可以通过社会交往和互动"象征性地建构"出高质量的社会资本,也必然生发出高质量的文化动力,为文化动力功能的实现提供坚实的社会基础。从文化的实践性定义来看,由于直接并且实时地决定社会资本质量的主要是文化"互动的和"部分,因此,社会质量本质上直接地和实时地体现着社会文化内在制度与外在制度"互动的和"及哈耶克"第三范畴"的质量。

3. 文化的实践性定义,可用以深入剖析吉登斯的社会"结构"理论及哈贝马斯的交往行动理论

吉登斯将社会"结构"理解为不断地卷入社会系统的再生产过程之中的规则和资源,显见具有"互动的和"或"第三范畴"的特征。需要指出的是,吉登斯对于社会行动中遇到的"未被认知的行动条件"和"非预期的行动后果",以及他所说的那种社会"结构"到底是什么,有些什么样的运行机制和机理,是没有答案的。根据文化的实践性定义,可以认为,他所论及的那种社会"结构",特别是他所谓的"未被认知的行动条件"和"非预期的行动后果",因其显见地具有"非自然—非人为"的"自生自发的秩序"的特征,因而就具有我们所说的文化的"互动的和"或哈耶克所说的"第三范畴"的特征。也正因如此,才使社会实践的行动者、参与者常常要遭遇"未被认知的行动条件"和"非预期的行动后果",并且后者又会成为前者。哈耶克显然也觉察到了这一点,他曾指出:"人不是而且永远不会是他自己命运的主宰,因为人的理性乃是通过把他引向他可以习知新东西的未知且未可预见的境况之中的方式而持续不断地取得进步的。"同时,他在论及"经济制度"时又强调:"我们的经济制度从来就不是我们设计的,因为我们的智力还不足以承担此项任务。我们乃是在无意或偶然之中迈入这种经济制度的,但是这种经济制度却把我们推到了一个始料未及的发展高度并激起了我们更大的雄心和抱负。需要指出的是,如果我们无视我们理性的限度,那么这种雄心和抱负便有可能促使我们把我们的制度引向毁灭。"(哈耶克,2001)在我们看来,在吉登斯的社会"结构"中行动的人,之所以不能如哈耶克所说成为"自己命运的主宰",之所以出现"习知新东西的未知且未可预见",总是要遇到"未被认知的行动条件"和"非预期的行动后果",特别是在"无意或偶然之中"迈进一种制度,其根源正在于人类"意识"的"惯性"力量使然。经济制度、社会"结构"当然是人类文化的重要组成部分。因此,研究包括经济制度、社会结构等在内的社会问题,"意识惯性"与"路径依赖"理论,当是一条正确路径。文化之所以能够成为一种"自生自发"的秩序和力量,正因其同样遵循在"意识

惯性"作用下的"路径依赖"法则（吴福平，2012）。另一方面，正是因为文化在演化进程中，存在着"路径依赖"，才使得其看上去并且本质上也是"自生自发"的，并进而成为一种"非自然—非人为"的力量。文化在演进中存在着的这种"路径依赖"式的"非自然—非人为"的"意识惯性"力量，又正是文化成为一种"自生自发的秩序"的根本原因。进而，则又可以看成正是吉登斯的"行动自我的分层模型"中产生"未被认知的行动条件"和"非预期的行动后果"的文化根源。

　　哈贝马斯的交往理性和生活世界范式则集中体现了文化"互动的和"即第三范畴的无形性、动态性、公共性和主体间性。哈贝马斯所建构的以语言为媒介的主体间交往互动的生活世界理论以及系统和生活世界双重架构的交往行动理论，试图从更高层面即文化层面来推进社会理论研究，以解决资产阶级公共领域不断受到侵蚀所造成的生活世界殖民化这一现实问题。哈贝马斯强调，研究社会共同体和文化不像研究经济制度和政治制度那样可以完全甩开社会科学基础问题以及生活世界范式。正因为生活世界概念的引入，才使得交往行为理论与社会理论发生了关联。哈贝马斯正是在此基础上阐发了自己的现代性社会理论的。正如他所说的，"正是这个生活世界概念确保了行为理论可以使用社会理论的基本概念"（哈贝马斯，2012）。生活世界里储存着前人所做的解释的努力及历史遗留下来的文化知识，文化传统不仅包涵着科学、道德、法律、音乐、艺术与文学等文化亚系统，而且与自身保持着一种反思与批判的关系。生活世界则是这样一种文化层面的事物，它不仅包括文化传统、习俗规范、文化模式、法律制度、道德价值观、生活方式和世界观，还包括语言、理性、个性的反思结构这样一些先天的事物。同时认为，现实社会中人际关系分为工具行为和交往行为，工具行为是涉及主客体关系，突出的是主体性，交往行为体现着以建立互相理解、沟通的交往理性，具有主体间性。生活世界从根基上支撑了交往行为，交往行为又为生活世界提供了生机活力与不尽的主题；同时，生活世界的大坝也防止了行为冲突的爆发与意义的分裂。而且，生活世界还是从更大范围内建构起批判性的社会理论的丰裕的现实土壤。生活世界是延续文化传统的载体，文化再生产、社会象征、社会秩序都得穿过人们进行交往与商谈的生活世界的批判透镜，生活世界不仅是科学、技术、实践、道德等各方面知识传承与发展的中介，而且还是符号与合法的社会制度形成的发源地。由上可见，哈贝马斯对于交往行动理论和生活世界范式的阐述，当然不乏洞见；然而由于他在先验论和经验论之间摇摆不定,使得他的整个理论架构看起来也像一个先天知识和后天知识相混杂未分化的"灌木丛"(张彤,2015)。本质上,由于哈贝马斯的生活世界是从主观世界、客观世界、社会世界内生出来的一种社会关系网络,也因此可以认为是一种社会人文资源总成。因此,完全可以把他所构造的生活世界看成是或者是简约为由包括文化传统、习俗规范、文化模式、法律制度、道德价值观、生活方式以及语言、理性、个性的反思结构等外在制度和内在制度"互动的和";根据文化的实践性定义,也正是文化"互动的和"部分处于日常交往实践的核心。哈贝马斯也曾指出:"如果我们从宽泛意义上把社会看作是由符号建构起来的生活世界,那么,社会的形成和再生也就的确只能依靠交往行为。"(哈贝马斯,2012)也就是说,他所构建的生活世界首先就是一个符号世界;同时,生活世界必须依靠交往行为和交往理性,才能生发出富有命题真实性、规范正确性、主体真诚性的交往行动。这样看来,生活世界中的交往行动也具有"自生自发"性,命题真实性、规范正确性、主体真诚性正是生活世界中交往行动的"互动的和",因而,必然地具有"第三范畴"的"互动的和"的文化特征,甚或生活世界就是一个文化世界。

4. 文化的实践性定义,可用以深入解读党中央提出的"五位一体"发展战略

根据文化的实践性定义,可以把我们所要阐述的政治、经济、文化等经济因素、上层建筑和社会心理互渗在一起,文化的内部性动力和外部性动力整合在一起所构成的文化和文化动力及其整体性的功能和效用如图 3-3 所示。

着眼于全面建成小康社会、实现社会主义现代化和中华民族伟大复兴,党的十八大报告中首次将经济、政治、文化、社会和生态五大建设并列,旨在为到 2020 年如期实现全面建成小康社会目标提供强有力的保障。十九大报告中提出新时代中国特色社会主义思想,进一步明确中国特色社会主义事业的总体布局是"五位一体"。中国特色社会主义"五位一体"总布局不是凭空的理论创造,而是我党在领导全国人民建设中国特色社会主义的实践中认识不断深化的结果。邓小平首先提出物质文明、精神文明的"两个文明"建设,随后又提出经济、政治、文化建设"三位一体"发展的科学构想。在科学发展观与和谐社会建设理念的指导下,我党将以改善民生为重点的社会建设提上了重要日程,十七大报告进而把经济、政治、文化、社会建设"四位一体"的中国特色社会主义事业总体布局,写入了党章。从"三位一体"

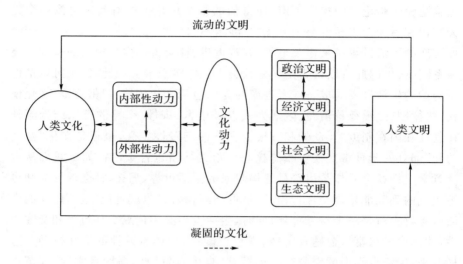

图 3-3　"五位一体"发展及文化与文明流变图

"四位一体"到"五位一体"发展总布局的提出,是我党在发展理念上的具有重大意义的提升和重大的理论贡献,展示了我党坚持科学发展观、致力于推进中国特色社会主义建设,实现中华民族伟大复兴的中国梦的坚定信心。根据文化的实践性定义,对于任何一个社会系统而言,文化的功能和效用是全方位的、系统性的。这也正是实时地、动态地发挥动力作用的文化,作为外在制度与内在制度"互动的和"的题中之义。任何一个社会文化机体在其与当下的政治、经济、文化、环境等的互动中,必然会产生出并体现为"文化—政治效用价值""文化—经济效用价值""文化—社会效用价值""文化—文化(即其自身)效用价值""文化—自然(环境)效用价值"等等(吴福平,2012);而且,如果说人类的一切活动,无不是在创造文明,也因此无不就是文化活动,那么,经济文明、政治文明、社会文明、生态文明也无不就是文化内部性动力和外部性动力整合推动的产物。因此,可以进一步认为,政治、经济、社会、文化、生态文明在任何一个社会系统中总是互渗在一起、有机地整合在一起的,因此,在图 3-3 中,文化的内部性动力、外部性动力、经济文明、政治文明、社会文明、生态文明以及"人类文化"与"人类文明"均用双向实箭头来标示。这里可能还需要加上"规划文明"这一项。因为,就文化的系统性的功能和效用而言,自然生态文明与环境规划文明仍然有着显著区别。在当前我国的城市化推进过程中,城乡各种居民小区正在迅速形成,但小区建设中,文化基础设施建设往往难以得到有力保障,小区的规划、设计、建设的文化艺术含量基本无从谈起;同时,一些条件较好的小区,在规划、设计、建设文化活动场地时,往往以开发商的利益最大化和"节约"用地为原则,随意性很大。这些也正是规划不文明的表现。提升规划的文化艺术含量,多建造一些富有文化艺术含量的公共基础设施,尤其是文化公共设施,这对于涵养一个区域的人文素质,培育一个区域的艺术气质和社会文明,都将可以起到良好的推动和促进作用。规划文明要求,要熔先进文化与区域特色于一域,融历史传统和时代精神于一体。要注重地方特色,打造独具区域特色的人文景观。营造富有文化艺术气息的城市和城市环境,是城市文化建设的有机组成部分,这样既可以提升城市文化品位,也可以通过城市辐射效应,涵养城乡居民的文化艺术素养。要高品位、高质量、高文化艺术含量地开展城市以及城市文化设施的规划、设计和建设,绝不能让一堆堆建筑垃圾,留与子孙。要着眼于"小文化"对"大文化"的贡献,从文化对经济、政治、社会、生态和"环境"(指人工环境等的规划、设计、建设)以及文化自身的效用价值或"贡献率"着手,综合考虑文化建设。这是党的十九大提出的建设生态文明和美丽中国,满足人民日益增长的美好生活需要的重要途径,也是为在 21 世纪中叶建成富强民主文明和谐美丽的社会主义现代化强国的必然要求。为了"五位一体"表述上的习惯性和一致性,图 3-3 没有标示"规划文明"这一项,但看来在"五大文明"建设中再加一"规划文明",有其合理性和必要性(当然,也可以把"规划文明"纳入到"生态文明"之中统一筹划)。此外,根据文化的实践性定义,以观念形态累积并存在的"内在制度"是主要的,"有形的"、"显在"的"外在制度",无论是本土的还是外来的,在很大程度上都只能算是一种"文明"。因此,"尽管在多数定义中,文化还包括工具、技能、艺术作品,以及支持文化中纯制度性部分的各种礼仪和符号。但是在这种较广泛的含义上,'文明'一词往往更适宜"(柯武刚,史漫飞,2003)。在这种意义上,与其如亨廷顿所说"文明是放大了的文化"(亨廷顿,2002),或者如布罗代尔所说"文明是文化财富的总和"(布罗代尔,2003),不如说,文化是流动的文明,文明是凝固的文化。由于实时地发挥着"文化"作用的"互动的和"部分是无形的,因而,文化"凝固"成文明的过程,图 3-3 用虚箭头;"人类文明"由于很大程度上呈现为一种"外在制度",因而,在向"人类文化"的流动过程,可用实箭头加以标示。图 3-3 总体上展示了作为一种具有内部性动力和外部性动力整体合力的文化动力,对于政治、经济、社会、生态及文化自身的推动作用。从中也可以让我们更深刻地领会党的十八大、十九大提出"五体一体"发展总体布局的重大而深远的理论和现实意义。

综上所述,可以看出,文化特别是其"互动的和"或"第三范畴"具有这样几个显著特点:其一,文化特别是"互动的和"部分正是哈耶克所界定的"自生自发的秩序"的集中体现,而且是实时的"生成"的,始终处于费斯克所解说的与日常生活相关性的"生产"之中,处于过程之中、流变之中。其二,它是无形的,处于"非自然—非人为"的第三象限,亦即哈耶克所界定的"第三范畴",或者如麦克尔·卡里瑟斯所认为的真正的人类"第三种特性"(卡里瑟斯,1998),也是克利福德·格尔茨所说的"人自己编织的意义之网"(格尔茨,1999)。其三,它突出体现了文化天然独具的公共性,亦即这一"互动的和"可以使我们更加清晰地认识到,公共性既是文化发生的原因也是其必然的产物。正是因为文化"互动的和"部分,作为无形的"意义之网"的公共性特性,才使文化机体呈现出动态的、流变的并且能实时地发挥公共性的功能和效用。其四,"互动的和"部分内蕴着具有群体控制力的"符号"力量。亚里士多德曾经指出:"人是逻各斯的动物。"逻各斯一说是人类习得的理性,另一说是人类创造的语言。人经由理性所创造的一切,皆可称之为符号(最典型的正是"语言")。于是,亚氏关于"人"的经典定义可续解为:人是符号的动物。对此,康德的体验是:我在世界上,世界在我身上。韦伯于是断言:人是悬浮在自己所编织的符号之网中的动物。也就是说,人一方面创造了文化("符号"),另一方面又被文化("符号")所创造、所控制。克利福德·格尔茨在《文化的解释》一书中,把这种"符号"的力量,简明地概括为"文化控制",认为人类除了本能控制之外,正是被文化所控制;而且,人类被文化所控制的时日,远比被本能所控制的机会要多得多(格尔茨,1999)。其五,"互动的和"部分具有哲学意义上的主体间性。"互动的和"部分完全可用以诠解作为社会主体的人与人之间的关系以及价值观念的统一性的起源及其内蕴的动力、结构和规律等,因而,从"互动的和"部分着手深入,不仅可以探究到文化天然独具的公共性,而且也能更深刻地领会社会主体间的这种"主体间性"。或许,也正因为此,哈耶克才把"第三范畴"的研究确定为社会科学研究的核心对象。归结上述文化"互动的和"部分的五个特点,可以认为,正是因为终始地、实时地处于流变之中、生产之中的文化是其"内在制度"与"外在制度"之间"互动的和",所以文化动力及其传导机制等,就必须整合文化的内部性动力和外部性动力来加以整合和综合地来探究和揭示。只有把文化动力看成是这样一种整体合力,才能廓清文化作为一种符号的无形的控制力量及其天然独具的公共性。

（三）文化动力功能的"具体普遍形式":文化价值与文化效用价值

对于文化动力的功能性考察,目前来看,具有说服力的,当是杜威的价值哲学。在杜威那里,价值是动态的、流变的,是一种情景性、过程性、经验性的存在,是创造活动的结果,而不是已然的存在,不是静观的对象。杜威认为,古典哲学建立的是一种超验存在论,一种旁观者认识论,一种沉思者哲学观;因此,要改造古典哲学,就必须也完全可以借助于判断、反思和理性探究做出明智的抉择,这种"抉择"和判断就是评价判断。评价判断是一种指导行动的判断,是一种可以得到经验验证并在经验中得到修正的判断。评价判断是杜威价值哲学的逻辑起点,也正是他的独创和独到之处(冯平,2006)。这种价值理论,彻底否定了绝对价值、永恒价值、绝对标准等存在的同时,建立了一种经验存在论,一种行动认识论,一种创造者的信念,一种筹划未来的哲学,认为哲学的根本任务就在于切实地为人类生活提供一种创造价值的方法,进而埋葬了过往一切僵死的哲学,并催生了直面现实生活的"直接价值"。在杜威的价值哲学里,"评价判断"是对"价值可能性"的一种判断,"是预期性的,而不是回顾性的;是实验性的,而不是报道性的;是假设性的,而不是陈述性的;是复合性的,而不是单一性的"(冯平,2006)。因而,这是一种动态性的、解构性的"评价"和判断,而非静态的"描述"和"解释",进而使静观的知识变成了"活动的知识"(杜威,1958)。文化动力功能的发挥必须直接面对并处理"价值与价值的冲突",甚至是麦金太尔所说的"善与善的冲突"或者雅斯贝尔斯的"真理与真理的冲突"问题。文化动力要产生预期效果,文化动力理论要想起到指导行动、筹划未来的目的,就必须始终坚持对价值的动态的、解构性的"评价判断",而不能只做静态的或者是事后的描述和解释。撇开杜威实用主义哲学的功利性,就文化动力的研究而言,杜威的这种"直接价值"之所以受到推崇,本质上是因为作为终始地、实时地处于流变之中、生产之中的、真正能发挥文化动力作用的文化,是其"内在制度"与"外在制度""互动的和",因而具有与生俱来的主体间性和天然独具的公共性。长期以来的文化理论研究,在事实上掩蔽了公共性既是文化发生的原因也是其必然结果的事实。《周易·贲卦·彖传》所说的"观乎人文,以化成天下",提出以"文"化"天下"的理想,就可以认为是文化天然独具的公共性的最好表述。汤普森指出:"到 19 世纪早期,'文化'一词用来作为'文

明'的同义词或者在某些情况下作为对照。'文明'一词源自拉丁字 civilis，
指公民或属于公民的意思。"（汤普森，2005）这说明，在西方，"文化"也是公
共生活的一部分，是存在于公共生活领域中的东西，文化与公共性存在着天
然的联系。文化的，就是公共的。同时，吸取杜威价值哲学的合理成分，对
于文化这样天然独具公共性的公共物品及其动力功能这样的"直接价值"的
评价判断，马克思的商品价值学说显见具有如哈贝马斯在论及生活世界时
所说的"具体普遍形式"的启示。因为马克思主义哲学开宗明义地强调，"哲
学家们只是用不同的方式解释世界，而问题在于改造世界"（马克思，1995）。
马克思主义是直面劳动和交往的、是具有彻底的实践性、公共性的哲学。

　　从 20 世纪 80 年代初，国内哲学界将价值从经济学范畴中"解放"出来，
试图建立独立的哲学价值学体系以来，马克思的商品价值学说，便与价值学
发生了密切关系，并给价值学研究提供了许多宝贵的理论资源。但同时，如
何在"价值一般"中涵容"二重性"的商品"价值"，也构成价值学研究中难以
逾越的理论障碍。而商品"价值"所涉及的正是价值本质与生成规律的最重
要方面，与价值创造直接相关。杨曾宪认为，正如商品有价值和使用价值，
一切的文化产品也有价值和效用价值。所谓"文化价值"，是人类生命创造
力区别于动物本能力量的一种属性，是人类在一切文明创造活动中所表现
出来的"本质力量"或"文化力"。由于这种"文化力"直接体现了人类的创造
力，体现了原创性，因此，它是"最纯正"的价值；而蕴含这种文化力的文化
质，便是"最纯正的"文化价值因素（杨曾宪，2002）。马克思曾经指出，如果
资本会说话，那么它必然更关注使用价值（马克思，1995）。文化价值在一种
文化质、文化品被创造的那一刻，便凝固于其中，并在不同的文化空间和文
化时间里，散发出人类文明的光辉，体现着人类的价值追求。正如商品不仅
具有价值，还有"使用价值"一样，任一个文化实体，也有其"使用价值"或"效
用价值"。文化效用价值正是指由文化主体创造的、由客体文化（结构功能）
质实现的、满足人类生存发展需求的"实用"价值，突出体现了文化价值的外
溢性、目的性、效用性（杨曾宪，2002）。由于文化价值是凝固的，文化的效用
价值是流动的、活态的、外溢的。因此，就文化动力的研究而言，在文化价值
和文化效用价值两者之间，更值得我们关注的当是文化的这种流动的、活态
的使用价值、效用价值。因为这是当下的、"生产"性的，因而本质上便可以
看成是一种流动着的并且"能有效指导行动"的文化动力。然而，问题的另
一面是，与一般商品不同的是，文化如果会说话，可能会更关注其价值而非

效用价值、使用价值。因为，文化效用价值的实践性获得及其效用性发挥，显然建立在文化价值的基础上。特别是，如果要试图动用文化这样一种既是治理的对象又是治理的工具的特殊事物或物品，以便把政策、制度与管理的背景、手段看作文化的重要领域（段吉方，2009），那么，文化价值所体现的人类的"本质力量"或"文化力"的本质，就都需要加以研究、澄清和把握；不然，在实践中势必、事实上在很多时候也已经陷入盲动妄为，进而直接影响和阻碍着文化效用价值的发挥。一般来说，文化价值越高，其效用价值也应当越大。文化价值可能更多地体现为一种内部性动力，文化效用价值则显然是从文化价值中外溢的外部性效用，因而，可以看成是一种外部性动力。同时，还必须看到，文化价值和文化效用价值又应当是一种同时性的存在，具有"同时共在"性。也就是说，不仅文化的内部性动力和外部性动力具有"同时共在"性，文化价值和文化效用价值也以其内部性动力和外部性动力"同时共在"的形式，储藏或者是实时地发挥着一种整合性的文化力量。

在实践中对文化价值和效用价值及其内在关系加以澄清，是极为必要和亟须的，应当成为文化动力功能性考察的首要任务。在 20 世纪的文化理论思潮中，德国的法兰克福学派和英国的伯明翰学派无疑极具代表性。法兰克福学派的代表人物如霍克海默、阿多尔诺等人，站在文化精英主义立场开始了大众文化的研究。他们的批判理论集中在麻痹、瓦解大众反抗意志的"文化工业"上，认为整个世界都要通过文化工业的过滤。一旦精神变成了文化财富，被用于消费，精神就必定会走向消亡。一个人只要有了闲暇时间，就不得不接受文化制造商提供给他的产品；同时，技术合理性已经变成了支配合理性本身，具有了社会异化于自身的强制本性。商品生产的标准化原则已成为大众文化的原则，文化不再是标志着一种富有创造性的人的生命的对象化，而是异化劳动的另一种形式的延伸，大众文化不再提供任何内在的价值。文化工业化、图式化的结果是，文化已经变成了一种归类活动，这种归类活动，以嘲讽的方式满足了"同一文化"的概念，而这一概念恰恰是人格哲学家们用来对抗大众文化的武器（霍克海默，阿多尔诺，2006）。法兰克福学派总体上对大众文化的看法是消极的、悲观的，得出了"现代大众文化"就是"社会水泥"的著名论断。肇始于左翼批评家理查德·霍加特和雷蒙德·威廉斯及其后继者汤普森、伊格尔顿、霍尔、费克斯、默多克等为代表的英国伯明翰学派，不满于法兰克福学派那样站在精英主义立场来研究文化的方式，并且也力图摆脱英国文化批评的利维斯主义传统那种试图通过对经典文学作品的阅读和批评，来达到改造人性、以使人达到"高贵化"目的的精英立场，发展出一种"文化主义"和"新霸权主义"理论。他们反对高雅文化与低俗文化的划分，扩大了文化的内涵，认为文化是实践的和经验的，文化研究的主题不只是文化产品也是实践和生产、分配、接受塑造一个社会文化共同体的过程，大众文化中隐藏着一种积极能动的主动性、创造性的"抵抗"力量(Fisk,1990)。显然，法兰克福学派的文化悲观主义与伯明翰学派的文化乐观主义所谈论、所倡导和批判的对象，都是文化的效用价值而非文化价值。原因在于，两大著名学派实质上对于文化没能给出一个明确的界说和定义，使得文化研究不但缺乏核心对象及方法论与程序上的连贯性，而且，他们所谈论大都是文化的效用价值或者是在文化价值和效用价值二者之间含混不清，而使得他们的悲观主义和乐观主义，都呈现出一种"无根性"，因此在本质上都不值得信赖。这在霍克海默、阿多尔诺在《启蒙辩证法》中对"文化工业"及其对于康德的批判时表现得就极其明显："康德的形式主义还依然期待个人的作用，在他看来，个人完全可以在各种各样的感性经验与基本概念之间建立一定的联系；然而，工业却掠夺了个人的这种作用。一旦它首先为消费者提供了服务，就会将消费图式化。康德认为，心灵中有一种秘密机制，能够对直接的意图作出筹划，并借此方式使其切合纯粹理性的体系。然而在今天，这种秘密已经被揭穿了。如果说这种机制所针对的是所有表象，那么这些表象却是由那些可以用来支持经验数据的机制，或者说是文化工业计划好了的，事实上，社会权力对文化工业产生了强制作用，尽管我们始终在努力使这种权力理性化，但它依然是非理性的；不仅如此，商业机构也拥有着这种我们无法摆脱的力量，因而，使人们对这种控制作用产生了一种人为的印象。这样，再也没有什么可供消费者分类的东西了。为了大众的艺术已经粉碎了人们的梦想，不过，它与批判唯心主义始终回避的梦幻唯心主义信条还是一致的。"(霍克海默，阿多尔诺,2006)这里对康德的批判显然存在偏误。一方面，康德所阐发的是积极自由前提下道德律令和普遍法则的发生机制，他们与康德所谈论的本质上不是同一个对象。因为他们谈论的至多是康德所界说的"消极自由"下的文化事件。另一方面，康德不仅严密地论证而且敏锐地预言了经验世界常常陷入"二律背反"的必然性，如按照康德的意见，那么法兰克福学派和英国的伯明翰学派陷入纷争不仅是必然的，而且均是一种偏执和虚妄。因为，康德所谈论的是基础本体论的文化价值，而这两个学派，也包括当前社会学、经济学、人类学、政治学等领域所论及的文化或者是文化力、文化动力,大都只是在谈论文化的效用价值。譬如,诺斯认为道德与经济伦理教育等意识形态活动所带来的人们行为自觉性的增强,将有利于提高经济运行和经济管理的效率,节约生产、交易和管理三大成本(诺斯,1994)。怀特甚至强调文化的发展程度,可以用人均产出的、满足人类需求的商品和服务的数量来衡量,是由人均掌控的能量数量以及将其加以运用的技术手段的效率所决定(White,1959)。这些在本质上谈论的都只是文化的效用价值,而非文化价值。正是因为这样来谈论文化价值,就无怪乎要遭遇后现代主义的全面解构和反讽。德里达指出,"把确定的文化实践——那些实践以某种非游戏的、人类的一逻辑的暴力为根据——的泛起看作是自由的一个可能信号,但是在远非没有烦恼的意义上,那种泛起同样可以被看作是失落的体现,是迷失方向的体现"(德里达,1999)。德里达所阐发的正是经验世界的文化实践中泛起的"消极自由"和文化效用价值。在后现代社会,如果崇尚和赞扬的是"交换价值高于使用价值、抽象劳动高于具体劳动、假相高于事物本身"的文化,那么甚至产生如R. W. 费夫尔所说的"失落的视域",也在所难免(费夫尔,2004)。当然,如康德和黑格尔那样仅仅阐述和展示纯粹的精神力量或者说是本体论的文化价值仍然是不足和不够的,因为这样也容易陷入培根所责难的雅致的、空想的和辩难的学问,且在实践中容易产生如杜威所说的"肤浅的类推和急就的结论,忽略细微的差别和例外的存在"(杜威,1958)。因此,对文化价值和文化效用价值在实践中加以区分,厘清其差别和联系,即便是其中的细微差别,都是极为必要和亟须的。同时,文化价值和文化效用价值则完全可以看成是文化动力功能的一种"具体普遍形式"。

(四)社会"异质性互动"与文化"公地悲剧"

无论是哈耶克的"第三范畴"、吉登斯的社会"结构",还是哈贝马斯的生活世界,由于没能从价值、信仰、习俗、习惯等相当于内在的或者说是潜在的规则,即内在制度(潜规则)和知识、语言、法律、礼仪、符号等大体上处于物化或者是外化状态的外在制度(显规则)所构成的规则系统"互动的和"来看待文化,而使得或者让"自生自发的秩序"继续处于"自生自发"状态,或者是让那些"非预期的行动后果"继续产生不可预期的结果,或者是寄希望于生活世界自筑"防护堤"及交往理性一厢情愿的真实性、正确性、真诚性而陷入"交往的审美乌托邦"。究其原因,正是对于文化流变的机制、形态、规律缺乏认知,也正因为此,而对"文化公地悲剧"这一重要的理论和现实问题也没能有一个基本的认识,这不能不说是当前在文化研究上的理论缺失和偏误。

林南认为,在社会资本的交换中,一旦有机会,所有行动者都会采取行动维持和获得有价值资源,以增进他们的自我利益。这种交换行动,可以分为同质性互动与异质性互动。所谓同质性互动,也就是有名的"似我"假设社会互动,倾向于在有相似的生活方式和社会经济特征的个体之间发生;而异质性互动中行动者对资源运用的控制是不对等的,存在一定的差异,需要评估他人参与交换的意愿,所以异质性互动的难度要比同质性互动大很多(林南,2005)。根据林南的观点,文化互动就既有可能达致正向的"互动的和",出现同质性互动,进而达致高度的一致性;也有可能出现异质性互动,产生差异性的张力,其极端情形则便会出现文化"公地悲剧"。具体可以表现为:一家、一族、一组织、一团体、一区域,看上去人人都很有文化,人人或都自以为很有文化,但是群体、集体或整个区域没有文化,成了冷淡漠视、扯皮内耗、猜忌踩压、散漫憋闷、乌烟瘴气,或者是重经验、反创意、拒绝沟通、反对学习、暮气沉沉的乌合之众,成了没有是非观念和群体合力的组织(含企业组织),成了没有公共伦理和德性准则的社会,成了没有灵魂的城市,成了文化的沙漠,这就是文化"公地悲剧"(吴福平,2014)。在企业组织里,文化公地悲剧可以表现为企业文化的断裂。正如欧阳逸在《解决企业文化的断裂》一文中所指出的:"企业文化常见的一个弊端,就是断裂。核心层和高层的断裂、高层和中层的断裂、中层和基层的断裂……最后的结果是,企业里面从核心层到基层处处断裂。上下层次之间观念迥然不同,精神面貌大相径庭,领导意志无法张扬,公司决策难以执行,群众意见难以传达,政路不畅,人心涣散……基层看核心层,如看迷雾深锁的重重大山,天机不可破,高层看基层,如飞机上看蚂蚁,营营不知所归。断裂,如同一个巨大的瘟神,在企业里发生、扩张,企业变得六神无主、处处不安,力量消散在未知处,意志消散在未知处,责任消散在未知处,精力耗费在错综复杂的人际关系场中,直至方向泯灭、团队溃不成军。"(欧阳逸,2014)在社会公共领域,一切的无秩序、不文明、不诚信、不道德行为以及一家、一族、一团体、一组织乃至于整个区域表现出来的封闭、保守、僵化、神秘、排异、迷信、恶治、奢靡、形式、浮夸,等等,也都可以视作或造成文化公地悲剧。

"公地悲剧"是加利福尼亚大学生物学家哈丁教授在 1968 年科学杂志上发表的《公有地的悲剧》一文中提出的。50 多年来,这篇论文不仅成为生态学界的经典论文,而且也是讨论公共资源使用和管理问题的经典性作品。

"公地悲剧"描述了这样一种情景：在一个公有牧场里，牧民可以无偿放牧，牧场的饲养容量却是有限的，在这种情况下，牧民个人为了追求个人利益的最大化，不会去考虑牧场的容量，而是尽可能多地增加自己牲畜的数量。其结果是，在同一牧场内的所有牧民都会加入一个在有限的公共牧场内无限地增加牲畜的头数的恶性竞争之中。随着牲畜的无节制增加，公共牧场最终会因为过度放牧而成为不毛之地。从经济学角度讲，造成这种情况的经济学原因在于：个人在进行决策时只考虑个人的边际收益大于或等于个人的边际成本，而不考虑他们的行为所造成的社会成本。这最终会造成整个经济系统的衰败和崩溃。"公地悲剧"所揭示的现象，可以得出这样一个结论：如果所有参与享用共有资源的每一个人都追求自己利益的最大化，必然会损害社会的集体福利，理性的个人行动必然会导致非理性的集体行为（谭宏，2009）。在此基础上，现代主流经济学基于理性人、经济人假说，进一步推定，公共资源一定会遭到滥用，从而必然是无效的，必然会造成公地悲剧；解决这一困境的唯一和可行出路，就是要进行产权安排，尤其是要将产权界定给私人。

"公地悲剧"是理性经济人非合作博弈、零和博弈或负和博弈的必然结果。博弈论最著名的例子是"囚徒困境"（Prisoners' dilemma）。这个博弈据说最早是兰德（Rand）公司的科学家德瑞希尔和弗拉德进行形式化的，第一次提到这个模型的是阿尔伯特·塔克尔。庞德斯通在《囚徒的困境》一书中说："囚徒的困境已成为我们时代最基本的哲学和科学课题之一，它同我们的生存紧紧联系在一起。"（庞德斯通，2005）所谓"囚徒困境"是这样的：警察提审两个囚犯，分别"背靠背"地审问。警察告诉他们：如果你坦白而你的同伙不坦白，那么你可自由。如果你不坦白而你的同伙坦白了，那你将被从重处罚（设定判处 3 年徒刑），你同伙因为立功而将被释放。如果你们都坦白了，你们都将受处罚，但因坦白都不会从重处罚（设定判处 2 年徒刑）。如果你们都不坦白，你们将被指控有罪，但因证据不充分又只能课以轻微处罚（设定判处 1 年徒刑）。结果两个囚犯都选择了坦白，被判处 2 年徒刑。博弈理论认为，两名囚徒都选择坦白策略，是这个博弈唯一的纳什均衡（Nash Equilibrium）。这是因为，选择坦白至多被判 2 年，并且有无罪释放的可能；选择不坦白，要被判 3 年，且有可能会让对方无罪释放。两个局中人在对方各种可能策略的情况下，坦白是他个人策略中最好的，是强占优势策略。囚徒困境博弈是否在重复若干次后，其解会走向不坦白—不坦白策略

呢? 博弈论专家认为不会,原因在于最后一次背叛,既然理性的对方会在第
100次背叛你,那么你就应该先下手为强,在第99次时背叛他;同理,另一
方也许知道你第99次会背叛他,那么他就在第98次时先走一步,这样重复
循环地往前推下去,囚徒困境一开始就不会走不坦白—不坦白策略,而只会
采取坦白—坦白策略(迈尔森,2001)。宾默尔分析这个问题时地指出,在有
限次的囚徒困境博弈中,自私的理性人不会善待和相信对方,囚徒困境中理
性人不会采取合作行为是一个很基本的循环(宾默尔,2003)。有关资料表
明,这一博弈模型在实证过程中也表现出同样策略行为的大概率,可以说明
理论与实际是吻合的。尽管理性人在公地悲剧和囚徒困境中的理性施展空
间或余地有所不同,后者是在"背靠背"即理性受束缚、信息不对称情形下的
博弈;前者不同,牧民们的理性未受囚禁束缚,但是结局却一样:个人理性与
集体理性、生存博弈与道德博弈都产生了矛盾,个人理性导致了集体的非
理性。

从文化看公地悲剧和囚徒困境,我们的问题是,理性经济人在作决策时
是否先天的、天然的与道德或德性无关? 通常来说,人们认为主流经济学中
所阐发的理性与人类学、文化社会学中所运用的理性,有着本质的或者是严
格的区分。前者是形式理性,后者是实质理性。形式理性与实质理性区分
缘自马克斯·韦伯和哈贝马斯,他们认为经济学中所阐发的理性是一种形
式理性、工具理性、"应用"理性,而非实质理性。形式理性是与工具理性相
似的概念,形式理性不涉及价值和目的,只求形式上的严密性、完整性、合理
性等等。实质理性则是与实际目的和价值联系起来的理性(张践明,2007)。
人类学、文化社会学中所谈论的理性,一般被认为是哲学、价值学上所谈论
的理性,是实质理性,是理性的一般。然而,现代主流经济学的理性经济人
假设,由于抽象掉了人类的社会性,在现实中是不存在的,也正因如此而无
法解释大量的社会合作现象。经验事实和行为实验都表明,人们在绝大多
数场合中能够进行合作,可以形成有效的集体行动,从而可以有效地化解
"公地悲剧"这一问题(朱富强,2011)。以2009年诺贝尔经济学奖获得者埃
莉诺·奥斯特罗姆(Ostrom)为中心的印第安纳学派发现,个人使用者所组
成的集团在自愿和无须承担责任的基础上可以有效地组织起来,成功地阻
止资源的滥用和退化,这些例子包括阿尔卑斯山的草甸和森林、日本的公用
山地、西班牙的灌溉系统、加利福尼亚的地下水抽取以及菲律宾桑赫拉的灌
溉社群等等(Trivers,1971)。

　　本质上,既没有区分文化理性人与经济理性人的必要,也没有区别实质理性与形式理性的可能。在哲学思想史上,人人都知道,爱利亚派哲学家巴曼尼得斯,就已经进展到以"存在"为"形式"的纯思阶段。按照黑格尔的逻辑,"形式"只有扬弃并包含"存在"于其内,方可成其为形式;存在亦然。在这个问题上,关键在于这些理性人在博弈中的"判断力"从何而来的问题。康德在《判断力批判》中指出,在高层认识能力的家族内,有一个处于知性和理性之间的中间环节。"这个中间环节就是判断力,对它我们有理由按照类比来猜测,即使它不可能先天包含自己特有的立法,但却同样可以先天地包含一条它所特有的寻求规律的原则,也许只是主观的原则:这个原则虽然不应有任何对象领域作为它的领地,却仍可以拥有某一个基地和该基地的某种性状,对此恰好只有这条原则才会有效"(康德,2002)。正因为此,黑格尔才把理性看成是世界的主宰,是始终驱使主体投入践履的内在动力(黑格尔,1980)。也就是说,参与一切社会事务"判断"和博弈的人,不仅都是或者先天是理性人,都以"恰好只有这条原则才会有效"的理性原则行动或行事;而且,参与的动力正在于理性或先天理性的存在。也正为因此,制度经济学在触及文化问题时也发现,人类创造文化并不是因为其先知先觉或者全知全能,而是因为自觉地保持了一种"理性的无知"。这是因为,"从时间、努力和资源的角度来看,获取信息和分析新知识都是代价高昂的。因此,无人愿意获取复杂运作所需要的全部知识。相反,人们更愿意通过自己与他人的交往,设法利用他人的知识。实际上,在知识搜寻成本高昂而成果又不确定的情况下,人们只获取特定的部分信息并保留对其他信息的无知是合乎理性的(理性的无知)"(柯武刚,史漫飞,2003)。这就是说,在信息的鸿沟中,人类既不可能亦无必要做到"全知全能"或者是"先知先觉",保持这种"理性的无知",依靠文化性规则去填充它,实在是一种"理性"的选择。也就是说,"文化人"也是一种理性人,是文化理性人;并且,与经济理性人遵循着同样的"理性"准则在行事。

　　主流经济学宣称其所谈论的理性人是有特别内涵和外延的,且仅仅是指个人或集体行为的"一致性"。博弈论专家宾默尔说:"一定不要混淆道德与理性,理性就是行为的'一致性',将行为一致性作为决策者的特征的实际理由是不能轻易地拒绝的。行为不一致的人一定在某一时候是错误的,因此,与行为总是正确的人相比,他们处于劣势。"(宾默尔,2003)L. A. 博兰在1997 年写道:"正如萨缪尔森在多年前所指出的,大多数哲学家称之为"理性"的东西,是一个比解释决策所需要的强烈得多的概念。在萨缪尔森看来,'一致性'一词就足够了。"(博兰,2000)也就是说,在经济学领域,理性仅仅只是表示决策行为的"一致性",是非道德、情感因素的形式理性;非理性也不能理解为丧失理性、犯错误或不道德的,只是表明决策行为、经济行动的不一致。问题的关键在于,这个"一致性"是先天的,还是后天的? 同时,这个"判断"是谁作出的? 显然,在宾默尔、萨缪尔森看来,非道德在经济理性人那里不是不道德;那么,"非道德"就可以是或者必然的应当是黑格尔逻辑意义上的扬弃并包含道德于其内的一种"德性"。也就是说,"道德"的对立面是"非道德",而不是"不道德",它们共同构成了通常所说的"德性";"不道德"的对立面是"没有不道德",而不是"道德",它们共同构成了"非德性"。"德性—非德性"则共同构成了一个"道德系统"。如果理性经济人在博弈中运用的是"非道德",那么这种非道德倒是一种实际"应用"的道德,亦即相当于马克斯·韦伯和哈贝马斯他们所说的"应用"理性、形式理性——如果一定要作形式理性与实质理性区分的话。这里千万别低估了这种"非道德"的德性。可以认为,"非道德"的德性如果驯化得当,因为是一种实际运行着、并在生存博弈、道德博弈中起作用的道德,一定程度上就可能直接等同于老子《道德经·三十八章》中所说的"不德"的"上德":"上德不德,是以有德;下德不失德,是以无德。""上德"看上去"不德",实际却是一种"大德",是最高境界的德性。因此,老子在第五章强调:"天地不仁,以万物为刍狗。圣人不仁,以百姓为刍狗。"(《道德经·五章》)天地、圣人看上去不仁不德,实际却是一种"公而无亲""玄同秉公"的"上德"(吴福平,2006)。这是问题的一方面。另一方面,"非道德"问题的讨论显然非常重要,这里我们不仅看到了经济理性人与文化理性人共同遭遇了"德性"问题,或者说都回避不了德性问题;同时也完全可用以说明,经济学上所说的"理性"和"一致性"的"判断力"应当都是后天的,或者是先天、后天在道德博弈中的完美统一、精炼均衡。这首先就意味着,理性经济人在博弈中,不仅事前已经接受了某种德性或非德性的驯化(事中或事后当然更具备受教化和文化的可能);而且,经济理性人与文化理性人一样,原本都天然(先天、后天的有机统一体)的具有德性因子(这种德性因子的存在,正是其事前、事中和事后都可以或已经接受某种德性或非德性教化的原因及结果),而却被主流经济学家们硬生生地给掏空了。由此看来,主流经济学正是由于对理性人的"非道德"问题缺乏深入探究,不仅无法解释大量的社会合作现象;而且,问题的严重性在于,实际上他们一直是以拒绝谈论经济理性人的德性问题为立论依,甚至可以说是以放弃对经济理性人的德性熏陶和驯化责任为前提的。这恐怕正是导致费夫尔在《西方文化的终结》一书中指出的:在当代西方社会,理性被渗入到人们身体的每一个毛孔,成了人们理解事物的"第二天性",进而掏空和削弱了道德,使道德只剩下一具空架子。于是情感、道德、信仰都无药可救地、不可逆转地枯竭和颓败了,而剩下的只有"没完没了的工作和消费",并进入了一个"我消费,故我在"的社会。在这个消费社会,只剩下"金钱和性"。这不仅敲响了道德的丧钟,也使以古希腊文明为根基的西方文化步入绝地,走向终结(费夫尔,2004)。

　　同时,一旦放弃经济理性人原本具有的"德性"因子来"理性"地谈论公地悲剧和囚徒困境,必然使得这两桩"公案"只能成为个案和特例,而非问题的一般。就"公地悲剧"而言,即便这些经济人如何的"理性",因为具有"非道德"的德性因子,可以判定为是"德性"造成的,而非"理性"造就的;是集体"非德性"而不是集体"非理性"铸造了这一"悲剧"。囚徒困境中,主流经济学更是让两个局中人都陷入了道德困境,而非个人理性与集体理性的矛盾或困境。因为,一方面,两个局中人无论是坦白还是不坦白,都是有违德性的。坦白,对于局中另一方言是不道德的;不坦白,又有悖于社会公德。主流经济学在囚徒困境中制造的是一个德性悖论或道德困境。即便如此,从文化的角度看,囚徒困境中的局中人采取坦白—坦白的策略,完全可以说是他们都放弃了私德而遵守了公德,是值得颂扬的优良品性,而并非是主流经济学所说的集体非理性,或者是个人理性与集体理性的矛盾。仅此一点,主流经济学的理性选择模型对此也缺乏解释力。格林和沙皮罗曾一针见血地指出,尽管理性选择模式在"分析上所遇到的巨大挑战吸引了大量的一流学者;其结果,理性选择理论的发展越来越复杂,且具有狡辩性","理性选择模式在经验上应用成功的事例屈指可数。大多数早期的理性选择著作,不是压根儿没有经验性研究,就是只是粗糙的或印象式的。令人惊讶的是,20世纪 50 年代以来这些缺陷竟然几乎没有什么改变"(格林,沙皮罗,2004)。从文化看主流经济学,其由于忽略了原本应当予以重视和关注的经济理性人作为"非道德"人的德性因素,来"理性"地、系统化地建构其理论,而大大地降低了解释能力和应用能力,也使其经济宏图和社会愿望常常受挫;而且,由于"意识惯性"的存在,无论是事前抑或是事中和事后,他们也都放弃了对经济理性人的可能的德性熏陶和驯化的责任,而心满意足于"理性"地对待其理论所遭遇的一切。由此深入，公地悲剧和囚徒困境就全然不是什么经济理性人的杰作，而只不过是一种文化现象，也可以说是文化理性人在社会异质性互动中，在"恰好只有这条原则才会有效"时在博弈中实现的纳什均衡。因而，"公地悲剧"和囚徒困境，本质上都可以看成是一种文化困境、文化公地悲剧，或者说，是社会异质性互动导致了文化公地悲剧，同时，也是文化公地悲剧造成了公地悲剧和囚徒困境。由此就不难理解丹尼尔·贝尔所说的，文化绝不仅仅是潜在社会结构的一种"反映"，而是一切变革的发轫地，是我们文明中最有活力的组成部分，它将开启一条朝向完全崭新的世界的道路（贝尔，2010）。

二、文化原动力传导机制、路径及模型构建

如果把文化动力看成是一种纯粹的精神力量，那么，关于文化动力的研究，可能首先需要回溯到黑格尔对"绝对精神"的阐发和诠证。当黑格尔把哲学定义为"对于事物作思维着的考察"，在他所构建的逻辑学、自然哲学、精神哲学的庞大的体系中，就是对文化动力——作为一种精神力量的全面的、系统的考察。从某种意义上说，他的百科全书式的"哲学全书"甚或可以看成是"文化动力学全书"。黑格尔的精神逻辑就是从"自由"到"自由"，即从抽象的、"自由"的纯存在"无"（及其对立面"有"）到绝对自由的"绝对理念"的反思过程。据此，也可以看出其显著地依着于康德纯粹实践理性的动力——自由意志，展开他的关于"纯粹的绝对反思"。应当承认，黑格尔的努力是卓有成效的，因为他不仅深刻地揭示了精神运动的元逻辑，而且具体地展示了意志的内容及其规定性。正如他在批评康德时所指出的，"无疑地，意志诚然具有这种自决的力量，而且最紧要的是要知道唯有具有这种自决的力量，并把它发挥在行为上，人才可以算是自由的。但虽承认人有这种力量，然而对于意志或实践理性的内容问题却仍然还没有加以解答。因此，当其说人应当以善作为他意志的内容时，立刻就会再发生关于什么是意志内容的规定性问题。只是根据意志须自身一致的原则，或只是提出为义务而履行义务的要求，是不够的"（黑格尔，1980）。黑格尔在他的精神逻辑中所展开的正是"意志内容的规定性问题"，即精神运动的内在、内生的逻辑和规定性问题，并以此为起点，继承并超越了康德。但是，正如恩格斯所说："唯物主义把自然界看作唯一实在的东西，而在黑格尔的体系中自然界只是绝对观念的外化，可以说是这个观念的下降；无论如何，思维及其思想产物即

观念在这里是本原的,而自然界是派生的,只是由于观念的下降才存在。他们就是在这个矛盾中彷徨,尽管程度各不相同。"(恩格斯,2014)黑格尔为了强化他的精神逻辑,强调凡是现实的都是合乎理性的,凡是合乎理性的都是现实的。"这显然是把现存的一切神圣化,是在哲学上替专制制度、警察国家、专断司法、书报检查制度祝福。"(恩格斯,2014)克尔凯郭尔也用自身实存的事实性和彻底的自我意志的内在性来反对历史的空想性。马克思则把精神扎根于物质生产,并表现为社会关系的总和。"所有这些论点都反对自我关涉而又追求整体性的辩证法思想,强调精神的终极性——马克思称之为绝对精神的'腐败过程'。"(哈贝马斯,2012)

黑格尔的绝对精神之所以历史地和经验地"腐败"了,一方面,正如杜威所说,是因为哲学不是从公正不倚的源头发生的,自始就有在合理的基础上为想象和社会的权威所继承的信念和传统精神辩护的使命。19 世纪初期德国的主要哲学体系,在黑格尔假借唯理的唯心论的名义以辩护当日为科学和民众政治的新精神所威胁的学说和制度就有这样的特征。"结局就是那伟大的体系也不能超脱党派的精神,而参杂着先入的信念。他们既然同时主张完全的知性独立和完全理性,遂往往搀入一种不诚实的因素到哲学中去,而且在那些哲学的支持者方面这桩事情是出于无意的,其流毒尤甚"(杜威,1958)。另一方面,黑格尔之前的形而上学由于过于强调了同一性,所以大都雄心勃勃地去构建整体性的关于世界的理解方式,也使得柏拉图、康德、黑格尔等让理念、自由意志和绝对精神在自然哲学、精神现象和历史领域中任意游走,所以阿多尔诺的否定辩证法要求恢复黑格尔的非同一性(哈贝马斯,2012)。当然,对于黑格尔哲学体系,正如恩格斯在《路德维希·费尔巴哈和德国古典哲学的终结》中所强调的,"这一切并没有妨碍黑格尔的体系包括了以前任何体系所不可比拟的广大领域,而且没有妨碍它在这一领域中阐发了现在还令人惊奇的丰富思想"(恩格斯,2014),并且指出,"人们只要不是无谓地停留在它们面前,而是深入到大厦里面去,那就会发现无数的珍宝,这些珍宝就是在今天也还保持着充分的价值"(恩格斯,2014)。在这一点上,哈贝马斯的意见也是中肯的。他指出:"在当前语境中,我所感兴趣的只是精神进入历史这个主题。在黑格尔之前,形而上学思想一直是以宇宙论为中心的;一切存在者与自然之间都是同一关系。如今,历史领域要被整合为这种存在的总体性。另外,精神应当通过历史这个中介来完成其综合工作,并且吸收历史的进步形式。"(哈贝马斯,2012)在我们看来,黑格尔的历史哲学之所以容易把"现存的一切神圣化",之所以"不能超脱党派的精神"是由于他也犯了范畴性错误。费夫尔以两种理解方式——知识、信仰及两种解释对象——人类的、非人类的,区分出四种解释和理解事物的方式:科学、宗教、常识、情感。每一种理解事物的方式以及指导行为的方式,各有适合它、接受它、需要它的空间。譬如,如果选定了信仰,那么知识就自动变得似是而非,如果选定了知识,那么信仰立即变得毫无用处(费夫尔,2004)。黑格尔的哲学体系看起来正是知识和信仰、科学和宗教杂糅的体系。在康德和叔本华那里,在经验世界,人的意志是不自由的,至多是一种消极自由,这就决定了绝对精神进入历史领域绝无可能遵循纯粹精神的规定和逻辑。就精神动力而论,如果说康德仅仅考察了意志的自决力量是不够的,那么,黑格尔仅仅考察意志内容的规定性问题,同样也暴露了不足。因而,仍有进一步考察意志内容的发生机制、传导路径和基本规律的迫切需要。

(一)文化流变的四种形态

无论是大型的开放式组织抑或是小型的闭合式的各类社群组织,其"组织生命"周期性衰败的存在,几乎是一种不可抗拒的"自然"规律。管理学界对于"组织生命周期"现象的揭示,当然不无意义;然而,由于对其根源缺乏深入的阐释和挖掘,总体来看,对各类组织如何成功地跳出或者有效地规避"组织生命周期"的指导意义不大,对于为何陷入这种"周期性"现象的理论阐释亦不多,且说服力不强。我们认为,无论从是社会学功能主义途径抑或是从人类学符号主义研究路径观察,包括社会管理活动在内的人类一切活动,无不是在创造文明,也因此可以认为无不就是一种文化活动。从这个意义上说,一切社会问题以及管理中所面临和出现的所有问题,本质上也无不就是文化问题;一切管理,也就无不就是"文化管理"。同时,大型或者是较大型社会的文明演化过程,与微观层面的组织文化的流变规律,本质上没有太大的区别。塞缪尔·亨廷顿在《文明的冲突与世界秩序的重建》一书中描述过人类文明的"盈亏消长"规律:

　　一个文明形成之初,其人民往往生气勃勃,充满活力,粗悍,具有流动性和扩张性。他们相对来说是不文明的。随着文明的演进,人们日益定居下来,并发展了使其变得更为文明的技术和工艺。随着其主要组成部分之间竞争的减少和普遍国家的出现,该文明便达到了文明的最高水平,即它的"黄金时代",道德、艺术、文学、哲学、技术以及军事、经济和政治能力均达到鼎盛时期。当它作为一个文明开始衰落时,其文明的水平亦开始下降,直至它在另一个水平较低但蓬勃发展的文明的进攻下消失。(亨廷顿,2002)

黄炎培在揭示一个大型的社会团体或者组织的"周期律"时,是这样描述的:

> 大凡初时聚精会神,没有一事不用心,没有一人不卖力,也许那时艰难困苦,只有从万死中觅取一生。既而环境渐渐好转了,精神也就渐渐放下了。有的因为历时长久,自然地惰性发作,由少数演为多数,到风气养成,虽有大力,无法扭转,并且无法补救。也有为了区域一步步扩大了,它的扩大,有的出于自然发展,有的为功业欲所驱使,强求发展,到干部人才渐见竭蹶、艰于应付的时候,环境倒越加复杂起来了,控制力不免趋于薄弱了。(柴宇球,1998)

如果我们将各类社群组织的组织架构、规章制度、工作程序等组织文化型构及其对组织成员的调控力量,看成是文化力量的表现。而把民主气氛、人员效率、组织效率、组织稳定性状况等组织文化的品质及其整体功能、效用等,看成是组织文化质量的表征;那么,从张德、吴剑平提出的组织 4 个生命周期中(张德,吴剑平,2009),就可以明显地看出,"组织生命周期"与"文化质量周期",几乎是同步发生的事实。"创办期",文化力量(主要是指组织结构、规章制度、工作程序等组织文化型构及其对组织成员的调控力量)弱而文化质量(主要是指组织民主气氛、人员效率、组织效率、组织稳定性状况等组织文化的内在精神品质及其功能、效用等)高。这一时期,虽然组织结构弹性很大,规章制度不健全,但是员工往往比较齐心,民主气氛较浓,组织充满活力。"成长期"组织规范、规章制度和组织稳定性等文化力量不断增强,且人员效率和组织效率等文化质量亦较优。"成熟期"文化力量极强而文化质量有下降趋势。其表现为,组织结构、部门和岗位设置、人员分工、工作程序、规章制度、组织稳定性等相当于文化力量层面的各种规则的控制力量继续增强;而组织弹性进一步降低,维持组织运行的管理成本有可能大大增加,人员效率和组织整体效率虽然保持较高水平,与"成长期"相比往往要低,也就是文化质量层面的内在精神和品质等有下降趋势。"衰退期"文化力量继续保持强劲并且有超过"成熟期"的迹象,但是文化质量却显著下降或者下降明显。表现为组织规模大、管理层次多,组织稳定性很强、弹性很低,但是组织效率、决策和执行效率等显著下降或者下降明显;特别是由于过去成熟期的成功,企业中骄傲自满情绪滋长,官僚主义滋生,组织开始变得保守,创新和改革阻力增加,创业动机和动力基本丧失,等等。再从塞缪尔·亨廷顿所描述的人类文明"盈亏消长"规律以及"黄炎培周期律"中,也基本可以看出,大凡一家、一族、一团体、一地方,乃至一国,文明之初往往相对不文明,流动性和扩张性强,也就是文化控制力量弱,而"其人民往往生气勃勃,充满活力",大家聚精会神,"没有一事不用心,没有一人不卖力",也就是文化质量高。随着文明的演进,"环境渐渐好转了,精神也就渐渐放下了"。达到其"黄金时代"和鼎盛时期,文化控制力自然强,然而历时久长,"自然惰性发作,由少数演为多数,到风气养成,虽有大力,无法扭转,并且无法补救",文化质量渐趋劣质,"直至它在另一个水平较低但蓬勃发展的文明的进攻下消失"。

　　鉴于上述,我们基本可以断言,是组织文化质量的优劣状况及其周期性的存在,造成了"组织生命周期"乃至于人类文明以及一家、一族、一团体、一地方、一国等"盈亏消长"的规律性、周期性衰败现象的出现;而且,只有抓住这一本质,才能真正揭开组织生命等周期性现象存在的本体性原因。至少可以为跳出陈词滥调式的、几十年来几乎相类同且往往又不见得实用的"组织生命周期"理论,提供全新的考察视角;进而为组织成功跨越这种似乎是"必然要经历"的组织生命周期,提供动态性指导,做出实质性贡献。

　　为了深入地探讨文化流变的机制、形态及规律问题,这里首先需要对"文化型态"与"文化形态"作出区分。我们不妨以"文化型态"或者是"文化模式"等来标示相对稳定的"文化形态",即将"文化型态"或"文化模式"等,看成是凝固的"文化形态";而将"文化形态"看成是流动的"文化型态"。这样,就可以发现,无论是文化人类学、人类学、社会学的研究抑或是关于组织文化之类的研究,人们提出了许多关于文化模式、文化型态之类界分的理论,并总是企图一劳永逸地界定某种固有的文化"型态"或"模式"等,而显然缺乏对动态的、流变的"文化形态"的研究。关于文化模式的界定问题,罗伯特·墨菲在《文化与社会人类学引论》一书中就曾指出:"今天大多数人类学家都反对这种完全概括,因为这种概括扭曲事实且过于粗糙简单。文化模式确实存在,但它们只能扩展和整合文化的有限部分。"(墨菲,2009)吉尔特·

霍夫斯塔德(Hofstede)从权力距离、个人主义与集体主义、不确定性规避、男性气质与女性气质、长期导向短期导向等五个维度来衡量不同国家文化差异和价值取向,是卓越有成效的。然而,由于更侧重于一种静态的现象层面的"型态"意义上的描述,缺乏文化"形态"流变规律性和本质性的揭示,在我们看来,仍存在着如墨菲所说的"扭曲事实且过于粗糙简单"的嫌疑。就组织文化研究来说,金·S.卡梅隆和罗伯特·E.奎因在梳理了相关研究成果后,在《组织文化诊断与变革》中提出的"对立价值构架"理论,是富有代表性的理论。他们从组织文化重视"灵活性和适应性"与重视"稳定和控制"、"关注外部竞争和差异性"与"注重内部管理和整合"这两组截然不同的"对立价值"着手,经过两两重叠,区分出"宗族型""层级型""活力型""市场型"等四种组织文化型态,并据此展开组织文化的诊断和评估。问题在于,一方面,正如他们在该书中所指出的,"想对组织文化中的所有要素都进行分析和评估向来都是不可完成的事。新增加一个要素,通常会引起一系列的新辩论"。也因此,使得关于组织文化形态和属性的研究,"没有一种构架是全面的"(卡梅隆,奎因,2006)。另一方面,由于这种从"对立价值构架"着手,界定文化型态的做法,过多地重视了价值的"对立"性而非"统一性"、动态性和有机联系性等,使得其所界分出的四种组织文化型态,在理论上暴露出机械性,在实践和具体操作中,显示出武断性。因为"随着现代组织的发展,已有的两个成对维度可能不再适用,会被新的成对维度替代",而且,对"是否两个成对维度就可以很好地区分已有组织的有效性指标",亦存质疑(张勉,张德,2004)。也因此,20多年的组织文化型态的研究,要么在实践中见不得实用,要么即使能说明一些组织文化问题,说服力并不强。

　　根据文化的实践性定义,即将文化界定为人类在生产、生活实践中或习得或累积或创造的"内在制度(潜规则)与外在制度(显规则)互动的和",容易看出,基于一个或者一个以上初因的文化实体中,所创设或滋长的内在制度(潜规则)与外在制度(显规则),在互动中将产生"四种文化形态"。(参见表 3-1)

　　从文化作为共同价值支持的规则系统着手,从文化作为内在制度(潜规则)与外在制度(显规则)"互动"的产物这一视角深入,将文化形态界定为"超"(S)文化态、"合"(I)文化态、"和"(H)文化态、"纯"(P)文化态四种"文化形态",因为其是"动态"地予以界定的,体现了文化的动态性、流变性、有机性和历史逻辑联系性等特征和属性,可以说明包括金·S.卡梅隆和罗伯

特·E.奎因基于"对立价值构架"所界定的几种文化型态在内的任何一种
文化型态,都可能表现为我们所说的这"四种形态"中的一种,因而,是合乎
逻辑的,亦是任何一个文化机体,在衍生、流动、迁变中都必然会产生的,且
周而复始地、必然地经历的流变过程。

表 3-1　流变中的四种"文化形态"

文化形态	外在制度 （显规则）	内在制度 （潜规则）	一般流变趋向
"超"(S)文化态		不相容	
"合"(I)文化态		基本相容	
"和"(H)文化态		相容	
"纯"(P)文化态		完全相容	

那么,这四种"文化形态"在一个文化实体中的流动和迁变有没有规律
可循呢? 这四种文化形态在其实际的流动和迁变过程中,首先是恐怕很难
武断地断言哪一种"形态"绝对的优质,或者是绝对的劣质。然而,根据"组
织生命周期"以及组织文化的功能、性质和效用等综合起来考察,就通常情
形而言,若外在制度(显规则)与内在制度(潜规则)处于"相容"状态的"和"
(H)文化态,以及处于"基本相容"的"合"(I)文化态,文化机体相对稳定,运
行状况和合有序,文化控制力量适度,文化质量亦达致相当于塞缪尔·亨廷
顿所说的"黄金时代"或鼎盛时期,就组织文化来说,便正是文化力量及其质
量对组织实体贡献度最高的时候。而若外在制度(显规则)和内在制度(潜
规则)处于"不相容"或"完全不相容"的"超"(S)文化态,因为出现了"文化
断裂",进而出现"无意义的混乱",则极有可能发生文化危机;在"完全相容"
的"纯"(P)文化态,在通常情形下也是一种较为理想的状态,但是却极有可
能因为该文化形态过于稳固,出现人们所说的"成功的陷阱",而进入"熟练
的无能"的"反学习"状态(迪尔克斯,2001)。许多成功的组织(包括塞缪尔
·亨廷顿所论及的"文明")恰恰是在这种状态下走向衰败的,进而出现"其
兴也勃,其亡也忽"的"组织生命周期"等现象。因而,文化动力,无论是内部
性动力或者是外部性动力,对人类文明的推动作用均是相对的,都有一个
"度"的问题。为了避免"文化断裂"和"文化危机"以及"反学习"状态的出
现,成功地跳出"组织生命周期"与"文化质量周期"现象,成功规避文化公地
悲剧,就需要加强对文化机体的"预报"或者说是"预警"方法等的研究(关于

此问题,详见拙著:《文化测量:原理与方法》)。

(二)基于两个对立价值维度的文化软实力新型分类

约瑟夫·奈等创建的"软实力"理论有两个维度:第一个维度是与以物理资源等为代表的硬实力相对的柔性力量;第二个维度是软实力以国家为载体存在的。前者规定了软实力的内涵,后者使软实力与国家权力相结合而成为软权力。文化则是软实力构成因素整合的纽带,因此,文化软实力不再仅仅是软实力的一个子概念,它也已经成为软实力问题研究的核心内容,是指一个国家或地区文化的影响力、凝聚力、感召力和竞争力等一些关于文化的有形或者是无形的作用,是指文化产品的流动的、活态的、外溢的意识形态功能和效用;而且,文化不仅是软实力"三种资源"中的核心资源,也可以为国家软实力的培植、铸造做出实质性的贡献和关键性的作用(牛文浩,王琳,2011)。从约瑟夫·奈提出软实力这一全新的研究领域至今,就其本质和特性来看,软实力、软权力、文化软实力等基本上均可以指一个国家或地区文化的影响力、凝聚力、感召力、竞争力等一些关涉文化的无形作用;文化软实力则可以专指文化的流动的、活态的、外溢的意识形态方面的功能和效用。根据文化软实力的内涵,其具体的表现形式、表现方式是难以尽数列述的,因为文化的功能和效用是系统性的、全方位的。也正因如此,国内外学界对于文化软实力大都是宏观和"系统"的描述多,而对其具体的深化、细化研究基本尚未展开。即使做了一些细分研究,说服力也不强。李德昌从"力"的内涵及其软硬关系来界定文化软实力,虽然具有一定的启发意义,然而,总的看来仍然停滞于约瑟夫·奈关于硬实力和软实力的原初解说(李昌德,2011);魏明从核心层面和建构层面两个维度将文化软实力界分为创新力、凝聚力和传播力,理论上具有一定的自足性,然而在逻辑上尚缺乏周延性(魏明,2008);张玥从通常的文化"同心圆"结构来论述文化软实力的构成,所揭示的更多的可以指文化软实力的来源而非其自体结构(张玥,2011)。

我们认为,文化软实力应当从价值"认同—认异""内敛—外张"两个对立维度建立坐标轴,进而便可以析分出凝聚力、传播力、学习力、革新力等四种不同类型的文化软实力(参见图3-4)。

这里首先需要说明的是,价值认异与价值认同是两个不同的概念。刘菊指出:"价值认同是指价值观认同,即不同主体(包括个人、民族、国家等)在相互交往中认可和接受了某种共同的价值标准,或以某种共同的理想、信

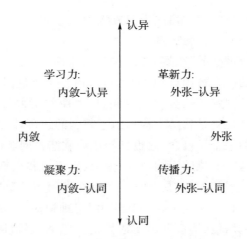

图 3-4　基于两个对立维度的文化软实力四分法

念为追求目标,并内化为自己的价值观。在某一相对稳定的群体(如民族、国家)范围内,表现为共同价值观念的形成,是维系社会共同体的内在凝聚力。"(刘菊,2006)崔岩岩认为,价值认同是针对一个观念或观点的认同,是对一种价值观的接受。虽然它的前提是多种价值观存在的差异性,但它不推崇多种价值观并存,而主张一种——往往是核心价值观的主导性存在。即价值认同追求一种"化异求同"。价值认异是针对多种价值观而言的,与价值认同最大的区别在于,它追求"和而不同"。即承认和允许多种价值观的存在,互不干涉、和谐共处(崔岩岩,2009)。因而,价值认同与价值认异可以看成是一个互相对立的维度。文化价值观的内敛与外张,主要地可以指文化在空间(主要可指本土或外埠)上的流布、传播和扩张,或者是在时间承续中的互渗、交融、冲突中的内省或张扬。

　　总体来看,"认同—认异"、"内敛—外张"这两个对立的价值维度,前者主要侧重于文化核心价值、文化品格和品质上的一种处理价值内容冲突的态度、一种价值判断,后者则主要是就"文化时间"和"文化空间"而言,因而,可以成为两个成对且相互独立的价值维度。在此基础上,首先是不妨将"认同—内敛"的文化动力,命名为"凝聚力",而将"认同—外张"的动力看成是"传播力",且将这两股力合称为"感召力"。这是因为,从文化认同的角度看,内敛性的认同,是指本土(可以指国内)或外埠(可以指国外)的价值观,在本土或者也可以是指本族、本团体、本组织等的内化过程,即是本土或外埠的价值观在本土、本地、本族、本团体、本组织等的一种内向性的感召、群化、共享、共通的认同过程,因而可以称之为凝聚力。相反,本土文化在外埠、外族或者说是本区域、本团体、本组织等以外被外向性地认同,即"化异求同"过程中所表现出来的感召力。则可以称之为文化的传播力。由此可见,凝聚力与传播力在价值认同这一点上是一致的,并可以将这两股力合称之为感召力。显然,前者是指文化价值观(无论是本土的或者是外埠来的)对内的一种感召能力,而后者则主要是指本土文化、本土价值对外或者是在外的一种感召能力。此外,还需要指出的是,由于研究的立足点与出发点的差异,目前学术界关于传播力概念的论说大致可以划分为三大分支:一是以大众传媒为研究主体的"能力说";一是以社会组织为研究主体的"力量说"或"效果说";另外一种则是嫁接前二者的"综合说"。对于大众传媒而言,传播力是其本质职能的彰显,是一种能力,一种到达受众、影响社会、充分发挥大众传媒社会功能的能力;对于社会组织,传播力更强调的是传播效果,即社会组织通过各种传播手段组织构建的形象是否与自身定位或期望相符的问题。前者更注重其社会公器职能的发挥,后者更侧重自身形象的构建(张春华,2011)。本研究所探讨的作为国家文化软实力一个重要维度的"外张—认同"的传播力,是指国家利用社会公器即各种传播媒介进行"外张"传播过程中的被受众"认同"的能力。因而,我们偏向于"综合说"。同时,就国家或社会组织等而言,传播力主要指的是一种向外传播即"外张"及被"认同"的能力、力量和效果,对内的传播力,实质上可以看成是一种"内敛—认同"的凝聚力。再从认异的角度看,内敛性的认异,是指外埠或者外地、外族、组织或团体外等外来、外在价值观的不断内敛性、内向性的"和而不同"的认异,因而,可以看成是一种内敛性的文化的内容创新过程,即是一种文化学习力;相反,那种外向型、外张性的认异过程,可以认为是一种文化革新力。因为,这可以看成是一种建立在吸取外埠(国外)或者是外地、外族、组织团体外等外来价值观念等基础上的文化内容创新、革新的过程。也就是说,学习力与革新力在价值认异这一点上是相同的,但是前者是一种内敛性的文化内容创新,后者则是一种外向型、扩张性的文化革新,因而可以合称之为创新力。这里特别值得重视的是,把学习力看成是一种创新力,或者是在通常所说的"创新力"中界分出学习力与革新力,在现实中或许可以得到更多的启迪,可能也可用以丰富组织学习理论。

　　在我们看来,组织学习理论中的"组织"既可以指闭合式的各类社群组织,也可用以指开放式的组织,如区域社会。已有的关于组织学习的理论研究成果中,一般将组织学习的方式划分为三类:第一类学习是最基本的学习,发生在组织既定的假设领域,即组织的规范和要求既定,学者们称这种学习为单环学习、维持学习、低阶学习、适应性学习、线性学习和前期学习等。通过这类学习,组织可以发现错误和纠正错误,使组织运作的效果能够符合组织的各项要求。因此,这类学习往往是致力于解决当前的问题,而不是检查组织的规范和要求是否恰当,其目标是使组织适应环境,在变动的环境下维持稳定。第二类学习是指组织对既有的假设产生怀疑,即对既有的组织规范和要求产生怀疑,学者们将这类学习定义为双环学习、创新学习、高阶学习、非线性学习、后期学习和危机学习等。通过这类学习,组织不仅可以检测和纠正错误,还进一步对现存的组织规范和要求方面进行质疑与调整,通过转换组织运作模式来提高组织学习的绩效。与第一类学习相比较,第二类学习涉及的范围更广,操作难度更大。第三类学习是指组织成员对过去组织学习的模式和过程进行研究,找出对组织学习有利或有碍的因素,进而提出新的策略,用以提高组织学习的绩效,学者们将这类学习定义为再学习、三回路学习和期望学习等。这类学习相较于第一类和第二类学习来说,是通过建立一种新的模式来影响组织学习的绩效,而不是第一类和第二类在原有的基础上进行修正(焦晓芳,2010)。如果说"双环学习"因为是对"现存的组织规范和要求方面进行质疑与调整",因为涉及"组织运作模式"的局部性或者是整体性的调整,因为直接冲击业已形成的价值观念、行事规则的学习,要求学习者必须敢于和勇于向既有的成规、习惯等挑战,特别是需要勇于超越自我,改善组织成员自己(个体)乃至于整个组织(整体)所固有的"心智模式"。显然难度极大,甚至困难重重;那么,"再学习"或者是"三环学习"之类的学习,因为是对整个"双环学习"的反思和再反思,质疑和再质疑,要求对组织学习模式进行调整和再调整,这是一种在"双环学习"基础上,再一次"推倒重来"式的学习,显然,这将会产生真正意义上的关于学习的困难和障碍,也才是真正意义上的组织学习。也正是因为这样,才使得破解或破除这种困难和障碍显得意义深远。由此看来,文化软实力中的学习力本质上就是一种创新力。没有创新能力而一厢情愿地要求破解或破除学习的困难和障碍,是难以想象也是不可能实现的;而革新力作为一种创新能力,是一种比三环学习更高级、更高阶的学习能力,是在"推倒重来"式学习的基础上的践行能力,可以看成是一种"四环学习"。同时,所谓的传播力,本质上也可以看成是一种被学习的动力或能力,而凝聚力则可以看成是一种内敛性的价值认同、学习过程。由此深入,如果从学习理论视角考察组织文化软实力的培育,就对组织的领导者和被领导者的学习能力,都提出了很高的要求。而且,所谓的文化软实力本质上就是一种学习和被学习的能力。文化软实力中界分出来的创新力、感召力以及进一步细分而来的学习力、革新力、凝聚力、传播力,因为都与学习相关联,因而没有学习或被学习能力的支持,文化软实力的培植、塑造和建设将都难以在各类社群组织或者是区域社会的实践中得以成功实现。这样,一方面可以使我们能更深入地理解为什么哈贝马斯要用"学习机制"来解释社会的进化,为什么没有"自由意志"的"学习"是没有效率的甚或是"反学习"的;另一方面,也正因为此,可以认为,以自由意志为核心,以批判和反思为两翼的文化原动力的培育,正是推进包括学习力、革新力、凝聚力、传播力等在内的文化软实力建设的根本途径(参见图 3-5)。

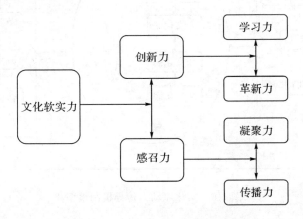

图 3-5　文化软实力新型分类

综上所述,从"认同—认异""内敛—外张"这两个对立的价值维度对于文化软实力作出上述区分,应当可以更准确地看出文化软实力的本质特征,且在逻辑上也更富有周延性和自足性。从中还可以发现,在我们所构建的严密、自足的逻辑框架内,文化软实力的主要构成就是指创新力与感召力,也就是说,拥有了创新力与感召力的文化,就可以认为是富有软实力的文化。这应当可以为文化软实力的理论研究和建设实践,提供新的、更加明确的思路和进路;在此基础上进一步细分出的学习力、革新力、凝聚力、传播力,则既可以进一步阐释这两种力的特性,也可以为以自由意志为核心,以批判和反思为两翼的文化原动力及其传导机制、传播路径、流变规律的深化研究,提供更为坚实的基础与可靠的依据、途径和方法(参见图3-5)。

(三)以自由意志为核心、以批判和反思为两翼的文化原动力传导机制模型构建

基于前述,现在我们着手构建以自由意志为核心,以批判和反思为两翼的文化原动力及其传导机制、传播路径及流变规律模型(参见图3-6)。

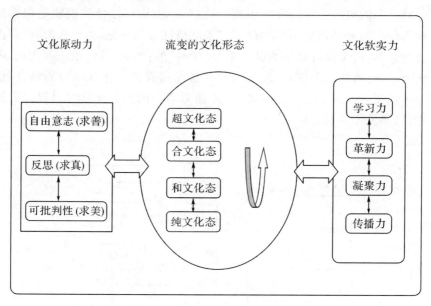

图 3-6　文化原动力传导机制模型

关于图3-6,在"文化原动力"方面,首先需要提及的是波普尔识别出的关于柏拉图的"自由悖论"。波普尔说:"柏拉图在批评民主以及他对僭主的出现的叙述中,暗含地提出了如下问题:如果人民的意志是他们不应该执行统治,而应该由一个僭主来统治,这又如何呢? 柏拉图提示,自由的人可以行使他的绝对自由,起先是蔑视法律,最后是蔑视自由本身,并吵吵嚷嚷地要求一个僭主。这并非完全不可能,而且已经发生过多次了;而每次出现都使那些把多数或类似的统治原则视为政治信条的基础的民主派处在理亏地位。"(波普尔,1999)王海明在考察国家制度的价值标准时指出,公正——特别是平等——诸标准是国家制度好坏的根本标准;人道——主要是自

由——诸标准是国家制度好坏的最高价值标准。同时认为,自由是最根本
的人道。这是因为,人道主义有两种,广义的浅层的初级的人道主义是视人
本身为最高价值从而将"把人当人看"当作待人最高原则的思想体系,可以
名之为"博爱的人道主义";狭义的深层的高级的人道主义,是认为人本身的
自我实现是最高价值,从而把"使人成其为人"奉为待人最高原则的思想体
系,可以名之为"自我实现的人道主义"。"那么,如何使人成为人呢? 答案
是:自由。自由乃是使人成为人——亦即使每个人实现自己的创造潜能从
而成为一个可能成为的最有价值的人——最根本的必要条件:这是自由最
重的价值"(王海明,2017)。根据马斯洛的需要层次理论,自我实现是最高
层次的需要。自我实现的根本条件是个性的发挥;个性发挥的根本条件是
自由。因而,说到底,自由便是自我实现的根本条件,二者存在正相关关系。
一个人越自由,他的个性发挥得便越充分,他的创造潜能便越能得到实现,
他的自我实现的程度便越高。诚然,自由不是社会进步的唯一要素,科学的
发展、技术的发明、生产工具的改进、政治的民主化、道德的进步等等都是社
会进步的要素,但是,所有这些社会进步要素,统统不过是人的活动的产物,
不过是人的能力发挥之结果,因而,说到底,无不以自由——潜能发挥的根
本条件——为根本条件。因此,自由虽不是社会进步的唯一要素,却是社会
进步的最根本的要素、最根本的条件。同时,为了避免出现波普尔所说的
"柏拉图自由悖论",公正和平等对于人道和自由来说,具有神圣不可侵犯的
绝对优先权,也就是说,当公正和平等与人道和自由产生冲突时,就需要首
先考虑公正和平等(王海明,2017)。那么,能否在保障自由的前提下,又确
保公正和平等呢? 我们认为,这就需要具备批判和反思的能力。批判和反
思精神是解决柏拉图"自由悖论"的可能的和有效的途径。在我们看来,文
化上高擎批判和反思精神,不仅有望力避柏拉图的"自由悖论",甚或也可以
为哈贝马斯的生活世界筑牢"防护坝",防止行为冲突的爆发与意义的分裂,
并为交往的真实性、正确性、真诚性提供保障。这是因为,文化创造中自由
与批判和反思精神是互为条件,相互促进的。倘若文化创造如洛特曼所阐
发的那样意味着自由或自由的实现,或者如恩格斯所说,文化上的进步亦即
是向着自由的进步,那么,文化创造的过程就必须富有批判和反思精神,必
须同时具备批判性思维和反思性思维。文化自由创造也一定是文化创造自
由、实现自由的前提。文化自由创造意味着文化内部性动力和外部性动力
的同时并现、同步实现,也是批判和反思精神的最高产物。马克思强调,每

个人的自由发展是一切人自由发展的条件。因此,每个人的文化自由创造
也就必须以一切人的文化自由创造为条件,要实现每个人的自由和全面发
展,一切人就必须具备批判和反思精神,具备批判性思维和反思性思维,进
而才能实现每个人及一切人的自由和全面的发展,才能实现这种具有内在
必然性或内在地自生自发性而非外在偶然性、偶发性或者突发性的自由。
也正因为此,哈耶克指出,我们之所以享有自由,是因为我们对自由进行了
有效的约束与"规训"所致。"自由一方面通过非人格的抽象规则(imper-
sonal abstract rules)来保护个人并使他们免受其他人的专断暴力的侵犯;另
一方面则能够使每个个人都努力为自己营造一个任何其他人都不得干涉的
确受保护的领域。其间,每个人都可以运用自己的知识去实现自己的目的。"
(哈耶克,2001)由此就不难看出,文化四种形态的周期性流变,必定或者是由
于自由意志的缺失,或者是由于批判和反思的精神和能力的缺失和匮乏,进
而丧失文化创造能力和文化原动力所导致的必然结果。

　　在"文化形态"方面,从"超"(S)文化态、"合"(I)文化态、"和"(H)文化
态、"纯"(P)文化态这四种"文化形态"来看,当一个文化机体处于"超"文化
态时,格尔茨意义上的"文化控制"能力最为薄弱,在全球化、信息化时代,亨
廷顿所说的"文明的冲突"中,这种"超"文化态,在许多国家都或明或暗、或
显或隐、或多或少地存在着。实际上,也正是因为各种文明正处于"冲突"之
中,才使得这种"超"文化现象可能随时随地随处可见。皮科·艾耶耳(Pico
Iyer)在1988年的亚洲之行中观察到,菲律宾就存在着这样一种"超"文化
态现象。艾耶耳描述到,菲律宾人对美国流行音乐有着"不可思议的爱好和
共鸣",在菲律宾,演唱美国流行歌曲之普及,演唱风格之惟妙惟肖,较之今
日的美国有过之而无不及。似乎整个国家都会模仿肯尼·罗杰斯和莱依姐
妹,似乎整个国家就是一个巨大的亚洲莫顿合唱团。"然而,要想描述这样
的情境,美国化(Americanization)无疑是一个苍白的字眼,因为菲律宾人唱
美国歌(大多数是旧歌)固然又多又好,但这只是事情的一个方面,另一方面
则是,他们的生活在其他方面和产生这些歌曲的那个相关世界并非处于完
全的共时状态";在日甚一日的文化扭曲中,菲律宾人"怀念的是一个他们从
来未曾失去的世界",詹姆森把这种状态称之为"针对目前的怀念",是一种
"没有记忆的怀旧(nostalgia without memory)","它揭露了美国文明使命
的故事及其在政治上对菲律宾人的强暴。这个故事的结果之一就是创造了
一个冒牌美国人的民族(a nation of make-believe Americans)"(阿帕杜莱,

2005)。在这种情形下,看起来意志是绝对自由的,但是这种自由如黑格尔所说的那样,肯定仅是一种"形式的自由","一种主观假想的自由",一种"任性"的自由,至多是一种如康德意义上的"消极自由"。由于自由是"形式"而非实质的、理性的和积极的,因而极有可导致反思也是形式的而非理性的、求真的反思。在这种"形式自由"状态下,可能具有极强的批判性,但是,正如菲律宾人"怀念的是一个他们从来未曾失去的世界",他们批判的也可能只是"一个他们从来未曾失去的世界"。皮科•艾耶耳当年所观察到的菲律宾,若是长期处于这种"超"文化态,当然是危险的,不仅会导致整个国家价值观体系的混乱,并有可能会在文明的冲突中被美国文明所吞没,而使本土文明日渐处于边缘化甚至是消失状态。当然,"超"文化态现象虽有可能造成如菲律宾曾经历过的那种文化断裂与病态风险,会导致一种"无意义的混乱"。但是,只要方法得当、措施有力,这种风险也是有可能规避的,并转化为凯特林报告研究人员所说的"有意义的混乱"(林登,2002)。亦即"超"文化态也有可能转变为另一种情形,因为这一时期"文化控制"薄弱,享有高度的自由,因而,也有可能富有极强的反思能力和彻底的批判精神。从文化软实力的角度看,就有可能具有极强的学习力和革新力。基于"超"文化形态可能出现的这样两种极端情形,无论是大型的开放式组织抑或是小型的闭合式组织,遭遇这种情形,就需要具备高超的文化治理艺术和驾驭能力。当一个文化机体处于"合"文化态时,相较于"超"文化态,这一时期"文化控制"力增强,因而自由度在下降,但极有可能只是那种"任性"的、"主观假想"的"形式自由"度降低,而逐渐滋长出"真正的自由"和理性精神,因此,无论是从"超"文化态蜕变而成,还是从"和"文化态演变而来,在"合"文化态时,"反思"就都有着一定的基础,并且也可能具有较强的批判精神。从文化软实力看,这一时期的学习力、凝聚力、革新力都可能较强,而相对来说传播力则可能不足,因为毕竟处于"合"文化态,文化特质和品性尚未成形定格。当一个文化机体处于"和"文化态时,"形式自由"会继续降低甚或是处于最低状态,这时"真正的自由"乃至于"积极自由"全面提升甚至达到一个顶峰,是文化机体运作最为有机、有序和优良的时期。因而,这一时期批判和反思、科学和理性、民主和自由精神都将可能发挥到一种极致,求真、求善、求美之风也有可能蔚然成风,这正是一种文明、一个民族、一个国家、一个组织文化的"鼎盛时期"。从文化软实力来看,这一时期学习力、凝聚力、革新力,特别是传播力都可能达到一个顶峰。但是,当一个文化机体处于"和"文化态的时间日久,需要警惕的是,这种时候,各种规制会越来越强,"文化控制"会越来严格、严密甚至是严厉,就有可能向着"纯"文化态演进。当一个文化机体处于"纯"文化态时,可以肯定,这是一种运作良好的文化机制。然而,却不见得是一种高质量的文化运作机制。譬如,现今还存在着的一些原始部落,他们从未受到过外来文化的冲击,就存在着一种纯本土的文化机制。这种文化机制肯定也是运作顺畅甚或是良好的,否则,这些原始部落就不可存活到今天;而且,在原始部落成员看来,可能也是"高质量"的文化机制,否则,他们就可能会察觉到一种文化危机,而只要有了这种危机感,就有可能实现文化的不断"进化"。事实上,他们似乎既没有这种挑战,也没有这种机遇,自然就永远处于那种原始的"纯"文化态。任一个文化实体,如果长期处于纯文化态,就会使该文化机体出现"内向化"性格,变得重经验,好历史,反对冒险,轻视创新等等,变成一个"熟练的无能"的文化实体。长期生活在"纯"文化态中的人,时日越久,越逃不出滋养他的文化,并且还会非常乐意受这"纯"文化态的控制。这也正是特瑞·伊格尔顿所阐述的:"某个完全脱离文化传统的人,不可能比某个受文化传统奴役的人更自由。"(伊格尔顿,2003)因此,"纯"文化态可能也享有极高的自由,但是却如"超"文化态那样,极有可能也仅仅只是一种"形式的自由"而非"真正的自由",所拥有的只是马克斯·韦伯和哈贝马斯他们界分出的"形式理性"而非"实质理性"。因此,长期处于"纯"文化态,批判和反思能力会渐渐下降直至丧失,进而其文化软实力中的学习力、革新力必然会随之下降。虽则,这时候的凝聚力可能会非常强大乃至于上升到一个某个极点,传播力也因其"纯"而形成一种个性化、差异化极强的文化品性而随之增强;但是,"纯"文化态显见是一种不利于"进化"的文化形态。因此,当"纯"文化态出现时,一般来说,反而迫切需要"超"文化态来打破其平宁死寂,使文化的迁变和演化进入新一轮的循环。

　　当然,这里所阐述的以自由意志为核心,以批判和反思为两翼的文化原动力核心要素:自由意志、批判和反思及其在"超"(S)文化态、"合"(I)文化态、"和"(H)文化态、"纯"(P)文化态这四种"文化形态"的流变,以及在学习力、革新力、凝聚力、传播力等文化软实力中的功能、作用、传导机制、传播路径及演变规律等,都是相对的。首先,这种传导、流变的过程显见是一个"互动"的过程,任何一个文化机体,其文化原动力核心要素、文化形态、文化软实力之间是可以相互传导和双向对流的。所以,图 3-6 中在它们的传导路径中都用了"双向箭头"。同时,任何一个有机体,其内在的各要素、因素相互作用的机理、机制都是复杂的,这里所阐发的文化原动力及其传导机制、路径和基本规律,应当认为都只是一种可能的和基本的规律。其次,文化机体的运行具有突变性和跳跃性,并不是一定就会在"超"(S)文化态、"合"(I)文化态、"和"(H)文化态、"纯"(P)文化态四种"文化形态"之间顺序演化。如洛特曼就认为,人类历史的发展进程并不完全是循序渐进的,其中还充满了许多的不可预测性和突变性。在文化空间中共时地存在着两种相互作用、相互影响的人类文化动态发展的动力模式——渐进式过程与爆发式过程(张海燕,秦启,2010)。许明与花建则认为,根据不同的文化发展动因间的结构性关系,文化发展可以归纳为"稳定形态、转型形态、颠覆形态"三种形态。他们认为,区分出这样三种形态有两大好处,"一方面,它揭示出了文化发展的普遍性规律,即'稳定—转型—颠覆'的发展轨迹;另一方面,作为相对独立的历史组合形态,它也具有理论的普遍性,即我们可以从不同的文化发展阶段上找到'稳定形态''转型形态''颠覆形态'的不同表现"(许明,花建,2005)。但是,无论是洛特曼还是花建、许明等这种对于文化形态的描述,虽然关注到了文化的动态与静态、渐进与突变等方面,有其独到之处,然而,由于任何一个有机系统都必然有从稳定到转型或从稳定到颠覆的过程,都有渐进与突变的可能,这种对文化动力、文化形态的分类和描述,不仅未能识别出文化原动力的核心要素及其与文化形态的流变及文化软实力之间一般的传导过程、作用机理和基本规律等,在我们看来,显得过于笼统、模糊,缺乏实践指导意义。因此,本文坚持主张运用"超"(S)文化态、"合"(I)文化态、"和"(H)文化态、"纯"(P)文化态这样四种"文化形态",以及学习力、革新力、凝聚力、传播力等四种文化软实力,来阐明文化原动力及其传导机制、路径和基本规律。

三、本章小结

通过对以自由意志为核心,以批判和反思为两翼的文化原动力核心要素及其在"超"(S)文化态、"合"(I)文化态、"和"(H)文化态、"纯"(P)文化态等"文化形态"和学习力、革新力、凝聚力、传播力等文化软实力中的传导机制、传播路径和基本规律的揭示,对于进一步考察意志内容的发生机制,有效地运用文化这一既是治理的对象,也是治理的工具的特殊事物,来解释社会的进化、推动社会的进步、提升文化公共治理能力,都有着重大而深远的理论和实践意义。毋庸置疑,无论是对于福山还是对于约瑟夫·奈来说,文化软实力作为软实力中的核心资源,是国家、社会和各类社群组织培育、塑造或治理的重要对象。开展文化公共治理,培育文化软实力的迫切性体现于,如兰德斯在被誉为"新国富论"的《国富国穷》一书中所指出的,"如果说我们能从经济发展史学到什么东西,那就是文化会使局面完全不一样(在这一点上,马克思·韦伯是正确的)"(兰德斯,2010)。而且,文化对一国经济发展所起的以及能起的作用又是不同甚至于截然不同的,"同样的价值观,也许在国内因'坏政府'而受阻,在别处却得到施展"(兰德斯,2010)。由此,可以进一步认为,国家、地区或组织只有具备丰厚的"社会资本"或"文化资本",具有强有力的学习力、凝聚力、革新力、传播力等文化软实力,才能真正实现科学可持续地发展。与此同时,文化天然独具的公共性,决定了文化和文化动力都必然的是"全社会性"的社会现象。因而,论及文化,首先是必须延伸到整体社会。要从整体社会结构和性质的复杂变化状况进行综合观察和探索。而且还要从文化与社会文化各个领域的互动和相互渗透的角度,从它同全体社会成员的心态和精神状况的紧密关系方面进行研究,才能对它的性质及其运作逻辑、运行机制等有更全面和深入的认识。同时,还需要延展到自然生态和人文环境。这就使得所谓的文化公共治理仅仅是"以人为中心"就显得心胸狭隘,必须拓展到以天、地、人的为中心(吴福平,2012)。从对"整体社会"和自然生态、人文环境来谈论文化动力功能,那么,如诺斯仅仅从经济学视角把文化的动力功能降格为成本收益的讨论(诺斯,1994),或者如怀特将文化发展程度演绎成人均掌控的能量数量及技术运用的效率等(White,1959),势必会对文化造成系统性的伤害。从中也可以让我们更深刻地领会党的十八大、十九大提出的"五位一体"发展总体布局的重大而深远的理论和现实意义,并且显见的是我党在政府实践、治国理政上对人类文明和社会治理理论的又一重大突破和重大贡献。

21世纪的管理或治理研究已经或正在发生着重大转折,那就是从管"有"向理"无"的转变。"有"可包括:人、财、物、产、供、销;"无"可包括:隐性知识、隐形秩序、隐藏动力。相应地,文化研究也亟须从静态的功能性的研究和描述,转向动态的规律性的研究和实践。文化公共治理功能的有效发挥,需要强化对文化的这种动态的规律性、实践性研究。事实表明,任何实践一旦触及文化,一般就会进入一种境界。这就无怪乎,日常生活和实践中,经常可以听到各种以文化名义或命名的行动和活动;乃至于人们的衣、食、住、行,只要有文化现身并参与其中,一般就会成为一道景观。尽管有时亦有泛用、泛化的嫌疑,其所表达的正是一种关于文化的愿景和向往。国家和社会治理实践踏上文治之路,其实质是,不仅走上了文化这么一条绿色通道;而且,也意味着或者是证明了,经过长期的探索和实践,为了穿透政治与行政的壁垒,实现效率和价值的融合,国家治理可望进入一种新境界,乃至几近于某种意义上的最高境界——通向文治之路。践乎人文,方可化成天下。如果说通常意义上的公共管理应当走向文化公共治理,那么,社会治理在文化公共治理中将有望既能有一个更为明确的值得追求的目标,也可以在文化公共治理中夯实文化软实力、提升社会质量并进而实现治理能力的全面提升。理论与事实都可以实证,人类智性将永远不可能大规模地、有效地、令人信服地解决公共领域的诸如"囚徒困境"和"公地悲剧"等顽疾。社会治理只有添上文化的"油",才有望重获力量;插上文化的翅膀,方能在最根本的意义上解决治理领域效率与公共性的平衡,以期重展新姿。社会治理的方向,理当在文化原动力的撑扶下实现文治,创造出富有价值的"效率"和富有价值的"公共性",创造富强民主文明和谐美丽的社会与"和"文化形态,进而在精心培育、全面塑造全社会的学习力、革新力、凝聚力、传播力等文化软实力的同时,达致文化了的经济、文化了的社会、文化了的世界!

第4章 "理想国"与"小国寡民"社会文化原动力及传导机制分析

　　国家理论关于理想的和有希望的国家构建问题,经历了古典主义、现代主义和后现代主义三个阶段的论争,却没能求得一个相对一致的结论。柏拉图建基于永恒的正义,以一种哲人王理性与城邦理性同构性的目的论假设,试图建立基于人的自然等级秩序的等级制理想国,开创了国家理论的西方理性主义传统。康德继承了柏拉图主义,将理性能力赋予了道德自律的个体——纯粹理性"自我",试图建立以理性选择的个体为基础的国家,并把国家的"立法权、执法权、司法权"分别作为三段论的大前提、小前提和结论来展开他的国家理论构建。罗尔斯主张,"自我优先于目的,目的由自我确认"(罗尔斯,1988),进而反驳所有形式的目的论,认为即便是一个崇高的、好的目的也不能强加于个人,自我完全有能力和自由跳出置身其中的社会关系和被共同体赋予的社会角色,按照理性命令完全自由地进行自我决定。与康德一样,罗尔斯希望以有理性的个体为基础建立国家。批评者认为,罗尔斯的自由主义威胁到了自由主义所确信的"个人自律、责任以及人类尊严和自我尊重",有陷入道德虚无主义和相对主义的危险。正如桑德尔所指出的,罗尔斯错置了个人与共同体之间的关系,一方面,个体只能在某种目的的比较中做出选择;另一方面,共同体不仅构建了个体的自我,也是构成个体身份的构成性"纽带"(桑德尔,2001)。桑德尔进而提出了被人们认为有共同价值侵犯个人自由和"束缚"风险的社群主义理论。为了应对相主义和虚无主义的问题,现代的柏拉图主义者施特劳斯(L. Strauss)主张复兴柏拉图的理性主义传统,并模仿他建立了上智下愚、金银铜铁的自然等级的政治秩序。被苏珊·哈克(Susan Haack)认定是"夸夸其谈哗众取宠的犬儒主义者"和"粗俗的实用主义者"(哈克,2003),被德沃金认为"只在我们抵达各种解释信念和政治信念终点之时才来凑热闹"(德沃金,2012)的新实用主义者罗蒂,运用无根基的共同体理论构建的"无根基的国家",是柏拉图、康德、罗尔斯传统彻底的反叛者和颠覆者,他在批判西方传统的超越历史观和普遍人性观的同时,一方面坚持自由民主社会的基本价值观和信念,另一方面又承认所坚持的信仰、价值以及用以描绘自我和世界的终极词汇都是历史和环境的偶然产物。不过,这些偶然的"信念"依然可以约束行动,依然能够吸引人们为之而死(罗蒂,2003)。因为"'有基础'也会不稳固,'没有基础'也并不一定比'有基础'更不稳固"。真正的对话"不是两种永恒正确知识之间的相互对话,不是两种绝对真理之间的你死我活厮杀,而是两种有差异的地方性知识进行对话,对话可能会产生交叠共识(罗尔斯),我们将这种共识称为'真理'"(张鑫炎,2017)。因此,在罗蒂看来,这个无根基的国家是有希望的国家,它不再虚构价值体系,不再从任何权威那里寻找自身的合法性来源,它是自我创造的国家,创造自己的诗歌,创造自己的崇高和权威。针对没有永恒的正义所导致的可能陷入缺乏标准和"怎么都行",甚至没有服从依据的"混乱无序",罗蒂认为,即便没有永恒的标准,如自由、人权和避免残酷等自身具有价值的理想仍然能够自我辩护,这是历史和经验所证明了的事实,因为缺少这些核心价值,人们将"不能实现他们私人的救赎、创造他们私人的想象、或按照他们所邂逅的新人和新书来重新编织他们自己的信念和欲望之网"(罗蒂,2003)。但是,正如对于古典主义者、现代主义者那种超越了历史与偶然性的信念,后现代主义及怀疑论者可以质问:"你如何知道它们是在表述真理呢?"(哈克,2003)同样,对于罗蒂这样的新实用主义者,古典主义者和现代主义者亦足以质疑:"你如何确保具有差异性和地方性对话能够产生'交叠共识'并成功生产'真理'呢?"再者,罗蒂的"反讽"真的能成功地"讽刺挖苦自己"吗?就如同在先验论和经验论之间摇摆不定的哈贝马斯的"交往理性",即便有罗蒂的"反讽的自由主义"来做"安保",恐亦难以确保交往行动的真实性、正确性和真诚性。鉴于上述,我们认为,关于理想的和有希望的国家构建问题依然是一个问题,并且,需要从理性主义丰厚的传统、现代主义的种种质疑以及后现代主义的无情解构和"反讽"中,广泛地汲取一切可能的智慧和养料,才可能有新的希望。因为,国家和国家理论的构建是从传统理论中跌入纷争的,我们决意回到柏拉图的"理想国"以及中国老子"小国寡民"的"建国"理念,并从文化动力的角度,来重新审视国家和国家理论的建构问题。

老子(约前571—前471)和柏拉图(前427—前347),东、西方两位哲学巨人,分别从两个截然不同的角度,思考了他们所认为的"理想"国家和国家建构问题,并且都对后世产生了持续和深刻的影响。关于老子的《道德经》和柏拉图的《理想国》是一部关于什么的著作,一直是老子研究和柏拉图研究争论的焦点。主要有两种主张:一种主张认为都是政治学或政治哲学著作,另一种认为主要涉论道德哲学(或伦理学)问题。其实,这两种主张本质上是同一问题的两个方面、两个面向。因为公共的就应当是道德的,在公共领域如果回避或者是忽视道德的审视,就无法把握公共领域的性质(张康之,2002)。讨论政治哲学必然要涉及道德伦理问题,讨论道德伦理问题也必然要生发出公共性以及在有效构建有德性的私人领域基础上的公共道德建设问题,以及在有效构建有德性的公共领域基础上的私德伦理培育问题。另一方面,正如唐君毅指出:"道德自我是一,是本,是涵盖一切文化理想的。"(唐君毅,2005)无论是从社会学功能主义抑或是人类学符号主义路径考察,包括社会管理活动在内的人类一切活动,无不是在创造文明,也因此无不就是文化活动。从这个意义上说,一切社会问题以及管理中所面临和出现的所有问题,本质上无不就是文化问题(吴福平,2012)。因此,老子的《道德经》及其"小国寡民"思想和柏拉图的《理想国》两种截然不同的"建国"理念,都很有必要从文化或文化动力系统分析的角度来加以重新审视,以考察这两部不朽著作的目的、意义及其同异。本研究运用文本学研究方法,充分利用和借鉴最新的文献学成果,全面阅读经典文本,并在此基础上,从文化动力系统分析的角度来讨论这样几个问题:为什么老子提倡"绝圣弃智"而柏拉图认为必须拥立一个"哲人王"? 这两种截然不同的"建国"思想,所可能产生的文化动力有何异同? 是老子的"邻国相望,鸡犬之声相闻,民至老死不相往来"的"小国寡民"社会,还是柏拉图的"国家大到还能保持统一"的"最佳限度"的"理想国"更"理想"(柏拉图,1986)或者是更具有文化动力呢? 弄清楚这些问题,可能更容易搞清楚东西方两位哲学巨人的"建国"初衷,以及《道德经》和《理想国》到底是关于什么的著作、"理想国"是否"理想"等问题,也更能回应现代主义对于国家理论的种种质疑以及后现代主义的无情"解构"和"反讽"。

一、柏拉图"理想国"文化原动力传导机制分析

关于《理想国》是一部政治哲学著作的主张,主要来自施特劳斯(L. Strauss)及其追随者如 Benardete、Rosen 等(Strauss,1964;Benardete,1989;Bloom,1991;Rosen,2005),他们以传统形而上学的雄心壮志,全面继承了柏拉图的建国理念。成官泯认为:"柏拉图最伟大的政治哲学著作,或

者说古今最伟大的政治哲学著作就是《理想国》……它的主题是哲人与城邦,而哲人与城邦的故事是一个永无结局的故事。"(成官泯,2008)柏拉图在《理想国》第四卷也开宗明义地指出:"当前我认为我们的首要任务乃是铸造一个幸福国家的模型来,但不是支离破碎地铸造一个为了少数人幸福的国家,而是铸造一个整体的幸福国家。"(柏拉图,1986)另有一种观点认为,《理想国》不是或者不仅仅是一部政治哲学著作,《理想国》主要处理的不是或者不仅仅是政治学或政治哲学关心的涉及国家学说、政治理论、政治制度和政治思想史以及人与社会应当有怎样的关系问题,而是着重讨论了幸福论框架下的道德哲学(或伦理学)长期关注的一个人应该过怎样的生活以及人为什么要有道德的基本问题;《理想国》不只是一部政治哲学著作,并且不主要是一部政治哲学著作,而是一部道德哲学或一部反政治的著作。沃特菲尔德(R. Waterfield)认为,《理想国》本质上关注的是"道德的本性以及道德怎样使人的生活日臻完备"问题(Waterfield,1993)。张波波认为:"与其说《理想国》的重心在于城邦,不如说它主要关注的是什么是正义、正义是不是一种美德、正义对于正义的人来说是不是好或是否能带来幸福,以及个体是否应该正义的伦理学核心问题。"(张波波,2016)对于柏拉图在《理想国》中所阐述的政治哲学和政治思想,也有两种不同的主张。波普尔(Karl Popper)认为,柏拉图指的城邦是一个不同于其公民的实体,正义之邦或者说"理想国"的宗旨在于提升这个"超级有机体"(super-organism)的幸福,而不是致力于提升其成员的幸福。《理想国》本质上是一种极权主义的产物(Taylor,1986)。泰勒(Christopher Taylor)则认为,柏拉图是一个心怀善意的"主张家长式统治的人"(paternalist),理想城邦中的哲人统治者应该像父母对待孩子一样对受其管理的公民负责(Taylor,1986)。G. Fine 认为,《理想国》偏爱"家长式统治"(paternalism)胜于其他类型的统治,本质上并不是因为它把城邦这样的"超级有机体"的利益看得重于个体的利益,而是因为理想上正义的城邦将会提供生活在其中的每个个体尽可能幸福的最大机会(Fine,1999)。此外,以往的研究还从美好城邦(Kallipolis)的乌托邦主义(utopianism)、女权主义(feminism)和极权主义(totalitarianism)等几个角度出发来探讨"理想国"的理想性问题。以往的研究显见忽略了这样一个重要事实,那就是,任何的公共性事务的展开都必然地要经由或者是面对文化了的或者是正在被文化的人,一切社会问题以及管理中所面临和出现的所有问题,本质上无不就是文化问题。因此,从文化和文化动力的角度深入,讨论柏拉图推出"哲人王"的"文化原动力"意义以及"理想国"的文化软实力和"五种政制"流变中的主导价值观、文化形态等问题,既是一个全新的视角,也可能更具有启发性。

(一)"理想国"文化原动力分析:哲人王是否可以承担起治理城邦的重任

柏拉图在"理想国"的构建中,通过"日喻",表示希腊理性目的论的最高点——"至善",它如太阳那样照亮了认识的对象,也给予我们的"眼睛"以认识能力;"线喻",描绘了从现象世界到知识世界、从意见到知识或者真理、从意见的碎片到真理的整全的上升过程;"洞喻",能够摆脱束缚,走出洞穴看见至善之光的是政治哲人,他们返回洞穴成为"立法者",因为他们获得了永恒的关于良善生活和良善国家的知识,能以全面的方式解决政治生活中不断出现的政治纷争。与此同时,按照他自己的说法,主要是掀起了"三个浪头",做了两件事。这三个浪头包括:第一个浪头是男女平等的法律问题,规定了男的护卫者与女的护卫者必须担任同样的职务,并且论证了这不仅是可行的,而且也是有益的(柏拉图,1986)。第二个浪头是妇女儿童公有问题。规定任何人不得与任何人成立一夫一妻的小家庭,儿童公有。最好的男人必须与最好的女人尽可能多地结合在一起;反之,最坏的男人与最坏的女人要尽少地结合在一起。最好者的下一代必须培养成长,最坏者的下一代则不予养育,生下来有先天缺陷的孩子,要将他们秘密处理掉(柏拉图,1986)。第三个浪头,柏拉图说"也是最大最厉害的一个浪头",并且"就是为此把我淹没溺死在讥笑和藐视的浪涛当中,我也愿意"(柏拉图,1986),那就是要想建立一个善的、健康的、整体幸福的国家,"除非哲学家成为我们这些国家的国王,或者我们目前称之为国王和统治者的那些人物,能严肃认真地追求智慧,使政治权力与聪明才智合而为一",否则的话,"对国家甚至我想对全人类都将祸害无穷,永无宁日"(柏拉图,1986)。柏拉图做的两件事:第一件事是研究了"什么是正义""什么是不正义"问题。在《理想国》中,玻勒马霍斯认为正义就是以善待友,以恶对敌;色拉叙马霍斯认为正义就是强者的利益;克法洛斯认为正义就是欠债还钱。柏拉图借苏格拉底之口,对这些人的观点一一进行了反驳。他同时认为,善有三种,一种是喜欢它本身,而不管也并没有什么后果,不过快乐而已,如欢乐和无害的娱乐;另一种是只管结果而不一定喜欢它本身,如体育锻炼及学习医术等各种赚钱之术;还有一种是既喜欢它本身也喜欢它的后果,如明白事理、视力好、身体健康之类。正义是最后一种,也是其中最好的一种。正义有个人正义,也有城邦正义。

就个人正义而言,"一个人要想快乐,就得爱它——既因为它本身,又因为它的后果"。也就是说,一个人要想真正快乐,就必须正义。同时,"我们每一个人如果自身内的各种品质在自身内各起各的作用,那他就也是正义的,即也是做本分的事情的"(柏拉图,1986)。就城邦正义而言,人类生存首先需要食物和住所,其次是衣物等其他生活用品,所以需要提供这些东西的人,如工人、农夫等。因为每个人的需求不同,所以需要各种各样的人,承担不同的角色,人们住在一起,就变成了城邦。在城邦里,人们可以将生产出来的物品进行交换。当城邦发展得越来越大时,因为人民的需求与欲望,就不可避免地会发生纷争,由于出现了纷争,就需要城邦保卫者。因此,城邦社会被划分为三个阶层:统治者、护卫者、生产者。"国家的正义在于三种人在国家里各做各的事"(柏拉图,1986),"全体公民无例外地,每个人天赋适合做什么,就应该派给他什么任务,以便大家各就各业,一个人就是一个人而不是多个人,于是整个城邦成为统一的一个而不是分裂的多个"(柏拉图,1986)。作为一个幸福的国家整体,"我们必须劝导护卫者和辅助者,竭力尽责,做好自己的工作。也劝导其他的人,大家和他们一样。这样一来,整个国家将得到非常和谐的发展,各个阶级将得到自然赋予他们的那一份幸福"(柏拉图,1986),这样就可以实现虽然目前还仅仅是"用词句在创造的一个善的国家"(柏拉图,1986)。同时,一个健康的国家必须拥有节制、勇敢、智慧和正义这样四种品质,而且,在完善国家方面,能与其余三者较量能力大小的这个品质就是正义。因为,正义的自然是节制的,正义的必定是勇敢的,正义的也必然是有智慧的。总体上说,正义的总原则就是"每个人必须在国家里执行一种最适合他天性的职务"(柏拉图,1986)。在敬业爱岗方面,"正义就是只做自己的事而不兼做别人的事";在遵纪守法方面,"正义就是有自己的东西干自己的事情"(柏拉图,1986),等等。柏拉图在《理想国》中做的第二件事是,"设法寻找和指出在现行的那些城邦法制中是什么具体缺点妨碍了他们,按照我们所描写的法制去治理它,有什么极少数的变动就可以导致他们所企求的符合我们建议的法律;如果一项变动就够了,那是最好,如果一项不行,就两项,总之变动愈少愈是理想"(柏拉图,1986)。柏拉图认为,有一项变动可以引起所要求的改革,这个变动并非轻而易举的,但却是可能实现的,那就是由哲学家来治理城邦。归结起来看,柏拉图在《理想国》中运用"日喻""线喻""洞喻"以及所掀起的这"三个浪头"和所做的"两件事",最终来说,都是为了推出一个能走出"洞穴"看见智慧之光、能摆脱意见的碎片获得真理的整全的、至善的政治哲人——"哲人王"。那么,在柏拉图看来,"理想国"为什么需要一个哲人王,这样的哲人王又为什么能够承担起治理城邦的重任呢?

首先需要关注的是,柏拉图是从既关爱被统治者,也关爱统治者的角度来谈论这个问题的。在《理想国》中,柏拉图借格劳孔的口指出,权力就像吕底亚人古各斯祖先的"金戒指",因为戴上后具有隐身功能,就可能把坏事干尽,恶事做绝。柏拉图认为,在任何场合之下,一个人只要能干坏事,他总会去干的(柏拉图,1986)。"如果谁有了权力不为非作歹,不夺人钱财,那他就要被人当成天下第一号傻瓜,虽然当着他的面人家还是称赞他——人们因为怕吃亏,老是这么互相欺骗着"(柏拉图,1986)。好人最大的惩罚是你不去管人,却让比你坏的人来管你。好人怕这个惩罚,所以勉强出来。"假如全国都是好人,大家会争着不当官,像现在大家争着要当官一样热烈。那时候才会看得出来,一个真正的治国者追求的不是他自己的利益,而是老百姓的利益。所以有识之士宁可受人之惠,也不愿多管闲事加惠于人"(柏拉图,1986)。"当统治权成了争夺的对象时,这种自相残杀的争夺往往同时毁了这个国家也毁了统治者自己"(柏拉图,1986)。柏拉图进而认为,因为除了"真正的哲学生活"外,不能举出别的什么能轻视政治权力,因此,唯有真正的哲学家才能做到不爱权力,不然,势必会出现对手之间的争斗。那么,哲学王为什么既能够不爱权力又能承担起治理城邦的重任呢?根据柏拉图在《理想国》中的阐述,从文化原动力的角度看,正是因为哲人王具有自由意志(求善)和反思(求真)、批判(求美)能力。柏拉图指出,真正的哲学家绝不会被千差万别的多样性搞得迷失方向。他们毕生追求善和善的理念,因为"善是知识和真理的源泉,又在美方面超过这二者"(柏拉图,1986),知识和真理都是美的,但善的理念比这两者更美。"知识的对象不仅从善得到它们的可知性,而且从善得到它们自己的存在和实在,虽然善本身不是实在,而且在地位和能力上都高于实在的东西"(柏拉图,1986)。这样的人是真正爱智慧的人,不是爱智慧的一部分,而是爱它的全部;不仅永远酷爱那种能让他们看到永恒的不受产生与灭亡过程影响的实体知识,而且也能把握每一事物的理念(柏拉图,1986)。正如斯宾诺莎所说,"只依照理性指导的人是自由,所以一个生来就自由并能保持自由的人,只会具有正确的观念"(斯宾诺莎,1983)。由此可见,柏拉图笔下的"哲人王"首先是具有自由意志,而且具有如康德和黑格尔所说的"积极的"、真正的而非形式的自由,所以不但不会在错综复杂的现象世界"迷失方向",而且能够始终具有斯宾诺莎所强调的"正确的观念"或"真观念",能够把握每一事物的"理念"和在美方面高于实在、也高于知识和真理的"善"(可见,在柏拉图那里,真—善—美三者有一个严格的顺序:美大于善,善大于真。今天看来,其意义同样深远。显见,只求美、善,不求真,容易陷入玄想;不顾美、善,只求真,只追求知识的工具性、功利性,后果当然更是堪忧)。同时,这样的人也必然具有真正的反思能力和求真精神。柏拉图指出,真正的哲学家是那些眼睛盯着真理的人,他们绝不会被意见所左右,"意见就是知识和无知两者之间东西"(柏拉图,1986),他们永远不愿苟同一个"假"字,而是努力追求全部的真理和真理的全部(柏拉图,1986)。"追求真实存在是真正爱知者的天性;他不会停留在意见所能达到的多样的个别事物上的,他会继续追求,爱的锋芒不会变钝,爱的热情不会降低,直至他心灵中的那个能把握真实的,即与真实相近的部分执着触到了每一事物真正的实体,并且通过心灵的这个部分与事物真实的接近,交合,生出了理性和真理,他才有了真知,才真的活着成长着;也只有到那时,他才停止自己艰苦的追求过程"(柏拉图,1986)。他也具有在康德看来非学校教育所能补救的"天赋之判断力"(康德,1960),并且能用以求美。相对于"那些只看到许许多多美的东西,许许多多正义的东西,许许多多其他的东西的人,虽然有人指导,他们也始终不能达到美本身,正义等等本身。关于他们我们要说,他们对一切都只能有意见,对于那些他们具有意见的东西谈不上有所知"(柏拉图,1986)。这样的人只能算是"爱意见者",不是"爱智者"。而真正的哲学家"能够理解美本身,就美本身领会到美本身",能够分别美本身和包括美本身在内的许多具体的东西,又不把美本身与含有美的许多个别东西,彼此混淆(柏拉图,1986)。与此同时,柏拉图还认为,一个人的欲望在一个方面强时,在其他方面就会弱,当一个人的欲望被引导流向知识及一切这类事情上去时,他就会参与自身心灵的快乐,不去注意肉体的快乐,这样的人一定是有节制的,是无论如何也不会贪财的;哲学家在无论是神还是人的事情上总是追求完整和完全的,所以没有什么比器量窄小和哲学家的这种心灵品质更其相反的了;一个人眼界广阔,观察研究所有时代的一切实在,他也不会把死看作一件可怕的事情,因而也绝不会是一个胆怯和狭隘的人。所以,与真和真理相近的人,总是显得公正温良、反应敏锐、记忆良好、做事天然有分寸的(柏拉图,1986);相反,"一个人如果不是天赋具有良好的记忆,敏于理解,豁达大度,温文尔雅,爱好和亲近真理、正义、勇敢和节制,他是不能很好地从事哲学学习的"(柏拉图,1986)。也就是说,真正的哲学家必然同时兼具他在《理想国》中强调的智慧、节制、勇敢和正义等高贵品质。归结上述,柏拉图所强调的"真正的哲学生活"是一种集真、善、美于一体的整体幸福的生活,"真正的而非冒牌的哲学家",是一个具有积极自由精神和反思、批判能力的人,是一个终其一生追求真、善、美的人。所以,在柏拉图看来,哲人王不但能够做到不爱权力,制订和执行善的法律,而且也能够承担起教化民众、净化社会的重任。从文化动力系统分析的角度看,哲人王因为具有自由意志(求善)、反思(求真)和批判(求美)能力,应当有足够的能力给城邦的生存和发展注入不竭的文化原动力。一个终其一生全心全意追求真、善、美的人,也可能的确有能力打造出一个整体幸福的国家。

（二）"理想国"文化软实力分析："哲人王"治下的"理想国"是否"理想"

柏拉图的"理想国"十分注重文化建设。柏拉图认为,一个幸福的国家整体及其公民需要具备智慧、节制、勇敢、正义等高贵的品质(柏拉图,1986)。那么,如何来塑造这些品质呢? 柏拉图提出要从德、智、体、美四个方面展开。在德育方面,"为了使我们的护卫者敬神明,孝父母,重视彼此朋友间的友谊,有些故事应当从小就讲给他们听,有些故事就不应该讲给他们听"(柏拉图,1986)。在讲关于神的故事时,他还制定了两个标准,第一个标准认为神是善的原因,不是一切事物的原因(柏拉图,1986)。"神和人都尽善尽美,永远停留在自己单一的既定形式之中"(柏拉图,1986)。因此,故事"应该写出神之所以为神,即神的本质来,无论在史诗、抒情诗,或悲剧诗里,都应该这样描写"(柏拉图,1986)。第二个标准是,讲故事、写诗歌谈到神的时候不应当把他们描写成"随时变形的魔术师",因为在言行方面,神不是那种用谎言引导我们走上歧途去的角色(柏拉图,1986)。同时,由于我们不知道古代事情的真相,为了达到训导的目的,可以运用善意的谎言,利用假的传说,并且尽可能地做到以假乱真。柏拉图认为在国家治理中,这样的"善意的谎言"对于神明毫无用处,"但对于凡人作为一种药物,还是有用的。那么显然,我们应该把这种药物留给医生,一般人一概不准碰它"(柏拉图,1986)。同时,"假使有人说,神虽然本身是善的,可是却产生了恶。对于这种谎言,必须迎头痛击。假使这个城邦要统治得好的话,更不应该让任何人,不论他是老是少,听到这种故事(不论故事是有韵的还是没有韵的)"(柏拉图,1986)。在智育方面,重要的是要根据社会分工培育专业化人才。柏拉图认为,"人性好像铸成的许多很小的钱币,它们不可能成功地模仿许多东西,也不可能做许多事情"(柏拉图,1986)。每个人只能干一种行业而不能干多种行业,如果他什么都干,一样都干不好,结果一事无成(柏拉图,1986)。在美育方面,柏拉图认为,"儿童阶段文艺教育最关紧要。一个儿童从小受了好的教育,节奏与和谐浸入了他的心灵深处,在那里牢牢地生了根,他就会变得温文有礼;如果受了坏的教育,结果就会相反"(柏拉图,1986)。同时,他特别强调,好言辞、好音调、好风格、好节奏都来自好的精神状态,"所谓好的精神状态并不是指我们用以委婉地称呼那些没有头脑的忠厚老实人的精神状态,而是指用来称呼那些智力好、品格好的人的真正良好的精神状态"(柏拉图,1986)。因而,"我们不应该追求复杂的生活节奏与多种多样的韵律,我们应该考虑什么是有秩序的勇敢的生活节奏,进而使音步和曲调适合这种生活的文辞,而不是使这种生活的文辞合音步和曲调"(柏拉图,1986)。"我但愿有一种曲调可以适当地模仿勇敢的人,模仿他们沉着应战,奋不顾身,经风雨,冒万难,履险如夷,视死如归。我还愿再有一种曲调,模仿在平时工作的人,模仿他们出乎自愿,不受强迫或者正在尽力劝说、祈求别人,——对方要是神的话,则是通过祈祷,要是人的话,则是通过劝说或教导——或者正在听取别人的祈求、劝告或批评,只要是好话,就从善如流,毫不骄傲,谦虚谨慎,顺受其正。就让我们有这两种曲调吧"(柏拉图,1986)。"我们不需要用许多弦子的乐器,不需要能奏出一切音调的乐器",只剩下七弦琴和七弦竖琴,城里要用这些乐器,在乡里牧人则吹一种短笛(柏拉图,1986)。在体育方面,凭一个好的身体,不一定就能造就好的心灵、好的品格。相反,有了好的心灵和品格就能使天赋的体质达到最好。因而在音乐教育之后,并且必须接受美育之后或同时,年轻人应该接受体育锻炼。护卫者必须从童年起就接受严格的训练以至一生(柏拉图,1986)。一个人"在心灵有内在的精神状态的美,在有形的体态举止上也有同一种的与之相应的调和美——这样一个兼美者,在一个能够沉思的鉴赏家眼中岂不是一个最美的景观"(柏拉图,1986)?由此可见,为了净化这个城邦,为了建立一个"健康的""整体幸福的"理想国,柏拉图在德、智、体、美方面的构想是精细的,为达目的也需要做许许多多具体、细致的工作,因而,正如柏拉图自己所说,这个城邦"太奢侈"了(柏拉图,1986)。

柏拉图尽管高度重视对他所构想的"理想国"做具体的净化、教化、文化工作,然而,由于这个城邦建立所依赖的原则是理性的自然秩序和一种特许的哲学家—哲人王理性—城邦理性同构性假设(张鑫炎,2017),以及主张妇女儿童一律公有,秘密处理残疾儿童,必要时把谎言或善意的谎言当"药物"使用,在德育方面限定了故事内容,在音乐艺术教育方面甚至规定了曲调、曲风、节奏和乐器等等。批评者认为,柏拉图在这些方面存在明显的极权主义和愚民政策倾向。从文化原动力的角度看,柏拉图推出的那个"哲人王"的确拥有意志自由(求善)和反思(求真)、批判(求美)能力,但是,在今天的文化和治理理论来看,恐怕也难以确保城邦整体能够具有积极自由能力和反思、批判精神的文化原动力,以及学习力、革新力、创新力、传播力等文化软实力。这是因为,"哲人王"个人有"文化",城邦整体不见得就有"文化",并且即便这个城邦人人都有文化,人人都被净化、教化成为具有德、智、体、美全面发展及智慧、节制、勇敢、正义等高贵品质的个体——这当然是值得推崇和向往的,也是城邦文化管理或公共治理的一个重要方面,但是,"理想国"作为一个集体或整体仍然需要关注另一个重要问题,即需要重视规避"文化公地悲剧"。所谓"文化公地悲剧"如前一章所述,是指:一家、一族、一组织、一团体、一区域,即便是人人看上去都很有文化,人人或都自以为很有文化,或者人人都教化成为德、智、体、美全面发展的人,群体、集体或整个区域仍然极有可能没有文化,进而成为冷淡漠视、扯皮内耗、猜忌踩压、散漫憋闷、乌烟瘴气,或者是重经验、反创意、拒绝沟通、反对学习、暮气沉沉的乌合之众,成为没有是非观念和群体合力的组织(含企业组织),成了没有公共伦理和德性准则的社会,成为文化的沙漠,进而使集体的力量消散在未知处,意志消散在未知处,责任消散在未知处,精力耗费在错综复杂的人际关系场中,直至方向泯灭、团队溃不成军,造成严重的"文化公地悲剧"(吴福平,2014)。正如成中英在批评中国传统文化试图通过"诚意、正心、修身、齐家",便去"治国、平天下"的儒家理想时所指出的,这是非常理想化的。这种企图"以道德人、文化人为基础来发挥政治人、经济人的功能",实际上模糊了"个人人格层次"和"社群秩序层次"。这是两个截然不同的层次:"固然,所有个人都完善了,社会也可以说为完善,但我们无法个别完善所有的个人以完善社会,而必须同时发展及改进社会以提供或促进完善个人的机会与条件。从这个意义说,中国传统文化有其不变可行的个人德行与伦理社群的理想,但却缺乏了社群理性与功能性的管理意识的运作。"(成中英,2001)柏拉图在这一点上,看起来也犯了中国儒家同样的错误,似乎"哲人王"一个人或者统治者少数人"诚意、正心、修身、齐家"了,便可以去"治国、平天下"。这同样也是非常理想化的,如果柏拉图的"理想国"缺乏如成中英所说的"社群理性与功能性的管理意识的运作",那么,即便"哲人王"或者统治者少数人拥有积极自由和批判、反思等文化原动力,不仅难以保证能成功培育出整个城邦的学习力、革新力、凝聚力和传播力等文化软实力,而且,如不懂得文化公共治理,仍然可能使整个城邦陷入"文化公地悲剧"。复次,文化是流变的、动态的。柏拉图尽管也注意到了城邦治理中文化的动态性、流变性问题,如他在论及音乐艺术和体育教育时,强调指出,领袖们必须坚持注视着这一点,"不让国家在不知不觉中败坏了。他们必须始终守护着它,不让体育和音乐翻新,违犯了固有的秩序"。特别是,"因为音乐的任何翻新对整个国家是充满危险的,应该预先防止。因为,若非国家根本大法有所变动,音乐风貌是无论如何也不会改变的"。护卫者必须在音乐里"布防设哨",因为这种"非法"容易悄然潜入,"悄悄地流入人的性格和习惯,再以渐大的力量由此流入人与人之间的关系,再由人与人的关系肆无忌惮地流向法律和政治制度……它终于破坏了公私方面的一切"(柏拉图,1986)。尽管这里同样流露出柏拉图的文化极主义倾向,然而,他能注意到文化的动态性、流变性等问题,仍然可以认为,柏拉图对于城邦文化公共治理具前瞻性和预见性。但是,由于"理想国"可能很多时候要处于统治者编造的"善意的谎言"中,而且,整个城邦被打造成了一个"超级有机体",最终打造成了"一个人",这个超级有机体就有可能由于"一致性"过高,而使城邦整体丧失自由意志,失去批判和反思能力,因而就极有可能丧失自由意志(求善)、反思(求真)、批判(求美)等文化原动力。柏拉图认为,一个国家的最大的善,或者说一个管理得好的国家比之于个人的身体,各部分苦乐同感,息息相关。他们一切公有,一身之外别无长物,这使他们之间不会发生行凶斗殴、诉讼纠纷,他们最好还是对什么叫自己的有同一看法,行动有同一目标,尽量团结一致、甘苦与共(柏拉图,1986)。从文化软实力来看,这个城邦可能有着强大的凝聚力,然而,基于任何一个动态复杂的文化机体,一致性是存在的理由,差异性是活力的源泉的全新认知(吴福平,2012),"理想国"这样的超级有机体,由于"一致性"过高,虽则有可能具有如柏拉图所构想的强大的"内敛—认同"的凝聚力,但是,却可能不具备"外张—认同"的传播力。从柏拉图用词句构建的"理想国"出炉之日起,就遭遇种种非议和质疑,现实中看来也从未出现过他的"理想国"就是明证。另一方面,由于"一致性"过高,文化原动力丧失,城邦整体失去了多样性、多元化和差异性的文化活力,也极有可能进而失去学习力和革新力,因而也难以培育出学习型和创新型社会,势必阻碍整个城邦的生存和发展。

(三)《理想国》"五种政制"文化形态分析:五种政制流变的内在必然性

根据文化的实践性定义,在不同文化时间和文化空间中流变的文化实体,文化的内在制度(潜规则)与外在制度(显规则)在互动中可以表现为:不相容(或完全不相容)、基本相容、相容、完全相容,也因此表现出"超"文化态、"合"文化态、"和"文化态、"纯"文化态这四种"文化形态"(吴福平,2006)。在《理想国》中,柏拉图罗列了"五种政制",并且考察了每一种政制的主导价值、社会特征及个人品性等问题。从柏拉图的阐述中可以看出,这五种不同的政制产生了截然不同的国家、社会和个人品性,整个国家也处于全然不同的文化形态之中。根据柏拉图的描述,可以把这"五种政制"的主导价值、社会特征、民性特点及其文化形态列表如下(表 4-1)。

表 4-1 "五种政制"的主导价值、社会特征、民性特点及其文化形态

	主导价值	社会特征	民性特点	文化形态	一般流变趋势
贵族政制	正义	金、银、铜、铁四种人,统治者、护卫者、生产者,每个人都做着天然适宜于自己的工作;妇女公有、儿童公有、全部教育公有;所有人像"一个人",同处一国,同遭一遇,团结一致,和谐稳定。	德、智、体、美全面发展;富有正义、智慧、节制、勇敢等高贵品质。哲人王是那些被证明文武双全的最优秀人物。	"和"文化态	
荣誉政制	荣誉	金、银、铜、铁四种人开始混杂。少数人的统治,铜铁集团趋利,金银集团趋向美德和秩序。向善之心不纯,大部分时间从事战争,勇敢起主导作用,好胜争强,贪图荣名。统治者品质混杂,一方面爱钱,另一方面又不被许可公开捞钱,秘密地寻欢作乐,避开法律的监督。重视体育,放弃音乐艺术和说服教育。善恶混杂的政治制度。	比较自信和比较缺乏文化;年轻人在理性与欲望和激情两种力量的较量中成为折中性的人,自制变成了好胜和激情之间的状态,成为一种傲慢的喜爱荣誉的人。	"合"文化态	

续表

	主导价值	社会特征	民性特点	文化形态	一般流变趋势
寡头政制	财富	金、银、铜、铁四种人全面混杂。私人手里的财产破坏了荣誉政制,根据财产标准来选"船长",政治力量在富人手里。统治者贪得无厌地追求最大可能的财富,从不注意文化教育。贫民和无业者日益增多,"雄蜂"开始繁殖,他们急切地希望革命。统治者害怕人民甚于害怕敌人。	崇尚和赞美富人,崇拜金钱,以致富和致富之道为荣耀。高利贷盛行,吝啬、勤俭。青年人迅速地从好胜型转变为爱财型。穷人和富人互相仇恨,互相妒忌。	"超"文化态	
民主政制	自由	金、银、铜、铁四种人彻底混杂。统治者及其人民从那种吝啬的、爱财的寡头思想里培育出来以后,尝到了"雄蜂"的甜头,转变为"民主分子"。"沉迷于不必要的无益欲望之中,以轻薄浮躁的态度践踏所有的理想,不加区别地把一种平等给予一切人,不管他们是不是平等者"。公民都有同等的公民权及做官的机会,官职通常由抽签决定。一种无政府状态的花哨的管理形式。	所有快乐一律平等,应当受到同等的尊重。那些没有必要的欲望得到了全面释放,称傲慢为有礼,放纵为自由,奢侈为慷慨,无耻为勇敢。年轻人和那些粗暴狡猾之徒和有刺的"雄蜂"为伍,只知千方百计寻欢作乐,蜕化变质为肆无忌惮的小人。	"超"文化态	
僭主政制	权力	"铜铁当道","雄蜂"横行。民主政制极端的自由演变成极端的奴役。过分追求自由的结果,破坏了民主社会的基础,导致了极权政治的需要。人民跳出油锅又入火炕,不受"自由人"的奴役,反受起奴隶的奴役;本想争取过分的极端自由,不意落入了最严酷最痛苦的奴役之中。没有一个城邦比僭主统治的城邦更不幸的,处于僭主暴君统治下的城邦必然是穷的,没有比在这样的城邦里更痛苦、忧患、怨恨和悲伤的事了。	在僭主暴君式统治下的心灵也必定永远是贫穷的和苦于不能满足的。主宰他心灵的那个激情就像一个僭主暴君,也是无法无天的,驱使他(像僭主驱使一个国家那样)去干一切,无论杀人越货还是亵渎神圣,什么事都敢做,以满足它自己和其他欲望的要求。	"纯"文化态	

从表 4-1 可以看出,柏拉图在《理想国》中所讨论的包括"贵族政制"或"好人政制"在内的"五种政制"及其流变有着较为严密的逻辑顺序。从"贵族政制"而"荣誉政制"而"寡头政制"而"民主政制"而"僭主政制",以及从追求"正义""荣誉""财富""自由""权力"这五种核心或主导价值观及其社会特征、民性特点和文化形态上依次的流变,都有着某种内在的必然性。

基于"贵族政制"或"好人政治"的城邦,在哲人王的治理下,主导的或核心的价值观是"正义"。柏拉图建基于理性主义,试图用个人灵魂的正义映射国家正义,将理性统治欲望与激情的灵魂秩序在国家中投射为哲人王统治护卫者和生产者的政治秩序,按照人的自然等级建立等级制理想国(张鑫炎,2017)。柏拉图之所以倡导正义,如前述,是因为正义的必然是智慧的、正义的也是节制的、正义的也一定是勇敢的。一个整体幸福的国家及其公民需要具备智慧、节制、勇敢、正义等高贵的品质,而在使国家完善方面,正义是较其余三者更为重要的一种品质,是前三种品质的基础(柏拉图,1986)。由于正义的总原则是"每个人必须在国家里执行一种最适合他天性的职务"(柏拉图,1986),这样就可以使城邦里的金、银、铜、铁四种人,包括统治者、护卫者、生产者,每个人都做天然适宜于自己的事,因而,在正义价值观的主导下,这种政制会产生一个安排得非常理想的国家。他们的王是那些被证明文武双全的最优秀人物,即哲人王,每一个公民都被培育、净化成为德、智、体、美全面发展的人,如能有效规避"文化公地悲剧",那么,整个城邦就有可能形成和谐有序、生机勃发、像是"一个人"的良好局面,真正实现人的身与心、人与人、人与自然的和谐。因此,可以认为,这样的城邦,其整体的价值、信仰、习俗、习惯等相当于内在的或者说是潜在的规则,即内在制度(潜规则)以及知识、语言、法律、礼仪、符号等大体上处于物化或者是外化状态的外在制度(显规则)都有可能处于极其和谐有序状态,因而,在文化形态上可以判定为处于"和"文化态。

问题在于,柏拉图用"词句"所构想的"理想国",这种和谐局面到底能不能出现或可持续呢?城邦的"正义"到底能否实现呢?这在本质上关系到理想国能否实现以及能否可持续发展的问题。在今天看来,除了必须有效规避"文化公地悲剧",还得依赖于"人的自然等级"能否成为城邦的"共同知识"。从柏拉图的阐述中,可以看出,包括他所说的"理想国"的必然消亡以及从"贵族政制"而"荣誉政制"而"寡头政制"而"民主政制"而"僭主政制"的演变,从其根本原因上来说,正是因为金、银、铜、铁四种人混杂所造成,直至在"僭主政制"时期,"铜铁当道,国破家亡"(柏拉图,1986)。因此,金、银、铜、铁这四种人天然适合做什么,能否成为一种"共同知识",就成为能否建立和维护、巩固符合自然等级秩序的"理想国"的关键。美国的数理逻辑学家刘易斯(C. I. Lewis)提出了"共同知识"的概念,基本含义是,对一个事件来说,如果所有博弈当事人对该事件都有了解,如果所有当事人都知道其他当事人也知道这一事件,如果所有当事人都知道所有当事人都知道这一事件,那么该事件就是共同知识。换言之,假定一个只有两个人 A、B 构成的人群,A、B 均知道命题 p,p 是 A、B 的知识,但此时 p 还不是他们的共同知识;只有当 A、B 双方均知道对方知道 p,并且他们各自都知道对方知道自己知道 p,此时才能够说 p 成了 A、B 之间的共同知识。这样看来,就柏拉图的"理想国"而言,"人的自然等级"唯有成为整个城邦每个人的"共同知识","理想国"才有可能成功建立并确保长治久安。然而,通常情况下,这种可能性极小,概率极低。柏拉图虽然不知道什么叫作"共同知识",但他也认识到,他的"理想国"即便成功建成了,也是必然要消亡的:"一个建立得这么好的国家要动摇它颠覆它确是不容易的;但是,既然一切有产生的事物必有灭亡,这种社会组织结构当然也是不能永久的,也是一定要解体的。"(柏拉图,1986)在柏拉图看来,原因有三:第一个原因,他说得很神秘,认为哲人王这样的"神圣的产生物有一个完善的数的周期"。如果护卫者弄错了,在不是生育的好时节里让新郎新娘结婚,生育的子女就不会是优秀的或幸运的(柏拉图,1986)。这样就直接导致了第二个原因,"虽然人们从这些后代中选拔最优秀者来治理国家,但由于他们实际上算不上优秀,因此,当他们执掌了父辈的权力成为护卫者时,他们便开始蔑视我们这些人,先是轻视音乐教育然后轻视体育锻炼,以致年轻人愈来愈缺乏教养"(柏拉图,1986)。同时,"从他们中挑选出来的统治者已经丧失了真正护卫者的那种分辨金种、银种、铜种、铁种人的能力了。而铁种和银种、铜种和金种一经混杂起来,便产生了不平衡:不一致和不和谐——不一致和不和谐在哪里出现就在哪里引起战争和仇恨。不论这种冲突发生在何时何地,你都必须认为这就是这种血统的冲突"(柏拉图,1986)。第三个原因是,通常情况下,哲人王即便出现,"这极少数的真的哲学家全像一个人落入野兽群中一样,既不愿意参与作恶,又不能单枪匹马地对抗所有野兽,因此,大概只好在能够对城邦或朋友有所帮助之前就对己对人都无贡献的早死了——由于所有这些缘故,所以哲学家都保持沉默,只注意自己的事情。他们就像一个在暴风卷起尘土或雨雪时避于一堵墙下的人一样,看别人干尽不法,但求自己得能终生不沾不正义和罪恶,最后怀着善良的愿望和美好的期待而逝世,也就心满意足了"(柏拉图,1986)。从柏拉图论及的"理想国"即便建成也注定要消亡的原因来看,除了第一个神秘原因外——在柏拉图看来,这个原因似乎还是主要原因,其后两个原因,显见都与"人的自然等级"难以成为城邦的"共同知识"密切相关。从"共同知识"的角度来看,即便没有柏拉图所说的那个"神秘"原因,他的"理想国"几乎也是不可能建立的。原因在于,首先,要使人的自然等级以及每个人的天性禀赋等成为整个城邦的"共同知识"只能是一个奇迹,可能性几乎为零;其次,在我们看来,"理想国"即便建成了也必然消亡,除了柏拉图所强调的三个原因而外,还有一个更重要的原因,是由于在哲人王的治理下,如前所述,城邦也有可能由于无法规避"文化公地悲剧"而使整体丧失文化原动力和文化软实力,进而导致其必然消亡。柏拉图的理想国,妇女公有,儿童公有,全部教育公有,并且一切都是大家公有,没有什么是私人的(柏拉图,1986)。他们每个人干着天赋禀性适合他自身的事,他们同处一国,同一遭遇,能够对同样的东西,同样地说"我的""非我的",柏拉图认为,"当一个国家最最像一个人的时候,它是管理得最好的国家"(柏拉图,1986)。这样的国家的法律、制度及各种做法都是一致的,而且都是最好的做法。因而,理想国是一个具有高度一致性的且极其和谐的"超级有机体",文化形态上可以认为处于"和"文化态。但是,必须看到的是,由于哲人王为了治理好这个城邦,必要时会运用柏拉图所阐述的"善意的谎言",一个国家最后又变成了"最最像一个人"的国家,其城邦整体的外在制度与内在制度可能具有高度的一致性,最后同样也有可能由于"谎言"过多或"一致性"过高,而使整个城邦从和谐稳定、生机勃发的"和"文化态演变成为丧失活力、暮气沉沉的"纯"文化态(当然,也有可能突变为"超"或"合"文化态)。也正因如此,批评者认为这样的城邦就有可能演变成为极权主义的国家,这样的"超级有机体",便极有可能丧失积极自由的能力和批判、反思精神,进而丧失学习力、革新力和进化的可能和机会,最后自然消亡或被消亡。综上所述,无论是从文化公地悲剧、"共同知识"或文化形态等理论上分析,理想国不仅建立难,维护和巩固更难。由于"人的自然等级"在一个城邦里成为人人的"共同知识",往往只是一种理想甚至是幻想,柏拉图所说的金、银、铜、铁混杂势必成为一种必然趋势,如若又不懂得或者不重视文化公共治理,在

"理想国"里又不懂得规避文化公地悲剧、驾驭文化形态,警惕"和"文化态演变成为"纯"文化态,那么,理想国即便建成,也必然消亡。或许,也正因如此,才使得"铜铁当道,国破家亡"的事,在人类历史上以及在传统中国基本成为常态,并且也基本上都在柏拉图所描述的五种政制(或者是这五种政制相互叠加而成的某种政制)中轮回。

柏拉图认为,"贵族政制"或"好人政治"会被"荣誉政制"或"斯巴达和克里特政制"所取代,且具有历史的必然性。首先,从主导价值观上看,从"贵族政制"追求"正义"到"荣誉政制"追求"荣誉"就具有某种必然性。这有两方面的原因,一方面是因为这一政制从"贵族政制"或"好人政治"演变而来,虽则如柏拉图所说"向善之心不纯"了,但尚带有前一政制的体温和余风,因而,统治集团"一方面爱钱,另一方面又不被许可公开捞钱"。往往只能"秘密地寻欢作乐",以"避开法律的监督"(柏拉图,1986)。另一方面,因为金、银、铜、铁四种人开始混杂,铜铁集团趋利,金银集团趋向美德和秩序,总体上还有着前一政制创下的基业和国力。又由于趋利性的驱动,这样的城邦就会在大部分时间从事战争,这种政体下勇敢起主导作用,整个城邦最为突出的社会特征是"好胜和爱荣誉"(柏拉图,1986)。于是,从"贵族政制"追求"正义"到"荣誉政制"追求"荣誉"就具有了一定的必然性。同时,由于统治者品质混杂,整个城邦由于争强好胜而重视体育,放弃音乐艺术和说服教育,这样,整个城邦公民都会"比较自信和比较缺乏文化"(柏拉图,1986)。因而,柏拉图说,"荣誉政制"是一个"善恶混杂的政治制度"(柏拉图,1986),并进而势必导致整个城邦的价值、信仰、习俗、习惯等相当于内在的或者说是潜在的规则,即"内在制度(潜规则)"与知识、语言、法律、礼仪、符号等大体上处于物化或者是外化状态的"外在制度(显规则)"都有可能处于不一致或基本不一致乃至于很不一致的状态。按照柏拉图的说法,由于"铁和银、铜和金一经混杂起来,便产生了不平衡:不一致和不和谐"(柏拉图,1986),因而,可以基本判定,这样的城邦在文化形态上总体处于"合"文化态。还值得特别重视的是,柏拉图的思路是极其严密的,他还考察了荣誉政制下城邦"家庭文化"的演变过程:"譬如有个年轻人,他的父亲是善的,住在一个政局混乱的城邦里。他不要荣誉、权力,也不爱诉讼以及一切此类的无事生非,为了少惹麻烦他宁愿放弃一些自己的权利。这时他的儿子怎么变成爱荣誉呢?起初他听到他母亲埋怨说,他的父亲不当统治者,致使她在妇女群中也受到轻视;当她看到丈夫不大注意钱财,在私人诉讼和公众集会上与人不争,把所有这类事情看得很轻,当她看到丈夫全神贯注于自己的心灵修养,对她也很淡漠,既无尊重也无不敬,看到所有这些情况,她叹着气对儿子说,他的父亲太缺乏男子汉气概,太懒散了。还有妇女们在这种场合惯常唠叨的许多别的怨言。这种人家有些仆人表面上很忠实,同样会背了主人向孩子讲这类话。他们看见欠债的或为非作歹的,主人不去控告,他们便鼓励孩子将来长大起来要惩办那种人,比父亲做得更像一个堂堂男子汉。孩子走到外面去,所闻所见,也莫非如此。安分守己的人,大家瞧不起,当作笨蛋;到处奔走专管闲事的人,反而得到重视,得到称赞。于是这个年轻人一方面耳濡目染外界的这种情况,另一方面听惯了父亲的话语,并近看过父亲的举止行为,发现与别人的所言所行,大相径庭。于是,这种政制里的年轻人在其父亲灌输培育他心灵上的理性和别人或外界影响并增强他的欲望和激情两种力量之间如拔河一样,他由于不是天生的劣根性,只是在和别人的交往中受到了坏影响,两种力量的争夺使他们成为一个折中性的人物,自制变成了好胜和激情之间的状态,成了一个傲慢的喜爱荣誉的人。"(柏拉图,1986)柏拉图对于荣誉政制下"家庭文化"演变过程的考察,是细致入微、明察秋毫的,实际上也间接论证了为什么"贵族政制"只能、也必然的会演变成为"荣誉政制",以及在这种政制下的公民心态、民性特点,特别是青年人的心路历程。在柏拉图看来,"政治制度的变动全都是由领导阶层的不和而起的。如果他们团结一致,哪怕只有很少的一致,政治制度变动也是不可能的"(柏拉图,1986)。荣誉政制下城邦的这种"合"文化态,这种因铁种和银种、铜种和金种一经混杂起来所产生的不平衡、不一致和不和谐,在哪里出现就会在哪里引起冲突和仇恨(柏拉图,1986)。当这种冲突和仇恨积聚到某个限度,就必然发生政局的演变。柏拉图指出,在"荣誉政制"下,由于心灵失去了最善的保障,年轻人随着年龄的增长,他们天性开始接触爱财之心,好胜的、爱荣誉的人变成了爱钱财的人。当这样的人越来越多并成为整个城邦的主导力量时,长此以往,私人手里的财产就能破坏荣誉政制,进而自然和必然地演变成为"寡头政制"。

　　当一个城邦及其臣民对追求"正义"和"荣誉"都失去信心,当所有的高贵品质和价值观都失去规范和约束能力以后,整个城邦就可能处于"文化的断裂"状态。所谓"文化的断裂","是指任何一个文化系统,在外来文化的冲击和内部各种文化要素的综合作用下,所导致的文化重心偏离文化核心时的一种文化形态。显然,这种偏离的程度愈大,文化的冲突就愈激烈。而当这种激烈的冲突达致某一临界点时,一个文化系统内、外各种文化要素均会相对地处于一种'文化消失'状态"(吴福平,2006)。这时,参与互动、处于冲突之中的所有文化规则系统,无论是本土的还是外来的,都将出现一种暂时的"失灵"状态,此种状态,就称之为"文化断裂"。亦即是说,任何一个文化实体(系统),在内、外各种文化要素的综合作用下,文化处于相对消失、冲突处于相对中止、文化规则处于暂时"失灵"的状态,我们就称之为"文化的断裂"。在"文化断裂"状态下,就极容易导致"文化公地悲剧"。在"荣誉政制"里,由于出现了越来越多的"好胜的、爱荣誉的人变成了爱钱财的人",加之统治集团内部、每个社会成员之间以及统治者与民众之间都有可能出现"文化断裂",整个社会就有可能处于"文化消失"状态,整个城邦就可能演化成为只是追求"财富"的"寡头政制"。根据柏拉图的阐述,这种政制下,整个城邦金、银、铜、铁四种人全面混杂了,其主导价值观正是"财富"。如果说在"荣誉政制"时期还有"荣誉"这样一层"遮羞布",统治集团可能也只能一方面爱钱另一方面又不敢公开捞钱,只能"秘密地寻欢作乐";那么,在"寡头政制"下,统治集团必然就会贪得无厌地追求最大可能的财富。柏拉图指出,这样的城邦,其社会特征和民性特点主要有:第一就是崇拜金钱。他们的理性只被允许计算和研究如何更多地赚钱,激情也只被允许崇尚和赞美富人,只以致富和致富之道为荣耀;第二个特征是省俭和勤劳。柏拉图说,"吝啬的只想赚钱的人物与寡头政体是对应一致的"。他们但求满足基本需要,绝不铺张浪费,其他欲望均被视为无益,加以抑制。财富是这种国和这种个人所重视的东西。第三个特点,柏拉图认为,这种人从来没有注意过他自己的文化教育,否则他断不会选一个盲人做剧中主角,让他得到最大的荣誉。他们根据财产标准来选"船长",政治力量在富人手里。穷人和富人,互相仇恨,互相妒忌(柏拉图,1986)。由于允许一个人出卖自己的全部产业,也允许别人买他的全部产业,贫富极度悬殊,城邦里的青年迅速从"荣誉政制"下的好胜型转变为爱财型;社会上高利贷盛行,贫民和无业者日益增多,有刺的"雄蜂"开始繁殖,柏拉图说,这种人由于卖完了自己的全部财产,又继续住在这个城里,不作为这个国家的任何组成部分,既非商人,又非工人等等,仅仅作为一个所谓的穷人或依附者。他们事实上既不领导别人,又不在别人领导下为社会服务,而只是一个单纯的生活资料消费者。他在国家里成长,后来变为国家的祸害,像雄蜂在蜂房里成长,后来变为蜂房的祸害一样。他们一部分是没有刺的,老来成为乞丐,而那些有刺的就成了一些专干坏事的人。与此同时,由于缺乏教养,城邦公民内心深处"雄蜂"的欲念也在胸中萌发,有的像乞丐,有的像恶棍。这样,在"寡头政制"里,不仅上层腐败,也必然导致社会学上所说的"底层沦陷"。这时候看起来是一个城邦,实际有两个,一个穷人的城邦,一个富人的城邦,"统治者害怕人民甚于害怕敌人"(柏拉图,1986)。整个城邦的价值、信仰、习俗、习惯等相当于内在或者说是潜在的规则,即内在制度(潜规则)以及知识、语言、法律、礼仪、符号等大体上处于物化或者是外化状态的外在制度(显规则)都有可能处于完全不一致的状态,因而,在文化形态上基本可以判定为处于"超"文化态。由于贫民和无业者日益增多,"雄蜂"以及有着"雄蜂"欲望和心态的平民不断繁殖增多,他们急切地希望革命。这个时候"寡头政制"便摇摇欲坠了,并进而演变成为几乎整个城都是"雄蜂"或有着"雄蜂"欲念的"民主分子"的"民主政制"。

　　在柏拉图的描述中,从"寡头政制"过渡到"民主政制"或"平民政治"经过了这样一个过程:专讲赚钱的人们,终日孜孜为利,对这些穷汉熟视无睹,只顾把自己金钱的毒饵继续抛出去,寻找受骗的对象,用高利率给以贷款,仿佛父母生育子女一样,使得城邦里的雄蜂和乞丐繁殖起来,日益增多。在寡头政制的国家里,统治者使人民处于水深火热之中,他们自己养尊处优。他们的后辈则变得娇惯放纵,四体不勤,无所用心,苦乐两个方面都经不起考验,成了十足的懒汉。寡头政制社会里鼓励懒散和放荡的结果往往是不断地把一些世家子弟变成为贫民。他们有的负债累累,有的失去了公民资格,有的两者兼有,他们武装了。柏拉图说,就像一个不健康的身体,只要遇到一点点外邪就会生病,有的时候甚至没有外邪,也会病倒,一个整体的人就是一场内战。一个国家同样,只要稍有机会,这一党从寡头国家引进盟友,那一党从民主国家引进盟友,这样这个国家就病了,内战就起了。有时没有外人插手,党争也会发生。党争结果,如果贫民得到胜利,把敌党一些人处死,一些人流放国外,其余的公民都有同等的公民权及做官的机会——官职通常抽签决定。一个民主制度就是这样产生的。省俭型的寡头人物是被必要的欲望所支配的,而雄蜂型的那些人物,是一些充满了各种快乐和欲望的、受不必要的欲望引导的人。在"民主政制"下,可能处处都是有刺的"雄蜂型"人物,这样的人也极有可能进入统治集团,并且成为核心人物。因而,柏拉图说,"民主国家"可能比寡头国家更为强暴(柏拉图,1986)。他们对于建立理想国家时所宣布的庄严原则是蔑视的,并以轻薄浮躁的态度践踏所有这些理想,完全不问一个人原来是干什么的、品行如何,只要他从政

时声称自己对人民一片好心,就能得到尊敬和荣誉。在这种制度下,不加区
别地把平等给予一切人,不管他们是不是一个有能力和资质的平等者。这
些以及类似的特点就是民主制度的特征。这是"一种使人乐意的无政府状
态的花哨的管理形式"(柏拉图,1986)。平民政治的个人性格的特点表现
为:当一个年轻人从那种未见世面的吝啬的环境里培育出来以后,初次尝到
了"雄蜂"的甜头,更和那些粗暴狡猾之徒为伍,只知千方百计寻欢作乐。他
内心的寡头思想正是从这里转变为民主思想的。年轻人也同样,当他心灵
里的这种或那种欲望在得到外来的同类或类似的欲望支持时,便发生心灵
的变革。从那些必要的欲望中培育出来的年轻人,就是这样蜕化变质为肆
无忌惮的小人,沉迷于不必要的无益欲望之中。这里所有的快乐一律平等,
应当受到同等的尊重。这样的"民主的个人"与"民主的制度"相应,柏拉图
指出,称他们为"民主分子"是合适的。充斥着"民主分子"的"民主政制"里,
整个城邦实际上处于极端的"消极自由"或者形式的而非真正的"自由"状
态,由于那些在"寡头政制"里被压抑着的被柏拉图称为"没有必要的欲望",
这时得到了全面释放,进而"称傲慢为有礼,放纵为自由,奢侈为慷慨,无耻
为勇敢"(柏拉图,1986),因而,这样的城邦,基本可以判定为介于知识和无
知两者之间的观点、理念、主张等"意见"纷呈、价值观混乱的"超"文化态。
与"寡头政制"下的"超"文化态不同的是,前一种"超"主要是由于贫富悬殊、
"底层沦陷",统治集团和平民之间极度相互仇视造成的整个城邦各种价值
观念的冲突,特别是统治阶级与被统治阶级之间价值、信仰、语言乃至于习
俗、习惯等方面,无论是内在制度(潜规则)还是外在制度(显规则)上都处于
对立冲突和极端"不一致"状态;而"民主政制"下,举国都是"民主分子",经
过"荣誉政制"对"正义"的破坏,"寡头政制"对"荣誉"的破坏,在"民主政制"
下,甚至对于"财富"都失去了信念和信心,不仅内心各种价值、信念相互冲
突,而且整个城邦沉迷于无益的欲望,进而还有可能产生欲望与欲望的冲
突;由于"所有的快乐一律平等",甚至快乐与快乐也相互冲突起来,整个城
邦处于广泛的和极端的"形式自由"或"消极自由"状态。因此,可以认为,真
正的"文化公地悲剧"在这种政制下全面现形了,整个城邦处于"文化消失"
和"文化断裂"的"超"文化态。在这种"超"文化态下,必然会出现城邦统治集
团核心层相互之间的断裂、上层和中产阶层的断裂,中产阶层和底层以及底
层沦陷造成的底层相互间的断裂等等。最后的结果是,从上层到底层处处断
裂。上下层次之间观念迥然不同,精神面貌大相径庭,国家意志无法张扬,上

层决策难以执行,民众意见难以传达,政路不畅,人心涣散。底层看高层,如看迷雾深锁的重重大山,天机不可破,上层看基层,如飞机上看蚂蚁,营营不知所归。断裂,如同一个巨大的瘟神,在城邦里发生、扩张,整个城邦及其人民都变得六神无主、处处不安,力量消散在未知处,意志消散在未知处,责任消散在未知处,精力耗费在错综复杂的社会关系场中,整个城邦理想、理智、方向泯灭,成为真正的一盘散沙。这样,就为"铜铁当道""雄蜂"横行的"僭主政制"的产生,提供了肥沃的土壤和便利。

　　僭主政制是怎样产生出来的呢?自由。柏拉图说,这是民主国家的最大优点。也因为这个原因,所以这是富于自由精神的人们最喜欢安家落户的唯一城邦。然而,不顾一切过分追求自由的结果,破坏了民主社会的基础,导致了极权政治的需要。无论在个人方面还是在国家方面,极端的自由之结果不可能变为别的什么,只能变成极端的奴役。一切僭主在这个阶段每每提出要人民同意他建立一支警卫队来保卫他这个人民的保卫者。人民很快就要看清他们培养和抬举了一只什么样的野兽了。僭主是杀父之徒,是老人凶恶的照料者。他已经足够强大,他们已经没有办法把他赶出去了。人民发现自己像俗话所说的,跳出油锅又入火坑;不受自由人的奴役,反受起奴隶的奴役来了;本想争取过分的极端的自由,却不意落入了最严酷最痛苦的奴役之中了。僭主式个人的特征是,柏拉图指出,在一个人的心灵被一个主宰激情完全控制了之后,他的生活便会变得铺张浪费、纵情酒色、放荡不羁等等。正如心灵上新出现的快乐超过了原有的激情而劫夺后者那样,这个人作为晚辈将声称有权超过他的父母,在耗光了他自己的那一份家产之后夺取父母的一份供自己继续挥霍。在主宰的激情的控制之下,他竟在醒着的时候想做起过去只有在睡梦中偶一出现的事情了。他变得无法无天,无论是杀人越货还是亵渎神圣,什么事都敢做了。主宰他心灵的那个激情就像一个僭主暴君,也是无法无天的,驱使他(像僭主驱使一个国家那样)去干一切,以满足它自己和其他欲望的要求。而这些欲望一部分是外来的,受了坏伙伴的影响;一部分是自内的,是被自身的恶习性释放出来的。因此他们一生从来不真正和任何人交朋友。他们不是别人的主人便是别人的奴仆。僭主的天性是永远体会不到自由和真正友谊的滋味的。没有一个城邦比僭主统治的城邦更不幸的,也没有比生活在这样的城邦里更痛苦、忧患、怨恨和悲伤的事了(柏拉图,1986)。由于在僭主暴君的高压统治下,老百姓敢怒不敢言,"民主政制"里的"自由"荡然无存,整个城邦除了"权力"和残酷的压迫奴役,没有任何"道义"和"仁爱"可言,从"贵族政制"到"荣誉政制"到"寡头政制"到"民主政制"所追求的正义、荣誉、财富、自由等主导价值,都成为过去时,在文化形态上必然会从"超"文化态迅速演变成为内、外、潜、显制度高度一致的"纯"文化态,这是一种在僭主暴君统治下处于极端或纯粹或赤裸裸奴役状态的具有高度"一致性"的"纯"文化形态。这个时候,老百姓可能会开始怀念"贵族政制"或"好人政制",在"僭主政制"统治下的城邦社会的"野兽群"中,若能奇迹般地出现"哲人王"或者是"仁人志士",并且致力于改变现状,必定"振臂一呼而应者云集",于是"僭主政制"或有可能迅速向着"贵族政制"蜕变,并进入新一轮的政制循环和轮回。在柏拉图看来,这似乎就是某种铁律。

综上所述,柏拉图的"理想国"之所以不理想,正是因为城邦缺乏批判和反思精神,存在文化极权主义倾向,必然逐渐丧失自由意志,丧失批判和反思能力,进而丧失学习力和革新力;虽则可能也拥有柏拉图所描述的凝聚力,但在缺乏学习力和革新力的前提下,传播力必定极其有限。柏拉图用"词句"创造的"理想国"也是不可能实现的。因为人的天赋禀性以及"自然等级"是不可能成为一个城邦的"共同知识"的。就柏拉图所强调的"哲人王"而言,在人类文明史上,出现如柏拉图所构想的"真正的而非冒牌的哲学家"的可能本来就罕见,即便有也不一定能够成为人们的"共同知识",因而也不大可能拥立为"王",而极有可能跌入他所说的"野兽群"。就城邦公民而言,每个人的天赋禀性到底如何,要成为一种"共同知识"同样是一个奇迹,其概率几乎为零,进而导致金、银、铜、铁的混杂成为一种必然趋势,具有一种内在的必然性。在柏拉图看来,正因为此,才使"铜铁当道,国破家亡"的事,在人类历史上几乎成为一种常态,并且基本都在他所描述的五种政制(或相互叠加的形态)中轮回。除"贵族政制"以外的其余四种政制下的城邦,无论是统治者、护卫者、生产者始终都处于"消极自由"状态,人们追求荣誉、财富、自由、权力本无可厚非,然而,一方面由于无法保持对这些"质料"(亦即欲求的客体)的独立性,必然陷于康德意义上的消极自由;另一方面,由于经验世界常常要陷入不可理喻的"二律背反",当这种追求超过了某种"度"或走向极端,当一个城邦在核心价值观上的"一致性"和"差异性"的对立统一关系所造成的张力,超过了某一个"度"时,都必然会导致社会系统的不确定、不稳定因素的骤增,就有可能陷入贝克所说的"风险社会",在柏拉图那里,则必然陷于五种或四种政制之间的轮回,而使得城邦国家"永无宁日",使得"兴,百姓苦,亡,百姓苦"成为常态。从文化动力的角度看,解决之道或许正在于城邦统治者、城邦及其人民必须努力追求积极的真正的自由,唯有在积极自由和真正的自由状况下,才能更好地砥砺批判和反思精神,才能真正构建起城邦的学习力、革新力、凝聚力和传播力等文化软实力,并使整个城邦真正富有智慧、节制、勇敢、正义等优良品质,真正铸造出"和"文化形态。在柏拉图看来,"哲人王"难求,即便有也很难实现隔代传承,或许正因为此,老子才更具先见性地提出了看起来比柏拉图更为彻底的"小国寡民"思想。

二、老子"小国寡民"社会文化原动力传导机制分析

与柏拉图的《理想国》一样,对于老子的《道德经》及其"小国寡民"思想,研究者大都也从政治哲学或道德(伦理)哲学这样两个角度展开。司马迁在《史记·太史公自序》中认为:"道家使人精神专一,动合无形,赡足万物。其为术也,因阴阳之大顺,采儒墨之善,撮名法之要,与时迁移,应物变化,立俗施事,无所不宜,指约而易操,事少而功多……至于大道之要,去健羡,绌聪明,释此而任术。夫神大用则竭,形大劳则敝。形神骚动,欲与天地长久,非所闻也……道家无为,又曰无不为,其实易行,其辞难知。其术以虚无为本,以因循为用。无成执,无常形,故能究万物之情。不为物先,不为物后,故能为万物主。有法无法,因时为业;有度无度,因物与合。"班固在《汉书·艺文志》中认为:"道家者流,盖出于史官。历记成败、存亡、祸福、古今之道,然后知秉要执本,以自守卑弱以自持,此君人南面之术也。合于尧之'克攘',《易》之'嗛嗛',一谦而四益,此其所长也。及放者为之,则欲绝去礼学,兼弃仁义,曰独任清虚,可以为治。"宋元之际著名道士杜道坚,根据老子的《道德经》写成了《道德经原旨》一书,认为《道德经》就是一部为帝王将相治国安邦准备的好书,并为之作注,书中突出了"皇道帝德"的政治思想。陈鼓应在《老子注释及评介》中将《道德经原旨》一书列入重要的参考书目。杨国宜、肖建新从"帝德修养""爱民之心""执政为公""不骄不争""谦虚逊让""以柔制刚""诚信待人""言行稳重""知人善任""崇俭知足""正己正人"等多个方面对《道德经原旨》的帝德论进行过较为系统的研究(杨国宜,肖建新,2006)。冯溪屏、彭毅力认为,《道德经》的主旨,实为给乱世中的君王提供治国方略,因此,它显然是一部政治学著作。同时指出,"正因为《道德经》之'道'的特殊含义,以及'道'是天地万物的自性之规定,使老子得以在被近现

代西方政治思想视为对抗性关系的君王与民众之间,运用无为与无不为的辩证思维,论证了君王或为政者自律的自由、民众依自性而为或不为的自由,建构起双赢的政治自由观"(冯溪屏,彭毅力,2010)。美国研究中国经济的专家、卡托研究所副总裁邓正莱(James A. Dorn)1998 年发表的《中国的前程:市场社会主义还是市场道家?》一文中指出:"中国的前程,在于通过信奉和拓展老子的天道思想而回到本国的自由传统。《道德经》就是中国的自由宪章。老子关于天道、自由与无为的思想,跟亚当·斯密的一样,既是道德的,也是实用的。说它是道德的,是因为它建立在美德基础上;说它是实用的,因为它能导向繁荣。按照天道所演化的秩序就是哈耶克所阐发的那种自发秩序。我认为这个答案就是天道自由主义。"(葛荣晋,2013)俄国大文豪托尔斯泰(1828~1910)在 1884 年 3 月 10 日日记里,有这样的记载:"做人应该像老子所说的如水一般。没有障碍,它向前流去;遇到堤坝,停下来;堤坝出了缺口,再向前流去。容器是方的,它成方形;容器是圆的,它成圆形。因此它比一切都重要,比一切都强。"(葛荣晋,2013)

　　对于老子的"小国寡民"思想,研究者们也有许多精当的阐述。陈国庆、张爱东认为,老子的"小国寡民","……代表了农民这个阶层的要求,即具有平等、平均的思想主张……不代表腐朽的奴隶主贵族阶层的利益"(陈因庆,张爱东,1995)。刘文义认为,"老子所说的'国'是指的分封邦国的模式,这与今天国家的概念有所区别。老子当时正处于周王朝末期,要说复古,应像孔子所追求的,复辟周王朝统治,而不是'小国'了,至于'寡民'则更表现了老子整体性的前瞻性的思想与智慧。老子的'小国寡民'的政治理想,是针对当时诸侯各国都力图'国富民强',目的是吞并其他国家,扩大自身控制的土地和臣民,老子厌恶和反对用一种强权加于社会成员,以一部分人统治另一部分人,在各种政治制度规章中使人失去本性的自由,所追求的是社会的长治久安,是要'为万世开太平'。对于'鸡犬之声相闻,老死不相往来'也不是说相互之间不发生交往。各自封闭,而是互不干涉,都能够保持各自独立。小国寡民更能够保持文化的多元化,避免权力高度集中的'同一'"(刘文义,2016)。刘世华认为,老子为我们描绘的显然是原始共产主义社会图景,没有剥削,没有压迫,自食其力,互不往来,过着自给自足的生活。政治方面至高无上的法则:绝圣弃智,绝仁弃义,无为自化,海纳百川,谦虚礼让。经济方面:见素抱朴,知足寡欲。军事方面:以奇用兵,不战善胜。文化方面:始终把道、政治清明放在首要地位,而把"鬼神之崇"看作无足轻重。哲学思想方面:朴素的辩证法思想,闪烁着老子那一代哲人的智慧的光芒。老子系统地构建了一个理想的国度,生活在这个乌托邦里的人安乐祥和,国泰民安,表达了一个身处乱世的大思想家的美好愿望(刘世华,2015)。宋喆认为,在文化智慧方面,老子所否定的"圣",实际是指靠智术统治天下的统治者,并不是老子理想中的以"道"这种最高智慧武装起来的"圣人",所否定的"智"则是指统治者的权诈之术;在伦理文化意识方面,他所否定的"仁义"实际上是指统治者的伦理文化规范,在老子看来,人民本来就孝慈,但由于统治阶级背弃自然之道的虚仁假义的倡行,使人们孝慈之性在纷争和战乱中丧失,所以老子主张"绝学"。他这里所谓的"绝学"是指弃绝仁义礼智的学习。在他看来,如果学习了那些为统治者虚伪奢侈生活服务的政教礼乐,那么人的贪欲文饰就愈多。同时,老子有着十分鲜明的反战态度,这一点贯穿于《道德经》全书。在他看来战争是人类欲望的膨胀所致,大国则是战争的必然结果,因而老子极力提倡"小国寡民",希望的是安宁和平的社会。老子的错误之处就在于将战争、社会混乱、统治阶级的腐朽归因于"圣智""巧利""仁义",认为只要消灭、废除了这些东西,就可以使"民利百倍",使"民复孝慈",认为"绝学"就可以"无忧",认为只要把战争用品弃而不用就可以消除战争,这实际上是一种浅薄的唯物史观,是一种"直观唯物史观"(宋喆,1993)。杜会认为,老子是一位富有同情心和人民性的政治家。他提出的政治理想和治国策略,是针对当时各诸侯国的政治黑暗、经济凋敝、战事频繁等社会现实,以对"民之饥"、"民弥贫"的深切同情,为建立没有压迫剥削,没有战争,也没有令人目盲耳聋的"五色五音"等文化生活的田园牧歌式的理想国而配制的一剂治世良药。老子的治国思想可以概括为,在"道"这个最高准则指导下,实行"无为而治"的方针,其具体措施则是"无名""无争""无事""无欲""无知"等等这些能够使统治者和被统治者共同接受、共同遵守的方术。通过这一套办法,便可以使国家出现"大制不割"的局面。老子的"理想国"是一个政治清明、天下太平、长治久安的社会环境(杜会,1994)。梁周敏认为,老子理想的"小国寡民"显然是一个原始自然的农村公社式的群体。反"伎巧""奇物"的生产观,"崇俭""寡欲"的消费观以及"不积"的分配观。"圣人不积"是老子在财富分配方面的基本思想。老子主张"圣人不积,既以为人己愈有,既以与人己愈多。天之道利而不害,圣人之道为而不争"(《道德经·八十一章》)。现代社会的经济政策和管理模式所主张的"国家不干预"或"最小干预"法,可以从老子所主张的"我无事而民自富"的管理思想中找到承脉(梁周敏,1994)。

以往对于老子《道德经》及其"小国寡民"思想的研究虽然不乏洞见,但是,总体上看却仍存在褒贬不一、意见纷呈的局面。甚至存在有的过于拔高,有的过于贬低,有的则无力"维护"的现象。我们认为,如果老子《道德经》是一部政治哲学著作,如前所述,讨论政治哲学必然要涉及道德哲学(伦理)问题,因而,《道德经》既然讨论"王道",则必然要涉及"帝德"以及臣民道德问题。问题的关键更在于,作为坚守和崇尚"道"的老子,所论的"德"必须从"道"而来,必须符合"道"的精神;进而"王道"和"帝德"也都必须符合大道,必须走在大道上。也就是说,在老子那里,"道"是体,"德"是用。因而,我们认为,研究《道德经》首先必须追问的是,"道"是什么? 然后才能够来讨论"德"。舍此别无他途。不深入研究"道",不懂"道",不仅无法深究老子的"德"及"皇道帝德",而且,可能也难以深入理解或"逻辑"地推演出老子的"小国寡民"思想。因为老子的"小国寡民"思想必然也是从"道"而来,符合"道"的精神。不然,就不成其为老子。何谓"道"? 这是一个大问题,可能也是一个永无结局的故事。限于篇幅和能力,本研究无意全面展开,本文主要是从文化动力及其与柏拉图《理想国》比较研究的角度,着重探讨老子所构想的"小国寡民"社会的文化原动力、文化软实力及其文化形态等,同时试图进一步来探讨为什么老子不像柏拉图那样推出一个"哲人王"来治理他的"小国寡民"社会,是柏拉图的"理想国"还是老子的"小国寡民"社会更"理想"? 在此基础上,试图为深入地理解老子的"道"提供可能的进路和思路,以及倡导"绝圣弃智""绝仁弃义""绝巧弃利"和"小国寡民"的真正用意。

(一)老子为什么不推出"哲人王"来治理"小国寡民"社会

我们认为,老子的"德"显见是从"道"中体悟而来的,并且遵循"道"的规律。老子也正是用这句话给"道德经"破题的,即认为遵循"道"去为人处事便会有"德",所以老子在《道德经·二十一章》说:"孔德之容,唯道是从",并且把"道"与"德"合称之为"道德"。那么,老子的"道"是怎样"炼"出"德"来的呢? 笔者曾从"虚静空灵,清纯如婴""中正立身,柔以致胜""上善若水,不争无忧""知几察微,宠辱若惊""天道无亲,大同秉公"等五个方面,对老子的"道"之"德"加以概括(吴福平,2006)。如果从行政伦理或政治哲学的角度看,我们认为老子的"道"之"德"至少有这样三个方面是值得重视的。

一是"至誉无誉"(《道德经·三十九章》)。因为"道"太值得人们赞誉了,以至于不知道如何去赞誉,或者甚至是看上去不值得去赞誉。然而,

"道"却无怨无悔地默默奉献着它的作用。老子进一步强调:"曲则全,枉则直,洼则盈,敝则新,少则得,多则惑。是以圣人抱一为天下式。不自见,故明;不自是,故彰;不自伐,故有功;不自矜,故长。夫唯不争,故天下莫能与之争。古之所谓'曲则全'者,岂虚言哉? 诚全而归之。"(《道德经·二十二章》)用今天的话说,为政者就是要"全心全意为人民服务",做到"不自见""不自是""不自伐""不自矜"。"道"在这里好似扮演着康德的"最高善之理想"。康德认为,"所谓'幸福之期望'与'锐意致力自身足值幸福'二者间之必然的联结,不能由理性知之"。只有当"最完善之道德意志"与"最高福祉"联成一体,联结成一种理念,使"幸福"与"道德(即足值幸福)"有精密关系,只有在此前提下,"最高善"才能实现。这既是一切幸福的原因,也是一种"最高善之理想"。理性仅在"本源"的最高善之理想中,才能发现二者间联结的根据。也即在理性范围内(而不是在最高善的理想中),你为你所应为,即行道德之事,并不能保证你就能获得幸福,更不必说是"足值幸福"。所以人们行道德之事,最终或者说是在最本源上只能听命于道德世界的"绝对命令"。而道德世界是一个"未来世界",在"感官世界"是难以实现的,至少不能获得"足值幸福"。所以,康德最终求助于"神"与"来生"两种基本假设:"最完善之道德意志与最高福祉在其中联结之一种智力之理念,乃世界中一切幸福之原因,在幸福与道德(足值幸福)有精密关系之限度内,我名之为最高善之理想。故理性仅在本源最高善之理想中,能发见引申的最高善之二要素(按即道德与幸福)间之联结根据(此种联结自实践的观点言之,乃必然的)——此种根据乃直悟的即道德世界之根据。今因理性必然的迫使吾人表现为属于此种道德世界,而感官所呈现于吾人者只为一现象世界,故吾人必须假定道德世界乃吾人在感官世界(其中并未展示价值与幸福间之联结)中行为之结果,因而道德世界之在吾人,成为一未来世界。由此观之,'神'及'来生'乃两种基本设想,依据纯粹理性之原理,此两种基本设想与此同一理性所加于吾人之责任,实不可分离。"(康德,1960)斯宾诺莎则走向了另一个极端,他指出只有依照理性指导的人是自由的,并因此"他将不会有恶的观念,也不会有善的观念"(斯宾诺莎,1983)。这样,他的理性就是"空"的,进而"自由"也是"空"的,因为没有了善与恶的观念,至少在康德的现象世界也就等于没有了"观念"。他同时又认为,"至善"是"人的心灵与整个自然相一致的知识"(斯宾诺莎,1983),也就是说,他的"至善",也是如老子所说的"道法自然"的东西。而要达至"至善",则需要有"真观念"的帮扶,"真观念"

就是"能表示最完善存在的观念的反思知识",可见,他所强调的"真观念",他所期望的"至善",也都求助于"最完善存在",求助于"神"。西方这种理性与存在、此在与"存在者"、心与身(生)、现象与本质的二元分裂主义,在老子逻辑以及中国哲学里是绝不会出现的。在中国传统哲学中,天人都合一了,更不必说理性与存在、心与身(生)的合一。老子在《道德经·二十二章》中说,"是以圣人抱一为天下式",便是最好的明证。所以在中国哲学里,处处可见"抱一"之范式:仁智合一、知性合一、知行合一、性命合一、心性合一、理气合一、理事合一、有无合一(成中英,2001)。老子认为,"道"以"一"生化万物,"万物得一以生"(《道德经·三十九章》)。所以,只要遵道而行,就不仅能读懂万物,也能磨炼出"道"的德性。老子的"道"(可以认为正是康德的"纯粹理性"或黑格尔的"绝对精神")与"德"也是合一的。老子在《道德经·五十一章》中说,万事万物的"道"与"德"不仅是合一的,而且"道"与"德"的尊贵正在于,它们都"常自然",而且是"生而不有,为而不恃,长而不宰",这就是"道"的"玄德"。"道生之,德畜之,物形之,势成之。是以万物莫不尊道而贵德。道之尊,德之贵,夫莫之命而常自然。故道生之,德畜之,长之育之;亭之毒之;养之覆之。生而不有,为而不恃,长而不宰,是谓玄德"(《道德经·五十一章》)。康德和斯宾诺莎看起来是怎么也悟不出"道"本身就有"德"这个"道"理的。现在我们可以说,老子的"道"正是康德"最高善之理想",或者是斯宾诺莎的"真观念"或"至善",它"常自然"地发生着作用,是"至誉无誉"的东西。而这正是道的"玄德"之一。

二是"公"而"无亲"。在老子看来,"道"以"一"生万物,不仅无怨无悔,而且是非常公正、公平、公开的。老子在《道德经·十六章》中说,当你把心灵修炼到极其空灵清虚的境界,并坚守淡泊宁静的生活,这时你再去观察纷纷纭纭、杂乱繁多的万物,你或许就可以反观回溯到万物的根本。这就叫"万物静观皆自得"。"得"到什么呢?将体悟到万物的"根本",就是"常",就是"道"。你懂得了"道",就不会轻举妄作,并能"没身不殆"。"致虚极,守静笃,万物并作,吾以观复。夫物芸芸,各复归其根。归根曰静,静曰复命。复命曰常,知常曰明。不知常,妄作凶。知常容,容乃公,公乃全,全乃天,天乃道,道乃久,没身不殆"(《道德经·十六章》)。同时,由于"道"对万物都公平地发挥它的作用,是不会搞亲亲疏疏的,用老子的话来说,就是"天地不仁,以万物为刍狗。圣人不仁,以百姓为刍狗"(《道德经·五章》)。在老子看来,某种意义上天地和圣人是最没有"仁"德的,因为他把万物都当成了"刍狗"。但是,也正因为此,遵道而行的天地或圣人,是不会搞亲疏远近的,他对万事万物都始终一视同仁。这就是老子所说的"天道无亲"(《道德经·七十九章》)。从这个意义上说,天道是最宽容、最大度、最公"道"的。所以"道"富有最健全的人格魅力,人若具有这样健全的道德与人格魅力,那么,即使陷于绝境,也就不会有危险了。《礼记·礼运》中说:"大道之行也,天下为公,选贤与能,讲信修睦,故人不独亲其亲,不独子其子,使老有所终,壮有所用,幼有所长,鳏、寡、孤、独、废、疾者皆有所养。男有分,女有归,货恶其弃于地也不必藏于己,力恶其不出身也不必为己。是故谋闭而不兴,盗窃乱贼而不作,故外户而不闭,是谓大同。"这就中国古人所构想的"大同"社会。这里明确提出,他们所构想的"大同"社会,是从"大道之行也,天下为公"体悟出来的,也即是从老子所说的"天道无亲"体悟而来的。

　　三是"玄同"秉公。"玄同"不是《礼记·礼运》中所说的"大同"。"大同"更主要是从"天道无亲"体悟而来的社会理想;"玄同"则更侧重于德性修养,虽然其终极目标可能也是要实现社会"大同"的理想,但是,如没有"玄同"这样一种德性修养,"大同"的理想恐怕是难以期待的。老子在《道德经·五十六章》中很好地阐述了这一点。他说有智慧的圣人,也即得"道"之人,会如天道一样,默默无声地去发挥他的作用,而不会到处炫耀自己的作为,也不会到处去说自己得了"道",反而会表现出自己对"道"的"无知"。习得"道"的精神,就会闭塞内心欲念的门户,收敛身上欲拭的锋锐,解开心中纷乱的心魔,和合身上四射的光芒,变得似乎与尘俗常人一般,这就是玄妙的"同"的境界。习得"道"的精神,达到了"玄同"的境界,就不会搞亲亲疏疏,不会患得患失,不会欺贫爱富,以贵凌贱,一句话,就会超越亲疏、利害、得失、贵贱的世俗范畴,"知者不言,言者不知。塞其兑,闭其门;挫其锐,解其纷;和其光,同其尘,是谓玄同。故不可得而亲,不可得而疏;不可得而利,不可得而害;不可得而贵,不可得而贱;故为天下贵"(《道德经·五十六章》)。因此,"玄同"是一种同于尘俗又超于尘俗的玄妙境界,"同"是为了不"同",不"同"是为了"同"。从这里可以看出,老子的"玄同"思想倒反成了孔子"君子和而不同,小人同而不和"(《论语·子路》)思想的最好注脚。只有小人才为了"同"而"同",甚至明明"不和"、内心又没有一颗博大的宽容心,也表现出"同";君子或者说圣人的"同"是为了"和",即便面对不"同"者,也表现出宽容与大度,公"道"与和合。这样自然就能建立一个"和而不同"的世界。而这种"和而不同"的世界就是一个"大同"世界,所以,老子说"知和曰'常',知常曰'明'"(《道德经·五十五章》),又说"明道若昧,进道若退,夷道若纇"(《道德经·四十一章》)。或许,正是因为这一番道理很大程度上是只可意会的,不可言传的,老子才说这就叫"玄同"。老子的"玄同"境界,实际上亦可视作孔子所说的"和而不同"的境界,而"和而不同"境界又正是"大同"的境界。当然,从某种意义说,"玄同"似乎又高于后两者。那么,"玄同"的境界又如何去习练和实践呢?那就要学习"天道无亲"、公而忘私的精神,超越世俗的亲疏、远近、利害、得失、贵贱,等等。大家都修炼到"玄同"的境界,那么"和而不同"的"大同"世界才能真正实现。问题在于,人们往往难以习得天道精神,难以超越世道人情,特别是当人们进入渴望道德参与的公共领域时,更是如此,所以这里把"玄同"与"秉公"合在一起,意谓当我们进入公共领域、处理公共事务时,更需要"玄同"这样一种修养境界。

由上可见,老子尽管没有像柏拉图那样对"哲人王"及整个城邦展开德、智、体、美等的培育和教化工作,但是,如果一个城邦无论是其"哲人王"还是一般老百姓,也能拥有"道"之"德",拥有"虚静空灵,清纯如婴""中正立身,柔以致胜""上善若水,不争无忧""知几察微,宠辱若惊"这样的德性修养,在公共领域能做到"至誉无誉""公而无亲"以及"天道无亲,玄同秉公",显然,他们将不但可以具有积极自由能力,也必然兼具批判和反思精神。在这样的"小国寡民"社会,也完全可以推出一个"哲人王",这样的"哲人王"也完全有能力承担起治理"小国寡民"社会的重任,并把全体老百姓也教化成富有"道"之德性的人;并且,这样的"小国寡民"社会当然也不失为一个"理想国"。那么,为什么老子不像柏拉图那样也明确推出一个"哲人王"呢?为什么提出要返归到"小国寡民"社会?或者,如前文所述,也可以认为,如班固、杜道坚所说,《道德经》本为"君人南面之术",突出的正是"王道帝德",是一部为帝王将相治国安邦准备的好书,以及今人冯溪屏、彭毅力、邓正来等所说,《道德经》实为给乱世中的君王提供治国方略,旨在建构起双赢的政治自由观,是中国的自由宪章,试图建立的是"天道自由主义"的政治秩序。也就是说,"小国寡民"社会里的"哲人王"似乎也已经隐含在《道德经》全文意旨之中。但是,我们认为,根据老子的"道法自然""大道至简""道常无为而无不为"等思想,完全可以"逻辑"地推导出无须"哲人王"治理的"小国寡民"社会思想。而且,"小国寡民,使有什伯之器而不用,使民重死而不远徙,虽有舟舆无所乘之,虽有甲兵无所陈之,使民复结绳而用之。甘其食,美其服,安其居,乐其俗。邻国相望,鸡犬之声相闻,民至老死不相往来"(《道德经·八十章》)。看不出这个"小国寡民"社会还需要或者还隐藏着一个"哲人王"。而且,问题的关键在于,在我们看来,老子之所以不推选出一个"哲人王"来治理他的"小国寡民",可能是出于与柏拉图相同的担忧:其一,因为得道的"圣人"或"哲人王"难求。老子有一个论断:"为学日益,为道日损,损之又损,以至于无为。"(《道德经·四十八章》)从中可以看出,在老子看来,由于"道常无为而无不为"(《道德经·三十七章》),所以就应当"道法自然",并且在通常情形下"为学日益,为道日损",如果不在正"道"上,那么就有可能学得越多,离道越远,并进而达致柏拉图所说的"不正义的最高境界":"不正义的最高境界就是嘴上仁义道德,肚子里男盗女娼"(柏拉图,1986)。故而,老子强调,"绝圣弃智,民利百倍;绝仁弃义,民复孝慈;绝巧弃利,盗贼无有;此三者以为文不足,故令有所属"(《道德经·十九章》)。如若让无道者占据统治地位,则如柏拉图所提及的"神谕":"铜铁当道,国破家亡"(柏拉图,1986),使整个城邦在四种或五种政制之间周期性地流转,老百姓必将"永无宁日",因而不如"绝圣弃智""绝仁弃义""绝巧弃利"。其二,正是因为"哲人王"难求,所以在老子看来,不如让老百姓自治,进而建立奉行如邓正莱所说的"天道自由主义"的"理想国"。所以,老子说:"其政闷闷,其民淳淳;其政察察,其民缺缺。"(《道德经·五十八章》)"天下多忌讳,而民弥贫;民多利器,国家滋昏;人多伎巧,奇物滋起;法令滋彰,盗贼多有。故圣人云:'我无为,而民自化;我好静,而民自正;我无事,而民自富;我无欲,而民自朴。'"(《道德经·五十七章》)从中也可以发现柏拉图与老子的区别,柏拉图一方面强调,除非哲学家成为国王,否则的话,对城邦甚至于对全人类都将祸害无穷,永无宁日(柏拉图,1986)。另一方面,他也认识到,"这极少数的真的哲学家全像一个人落入野兽群中一样,既不愿意参与作恶,又不能单枪匹马地对抗所有野兽,因此,大概只好在能够对城邦或朋友有所帮助之前就对己对人都无贡献地早死了"(柏拉图,1986)。同时指出,尽管他所构建的是"理想国",但也是一定要解体的,一切产生的事物必有灭亡,不能永久的(柏拉图,1986)。但是,柏拉图仍然致力于他的理想国的构建。柏拉图看起来有一种"知其不可而为之"的悲壮,但似乎没有老子来得更为彻底,当然也更"无为"。

(二)"小国寡民"社会文化原动力及其传导机制分析

表面上看,老子"小国寡民"这样的社会,首先是可能可以实现柏拉图所阐述的正义,因为在柏拉图看来,"正义就是只做自己的事而不兼做别人的事",正义的基本原则就是,"每个人必须在国家里执行一种最适合他天性的职务",并且,还可以在这样的城邦实现斯宾诺莎所说的"至善",获取"人的心灵与整个自然相一致的知识"(斯宾诺莎,2013)。也就是说,在这样的"小国寡民"的城邦,极有可能因为每个人的心灵都与整个自然相一致,而拥有至善的知识和品性。同时,还可能做到王阳明所倡导的"知行合一"。王阳明认为:"'知'是'行'之始,'行'是'知'之成。若会得时,只说一个'知',已自有'行'在。只说一个'行',已自有'知'在。"(王守仁,2015)王阳明的"知"与"行"是一种"同时性"的相互"纠缠"在一起的存在。在"小国寡民"社会,因为人人能"知"与自然相一致的"至善"之知识,也同时"行"与其天性相一致的事,便极有可能实现"甘其食,美其服,安其居,乐其俗"的理想,并且因此而享有高度的自由,真正实现"天道自由主义政治秩序"。如果"小国寡民"建国模式能在柏拉图的城邦里得以推广和实施,自然没有社会纠纷,也不会有战争,进而可以"使有什伯之器而不用,使民重死而不远徙,虽有舟舆无所乘之,虽有甲兵无所陈之"。然而,从文化动力的角度来分析老子的"小国寡民"社会,仍可以清晰地看到其利弊和得失。

从文化原动力来看,刘文义认为,老子的"小国寡民"的政治理想,反对的是"在各种政治制度规章中使人失去本性的自由";其"鸡犬之声相闻,老死不相往来",也不是说相互之间不发生交往、各自封闭,而是互不干涉,都能够保持各自独立。小国寡民更能够保持文化的多元化,避免权力高度集中的"同一"。冯溪屏、彭毅力认为,老子《道德经》中运用无为与无不为的辩证思维,论证了君王或为政者自律的自由、民众依自性而为或不为的自由,建构起的是"双赢的政治自由观"(冯溪屏,彭毅力,2010)。邓正莱认为老子《道德经》是中国的自由宪章,所构建的是一种"天道自由主义政治秩序"。我们认为,这些论断都是有失偏颇的。老子认为"为学日益,为道日损"(《道德经·四十八章》),进而主张"绝圣弃智""绝仁弃义""绝巧弃利"(《道德经·十九章》),因而,老子所构想的"小国寡民"社会,必然整体处于一种如黑格尔所说的"形式自由"而非"真正的自由",至多是一种如康德所说的"消极自由"状态。在这样的"形式自由"或"消极自由"状态下,就有可能要么"自由"到如柏拉图在《理想国》中所阐述的"民主政制"里的"民主分子",要么"自由"到如斯宾诺莎所说的没有了善与恶的"空"观念,而绝无可能是如他所说的"能表示最完善存在的观念的反思知识"的"真观念"。这样的城邦就不可能正确地意识到并且也难以正确地运用"批判"和"反思"这样的"意志",进而丧失文化原动力,而所谓的"甘其食,美其服,安其居,乐其俗"(《道德经·八十章》)的愿望和理想,也只能是一个良好的愿望或乌托邦空想。

从文化流变形态看,由于老子是在"绝圣弃智""绝仁弃义""绝巧弃利"的前提下,构建他的"寡民"的"小国"的,这样的"小国",不论其与今天的国家概念有无区别或有多大区别,也不妨称之为"城邦"(当然可能与柏拉图意义上的"城邦"有区别),问题的关键是,这样的小国城邦的"外在制度"显见处于缺失状态,甚至文化也处于消失状态。尽管如刘文义所说,"鸡犬之声相闻,老死不相往来"不是说人们相互之间不发生交往,各自封闭,而是互不干涉,以保持这个"寡民小国"文化的多元化。但是,在"邻国相望,鸡犬之声相闻,民至老死不相往来"的情形下,这样的小国是不存在今天意义上的"公共领域"的。由于文化天然独具的公共性,公共性既是文化发生的原因也是其必然结果,因而在这样"寡民"的"小国",既然不存在公共领域,处于公共性缺失状态,也就不可能存在如马克思所说的"劳动"和"交往",进而可以认为,这样"小国寡民"社会应当处于文化规则"失灵"的"文化断裂"甚至是"文化消失"状态。即便也能形成一些文化习俗,如果从我们所界定的"四种文化形态"来加以衡量,由于其始终坚守"鸡犬之声相闻,民至老死不相往来"这样的交往法则,便极有可能被强化成整个城邦的"内在制度"或"潜规则",这样的"潜规则"必然进而形成中国人通常所说的"只扫自家门前雪,不管他人瓦上霜"的处世原则,并被整个"小国寡民"社会所高度一致地认同。于是,便会使整个城邦要么可能到处都是那些处于极端"消极自由"状态的"民主分子",并因而处于过于"多元化""多样性"而缺乏"一致性"的"超"文化态;要么如今天一些原始部落那样,始终陷于"纯"文化态。从中可以看出,老子的"小国寡民"思想,可能正是传统中国如一盘散沙的根源,也是传统"中国人为什么组织不起来的"原因。

从文化软实力来看,从价值认同和认异及其外张和内敛内两个对立维度建立坐标,我们把文化软实力析分为:学习力、革新力、凝聚力、传播力。前两者合称为"创新力",后两者合称为"感召力"。文化软实力的培育需要以这四种"力"或创新力和感召力这样两个面向的培植为抓手、为基础、为着力点。由于老子的"小国寡民"社会整体处于一种形式的自由而非真正的自由,至多是一种"消极自由"。如前所述,这种情形下是不太可能正确地意识到并且也难以正确地运用"批判"和"反思"这样的"意志",进而就有可能丧失文化原动力。同时,在"绝圣弃智""绝仁弃义""绝巧弃利"的前提下,始终坚守"鸡犬之声相闻,民至老死不相往来"的交往法则,这样的社会,即便如宋喆所说,老子所否定的"圣",实际是指靠智术统治天下的统治者,并不是老子理想中的以"道"这种最高智慧武装起来的"圣人",所否定的"智"则是指统治者的权诈之术,也会使这个"小国寡民"社会陷入如柏拉图所说的"一种无政府状态的花哨的管理形式",而使整个社会处于"文化消失"或"文化断裂"状态,更无法构建起一个学习型和创新型的社会,其学习力、革新力、凝聚力显见缺失,其传播力的大小虽然难以确定,或者如后世陶渊明所构想的"桃花源"或者如今天仍处于"纯"文化态的原始部落那样,因其在世俗社会具有差异化优势而呈现出"外张"但通常来说缺乏"认同"的片面的"传播力"。

综上所述,老子的"小国寡民"思想,崇尚"甘其食,美其服,安其居,乐其俗,邻国相望,鸡犬之声相闻,民至老死不相往来"。他自认为是"至治至极",看起来也"自由"至极,但在"使有什伯之器而不用,使民重死而不远徙,虽有舟舆无所乘之"和"鸡犬之声相闻,民至老死不相往来"等民生状态以及"绝圣弃智""绝仁弃义""绝巧弃利"的前提下,因为处于"文化断裂"状态,"小国寡民"社会的"自由",必定是一种"消极自由",一种形式的而非真正的"自由",在这样的"自由"状态下,必然使整个社会的批判和反思能力低弱,凝聚力、学习力和革新力无从谈起,真正的文化传播力也难以期待。如果不幸跌入极端的"消极自由"或"形式自由"状态,那么,这个"小国寡民"社会便极有可能成为滋生繁殖如柏拉图所描述的"民主政制"里的"民主分子"乃至于成为培育有刺的"雄蜂"的肥沃土壤,时长日久,随着"民主分子"和有刺的"雄蜂"日益增多,横行于世,而使所谓的"小国寡民"社会迅速崩溃,化为子虚乌有。

三、本章小结

如果说古典主义、现代主义与后现代主义有什么原则性区别的话,则只不过是前二者过于强调绝对性、基础性、一元性、"一致性",后者则过于强调多样性、多元性和"差异性"。如汉娜·阿伦特所强调的关于人的"复数性"存在,本质上正是由其过多地强调差异性所致。当然,阿伦特强调人的复数性存在,警惕在"社会"中,人只热衷于满足生命需求的手段和能力,到"社会"发展的后期,随着复数性日渐被无情地摧毁,演变为整齐划一的被玛格丽特·卡凡诺批评为兽群一般"齐一性"的行为主义,是不无意义的。然而,正如特里·L.库珀所强调的,如果将后现代主义的思想特征作为社会主导观念,我们就会觉得生活在一种相对主义的和缺乏准则的状态中,它导致的结果就是"怎么都行",因为所有人都没有理由去呼吁道德忠诚和道德义务(库珀,2001)。针对没有永恒的正义所导致的可能的"混乱无序",罗蒂选择保持学者的真诚和勇气,且不伪造价值;他同时认为,如自由、人权和避免残酷等自身具有价值的理想能够自我辩护、不证自明,而那种"混乱无序",似乎也可以通过"反讽"的自由主义,特别是通过"挖苦讽刺自己",来确保公共领域"差异性"和"一致性"的"度"及其活力以及公私领域不相互侵害(罗蒂,2003)。虽然罗蒂的见解,仅仅证实了这些核心价值的经验和历史价值而无法确保这些价值的未来,也难以确保"反讽"的成功,然而,却可用以证明,任何一个区域社会、城邦或国家,作为一个动态复杂的有机系统,在日常管理和运行中其"一致性"与"差异性"保持在一定区间,一定的"度",保持在"受控区域"的重要性。根据罗蒂的意见,我们不仅可以把意志自由特别是"积极自由"和批判与反思(某些时候,反思似可以表现为"反讽"或"反讽"的自由主义)这样一些"方法论"意义上的、只保留其"工具"价值的价值,作为文化原动力,以及在文化公共治理中如何调控"文化形态",使一个社会复杂机体始终处于"和"文化态,如何培育一个社会的学习力、革新力、凝聚力、传播力等文化软实力,即便在维护其"反讽的自由主义"的"差异性"的前提下,仍然可以达成"一致性"的共识。因为,这些显然可以成为罗蒂那个"没有基础的共同体"的共同基础。

柏拉图的"理想国"由于存在文化极权主义的倾向,把文化当成了某种"药物"般的"谎言",也就是当成了纯粹的统治者的统治"工具",整个城邦前期可能处于"和"文化态,而后期则极有可能陷于高度一致的"纯"文化态,进而使"哲人王"治理下的城邦,不仅逐渐丧失自由意志,丧失积极自由能力和批判、反思精神,丧失文化原动力。同时,城邦整体虽然可能具有强大的凝聚力,但学习力、革新力却极有可能丧失殆尽,即便具有传播力也只能是如老子的"小国寡民"社会那样,是一种通常来说不可能兼备"外张—认同"的片面的"传播力"。老子试图构筑的"天道自由主义政治秩序",所构建的"小国寡民"社会,表面上看起来或许可以实现"双赢的政治自由",但是,在"绝圣弃智""绝仁弃义""绝巧弃利"的前提下,国民始终享有的可能仅仅只是一种形式的、消极的而非真正的自由,缺乏"积极自由"精神和批判、反思能力,而且,由于基本处于文化断裂状态,而在整体上丧失学习力、革新力和凝聚力。因而,总体来看,无论是柏拉图的"理想国"还是老子的"小国寡民",在文化上都存在明显的缺失和不足,都算不上是"理想国"。在《德意志意识形态》中,马克思、恩格斯明确提出了"人的自由和全面发展问题",在《共产党宣言》中强调了"每个人的自由发展是一切人的自由发展的条件"。可见,唯有马克思主义通过对自由的批判和反思,为自由意志筑起了一道坚固的"防护堤",也只有马克思主义的自由和全面发展了的人和社会,才有可能同时兼具学习力、革新力、凝聚力和传播力,进而拥有不竭的文化原动力。由此就不难理解,在《共产党宣言》发表 150 周年之际,罗蒂为什么要在《法兰克福学报》上发表文章向马克思表示崇高的敬意!

第5章　美国、德国、日本文化原动力及传导机制分析

霍夫斯泰德(Geert Hofstede)将国家文化定义为"总体心理程序"。国家文化是一个国家成员的身份认同,一个国家的成员面临共同经历、共同语言和共同制度环境,从而对其价值观产生一定的共同影响,使该国家的民众明显区别于他国,也使得他们与外国文化特征明显地区别开来。因此,国家文化也是一个国家"个性"的体现(Hofstede,1991)。国家文化集中体现在其核心价值体系之中。一个国家、一个民族、一个社会在长期的实践和认识活动中,必然要形成一定的价值观念体系。在这个体系中居核心地位、起主导和统领作用的就是其核心价值观。任何社会都有自己的核心价值观,这是一定的社会系统得以运转、一定的社会秩序得以维持的基本精神支撑。国家文化与国家发展的关系在学术界存在着激烈争议。有些经济学家认为物质上的自我利益是决定因素,有些政治学家主张"理性选择"论,有些国际关系学者主张新实用主义。马克斯·韦伯在《新教伦理与资本主义精神》中则强调:"尽管经济合理主义的发展,部分地依赖合理的技术和法律,但它同时也取决于人类适应某些实际合理行为的能力和气质。如果这类合理行为受到精神上的阻碍,则合理经济行为的发展也会遇到严重的内部阻力。"(韦伯,2002)韦伯之后,20世纪40年代和50年代开始,文化对于国家和地区经济社会发展的推动作用引起了广泛关注。至20世纪80年代,最引人注目和最有争议的是劳伦斯·哈里森撰写的《不发达是一种心态——拉丁美洲事例》一文,认为在多数拉丁美洲国家,文化成为发展的障碍。这曾引经济学界、欧美拉美问题专家和拉美知识分子的强烈抗议。但事隔几年,还是得到了多方面人士的认同。恩格斯指出,精神是物质的最高产物(恩格斯,2014)。根据恩格斯和马克思主义的观点,国家精神当是整个国家机器运行过程中的最高产物,并且,也必然要能动地反作用于一国的政治、经济、社会等诸领域,促进或阻碍其发展。黑格尔认为:"一般人区别自然与精神,认为

实在性为自然的基本规定,理想性为精神的基本规定,这种看法,并不大错。但须知,自然并不是一个固定的自身完成之物,可以离开精神而独立存在,反之,唯有在精神里自然才达到它的目的和真理。同样,精神这一方面也并不是一超出自然的抽象之物,反之,精神唯有扬弃并包括自然于其内,方可成为真正的精神,方可证实其为精神。"(黑格尔,1980)按照黑格尔的逻辑,那么,一国经济社会的发展唯有在精神里才能达到他的目的和真理;同时,也唯有扬弃并包含经济社会发展的目的和真理于其内,方可擢升其国家精神,方可证实其为国家精神。当然,关于经济社会发展的文化动力问题,仍然需要回答克利加德和兰德斯提及的两大问题,亦即如何增强文化理论和文化政策的关联性,以及一国的文化对于一国的发展究竟起到了什么作用,起到了多大作用? 本书以目前公认的世界最大经济体——美国[据《赫芬顿财经》2014 年 10 月 8 日报道,国际货币基金组织(IMF)发布的《世界经济展望》(WEO)显示,若以购买力评价(Purchasing Power Parity,简称 PPP)算法来衡量 GDP,那么中国经济已赶超美国,成为世界第一大经济体]以及"二战"惨败后又迅速崛起的德国、日本等典型国家的文化与经济发展的关系为例,从文化动力的角度,试图厘清和回答这些问题。中国作为发展中国家(或者已经是世界第一大经济体),剔除这些资本主义国家文化的弊端和糟粕,借鉴和学习其文化的积极因素与经济发展成功经验,是新时期、新时代完善中国特色社会主义市场经济的重要途径和有效选择,具有重要的理论和现实意义。

一、以基督新教为核心的美国文化原动力传导机制分析

美国哈佛大学教授、《剑桥美国文学史》主编萨克文·伯科维奇(Sacvan Bercovitch)在为其著作《共识的典仪》(The Rites of Assent,1992)所作的序言"美国神话"中指出,"人们相信什么就会塑造出他们生存的现实"(伯科维奇,2002)。托克维尔认为,美国是宗教"到处都对人们的灵魂发生强大的实在影响"的国度,"美国人以他们的行动证明:他们认为必须依靠宗教,才能使民主制度具有德化的性质"(托克维尔,1988)。亨廷顿概括了美国公民宗教的四个要素:(1)认为美国的政治体制是建立在宗教基础上的观念。(2)相信美国人是上帝的选民,美国是新以色列的信念。(3)宗教言辞和象征遍布美国的公共言论、典礼和仪式。(4)国家重大典礼和活动具有宗教气氛,并履行宗教功能(亨廷顿,2004)。美国历史也证实了这一点。1620 年,

为了摆脱宗教压迫，一批英格兰移民乘坐"五月花号"木帆船横穿大西洋，来
到美洲寻找新大陆，他们要寻找一块清教徒能居住的"净土"并建立新的国
家。这些在欧洲饱受宗教迫害的清教徒，他们中的大多数人都具备勤俭节
约、严于律己、为自由和理想奋斗的信念，这就是早期的美国清教徒主义精
神。他们把北美大陆视为复兴基督教的理想王国，是建立未来基督教世界
的楷模。在这些清教徒看来，他们肩负着拯救世界的使命。随着北美殖民
地的发展，美利坚合众国的建立，这些盎格鲁—撒克逊清教徒自认为是上帝
的优秀"选民"，他们有责任、有义务向世界其他地区传播基督教文明，并把
这看作是清教徒在尘世履行的使命。正如韦伯所说，新教"把完成世俗事物
的义务尊为一个人道德行为所能达到的最高形式，无疑是新颖的。正是这
一点，不可避免地使日常的世俗行为具有了宗教意义，并且由此第一次创造
出这种意义上的天职概念。于是，这种天职概念为全部新教教派提供了核
心教义"（韦伯，2002）。基督新教也成了美国文化的基础和核心（曾繁健，
2015）。麦克洛克林（John Mcloughlin）所称的"宗教大觉醒"，有四次与美
国直接相关，第一次大觉醒（1730—1760）诞生了美利坚合众国；第二次大觉
醒（1800—1830）巩固了联邦，创立了参与式民主；第三次大觉醒（1890—
1920）终止了美国资本主义的无序开发，开启了福利美国的时代；第四次大
觉醒（1960—1990）制止了地区与国际财团对世界资源的囤积居奇和肆虐使
用（McLoughlin，1978）。从 1630 年牧师约翰·温斯洛率领近千人的清教
徒在北美的马萨诸塞建立"丘阜之城"，到托马斯·杰斐逊起草的《美国独立
宣言》以及历届总统的就职演说，都与"上帝"有着不解之缘。《独立宣言》结
尾处强调，"我们坚定地信赖神明上帝的保佑"；麦金来总统说，"唯有我们的
先辈们信仰的上帝最值得我们信赖"；克林顿说，"愿上帝永远保佑我们的美
国"（李剑鸣，1997）。清教徒主义精神也是"美国梦"的思想来源（刘波和尤
国珍，2013）。詹姆斯·特拉斯洛·亚当斯在 1931 年 5 月所著的《美国的史
诗》中第一次提出"美国梦"一词。他认为"美国梦"的核心含义是："不论家
世和背景，每个人依靠自身的能力和成就，都有机会能获得更好、更富裕和
充实的生活"（Adams，2012）。耶鲁大学历史学家约翰·莫顿·布卢姆
（John Moron Blum）在其著作《美国的承诺：一项历史性的观察》（The
Promise of America：An Historical Inquiry，1965）中列出了"美国梦"给不
同抱负和不同理念的人们带来自我实现的几个重要方面：社会流动性，审慎
的美德，全面的教育，土地，自由的政府，自由的思想，人的尊严，经济的富裕

和工业的力量(Blum,2003)。董小川认为,基督教是"美国民族的统一道德观和价值观","是美国事业的精神支柱",宗教自由主义在美国的兴起,促成了科学主义的勃兴和实用主义的创立(董小川,2001)。刘波、尤国珍认为,"美国梦"根植于西方基督教文化,并随着美国自身经济实力和综合国力增长,发展成为一种影响范围较大的社会价值意识,是美国崛起的文化动力,是美国影响世界的文化软实力。其基本特征有:阶层流动的顺畅性;突出的个人主义色彩;浓厚的商业情结,强调付出的重要性,与企业家的创业精神密不可分;最大化的个人自由,最先进的物质进步和最丰富、最平等的成功机会;与宗教文化交织在一起衍生出的"例外论"等国家精神,注重文化"包装"和无形渗透等等(刘波,尤国珍,2013)。曾繁健、扬卫东认为,基督教与政治高度结合,彼此配合,是美国文化的神经中枢,是美国人的心灵慰藉,是美国的意识形态。美国的民主文化、熔炉文化、移民文化乃至于"美元本位主义"和"胡萝卜加大棒"的外交政策、大陆扩张主义,都与其以"上帝的选民"、"人类的拯救者"自居相关联(曾繁健,2015;杨卫东,2005)。乐黛云认为,"从哲学角度看,美国梦的精神原则是自由主义、个人主义、平民主义、实用主义、竞争主义和征服主义"(乐黛云,2007)。韩元元认为,最初到达新大陆的美国殖民者和美国制宪先贤们很多受到加尔文主义的影响。因此,加尔文主义和美国的政治观念之间存在重大关联。加尔文教派在美国实行的长老制和会众制(公理制教会)治理方式,构成了美国政治制度中代表制和分权政府的社会基础。这也是美国政治观念中的"权力制约""有限政府""地方自治"等观念的主要思想来源(韩元元,2015)。

　　从已有的研究看,可以得出这样几个结论:一是美国文化的核心和基础是基督新教或新教伦理;二是新教伦理深刻影响着美国的政治价值观、国家精神,并以"美国梦"建构起了帝国精神和财富梦,形成了美国"优势";三是基督新教也是其经济、外交政策和经济民族主义、大陆扩张主义形成的根源。总体来看,我们认为,尽管学者们针对以基督新教为核心的美国文化动力问题,从不同角度,作了深入细致的研究,但他们对于新教伦理为何以及如何能建构起一个帝国的精神,内在逻辑性仍显不足;以基督新教为核心的美国多元文化,其文化动力究竟有哪些核心要素,其文化软实力可以从哪些方面加以分析和解构,美国文化形态的过去、现在及其流变趋势是什么?今天,如不回答这些问题,就很难解释"雷人的特朗普为何大受追捧","美国今天的总统选举简直成了一种政治真人秀,拼的不是政治智慧、政治经验、政治才能、政治方案,而是看谁更有表演才能,更能吸引社会关注,有更高的曝光率,更能胡说八道"。"特朗普现象固然是美国种种政治现实的另类反映,但从另一侧面也反映了美国政治历史进程的一个客观趋势——美国政治的衰退"(叶自成,2016)。正如美国政治学者福山所承认的那样,美国官僚体系早已不再是一个唯才是举、唯贤是用、充满活力、高效运作的组织(福山,2014)。特朗普上台还印证了主张"无根基的共同体"国家理论的罗蒂在很多年前的预言:在全球化背景下,经济上失去优势的民主国家美国会"关闭国门"走向民粹主义,人们会对民主制度丧失信心,转而四处寻找一个"铁腕人物"来获得支持。这个"铁腕人物"掌权之后,将摧毁民主和平在减少残酷上所取得的在就,他会唤醒海湾战争的辉煌记忆,鼓动军事冒险,求得短期繁荣,他会很快与国际超级富人阶层讲和,就像希特勒与德国实业家讲和一样,"美国黑人、棕色人种和同性恋在过去 40 年里赢得的所有权益将丧失殆尽。拿妇女打趣和蔑视妇女的现象将重新抬头"(罗蒂,2006)。我们认为,从文化和文化动力的角度看,美国无疑地拥有一种以基督新教为核心的多元文化,而当前的政治衰退和政治娱乐化趋向,也与其以基督新教为核心的文化及其文化的重心与核心的严重偏离且渐行渐远密切相关。

(一)美国文化原动力的建构与解构

西方宗教史上,经由马丁·路德改革,使俗世职业具有了与宗教职务同等的价值,特别是加尔文派又使入世禁欲以及"禁欲以营利"成为俗世职业中理应普遍遵循的原则,并被赋予了一种伦理上的荣耀,使得资产阶级具有了道德优势(肖遥,2015),进而催生了马克斯·韦伯在《新教伦理与资本主义精神》一书中所强调的西方资本主义精神,同时也建构了"美国梦",成就了美国"优势"。甚至在有些学者看来,"基督教主义的天定使命使得美国民主政治文化具有了恒久的精神动力,它成了世界文化的千古'灯塔'"(曾繁健,2015)。然而,从文化原动力的三个核心要素来看,以基督新教为核心的美国文化,其"积极自由"能力和批判、反思精神,却存在着与生俱来的局限。

1."自由"的建构与解构:美国"熔炉文化"不"熔"

1776 年《美国独立宣言》的发表,意味着启蒙运动所鼓励的广泛的个人自由、平等、公正和"天赋人权说"等,从抽象的理论,上升到了美国现实的政治权利和原则的高度。《美国独立宣言》开宗明义地指出:"我们认为下述真理是不言而喻的:人人生而平等,造物主赋予他们若干不可让与的权利,其中包括生存权、自由权和追求幸福的权利。"这奠定了"美国梦"的思想内涵,也是支撑"美国梦优势"的第一个精神支柱(徐崇温,2012)。在美国的开国先辈中,华盛顿、杰斐逊、富兰克林等无疑都对民主政治情有独钟,他们希望在北美这个"空白大陆"上建立的这个新国家,能够成为全世界效仿的榜样,以"民主与自由"的制度打破几千年来束缚人们思想与行为的专制镣铐(王晓德,2003)。第一任总统乔治·华盛顿声称,美国寄托了人类"维护神圣的自由火炬和维护共和政体命运的希望"(华盛顿,1983)。同时强调,"在我们这样辽阔的国度里,要想有效地管理大家的共同利益,一个活力充沛的、并且能充分保障自由的政府是必不可少的。在这样一个权力得到适当分配和调节的政府里,自由本身将会从中找到它最可靠的保护者"(黄柯可,1982)。亨利·克莱将美国比作一盏"自由之灯",它将"在这个西部海岸上明亮地燃烧,作为照亮所有国家的光芒"(Foster,1955)。威尔逊认为,"美洲是逃离了欧洲腐败、恢复了天然自由的救赎大陆。不用经历新的社会与道德教化,美国是'人类的第一个寄宿处',从她的榜样中可能产生出自由和人类兄弟情感"(Wilson,1973)。正是在这种"自由和人类兄弟情感"中,造就了美国独特且典型的移民文化。美国历史学家汉德林曾指出,美国历史可以说是一部移民史。美国独立前后,北美劳动力严重紧缺,在英国政府开放包容的移民政策下,遭受宗教、战争迫害以及怀揣财富梦想的欧洲人、黑人、亚洲人等纷至沓来,他们分属不同价值观念、宗教信仰和语言习俗的种族和民族,既相互适应,又以基督教、民主、法治和科学为轴心,以勤劳、创新的美国梦精神,融洽相处,最终在北美建立了一种"熔炉文化"(曾繁健,2015)。"熔炉文化"的"多源性"决定了美国文化的多元性。"多源性"的移民群体、"特点各异"的移民文化造就了多样性的民族性格。在社会文化领域,移民群体所带来的多元文化传统使美国社会更加注重自由民主(崔妍,2013)。因此,对美国人而言,事实上,单是"美国",让人想到的"就是现代本身:进步、自由、机会",而这种象征,"本身就有巨大的力量"(伯科维奇,2002)。他们认为历史的"一致性原则注定是进步的,这是上帝安排的。自由、正义、博爱,所有这些美德都在美国历史上得到特别的展现,天意将其专门赐予合适的人民和合适的体制……可将美国历史视为一切历史的完成"(亨廷顿,2005)。

　　然而,以基督新教为核心的美国多元文化中的"自由"以及自由所滋生出来的民主、平等、正义、博爱等,却有着与生俱来的局限和缺失。究其根源,首先是可以从加尔文的五要点看出端倪。加尔文主义五要点:一是人类全然败坏(the total depravity of the sinners);二是神无条件拣选(the unconditional election of the Father)；三是基督有限代赎（the limited atone-ment of Christ）；四是恩典不可抗拒（irresistible grace of Holy Spirit）；五是选民永蒙保守（the perseverance of saints）。在神学界，这"五要点"虽不等于加尔文主义，但却是归纳、理解加尔文主义思想最有价值的工具。加尔文主义的一些基本道理，正是奥古斯丁在五世纪所强调并借此反驳伯拉纠（Pelagius，360—420）的主张。奥古斯丁认为，人的本性已经因亚当的堕落彻底败坏到一个地步，完全不可能靠自己来遵守律法或接受福音；罪人必须要有神的恩典才能够相信，以致得救。而神的恩典只赐给那些神在创世以前就预定要得永生的人。信心这个动作不是像伯拉纠所教导的来自罪人的自由意志，而是出于神的恩典，而且这恩典只赐给蒙拣选的人。因此，对加尔文主义而言，救恩论其实只有一个要点，就是神拯救罪人。加尔文主义进一步发挥了基督教早期经典中就有的"选民""弃民"之说，提出了"预定论"和"天定命运说"，认为人在世上的命运是预先决定的，是"选民"还是"弃民"，都是上帝预先的安排。由于世人并不知道自己是"选民"还是"弃民"，只好以自己在尘世中的奋斗与成功来证实自己是上帝的"选民"（杨卫东，2005）。这一方面成就了"美国梦"，同时也造就了美国的"例外论"以及经济上的自由贸易主义，对外和外交上的以本杰明·富兰克林为代表的"大陆扩张主义"，以及对麦迪逊提出的"扩张是国家福利的关键"的"民主扩张主论"等也产生了深刻的影响。"美国例外论"作为一种独特的意识形态，其核心是"独一无二"论和使命观。在很多美国人看来，美国是一个特殊的国家，秉承上帝旨意对人类的发展承担着一种特殊的责任，负有拯救世界的神圣使命。例外论不仅旨在说明美国发展的独特性，更重要的是体现美国优于他国而为世界树立楷模的观念（宋志艳，2010）。美国学者德博拉·马德森说："美国例外论弥漫在美国每一个历史时期，在几个世纪以来的一系列有关美国和美国人的身份的激烈争论中，美国例外论是最强有力的一种理论……美国例外的观念不断被用来描述从清教起源一直到现在的美国文化身份的演进。"（Madsen，1998）王立新认为，美国例外论是早期美国人根深蒂固的普遍信仰。尽管大多数当代美国人不会再以清教的选民思想来论证美国的特殊性，但美国不同于其他国家，美国是世界上独一无二的，并因此在世界上扮演一种特殊的角色的意识仍然普遍存在于美国人对自我身份的认知中。美国例外论对美国的对外关系具有多方面的影响。首先，美国人相信自己是纯洁的，没有沾染旧大陆的阴谋、自私和狡诈，因此美国在国际上的目标总是高尚的,并非是为了一己之私利,而是有着利他主义的高尚动机。其次,美国例外论使美国人相信美国是唯一在国际舞台上在追求国家利益同时又怀有崇高理想的国家。最后,美国例外论使美国人具有一种国际行为中的道德优越感,这种优越感至少产生了三个后果:首先是只有美国才有资格充当国际规则的制订者和世界的领导者。其次,既然美国道德优越于所有其他国家,那么就不能用衡量其他国家的标准来衡量美国,而必须用一套完全不同的标准,其他国家不能做的事情美国是可以做的,美国有理由超越现有国际体系和国际法,因为美国是新的国际秩序的建立者、主宰者和国际行为的裁判者。也就是说,美国应该处在国际体系之上,而不是在国际体系之内。复次,美国例外论和道德优越感还引出一个灾难性的理论:目的总是能为手段提供合法性。尽管美国也经常使用不道德的手段,但美国人相信,美国无私和高尚的目标能够弥补手段带来的损失。这一思想可以成为美国在海外实施干涉的道德借口(王立新,2006)。因此,所谓的“美国例外论”及其所导致的“大陆扩张主义”、对外干涉主义、“民主扩张论”,在后殖民时代的批评家们看来,基督教只是“白人的宗教”,例外论也只是“白人中心主义”的通俗表达,所以直至奥巴马时期,美国的“熔炉文化”无论对内、对外其实都不“熔”(张杰等,2016);“美国梦”既有其“可能性”也有其固有的“限度”(李鲜红,2013)。当年罗兰夫人就曾经感叹:“自由啊自由,多少罪恶假汝以行!”美国作家马亚·安吉罗(Maya Angelou)说,“生活在一个恐怖的国家里,对许多美国白人来说是件新鲜事,但美国黑人在400多年里一直生活在恐怖状态中”(Younge,2003)。非洲裔演员维克多·威廉姆斯(Victor Williams)认为,他对祖国的热爱充满着苦涩:“作为一个非洲裔美国人,我在大多数时候并未感到自己像是个美国人。当你听说有一个黑人在得克萨斯被一辆汽车拖死,很难会有爱国的感觉。”(Dunne,2001)美国梦的缔造者亚当斯说:“清教徒的领导者并没有让政府和人民拥有民主、拥有宗教信仰自由的本意。”(Adams,2012)当然,更别提“他们会给美国之外的其他国家及人民以任何的民主和自由。时至今日,美国历届政府打着‘神的庇护’和‘对上帝的敬畏’的旗号,对外领土扩张,经济上胡萝卜诱惑,军事上穷兵黩武,政治上大棒威吓,履行他们所谓的天赋人权的基督教使命,把‘光明’和‘拯救’带给世界的其他地区”(曾繁健,2015)。总之,实质上美国这样的作为上帝“选民”的国度,不仅如奥古斯丁所说,在上帝面前都是没有“自由意志”的,更没有康德意义上的“积极自由”的能力,美国一直以来奉行的至多是一种"消极自由",甚至是黑格尔意义上的"形式的自由",进而,也使历届政府及其领导人一直以来在上帝面前丧失了批判和反思能力,这也成为美国和美国文化的"硬伤"。

2."批判"不"反思":美国的"硬伤"

黑格尔严格区分了如"任性"这样的一种"形式的自由"与"真正的自由"的本质不同。在康德那里,纯粹实践理性的自律,是积极的、"真正的自由"而非消极的、"形式的自由"的自律。而且,批判和反思都必须在"积极的""真正的"而非消极的、"形式的"自由意志的支持下,才能正确地和合法地展开。没有自由意志,特别是没有积极的自由意志,就不可能正确地意识到并且也更难以运用"批判"和"反思"这样的"意志",进而,也无法展示批判和反思的功能和作用,难以为理性展示和规定实践法则、道德义务和神圣职责,进而也就不能为理性的求真、求善和求美开辟通道,批判和反思必然失去理想和目标,也难以成为真正的文化原动力。以"上帝的选民"乃至于"上帝"自居的人,看来注定要陷入同样作为新实用主义者的普特南,在批评罗蒂的文化相对主义时所指出的那样,他们"所能追求的唯一的一种真理是说服自己的文化同伴"(Putnam,1993),这种文化相对主义如果不想陷于困难境地,便只能陷入"唯我论"(Putnam,1993)。这种"唯我论"在实践领域,一方面,因为唯我独尊、唯我是从而掏空"自由"和"民主"的真正意义和价值,进而陷于"消极的"或"形式的"自由,丧失批判和反思能力,使得民主也只剩下一个空壳,成为一个幌子,一具空架子;另一方面,则全面奉行粗糙的或精致的实用主义。实用主义是美国土生土长的国家哲学,是美国人生产、生活的重要思想源泉。从老实用主义者皮尔士强烈的"实效"取向,经过詹姆士"有用真理说"、杜威的"行动认识论"和工具主义,到新实用主义者罗蒂全面继承杜威哲学而发出的"哲学可以为美国做些什么"(罗蒂,2006)和把道德的"客观性"理解为"协同性"的明确主张(罗蒂,1987),以及普特南在道德哲学、伦理学领域所坚持的在"时间中演变"的、作为"历史的产物"的"可断定性的规范和标准"(普特南,2003),一方面使得当代伦理学领域全面实现了由实践理性向实用—工具理性的转型(张晓东,2009),另一方面也使实用主义深刻影响了美国人的性格、思维方式(崔妍,2013),本质上也成了美国政府的行动指南。

从第一任总统华盛顿直至今天的特朗普,可以认为,实用主义正是其处理内政和外交的行动纲领。1796 年 9 月 17 日,华盛顿发表了他的著名的

《告别辞》,总结了自己一生的政治经验,向他的同胞提出了谆谆忠告:"我们真正的政策,乃是避免同任何外国订立永久的同盟,我的意思是我们现在可自由处理这种问题;但请不要误会,以为我赞成不履行现有的条约。我认为,诚实是最好的政策,这句格言不仅适用于私事,亦通用于公务。所以我再重复说一句,那些条约应按其原意加以履行。但我觉得延长那些条约是不必要,也是不明智的。"本质上,华盛顿希望他的同胞们奉行的正是"没有永久的朋友,只有永久的利益"(钱满素,2016)。这样的外交原则,也使得他所说的"诚实是最好的政策"中的"诚实"也必然大打折扣。1801 年,麦迪逊进入美国政府最高决策层,尽管包括他在内的美国开国先辈们普遍受到自由贸易主义的深刻影响,尽管他在口头上没有完全放弃自由贸易的信念,但是他认为"自由贸易的黄金时代尚未到来",在他执政期间,美国所执行的对外经济政策很少能体出他的自由贸易思想,更多的是与自由贸易相对立的东西,即经济民族主义,回到与美国利益保持一致的思想(王晓德,2003)。麦迪逊同时也为美国扩张主义扫清了障碍,他的"民主扩张论"认为,美国民主制度需要扩张。美国学者萨维尔(Saville)也认为,自由从两个方面同扩张紧密相连:扩张能够表达美国人自由的观念;扩张能够扩大真正自由的范围(Williams,1972)。因此,在对外政策上,美国历史以来奉行的是以"民族主义化"占主导的"爱国主义"。所谓"民族主义化的爱国主义",是指"在狭隘的民族主义的影响下受一国政府操纵的爱国主义,是由一国政府对'敌对他者'的建构所激发的,并以对一些并不符合爱国主义本义的对内对外政策的支持的形式表现出来"(潘亚玲,2007)。历史上,美国对外政策一直受到民族主义化的爱国主义的主导,而对爱国主义的本义缺乏批判和反思精神。重要的时间点是 1898 年美西战争和第二次世界大战期间直至战后,民族主义化的爱国主义都占据着主导地位,这就为"9.11"后布什政府对民族主义化的美国爱国主义制度化,以及美国公众的爱国主义被迅速民族主义化奠定了基础。美国人的报复心理、排外意识得到极大的宣泄,以至于电视主持人丹·拉瑟(Dan Rather)说,美国的爱国主义热情已经达到"杀气腾腾"的程度(潘亚玲,2007)。随着民族主义化的美国爱国主义被推向极致,美国爱国主义的反思也有所增强。尤其是在伊拉克战争问题上,美国爱国主义的反思明显快于在反恐政策及其他问题上的反思。如有许多参议员加入了2001 年唯一的对《爱国者法》投反对票的鲁斯·费因戈尔德一边,并质疑、批评或试图修正布什的反恐计划。与美国国内的爱国主义反思相比,国际社会对美国政府在"9.11"后的民族主义化的美国爱国主义的反思则来得更早、表现更为强烈。这种对民族主义化的美国爱国主义的反对被笼统地称作"反美主义"。根据皮尤研究中心的报告,"9.11"以后,出于对美国的同情,美国的国际声望一度上升,但随着布什主义的实施,美国的威望日渐下降。例如,加拿大人对美国的正面看法从 2002 年 72％下降到 2005 年的 59％,英国人从 2000 年的 83％下降到了 2005 年的 55％,法国人从 2002 年的 63％下降到了 2005 年的 43％,德国人从 2000 年的 78％下降到了 2005 年的 41％,印度尼西亚人从 2000 年的 75％下降到了 2005 年的 38％(The Pew Global Attitude Project,2005)。遍及全球的反美主义一方面减少了民族主义化的美国爱国主义主导下的对外政策可能引发的负面后果,另一方面也促进了美国国内的爱国主义反思的兴起。但是,尽管存在着美国公众与学者的反思,美国国会与最高法院的制衡力度的加大,以及国际社会广泛存在的反美主义,这些反思、制衡与反美很大程度上仍是有限的——最主要是对伊拉克战争的反对,一旦涉及美国民间与官方共同认可的外部威胁即恐怖主义敌人时,所有的反对都会大大减弱,美国爱国主义的反思也是如此(潘亚玲,2007)。奥巴马政府认为,美国的超级大国地位,不容许任何一国在世界主要地区取美国而代之。除非美国认输和甘拜下风,放弃在亚太地区甚至全球的主导权,除此别无选择(奥巴马:"在我总统任内,美国绝不当老二")。特朗普在批评奥巴马政府对于未能让韩国为美国提供的"保护"以及为伊拉克人民送去"无价的礼物"——"民主"和"自由"买单时指责说,奥巴马只是一个称职的"社区干事",而不是"国际经纪人"(许亮,2013)。由此看来,以"上帝的选民"自居的美国文化及其所炮制的例外论、"天赋使命"论,终究来说正如特朗普自己所说的那样,美国及美国历届总统可能都仅仅是"国际经纪人",也因此,不但在上帝面前丧失积极自由能力,而且在实用主义、新实用主义的推助下,必然要丧失批判和反思精神,或者唯有对外族、甚至是对于全世界的"积极的""批判"能力,而唯独不能展开深入全面的自我反思,而且,说到底美国奉行的只不过是"财富供养的自由"。

(二)"财富供养自由":美国文化形态分析

戈登用公式"A＋B＋C＋……＝E"表示了美国"熔炉文化"形态的形成,A、B、C……为来自不同文化背景的人们,他们交融汇合,通而同之,最后变成了具有共同美国文化特质的"E"(美国人):统一的语言——英语,(基本)统一的宗教信仰——基督教,统一的美国价值观和行为规范,统一的美国梦。在拥有这样一些共性的同时,依然保持着各自鲜明的传统文化及民族、种族意识。戈登再次用公式"A＋B＋C＋……＝EA＋EB＋EC＋……"表明了美国熔炉文化的演变历程及其政治与社会的进化功能(袁明,2003)。熔炉文化带给美国积极作用的同时,也存在着天然的裂隙,各民族群体之间存在着结构性不平等,既有社会分层的问题,也有民族分层的矛盾。美国的不同种群、族群与宗教群体有着不同的权利或特权。大量财富的拥有者,政治与宗教权利的执杖者,自然占据着社会的上层,其他无产、无权者则只能是前者的附庸。美国的上层阶级或统治阶级虽然人口极少,却身居政府或企业帝国的要职,接受特殊的学校教育,尤其在圣公会私立寄宿学校,或者在哈佛、耶鲁等精英大学学习。而小企业主、企业经理、白领、专业技术人员等组成的中产阶级,尽管比例较高,也拥有一定的财富,但他们长期依附于大资本,政治冷漠,很难进入上层阶级的政治世界。即便美国中产阶级的数量不断扩大,社会与民族阶层分化的问题层出不穷:少数族裔聚居区及工薪阶层的贫困,青年经济状况的恶化,思想的迷茫,"白人中心主义"的盛行(如 1992 年洛杉矶的种族骚乱),有色人种的就业困难,少数族裔受教育水平的低下等。在 21 世纪的今天,美国反移民倾向却愈加强烈,熔炉文化中的移民平等,在法律经文上已经变得岌岌可危(曾繁健,2015)。1992 年的美国加州"187 法案"便是例证。美国民众在经济和福利衰退的双重压力下,强烈要求政府推行苛刻的移民法案。2002 年,《关于加强边防安全和入境签证改革法》开启了美国反恐法案限制移民数量的先河。奥巴马政府时期的安全社区计划被拉美裔移民认为是一项"驱逐计划",原因是它要求地方警察检查所有被拘留人员的移民背景,不管他们是否受到指控或认罪。例如,在得克萨斯州的特拉维斯,大部分被安全社区计划遣返的是没有任何犯罪记录的移民,还有一些人已在本地安家落户。这些移民面临着被遣返的危险,但其子女作为合法的美国公民则可以居住在美国,导致亲子分离。对于高移民率以及高生育率的拉美裔移民来说,该计划绝对是场灾难。许多拉美裔移民将奥巴马称为"驱逐总司令"。虽然,由于该计划在实际执行过程中收效甚微,而且遭到了很多批评,越来越多的地方移民机构和政府官员甚至包括市长在内,都拒绝与该项计划进行合作。全美最大的西裔维权组织"拉美裔公民联合同盟"(LULAC)是该计划的最大反对者之一(张杰等,2016)。在奥巴马政府推出的医改方案中,要求宗教附属机构(例如宗教大学)必须承保员工的避孕工具和相关手术,以保障妇女的健康和选择的权利。这项规定被认为是强迫宗教附属机构执行一些违背其宗教信仰和教导的行为,侵害了这些机构自由信仰和自由言论的基本权利。特别是对信仰天主教的相对保守的拉美裔移民而言,这更是难以接受的,因此,不少宗教团体和机构对奥巴马政府提出诉讼(Hirschman,2004)。此外,宗教认同分歧也很有可能导致美国文化可能国家认同分歧,进一步加大拉美裔移民与"大熔炉"之间的离心力。历史地看,美国以基督新教为核心的多元文化,在经济民族主义、大陆扩张主义及其民主扩张论、农业帝国论鼓动下,动员美国人民自由民主地为"美国梦"而奋斗并创造美国 200 多年辉煌,发挥了积极作用,但是,总体来说,可以认为,美国文化可能始终至多是处于一种外在制度与内在制度基本相容的"合"文化态,美国当前的政治衰退和政治娱乐化趋向,更可以说明其以基督新教为核心的文化核心与流变中的文化重心正在发生严重偏离。

正是因为始终至多是处于"合"文化态,使得号称自由民主的美国政体,充其量只不过是一个柏拉图意义上的以追求"自由"为主导价值的"民主政制"和以追求"财富"为主导价值的"寡头政制"杂交的产物。关于这一点,新任总统特朗普可以说是一语道破了美国的天机。他曾强调指出,"我们的国家是人类史上最伟大的国家。为了这个国家以及我对它的自豪感,或者我对重现美国强盛富有的强烈愿望,我不认为有任何不妥。毕竟,财富供养自由"(许亮,2013)。追求"财富"和"自由",并且必须以"财富"来供养"自由",这应当正是美国的国家层面的主导价值观。也因此,柏拉图所描述的"寡头政制"的主要特征,诸如贪得无厌地追求最大可能的财富,根据财产标准来选"船长",政治力量在富人手里,以及"民主政制"的主要特征,诸如爱财的寡头思想培育出来以后,尝到了"雄蜂"的甜头,转变为"民主分子",沉迷于不必要的无益欲望之中,以轻薄浮躁的态度践踏所有的理想。公民都有同等的公民权及做官的机会,官职通常抽签决定。这些现象和特征,在美国社会似乎都曾经出现过。美国最具影响力的"垮掉派文学"之王杰克·凯鲁亚克(1922—1969)在 1957 年写就的《垮掉的一代》,反映的正是 20 世纪 50 年代美国的这种社会现状。该作品自凯鲁亚克创作以来,被封存了五十年后方被发掘并面世。作品中叙述了凯鲁亚克的另一个自我——杰克·杜鲁兹的酗酒与吸毒的一天。作品以主人公杰克·杜鲁兹为切入点,在看似漫不经心的对话中,辐射了美国 20 世纪 50 年代的一大批年轻人的心态。杰克时时刻刻想抓住生活的实在享受,只追求当下,他们的思想在绝对自由的躯体里得到升华,并在美国战后的忧伤失望中予世人以面对现实的勇气,这也是当时美国"垮掉的一代"的典型特征。杰克·杜鲁兹与柏拉图所描述的"雄蜂"何其神似。从特朗普的"财富供养自由"论来看,财富自然是目的,而自由充其量只是手段。这样的自由必定是一种"消极自由"甚至是"形式的自由",也必然要陷入被波普尔析别出的关于柏拉图的"自由悖论"(波普尔,1999)。因此,在以"财富供养自由"的政制里,出现"自由悖论",出现"雷人的特朗普"大受追捧,总统选举简直成了一种政治真人秀,使得美国官僚体系如福山所指出的那样,早已经不再是一个唯才是举、唯贤是用、充满活力、高效运作的组织。这样一种美国政治衰退的局面,是可以理解的,似乎也完全可以预见。韦伯于一百多年前在《新教伦理与资本主义精神》中就曾预言了美国的发展现状:"自从禁欲主义试图重造尘世并在俗世中实现它的种种理想以来,物质财富获得了一种历史上任何阶段都未曾有过的、愈来愈大且最终变得不可抗拒的统治力量。"今天,追求财富已经失去了宗教和伦理的意义,因为"胜利的资本主义已经不再需要它的支持",相反,如在美国,"正在日益与纯粹世俗的情感结为一体,从而实际上往往使它具有娱乐竞赛的特征";"因为就这种文化的最后发展阶段而言,确实可以这样说:'专门家没有灵魂,纵欲者没有肝肠,这种一切皆无情趣的现象,意味着文明已经达到了一种前所未有的水平'"(韦伯,2002)。美国的文明似乎正达到韦伯意义上具有讽刺意味的"一种前所未有的水平",而"熔炉文化"不"熔",决定了美国在文化形态上至多处于一种"合"文化态甚或是"超"文化态。根据"文化形态"理论,"合"文化态如果调控得当,可以向着外在制度与内在制度和谐相容的"和"文化态演进;否则,就可能向着外在制与内在制度完全不相容的"超"文化态迁变。特朗普能否在国家文化公共治理上让美国多元文化走向真正的"和"文化态,可以拭目以待。然而,从美国历史及现状来看,以及从其以追求"自由"为主导价值的"民主政制"和以追求"财富"为主导价值的"寡头政制"杂交的政制来看,美国文化恐怕只能终始地处于"合"文化态甚或是"超"文化态。如若任由政治可持续的衰退,那么,美国进入"意见"(指如柏拉图所说的介于知识和无知两者之间的观点、理念、主张等)纷呈、价值观混乱的"超"文化态,最终导致因经济、政治的衰退而丧失美国的"例外"和"优势",导致"美国梦"的破灭,也不是没有可能。

　　(三)"使人成其为人":美国文化软实力分析

　　如上所述,美国的国家文化形态,基本可以判定为长期处于"合"文化

态。我们曾经指出,当一个文化机体处于"合"文化态时,相较于"超"文化
态,这一时期"文化控制"力增强,因而自由度在下降,但极有可能只是那种
"任性"的、"主观假想"的"形式自由"度降低,而逐渐滋长出"真正的自由"和
理性精神。同时,"合"文化态无论是从"超"文化态蜕变而成,还是从"和"文
化态演化而来,"反思"都有了基础,并且也可能具有较强的批判精神。从其
文化软实力看,这一时期"内敛—认异"的学习力、"外张—认异"的革新力、
"内敛—认同"的凝聚力都可能较强,相对来说"外张—认同"的传播力则可
能不足。因为处于"合"文化态,文化特质和品性尚未定格。但是,由于美国
奉行的是实用主义国家哲学,推崇"有用即真理"等实用主义主张,加之以基
督新教为核心的文化,以"上帝的选民"自居的例外论、唯我论,使得种族主
义、干涉主义、扩张主义不仅在美国政治文化中始终占据主导地位,且有愈
演愈烈走向民粹主义的明显倾向,因而,也使得美国一直以来奉行的自由至
多是一种"消极自由",甚至是黑格尔意义上的"形式的自由",进而,也在"上
帝"面前丧失了批判和反思能力,这也成了美国和美国文化的"硬伤"。根据
王海明的观点,如果说"人道——主要是自由——诸标准是国家制度好坏的
最高价值标准",即自由是最根本的人道,且人道主义有两种。广义的浅层
的初级的人道主义是视人本身为最高价值从而将"把人当人看"当作待人最
高原则的思想体系,可以称之为"博爱的人道主义";狭义的深层的高级的人
道主义,是认为人本身的自我实现是最高价值从而把"使人成其为人"奉为
待人最高原则的思想体系,可以称之为"自我实现的人道主义"(王海明,
2017)。美国奉行的实用主义的自由主义,显见是狭义层次上,看起来是"高
级的",本质上也是"实用的",因而,美国显然只是在"使人成其为人"上做了
些文章,而在"把人当人看"上则存在着严重不足,美国的"自由"是"实用"的
和实用主义的。由于在自由意志(求善)、反思(求真)、批判(求美)等文化原
动力上存在着明显的短板和缺失,导致其在文化形态上基本长期处于"合"
文化态甚或是"超"文化态,因而,在学习力、革新力、凝聚力、传播力等四种
文化软实力上,相对来说,前两者相对较强,而后两者则明显不足。

　　1. "内敛—认异"的学习力和"外张—认异"的革新力

　　"移植"是美国文化的基本特征,也是美国文化具有较强的学习力和革
新力的重要原因。"移植"文化根基可溯源至古希腊—罗马文化、基督教文
化、英国古典文化和法国启蒙运动思想。其中,英裔宗教信仰对美国文化影
响甚大,英国移民者所带来的安格鲁—撒克逊文化塑造了美国的主流文化。

而从文艺复兴到启蒙运动时期所形成的自由主义、代议制、个人主义等资产阶级思想,从欧洲移植到北美后成为美国多元文化的基石。从实用主义出发,为了"使人成其为人",尽管"熔炉"本质上不"熔",至多处于一种"合"文化态,但是主流文化长期以来也努力减少对少数族裔文化的同化、抵触姿态,使美国社会呈现出多元文化并存的趋势(崔妍,2013)。作为一个移民国家,美国在民族结构上呈现出多样性,不同的移民者所带来的语言风俗、宗教信仰、价值观念等相互融合而又不重叠,为美国多元文化的形成和发展提供了文化源泉和社会基础。第二次世界大战结束之后,由于美国社会民权运动的发展和观念的日益开化,少数族裔民族意识日益觉醒,人们开始努力保护和弘扬本民族的传统文化,形成了为数众多的亚文化。两次世界大战为美国经济发展提供了良好契机,使美国以军事为首的重工业及其他产业得到了长远发展,而其多元并存的文化环境和相对安定的社会氛围吸引了大批海外优秀科技人才,特别是《1952 年移民法》的颁布,它规定:"全部移民限额中的 50% 用于引进美国急需的、受过高等教育的、有突出才能的各类人才"(朱学敏,2010),这为美国日后社会经济的繁荣提供了最基本的人才保证。据 2010 年美国人口普查数据显示,如今美国种族状况为:"白人79.96%,黑人 12.85%,亚裔 4.43%,印第安人及阿拉斯加土著人 0.97%,夏威夷土著民及太平洋岛民 0.18%,其他种族 1.61%。"多种族的人口结构使美国社会融多民族的特色于一身,法国人的浪漫、德国人的严谨、葡萄牙人的奔放、亚洲人的勤俭……这种"多源性"的移民群体、"特点各异"的移民文化造就了多样性的民族性格,这种多样性的民族性格赋予了美国社会"世界人"的思维方式,这一思维方式在很大程度上促进了美国在政治、经济、科学、文化、艺术等领域的全面发展。在社会文化领域,美国作为一个移民的集合体,种族间的分歧、丑闻在所难免,但总体而言各种族间仍可相对和平共处。就美国黑人与白人间的冲突而言,虽然现今黑人享受的社会待遇仅为白人的 73%,但美国黑人在争取人权的长期斗争中也产生了别具一格的群体文化,如街舞、Hip-Hop 等。不仅如此,在长期的斗争中,黑人与白人之间也出现了融合的趋势。美国社会上肤色歧视虽未彻底消失,但已逐渐淡化。多元文化传统还深刻地影响了美国人文社会科学的研究内容。20世纪五六十年代,一些以妇女群体和少数族裔为研究内容的学科开始兴起并形成一定的声势。与此同时,亚裔、非裔、拉丁语裔、印第安裔等族裔研究在美国学术界此起彼伏,美国主流大学正式将黑人民权运动纳入其教学领域。受多元文化影响最深的则是历史研究,如今美国大学关于少数族裔和妇女研究的内容约占其通史课本内容的五分之一。在科学技术领域,现今全球范围内美国科技领域上的领先地位在很大程度上受益于三次移民浪潮为其带来的大批优秀科技人才。这其中有"二战"时期因避难而移居美国的物理学家阿尔伯特·爱因斯坦,以及许多广为人知的优秀人才,如"电话之父——亚历山大·贝尔,苏格兰裔;电报之父——萨缪尔·摩尔斯,英格兰裔;电视之父——戴维·萨尔诺夫,俄裔;汽车之父——兰松·奥尔德兹,英格兰裔;无轨电车之父——卡雷尔·范德波尔,比利时裔;直升机之父——伊戈尔·西科尔斯基,俄裔"等(邓蜀生,1989)。美国是获得诺贝尔奖人数最多的国家,而获奖者中很大一部分是外裔,尤以犹太族裔居多。华裔在美国的学术界、商业界也成就斐然。来自不同地域的优秀科技人才在美国这片新生的自由大陆上,将其全部精力投入到学术、科研之中,大批优秀的科技人才使美国能长期执科技领域之牛耳,而科学技术的腾飞又为美国的高度现代化创造了必要的条件。就这样,有着异国文化背景的移民群体在美国这片土地上,在团体间的摩擦与碰撞中创造出了繁荣的科技文化景象(崔妍,2013)。总体来看,美国这个新生的只有 200 多年历史的国家的确一直保持着强盛的学习力和革新力。

2. "内敛—认同"的凝聚力和"外张—认同"的传播力

一个国家的凝聚力,可以从国民的爱国主义及其现状来加以综合考察。爱国主义一开始并非是一个政治词汇,而是一个文化、地理词汇,英语中的"爱国主义"(patriotism)一词来源于拉丁语中的"祖国"(patria)一词,而"祖国"的词源则是拉丁语中的"父亲"(pater)一词。由于国家是为人所建立的,爱国主义也就被用作表达对"开国之父"们所建立的国家的忠诚与热爱。人们对爱国主义的定义存在着重大争议,而且在何为"爱国主义行动"的问题上也难达成共识。潘亚玲通过对爱国主义内涵的系统考察,将"爱国主义"定义为:"个人对国家的热爱,它是由祖国及其所代表的价值观念所激发的,并以对国家与同胞福祉的特殊关切的形式表现出来。"她同时认为,例外论、"美国梦"、公民宗教、"道德二元论"为美国爱国主义和"民族主义化的美国爱国主义"提供了理论基础(潘亚玲,2007)。美国社会学家罗伯特·N.贝拉(Robert N. Bellah)1967 年发表了一篇题为"公民宗教在美国"的论文,认为美国存在一种与各种教会显然不同的、发达的并且制度化了的"公民宗教"。"公民宗教"一词是法国启蒙思想家卢梭在他的《社会契约论》一书中首先使用的概念,用以指称写在一个国家典册中的一套法统神话,它"规定了这个国家自己的神、这个国家特有的守护者。它有自己的教条、自己的教仪、自己法定的崇拜表现(卢梭,1996)。在贝拉看来,美国"公民宗教"即是从超越的角度来解释从美国历史中产生的一整套宗教信仰、象征和仪式,"它已超越了正常的爱国主义,并渗透于国家的基本文件以及各式各样的庆祝活动、纪念日、感恩节和国葬仪式中,成为美国人政治生活中一股强大的向心力量,在关键时刻往往能够显示其深刻意义"(莫尔特曼,1997)。美国人笃信的"道德二元论"很大程度上来自于其对宗教的信奉。根据道德二元论,善是完全的、不可分割的善,恶也是完全的、不可分割的恶。换句话说,在道德二元论中,一个个体不可能有中间立场,也不可能存在从恶向善转变(或相反)的过程;他只可能要么善,要么恶。只能有一方取得决定性的胜利。对有的美国人而言,个人的道德二元论是可以推及国家的。可以说,以一种非此即彼的方式看待世界是典型的美国国家风格:不是战争就是和平,不是武力就是外交,不是和谐就是冲突,不是善就是恶。在他们看来,美国是"善"的,永远代表着和平和正义的一方;美国处于永恒的"善"、"恶"之争中,"恶"是对"善"的全面否定。为确保"善",最后只能通过美国对"恶"的全面胜利才能实现(Douglas,1966)。这种道德二元论与美国公民宗教、例外论、"美国梦"交织在一起,结论便是,美国不仅是优越的、特殊的,而且是在所有方面都是优越的、特殊的,它必须击败所有其他的恶(潘亚玲,2007)。美国人强烈地认为自己的价值观是最优的,美国的民主制度是最好的,向全世界推广它的价值观和民主制度是美国的"天赋使命"。他们有着担负"拯救世界"的"天赋使命"的传统文化价值观(许明,花建,2005)。这样,一方面使得美国的民族主义化的爱国主义大行其道,使得"民主扩张论"、干涉主义、霸权主义在国民动员中屡屡奏效。美国 1812 年战争、1898 年战争、一战、二战、冷战、第一次海湾战争、阿富汗战争、伊拉克战争初期及其奉行的"人权外交",便是民族主义化的爱国主义占主导的结果。如第一次世界大战的爆发,让"美国梦"具备了向世界营销的基础。在一战后期,无数美国青年在"美国梦"和"例外论"精神感召下,远赴欧洲战场,把鲜血洒在了异国他乡(刘波,尤国珍,2013)。另一方面,也使美国的文化输出战略得以持续实施。美国文化输出政策包括两方面内容:一方面是政治文化输出,它主要由政府部门所为,旨在影响其他国家的政策选择,政治性比较明显,是美国文化输出战略中的传统内容,它的具体表现形式是所谓的"输出民主"和"人权外交",主要通过两种手段加以实施。一是通过对外援助推行美国价值观。强大的经济、军事实力使美国有能力通过经济、技术和军事等援助或以此为筹码向全球推广其价值观和人权标准。二是利用教育文化交流进行文化输出(许明,花建,2005)。战后美国政府推出的最大的对外教育项目是"富布莱特项目"。它始于1948年,主要是资助美国和世界各国的学生、专家学者等出国或到美国学习、访问和研究。截至1997年,参加者已超过245000人,有140多个国家和地区与美国进行该项目的合作。由于教育文化项目在国外的主要对象是"知识分子"——大学生、教师、作家学者、文化精英和学术团体的成员,因此它被看作是"对美国国家长远利益投资的典范"。但是,"建立在这种基础之上的教育文化交流势必是不平等的,特别是这些交流项目大多是单向的,即多为外国人到美国学习和交流。因此,这种交流最终带来的必然是美国文化输出"(许明,花建,2005)。美国大众文化输出是美国文化输出中的另一项重要内容,也是全球化时代美国文化输出战略实施的一个新特点。美国是世界上传媒最发达的国家,美国媒体覆盖了全球。美国两大通讯社——美联社和合众国际社使用100多种文字,向世界100多个国家和地区的2万多家用户昼夜发布新闻,每天发稿量约700万字。CNN(美国有线电视新闻网)现已经成为最普及的每日新闻来源,拥有数以亿计的观众。美国的《纽约时报》、《时代》周刊、《新闻周刊》、《国际新闻报道》、《国际先驱论坛报》都成为有关政府部门、学术界和大学的必订报刊,从而成为美国对外文化输出最强有力的工具。20世纪90年代后期,全世界电影市场的总票房大约每年为155亿美元,美国占据了整个市场的2/3即105亿美元,其中国内市场50亿美元,国外电影票房达55亿美元。现在全球每个地方几乎都能感受到美国大众文化的存在,可口可乐、麦当劳、好莱坞、迪士尼具有巨大的吸引力和无孔不入的渗透力,美国的价值观和意识形态也随之被带到世界各地,并产生潜移默化的影响。就此而论,美国文化的确有着强大的"内敛—认同"的凝聚力和"外张—认同"的传播力。但是,美国的"民族主义化的爱国主义"也有失灵的时候,如越南战争及伊拉克战争后期。2003年,布什政府以伊拉克拥有大规模杀伤性武器、与基地组织有联系等为借口发动伊拉克战争,但迄今为止的事实却证明,当初开战的理由完全不成立,因此美国将伊拉克当作"敌人"明显是错误的。正如尼克松在评价当年的越南战争时所说的:"越南战争不是在越南的战场上输掉的。它是在国会大厅中、在大报和电视网的编辑室里、在名牌大学的课堂上输掉的。"(Foner,1998)加上种族主义、民粹主义不时隐现,且长期以来处于一种"合"文化态,美国"内敛—认同"的凝聚力也时有失灵。同时,2003 年的伊拉克战争之后反美主义情绪遍及全球。反美主义大致可以划分为自由主义的反美主义、主权—爱国主义的反美主义和激进的反美主义(潘亚玲,2007)。自由主义的反美主义主要在西方世界内部,那些反对美国的人并非完全地反对美国自身,更多是反对美国的某些政策、反对美国的一些非核心性的价值观,这种反美主义某种程度上与美国人自身的反美主义存在重叠。主权—爱国主义的反美主义更多出于保护自身主权、民族文化等目的,要保证来自美国的影响不至颠覆其政权和国家。激进的反美主义更多是宗教性质的,有些类似于亨廷顿所说的文明冲突,这表明美国"外张—认同"的传播力不仅是片面的、单边的,而且常常遭遇抵抗和挫折。

二、以"理性"铸就"辉煌"的德国文化原动力传导机制分析

德国是一个神秘的国度。最令世人好奇和迷惑的是两个问题:一是德国的哲学。众所周知,近代以来德国哲学作为德国文化的重要组成部分,不仅在西欧各国具有突出的地位,在全世界也具有广泛而深刻的影响,并且被公认为是"西方哲学的精华"。德国既为世界贡献了如马克思、康德、黑格尔、叔本华等等思想巨人,也为世界奉献了歌德、席勒、贝多芬、莫扎特等等文化巨匠。问题更在于,产生了如此多伟大的哲学家、思想家和文化巨人的国度,却同时也产生了希特勒,并成为第二次世界大战的始作俑者,纳粹党的种族灭绝政策,给世界各国人民带来了深重的灾难。除了上述两个问题和困惑外,二战惨败后的迅速恢复和崛起及成功规避 2008 年金融危机,在欧债危机的愁云惨雾中,反而表现出强势复苏和一枝独秀,也是令人惊异的现象(丁纯,2012)。当前学界对于德国历史和文化的研究,大体上也沿着上述问题和现象展开,并且,基本可以从两个方面来加以概括:一是迄今有代表性、权威性的研究,仍属史学研究范畴的多。如美国著名作家威廉·夏伊勒以战地记者的身份亲身经历过纳粹时期的德国。其著作《第三帝国的兴亡》对德国当时的状况的研究具有权威性,阐述了德国文化的纳粹化,描述了纳粹统治时期德国文化界发生的一些主要事件,如"焚书运动""人才大清洗运动"以及纳粹对文化采取的管制政策,等等。恩斯特·约翰在《德意志近百年文化史》一书中,叙述了从 1871 年俾斯麦统一德国,至 1918 年霍亨索伦王朝崩溃,史称德意志"第二帝国"时期,直至战后德意志联邦共和国时

期的德国文化史,并阐释了纳粹文化产生的前因后果。德国著名历史学家戈洛·曼的著作《十九世纪到二十世纪的德国历史》被史学界视为这一时期德国史研究的标志性著作。该书较为系统地阐述了德国的历史和文化史,并用较大篇幅介绍了纳粹党对文化采取的措施。费舍尔的著作《纳粹德国:一部新的历史》,较为详尽地描述了纳粹统治下德国的文化状况,涉及音乐、建筑、文学、电影等具体方面。费舍尔的另一部著作《德国反犹史》,详细地叙述了德国纳粹时期的反犹文化状况,并对德国的反犹文化进行了溯源,指出了隐藏在反犹政策背后的宗教、政治、经济等原因。此外,还有沃尔夫·勒佩尼斯编著的《德国历史中的文化诱惑》,埃尔夫·卢德科编著的《美国化——20世纪德国的憧憬和迷惘》、亚历山大·斯蒂凡编著的《我心中的美国:1945年后德国文化的美国化》等等,对德国文化发展现状及其美国化趋向等作了较为系统的阐述。中国学者对德国文化史的研究也取得了一些成就。李伯杰教授于2002年出版的《德国文化史》一书对德国的文化进行了详细的阐述。分析了德国文化产生的原因、发展的阶段以及每阶段发展的具体状况;同时,对法西斯时期的德国文化进行了较为透彻的论述,是目前国内研究德国文化方面的一部权威性著作。北京大学杜美教授作为一名专门研究德国历史的专家,其代表作有《德国文化史》和《欧洲法西斯史》。这两本著作探寻了德国文化的历史进程,随着时间的进程探寻德国文化的发展轨迹,同时对被各国专家争相讨论的话题"法西斯问题"倾注了较为浓重的笔墨。此外,还有李工真编著的《德国现代史专题十三讲——从魏玛共和国到第三帝国》、吴友法编著的《德国现当代史》等等,也对上述问题也给予了重点关注。学界对于德国历史和文化研究的另一方面,主要是关于德国文化对德国政治、经济、社会、生态等系统性的影响的研究,近年来日渐受到重视,大多散见于一些学术期刊,取得了一些进展。但是,正如当下通常的一些文化研究一样,大都集中于静态的功能性、史实性的描述而非动态的机制性、规律性的研究,也存在着如罗伯特·克利加德和戴维·兰德斯所提出的问题,即百年来的文化研究,依然"没有周全的理论和切实的指导方针",难以回答同样的价值观究竟何以受阻以及如何发挥作用,文化对一国的发展究竟起了多大作用,也未能在理论研究与政策实践之间建立"专业联系"。本研究从文化动力系统分析的角度,以德国的文化原动力、文化形态及其文化软实力等为切入点,致力于澄清这些问题,并试图回答上述关于德国的令人好奇、迷惑和惊奇的文化和社会现象。

（一）"理性"的建构与解构：德国文化原动力分析

1. 德国"理性"的建构：德国人的"四种理性"探源

李斯特说："我们可以做一个比喻，德国人民就像是这样一个人，这个人原来未曾有机会使用他的四肢，他首先从理论上学会了怎样行走跳跃，学会了怎样吃喝，怎样啼笑，然后把他的理论知识付诸实践。"（李斯特，2009）这就是德国人。德国人的审慎周详、严谨理性精神，为世人所津津乐道。德国哲学之所以被誉为"西方哲学的精华"，很大程度上也正是因其缜密、审慎的理性精神。康德在《纯粹理性批判》第一版序文中就曾对哲学研究的内容和方式提出了两个"务极"和两大基本要求，即对所论究之每一问题"务极注意其周密"，对于所须论究之一切问题"务极注意其详备"，"至关于吾人研究之方式，则正确及明晰两点，为两大基本要求，凡企图尝试此种精微事业者，自当令其充备此等条件"。关于"正确"，他又强调，"在此类研究中，绝不容许臆断。故一切事物凡有类'假设'者，皆在禁止之列，一经发现，立即没收，固不容其廉价贩售也"。至于"明晰"，"首先有权要求由概念而来之论证的（逻辑的）明晰，其次则要求由直观而来之直观的（感性的）明晰，即由于例证及其他具体之释明"（康德，1960）。德国人的理性恐与由康德等所开创的，并被黑格尔、马克思、海德格尔及其后一大批哲学家继承和发扬的哲学研究传统密切相关。那么又是怎样的历史文化传统能够磨砺和打造出这样一种理性精神和哲学传统呢？我们认为，可能主要来自于以下四个方面，或者说，德国人的理性精神主要包括如下四种理性：战争理性、思辨理性、语言理性和生态理性等。

一是战争理性。德国人的祖先是古日耳曼人，日耳曼文明诞生较晚，过着游牧生活。日耳曼民族是一个多灾多难的民族。在很长的历史中境内邦国林立，政体更迭不止，战争连年不断。根据戴维·S.兰德斯在《国富国穷》一书第 4 章论及"欧洲例外论：独特的发展道路"时的描述，欧洲曾长期四面受敌，历经入侵、抢劫和掠夺的苦难。直到 10 世纪，才从中解脱出来。古代斯堪的纳维亚人，或称北欧海盗，曾驾着帆船，穿过汹涌的海浪，驶进浅河，深入到内地抢劫掠夺，袭击大西洋沿岸和地中海，入侵触角远至意大利和西西里。另一部分人是罗斯人"Rus"（俄罗斯"Russia"之名即由此而来），入侵斯拉夫人的土地，成为那里的新统治者，他们统治那块"忧伤的土地"近 700 年之久，最终几乎穿透君士坦丁堡的城墙。"这些劫匪如此令人恐怖，他们手段之残酷如此令人发指（他们将婴儿抛向空中，而后用长矛接住；或将婴儿的头在墙上撞碎来取乐），以至于当地人听到海盗要来的消息，就吓得拔脚跑散，他们的领袖、包括精神领袖，则带着细软匆忙逃亡。"（兰德斯，2010）欧洲历史以来就是一块不平静的土地，德国当然也不例外，为了抵抗包括"北欧海盗"、罗斯人"Rus"，匈奴人等外来人的侵略，古日耳曼人一直用流血牺牲的方式守护着自己的家园。德国地处欧洲中部，有九个邻国，包括法国、波兰等，德国是在历经无数次的战争才得以建立起来的国家。德国在历史上共出现过"三个帝国"和一个过渡性质的政府——"魏玛共和国"。962 年，奥托加冕为皇帝，建立神圣罗马帝国，直到这个时期德国的地理疆域才得以大致确定。德国人在论述其帝国历史时，将其定义为"第一帝国"（962—1806 年）。"第一帝国"内并不安宁，1618 年，当时神圣罗马帝国境内有 390 个公国、侯国、宗教贵族领地、自由邦、自由城市、骑士领地等。由于对于哈布斯堡在帝国内部重振皇权政策的反感，以及因为宗教改革造成的占诸侯大多数的新教诸侯对天主教皇帝的敌视，最终引发了全欧参战的"三十年战争"（1618—1648 年）。"三十年战争"使得日耳曼的经济倒退了近 200 年，犹如回到了农奴制的封建时代；又因为《威斯特伐利亚和约》，神圣罗马帝国内的诸侯可享有自主权。这使得皇权进一步被削弱，帝国境内的诸侯各自为政，他们的领地犹如一个个独立的王国。到了 18 世纪，经历了波兰王位继承战争、奥地利王位继承战争和七年战争等等内战，整个帝国形成 300 多个独立的大小邦国，神圣罗马皇帝徒有其名。1871 年，在"铁血宰相"俾斯麦的领导下，德国才实现了第一次真正意义上的统一，同年 1 月 18 日德皇威廉一世在法国凡尔赛宫加冕为德意志帝国的皇帝。从德意志统一到第一次世界大战前，是德意志"第二帝国"统治时期（1871—1914）。1918 年 11 月 3 日，基尔港水兵暴动，德国十一月革命爆发。"十一月革命"推翻了德国的君主制，在危急的情况之下德国走向了共和之路，建立了魏玛共和国（1918—1933）。魏玛共和国是在德国内外交困的情况下建立的，外部，由于"一战"的惨败和《凡尔赛和约》的沉重包袱，德国在国际舞台上忍气吞声；内部，由于巨额的战争赔款和殖民地的丧失，使德国经济萧条，人民生活更加恶化。1929 年 10 月 24 日，史上著名的"黑色星期四"到来。这一天，美国纽约证券交易所的股市崩溃，价格的暴跌造成了巨额的损失。这场始于美国的经济危机很快波及到欧洲，德国也没能幸免。1929—1933 年的经济危机为法西斯希特勒的上台提供了一个千载难逢的机会。他高喊着能解决危机，帮助德国人民走出困境、重新扬眉吐气的口号，在大选中获胜。1933

年 1 月 30 日希特勒被任命为德国总理,德国开始了希特勒时代,即"第三帝国"时期(1933—1945)。从公元 962 年奥托加冕为皇帝、建立神圣罗马帝国,到 1990 年在第二次世界大战废墟上最后实现东、西德的统一,在 1028 年的历史中,几乎不是处在内战或被他国侵略,就是在侵略他国的战争中。这样一种特殊的历史及地理环境,塑造了德意志民族的尚武精神:人们普遍认为,要么被别人征服,要么去征服别人。日耳曼人历来便是骁勇好斗的战士,古罗马人还将日耳曼民族称为"蛮族",这在古罗马的文献中可见。这一好战的民族性格及浓厚的战争文化,在希特勒的"第三帝国"时期可谓达到了顶峰,并直接导致了人类史上最大规模的战争——第二次世界大战爆发,给全世界人民、同时也给德国人民带来了深重灾难。

　　战争文化也给德国人民带来了两个战争"礼物":首先就是"战争理性"。2500 年前,中国的孙武《孙子兵法》开篇就强调指出:"兵者,国之大事也,生死之地,存亡之道,不可不察也。"(《孙子兵法·始计篇》)可见,战争因为是"生死之地,存亡之道",既是"国之大事",也是人之大事,对战争中的每个人而言都绝非小事。战争是非理性的,但战争又必然是人的理性发挥到极致的时候。战争也给德国人带来了第二个礼物,那就是古希腊罗马的理性,可以称之为"思辨理性"。在欧洲历史上,"十字军东征"(The Crusades, 1096—1291)历时将近 200 年,共进行了 9 次东征,也使西欧直接接触到了当时更为先进的拜占庭文明和伊斯兰文明,为欧洲的文艺复兴、启蒙运动奠定了思想基础。古希腊哲学家苏格拉底用"诘问式"的教育手段开辟了欧洲新思维的先河,亚里士多德则更是在科学、天文、物理、数学等多个领域开启了人类思维。古罗马文化继承古希腊文化的精华,并在其基础上发展壮大,为近代欧洲文明的建立作出了巨大的贡献。古希腊罗马文化就像是启蒙老师,启蒙了德国文化和整个欧洲的文化。古希腊罗马文化中的思辨理性,在康德、黑格尔那里得到了全面的批判性继承,并达到了一个高峰。康德在《纯粹理性批判》中,既强调了理性"批判"的消极效用,即"唯在警戒吾人决不可以思辨理性越出经验之限界",也强调其积极价值,即"当吾人承认思辨理性所以之越出其固有限界之原理,其结果并不扩大理性之运用而适足缩小其运用时(如吾人在严密审察之下所见及者),则此种教导立得其积极的价值"(康德,1960)。可以认为,康德成功地把人类理性推向了一个极限,亦即对理性能力及其限度的批判,对于如何避免"为虚妄之知识所欺",在他的思辨框架内,的确是既周密详备又正确而明晰。在思辨理性方面,黑格尔本着"对事物作思维着的考察",在肯定康德矛盾说(二律背反)在"破除知性形而上学的僵硬独断,指引到思辨的辩证运动的方向"上所作出的重大贡献的同时,认为康德的思辨理性仅停滞在物自体不可知性的消极结果里,强调了"理性是真理的规则,不是真理的工具"(黑格尔,1980),没有更进一步达到对理性矛盾有真正积极意义的知识,"理性矛盾的真正积极的意义,在于认识一切现实之物都包含有相反的规定于自身。因此,认识甚或把握一个对象,正在于意识到这个对象作为相反的规定之具体的统一"(黑格尔,1980)。认识矛盾并且认识对象的这种矛盾特性就是哲学思考的本质,这种矛盾的性质构成了逻辑思维的辩证的环节。直到今天,我们恐怕也不能否定康德、黑格尔在"思辨理性"上所作的贡献,也不得不钦服其"理性"的态度。海涅说:"德国被康德引入了哲学的道路,因此哲学变成了一件民族的事业。一群出色的大思想家突然出现在德国的土地上,就像用魔法呼唤出来一样。"(海涅,1974)如果说古日耳曼人在长期的浴血抗争中磨炼了"战争理性",那么在继承古希腊罗马"诘问式"教育和思辨精神的基础上,以"理性"的态度创造性地继承和发展的"思辨理性",更加值得赞赏。

德国人的"理性"的第三个来源,可以说是其语言中的理性,或谓之"语言理性"。黑格尔十分看重德语对德国哲学的贡献。称赞沃尔夫(Chr. Wolff,1679—1754)用德文写哲学书做出了"不朽的贡献",是"第一个使哲学成了德国本土的东西"。沃尔夫甚至认为,"我们的母语远比拉丁语更适合于科学研究工作"。黑格尔也多次称赞德语,认为它适宜作哲学的语言,最著名的例证就是他多次举出德文"Aufheben"一字的双重意义。这个词既有取消或舍弃的意思,又含有保持或保存的意思。他强调指出,"这个字的两种用法,使得这个字具有积极的和消极的双重意义,实不可视为偶然之事,也不能因此便斥责语言产生出混乱。反之,在这里我们必须承认德国语言富有思辨的精神,它超出了单纯的理智的非此即彼的抽象方式"(黑格尔,1980)。汉字里没有与之对应的词,翻译家们便创造了"扬弃"一词来意译此词。这样的翻译,能否直达德语本意暂可不论,从这里或许可以使我们深入地领会到,德文以及德国人的日常语言中可能天然地充满了"思辨"精神。康德在《实践理性批判》一书中对拉丁文"bonum"和"malum"这两个词的含义进行了认真讨论,指出这两个词是多义的,而"相应于 bonum 一词,德语有 das Gute(善)和 das Wohl(福)两个词,相应于 malum 一词,德语有 das Böse(恶)和 das Übel(祸害)或 das Weh(灾难)"。所以康德认为,"德语有幸,具备一些不让这些区别忽略过去的语词","如果我们对于一件行为考虑其善恶,或者考虑其祸福,就有两种极为不同的判断"(康德,1999)。在《纯粹理性批判》中,康德还指出,关于各种表象,如"表象"(repraesentatio)、知觉(perceptio)、感觉(sensatio)、知识(cognitio)、概念(intuitus vel conceptus),等等,德文中"不缺乏其可适合其可适合之名词,吾人固无须侵犯其中任何名词之领域",因而要求"有哲学兴趣者(此较通常多数人所谓有哲学兴趣者意义更为深远)",应当"严密保持'意典'(Idee 理念)一名词之本有意义,庶不致成为通常杂乱无章用以指示各种表象"(康德,1960)。有学者认为,康德和黑格尔在关于德国语言富有思辨的精神,适合搞科学研究方面似乎意见相左,前者强调了德语的一词多义性及其思辨性,后者强调词汇的丰富性,可以达到一词一义。本质上,或者可以这样认为,所谓的德文"Aufheben"一字的双重意义,也可以看成就是"一个"意义,亦即是具有"二而一,一而二"的东西,这就使得黑格尔能成功地展开有与无、一与多、别与同、差别与联系等一系列的辩证思维,进而实现"对事物作思维着的考察"。或者也可以说,对于哲学思辨来说,德语中如"Aufheben"这样的核心和关键词汇的多义性以及名词等词汇的丰富性,使德国人不仅天然独具"辩证"思维和思辨能力,也适合展开对于真或真理的明白和清晰的哲学思考。法国著名社会学家列维—布留尔在《原始思维》一书中曾经提到,在埃维语中,有一种非常独特的副词形式,这些副词描写的只是一个动作、一个状态或事物的一个属性。例如动词 zo(走)可以至少接 33 个副词,以描写身材大小不同的人的步态,其他如对跑、爬、游泳、骑乘、坐车等等,都有这样的副词或者声音图画(布留尔,1981)。在新西兰的毛利人那里,每种东西都有自己的名字:他们的住宅、独木舟、武器以致衣服,他们的土地、道路、海岛四周的海滩、马、牛、猪以至于树、山崖和水源全都有自己独特名称。不论你走到哪里,就是走进人迹罕到的荒野,只要你问他们,这地方有没有名称,这里的任何一个人都会立刻把它的名称告诉你。在南澳大利亚,每条山脉、每个山头,甚至每条河的每个河湾也有自己的名称。"实际上,一个地方的每个部分、各种地形特征,都是由相应的名称区别得这样清楚,以至一个人必须花上整整一生的时间才能辨清它们的意思"(布留尔,1981)。在布留尔看来,这是世界各地"原始人"或"土人"的重要语言特征。日耳曼人作为游牧民族,是罗马人眼中的"蛮族",类似于布留尔所说的"土人"。在长期战乱中磨砺的尚武精神和战争理性,也锤炼了他们的思辨理性、语言理性,不断创造出"可适合其可适合之名词",看起来既符合逻辑,也属情理,并且还可以从布留尔那里找到一些依据。

德国"理性"的第四个来源,可能也与他们的游牧生活有关,就是"森林崇拜",这种"理性",不妨谓之"生态理性"。历史学家亚历山大·德曼特(Alexander Demandt)指出:"森林和树木对于德国人而言,是他们的自我意识、他们对乡土的眷恋、他们的内心幸福的一个组成部分。在这一点上,世界上没有一个民族可以与之相比。"(Demandt,2008)法国记者贝尔纳·努斯(Bernard Nuss)认为:"德国人热爱森林,首先是崇拜'德意志森林';世界上没有任何一个地方像在德国一样,森林具有如此巨大的情感价值"(Nuss & Faust Syndrom,1993)。中国学者李伯杰考察了德国人的"森林崇拜"后认为,德国的森林崇拜的产生时间始自 19 世纪初,与德国工业化同步。究其原因,或许是因为无害化之后的森林为生活在转型期的德国人提供了一个心灵庇护的场所。社会转型带来的一系列问题,如转型期社会秩序的混乱、流动人口脱离故土后的不安全感、由此产生的恐惧、命运的不可捉摸,以及更深层面上的人的存在受到的威胁等等,都在森林提供的意象里得到了一定的缓解。19 世纪以降,森林可谓成了德国人心灵的庇护所,德国人对于森林的情感依恋则已经演变成了一种"森林崇拜"(Waldkult)(李伯杰,2010)。我们认为,这与古日耳曼民族作为游牧民族有着很大关联。游牧民族对森林的依赖或依恋是可以想象的。克洛德·列维—斯特劳斯在《结构人类学》一书中指出,美洲土著口述文学中不时提到树,"如果以为只有'树'的概念才重要,它的具体的实现都属于任意的,或者以为存在着仅由树作为'支撑物'的某种功能,那就又错了"(列维—斯特劳斯,2006)。列维—斯特劳斯进而认为,在哲学意义上,他们提到的树,如"李子树"表现为一项正面意义的"多产性"功能,而"苹果树"则以其扎根的力度和深度而引起了他们的注意,表现出一种"地/天之间的过渡"(列维—斯特劳斯,2006)。布留尔在《原始思维》一书中则认为,原始人服从于"互渗律",即同一实体可以在同一时间存在于两个或几个地方。在北美印第安人那里,树、河流、星辰等等都被分成等级,"某种树属于某一等,因此它应当专门用来制作那一等人的武器、棺材和其他物品"(布留尔,1981)。"努尔通涅"(神竿)可以与树以神圣性质的神秘互渗(布留尔,1981)。作为游牧民放,古日耳曼人对大山、森林、草原、河流等也可能存在着类似的神秘的互渗,产生的森林崇拜可能古已有之。公元 9 年,罗马大军远征日耳曼,被日耳曼人在条顿堡森林打得落花流水。装备精良、训练有素的罗马军团之所以败在日耳曼的"乌合之众"手下，日耳曼的大莽林功不可没。从那时起，森林就已经成为德国人的"战争守护神"。拿破仑战争期间，德国的爱国主义者和民族主义者还把德意志森林纳入政治思考和民族救亡的视野。无论是克莱斯特的《赫尔曼战役》、还是浪漫派画家的画作中，森林都是一个重要的背景和题材。当德意志民族处于危亡之际，森林给德国人的心灵提供了一个庇护所，如格林童话《哥哥与妹妹》里所表述的那样。而在抗法战争中，森林又预示着胜利的希望，如卡斯帕尔·大卫·弗里德里希（Caspar David Friedrich）的画作《林中猎人》（Der Chasseur im Walde）描绘一个踽踽独行于茫茫的德意志林海中的法国军人，巨大的森林与渺小的人像之间极不对称的比例，预示着法国军队将被淹没在德国人之中、德意志必将胜利的结局（李伯杰，2010）。从 16 世纪起，一些德意志邦国的君主开始颁布森林法，通过国家干预的手段来增加森林的覆盖率。蒂罗尔地区、符腾堡和黑森率先颁布了植树造林法（Forstgesetz）。"三十年战争"结束后，勃兰登馈大选帝侯腓列特·威廉于 1685 年颁布法令，规定每一对新婚夫妇必须种植 6 棵果树、6 棵橡树方能成婚，后来其他邦国更是纷纷效仿（Demandt，2008）。植树法令能得到如此广泛的响应，恐不能仅仅从功利性上加以解说。威廉·里尔曾在 1835 年发出呼吁，谴责把森林仅仅视为木材产地的观念。他说，一个没有了森林的德国将不复为德国，因为森林乃是德国人民汲取力量的圣地（Demandt，2008）。20 世纪 70 年代以生态运动、和平运动、反核抗议运动、女权运动等为主要内容的新社会运动发展而来的德国绿党，作为欧洲最成功的"生态政党"（郇庆冶，2000），显见也与德国文化传统中的森林崇拜紧密相关。德国人的这种森林崇拜、生态意识不妨谓之"生态理性"。

德国人可能还有着美国式实用主义的"实用理性"，因为两次大战失败后，德国文化持续出现过"美国化"现象。早在 20 世纪初期至"二战"前，德意志帝国和魏玛共和国对"老实用主义者"杜威哲学思想和教育思想就有所吸收。只是没有在当时思想界、教育界产生大的影响，反而遭到冷遇、篡改、批判和贬损。1918 年德国战败，国内民不聊生、朝不保夕。借助"道威斯计划"的扶植，德国渐渐从"一战"战败的困境中走了出来，并于 1924 年走上了经济复兴的道路。这一时期，美国先进的"福特主义"生产方式和先进理念通过《亨利·福特自传》德译本于 1924 年为德国民众所知，在生产领域开展"工业合理化"运动，提倡科学进步，科学的经营管理，以及耐劳程度、节省劳动力、成批生产流水作业线以及泰勒制等的研究，成为德国经济领域新的研究课题。德国文化美国化的一个显著成果是德国大众汽车的诞生。福特主义在德国不仅用于汽车工厂的生产模板，而且也被德国统治者用于实施其种族主义政策。流水线生产环节安插得最多的是犹太人，德国人一般从事的是监管生产和惩罚工人的岗位。早在魏玛共和国时期，美国大众媒介无线电广播技术就已传入德国，纳粹党上台后，成立宣传部，要求"收音机走进千家万户"。纳粹党上台之初，广播里充斥的是希特勒的各种政治演说和政治新闻节目。"美国化"为德国社会带来的变革受到德国相当一部分知识分子和大众的喜爱，认为美国象征着平等、民主、自由，是一个理想的自由国度。伴随着福特主义的普及，其所依附的"美国大众文化"也在德国传播，受到德国人民的欢迎。当时的美国，对于德国民众来说是一种新的生活方式，一个真实的国度，能让他们在想象中逃离现实的困苦生活（侯慧舒，2013）。"二战"后，西德在盟国的监管之下重建，美国占领地官员和德国政府官员一致宣称这一监管是符合美国利益并且尊重了德国民众的意愿。西德重建需要按照盟国尤其是美国的政策。美国独立、自由、勇敢、合作的精神替代了德国古老的臣仆精神。1945 年后，西德政治体制的重建可谓是美国政治体制的完美化身。但是，德国文化的美国化是有限的，德国人即便拥有"实用理性"，也并没有擢升为美国式的实用主义。譬如，西德重建民主制的关键环节仍是德国传统因素起了较大的作用。德国参照魏玛共和国时期的宪法，去其糟粕、取其精华。西德与魏玛共和国时期的民主也是有区别的，比如西德用权力较小的联邦总统代替了魏玛共和国时期权力较大的德国总统。同时，为了批判"美国化"对德国传统文化的同化，许多知识分子纷纷站出来，维护德国传统文化的"纯洁性"。在大多数德国学者看来，美国是一个无民族性、无宗教信仰的、历史短暂、毫无优秀文明可传承的追求速度化的功利国家，这与欧洲经院式的高雅文化相悖（侯慧舒，2013）。德国文学家戈特弗里德·本说过："自 1918 年以来，几乎整个德意志文学艺术界都是用速度、爵士乐、电影院、技术活动等口号来工作的，在其中强调的不外乎是对所有灵魂问题的拒绝。我坚决反对这种美国主义，我认为，那种纯粹的功利主义思想是与欧洲国家的人民以及他们的历史不相适合的。"（李工真，1999）因此，我们可以认为，尽管经历过近一个世纪的美国化过程，在德国文化中占主导地位的可能仍是前述的战争理性、思辨理性、语言理性和生态理性等几种历史地形成的理性；同时，由这四种理性融会而成的德国人的"理性"，也决定了他们具有自由的"理性"和"理性"的自由,富有极强的反思精神和批判地吸收外来文化的能力,进而孕育出独特的文化景象。

2. 德国"理性"的解构:"自由"的理性与"理性"的自由

18 世纪启蒙运动之后,自由与理性已经成为时代的两个关键词,任何国家都无法逃脱自由、理性之网所编织的逻辑之网(黄淑燕,陈燕,2008)。但是,"被彻底启蒙的世界却笼罩在一片因胜利而招致的灾难之中"(霍克海默,阿多尔诺,2006)。被启蒙摧毁的神话,却是启蒙自身的产物。如同神话已经实现了启蒙一样,启蒙也一步步深深地卷入神话。康德意义上的纯粹理性和实践理性始终未能通过韦伯的"理性化"而贯穿起来。韦伯认为,理性是上帝赐予的,是人生来固有的;而他的"理性化"则将理性纯粹逻辑的神圣性彻底打破,它在多大程度上带来了现代社会的物质和财富,也就在多大程度上带来了始终无法解除世界被"祛魅"后的无奈和困惑。M. 霍克海默、T. W. 阿多尔诺进而指出:"在通往现代科学的道路上,人们放弃了对任何意义的探求。他们用公式替代概念,用规则和概率替代原因和动机。"(霍克海默,阿多尔诺,2006)因此,晚年的韦伯陷入"理性化"的悲观主义是必然的。社会秩序的理性化与人的个性发展和自由是相反相成的。自由选择的个性表达与显示理性化的规则的契合,本身就是一个矛盾。理性化在个性化的行动中体现出来,又被个性化的自由所驱逐(黄淑燕,陈燕,2008)。由此看来,如果说德国社会以"理性"铸就了"辉煌"(罗梦等,2009),那么,就必须兼具"自由"的理性和"理性"的自由。"自由"的理性可以确保"理性"的批判和反思能力,批判和反思可以为"理性"的自由提供基础和保障,为自由意志筑起有效的"防护堤",防止自由意志陷入如柏拉图的"自由的悖论"或者是溢出哈贝马斯的具有正确性、真实性、真诚性诉求的"生活世界"之外。德国诸"理性"在"理性化"的过程中,由于未能兼顾"自由"的理性和"理性"的自由,正如法兰克福学派所批评的那样,也造成了工具理性肆无忌惮的扩张。

"战争理性"和尚武精神是人们为了自己的生存安全,本能地用武装保护自己的一种追求,但是,战争理性并不意味着战争可以成为"工具",武力可以解决一切,尚武也并不意味着穷兵黩武,而必须"止戈为武"。如果把"战争理性"推向"理性化"的极端,尚武朝着穷兵黩武的道路,如脱缰的野马一路狂奔,那就只能是灾难。从神圣罗马帝国开始,德国人就一直坚信,能用武力解决的问题,绝对不用其他手段。历史上的"十字军东征"正是德国人尚武精神和战争理性肆无忌惮扩张的体现。虽然那时的德国,其战争理性可能还没有演变成军国主义传统,但是尚武精神已经在德意志民族的心里扎下了根。到德意志第二帝国统治时期,军国主义传统则已最终形成,并引发了第一次世界大战。这一时期是德意志第二帝国走向世界强权之路的时代,也是军国主义疯狂发展的历史时期(杨静,2008)。普鲁士统治时期,德国人再一次相信武力可以解决一切,并且军国主义传统得到了德国当时拥有权力的阶级的支持和拥护,如容克贵族、军人阶级等,军国主义被社会主要阶级接受并根植于德国大地上,直接影响到德国社会生活的方方面面。统治者为了推广军国主义,采取了许多措施使德国实现军国主义化。如:增加军队人数,扩大军备用费,增设军事学院,使学校军队化等等。一战惨败,加上《凡尔赛和约》的巨额赔款,使德国陷入了深深的危机之中,人民生活艰辛,社会经济萧条。希特勒法西斯专政之所以能在德国建立,主要还是由于当时的人心所向。陷入深深危机之中的德国,希特勒的种族学说、生存空间学说,以及日耳曼民族至上的观点,触动了德国人民的内心,他们的民族自豪感和自信心被希特勒鼓吹了起来。而且,希特勒的生存空间学说恰巧与日后德国的侵略扩张意图相吻合,所以,希特勒迅速获得了民众的支持。他不是自己在战斗,而是整个日耳曼民族在战斗(于博,2013)。德国人的尚武精神和军国主义传统在法西斯时期得到无限的放大,最终导致了二战的爆发,并使人类陷入了残酷的战争之中。

　　全面地而且也是成功地继承了古希腊"思辨理性"的德国哲学,所取得的成就是无与伦比的,德国哲学及哲学家在世界哲学中的独特地位及贡献也是不言而喻的(刘立群,2002)。然而,德国哲学特别是这种"思辨哲学"因最终陷入实体主义、基础主义、本质主义和"二元论"的窘境,而遭到了后现代主义者的无情解构。整个西方哲学,从巴门尼德、亚里士多德以降的"存在之存在"论,到康德的"纯粹理性"、黑格尔的"绝对精神"不仅得到了全面的系统化,并且达到了一个前所未有的高峰。整个世界被二重化为现象世界和本质世界,现象世界只是表象,本质世界才是最高实体,最高的客体范畴。正如 M. 霍克海默、T. W. 阿多尔诺在《启蒙的辩证法》中所指出的,"在辩证思维中,每一种事物都是其所是,同时又向非其所是转化。这就是观念和事物相互分离的客观定义的原初形式……而这种辩证法是软弱无力的,因为它是从那种恐惧的嘶喊,以及恐惧本身所带来的二重性和同义性特征中发展起来的"(霍克海默,阿多尔诺,2006)。这是因为,"面对陌生之物,人们因恐惧而惊呼,这种惊呼之词就成了该物的名称。它总是在与已知事物的关系里确定未知事物的超验性,继而把令人毛骨悚然的事物化为神圣"(霍克海默,阿多尔诺,2006)。进而言之,"人类只能假想唯有在其无所不知之时,方能最终摆脱恐惧,获得自由。这便是人们祛除神话进程的决定因素,神话把非生命与生命结合了起来,启蒙则把生命和非生命结合了起来。启蒙就是彻底而又神秘的恐惧"(霍克海默,阿多尔诺,2006)。阿多尔诺在《否定的辩证法》中进一步认为,辩证法是始终如一的对非同一性的意识。如果康德的先验主体在本体论上不仅依赖统觉,而且也依赖物质,即统觉的相反一极,那么,"同一"哲学的整个主观构造也就崩溃了(阿多尔诺,1993)。看来,建立在实体主义基础上的思辨理性有着与生俱来的先天缺陷。正如M.霍克海默、T.W.阿多尔诺所指出的,"从严格的启蒙意义来看,任何可以被人们引证为一种所谓理性洞见的实质目标都是一种妄想、欺骗或'合理化',尽管不同的哲学家都竭尽全力,试图把这一结论应用到人类的博爱感情上去"。在德国纳粹时期,"法西斯主义拒绝一切绝对命令,因而与纯粹理性更加一致,它把人当作物,当作行为方式的集合"(霍克海默,阿多尔诺,2006)。对此,恩格斯在批判费尔巴哈的"道德"时曾一针见血地指出,费尔巴哈的道德"是为一切时代、一切民族、一切情况而设计出来的;正因为如此,它在任何时候和任何地方都是不适用的,而在现实世界面前,是和康德的绝对命令一样软弱无力的"(马克思,恩格斯,1995)。因此,哈贝马斯强调,"从理论上代替世界观之所以失去意义,不仅是由于经验科学的实际进步,而且更多地还是因为伴随这种进步而产生的反思意识。随着这种反思意识的出现,哲学思维通过自我批判而衰退了"。进而,思辨哲学也退化成了一种如罗蒂所说的"纯理哲学"(哈贝马斯,1996)。

德国的"语言理性"同样也遭到了无情的解构。M.霍克海默、T.W.阿多尔诺指出,一旦树木不再只被当成树木,而被当作他者存在的证据,那么,语言所表达出来的便是这样一种矛盾,即某物是其自身,同时又不是其自身,某物自身既同一又不同一(霍克海默,阿多尔诺,2006)。这事实上却成为黑格尔以"Aufheben"(扬弃)一字的双重意义为例,多次称赞德语的思辨精神的理由,即其认为德国语言超出了单纯的理智的非此即彼的抽象方式。毋庸置疑,黑格尔对"事物作思维着的考察",很大程度上正依此而展开,他的"概念"则由始以来都是这种辩证思维的产物(黑格尔,1980)。在 M.霍克海默、T.W.阿多尔诺看来,正是由于名词总是在与已知事物的关系里确定未知事物的超验性,才继而把令人毛骨悚然的事物化为神圣。这种二重性正源于人类的恐惧,而恐惧的表达则变成了解释(霍克海默,阿多尔诺,2006)。于是,黑格尔的思辨理性的内容也便成为这种"恐惧"的始作俑者;当这种神圣而又恐惧的力量成为一种"控制"力量时,康德试图从理性规律推导出彼此尊重的责任的尝试,反而显得比以前的一切尝试更为极端、更为荒谬,甚至同样是短命的(霍克海默,阿多尔诺,2006);并且,显见地也源自于对那种神圣的超验性事物的恐惧。康德乐观主义的实践理性的动力,正建立在这种恐惧的基础上,并寄希望于利用这种"恐惧"来扼制人类由理性退化到野蛮。"那些从康德尊重单纯规律形式的动机出发就放弃利益的市民阶层,肯定还没有受到启蒙,而依然十分迷信,十分愚蠢。康德乐观主义的根源,是以理性的,即是以卑贱的或不幸的道德行为为根据的,这种根源实际上也表达出了对退化到野蛮状态的思想的畏惧"(霍克海默,阿多尔诺,2006)。正因如此,在文化原动力模型的构建中,我们只是萃取了黑格尔"对事物作思维着的考察"和康德纯粹实践理性的动力的方法论意义。问题的严重性还在于,一方面,当人们被理性创造物——语言所控制时,主体就"死"了。克利福德·格尔茨在《文化的解释》一书中,把这种语言"符号"的力量简明地概括为"文化控制",认为人类除了本能控制之外,正是被文化所控制;而且,人类被文化所控制的时日,远比被本能所控制的机会要多得多(格尔茨,1999)。对此,当代文学评论家们进一步引申为,作家写小说,或者是诗人写诗,他们自以为是自己在控制着语言,其实他是被语言所控制,这就是所谓的"语言的囚牢"。于是,在文化面前,不仅如巴尔特这样的批评家断言"作者死了"(程巍,1991),所谓的"人"也死了。这就是语言符号的力量,也是语言理性的力量。另一方面,理性化是理性的敌人,当把理性推向极端的理性化,必然导致单一化和工具理性。这在德国历史上,也时有显现。譬如,在德国的魏玛共和国时期,由于"标准化"生产方式的普及,大机器生产和复制时代的到来,文学作者从以前依靠自我好恶写作文学作品的时代渐渐远去,取而代之的是某一文学题材受到市民吹捧,文学作家们争相效仿,文学作品体裁单一,内容雷同冗长,抹杀了作者的个人写作风格。著名剧作家、诗人贝托尔特·布莱希特在他那首《700位知识分子对油箱的崇拜》的讽刺诗中,就控诉了在技术实用性要求下的人的本性、个性、文化和情感消亡问题。他说,我们听到的是,将我们从精神的罪恶中拯救出来,以电子化的名义,以理性和统计的名义(李工真,1999)。纳粹时期,由于引进"美国化"工业生产方式,德国工厂数量增加,希特勒提议建立的大众汽车工厂由最初的利民变为有利于其扩张政策,生产作战武器,标准化生产和"福特主义"也成为其推行种族歧视政策的手段,加速了德国法西斯侵略扩张的步伐。

德国的"生态理性"也并不能确保其自然生态不会"理性"地被破坏。中世纪后期,德国人口和经济继续增长,人们对于燃料和耕地的需求亦同步增长。德国又是欧洲冶金、矿产、玻璃、制盐业的大国,原因之一是德国的矿藏丰富,原因之二就是德国盛产木材。这些产业都需要大量的燃料,为了满足工矿业的需求,大片森林被砍伐。德国还大量出口木材到荷兰等地,以满足当地兴旺的造船业对木材的需求。19 世纪德国童话作家威廉·豪夫的代表作品之一《冷酷的心》,就生动地描写了德国人用木排把德国木料顺流而下运往荷兰的情景。另一方面,正在增长的人口、新建立的城市、不断扩大的老城市都需要大量建设用地。这些因素也导致森林被大批砍伐。1300年前后,神圣罗马帝国的森林覆盖率下降到了其领土面积的四分之一;而到了 1500 年前后,森林已经成了一种短缺的资源。同时,伐木的斧子每一次挥动,森林中的野兽和"精灵"的地盘就被夺去一块,伐木活动不断地蚕食着野兽和"精灵"的栖息之地和藏身之所。到了工业化时代,先进的采伐机械的发明和改良大大加速了这个进程,林中的精灵似乎被砍伐机械的轰鸣一扫而光,格林童话中的可怖景象似乎不复存在了。在这个过程中,大批的原始森林(Der Urwald)作为一种自然资源被砍伐,出现了毁林的现象(李伯杰,2010)。传统文化中的"森林崇拜",把森林当作"战争守护神",当作人民"汲取力量的圣地"的信念,遭遇严重危机。与此同时,由于城市化进程加速,严重地污染了环境,空气质量下降,生活环境不断恶化,污染严重,严重危害了人们的健康。

3. 德国文化原动力:在"自由"的理性基础上实现"理性"的自由

首先特别需要重视和关注的是,解构德国"理性"以及批判德国哲学最为深刻的哲学家,大都也来自德国,如尼采、海德格尔、马克思、恩格斯、M. 霍克海默、T. W. 阿多尔诺,哈贝马斯等等。这可以认为正是德国人富有"自由"的理性的重要体现。正是因其具有"自由"的理性,才促成其能够实现"理性"的自由。如果从以自由意志为核心,以批判和反思为两翼的文化原动力的核心要素的角度来考察德国的理性,在建构和解构德国"理性"的过程中,就不能不看到,德国在诸多重要的历史时期,基本都能运用自由的

"理性"，实现"理性"的自由，而且，在德国的自由和理性精神里，其自由的
"理性"和"理性"的自由是互为表里、相互促进的，进而使德国社会常常表现
出彻底的自我反思和自我批判精神，具有极强的文化原动力。如果没有自
由的"理性"，古日耳曼人就无法成功地吸收古希腊罗马文化。古希腊先哲
的以人为本、洞察宇宙、探索人生的理念，启迪了欧洲大陆的人文主义思想，
在封建神学统治近千年的漫长岁月里，也不能湮灭其光芒。文艺复兴时期
的思想巨人，以自己的作品抨击封建教会的虚伪和腐败，肯定人的价值和尊
严，提倡追求自由和幸福，解放了人们的思想，"人文主义"旗帜高高飘扬。
马丁·路德在宗教改革中提出的"因信称义""选定论"，彻底否定了教皇的
绝对权威，使人获得精神上的自由和"灵魂得救"的自主权，人文主义思想得
到一步弘扬。启蒙运动思想高举理性主义的旗帜，批判宗教迷信和封建制
度，追求自由平等，主张人权神圣不可侵犯，人文主义思想达到一个新的高
度。从古希腊"智者运动"中普罗塔哥拉的"人是万物的尺度"，到文艺复兴、
宗教改革和启蒙运动，天赋人权、三权分立、人民主权、自由、平等、民主和法
制等思想，在欧洲大陆已经深入人心，而德国受到的影响应当是最为深刻和
全面的，不然恐怕就难以如海涅所说"像用魔法呼唤出来一样"涌现出如马
丁·路德、康德、费希特、黑格尔、尼采、韦伯、马克思、哈贝马斯、M. 霍克海
默、T. W. 阿多尔诺等一大批哲学大家。只有具备"自由"的理性，才能进而
实现"理性"的自由，这在德国哲学史上也充分地表现了出来："德国古典哲
学从康德、费希特到黑格尔，都倡导理性的权威与自由，以对抗神性信仰自
由，最后由费尔巴哈完成了宗教批判的历史任务，但又不同程度地对宗教上
帝有所保留。德国古典哲学使人类在精神领域再次获得深刻的解放，是人
类理性解放的'圣经'，孕育了伟大的马克思人类解放理论的革命性变革。"
（张红梅，李福岩，2015）德国人所认识的"新时代"是指 1450 年到 1500 年甚
至到整个近代和现代的历史。德国人将新时代划分为两个阶段：第一个是
十五世纪下叶到 1789 年的法国大革命时期，这被称之为"近代"，法国大革
命至今则称之为"现代"。德国的人文主义思想就出现在法国大革命前后这
样的"新时代"（陈闯，2015）。从德国人对于新旧时代的划分我们可以看出，
德国人对法国文化的崇拜。随着人文主义的兴起，人文主义者开始脱离宗
教的束缚否定神的统治，要求解放人的精神和人的身体自由，使得一些人文
主义者开始更加重视对于人自身的思考，人文主义的核心正在于将人作为
思考的中心，实现"理性"的自由。作为启蒙运动的重要代表人物，康德指

出,启蒙运动的核心就是人应该自己独立思考,理性判断,强调人的重要性,提出人就是人,不是达到任何目的的工具,即"人非工具",相信主权属于人民,自由和平等是人生来就有的权力,但同时坚持人要自律,自由和平等只能在法律的范围之内。没有"理性"的自由,就难以正确、客观、公正地展开批判和反思的能力。一战后,借助"道威斯计划"的扶植,德国社会在美国模式的引导下逐步向经济市场化、政治自由化、文化多样化的方向发展。"福特主义"和"美国化"给德国带来了先进的生产方式、多样新颖的文化活动、新潮入市的穿衣风格的同时,也带入了美国人奢侈的消费习惯,贪图享乐的利己主义等消极的生活态度(侯慧舒,2013)。法国学者西格弗里德曾把德国看成是欧洲大陆上的美国,他写道:"德国人许多方面都与现代的美国极其相似,正如他们一贯的做法,以满腔的热情把自己置于标准化进程。今天,没有任何人,不对'合理化'高唱赞歌;后者显然符合他们强调规矩的思想,让我们承认他们缺乏个性"(侯慧舒,2013)。随着大众文化的广泛传播,20 世纪 20 年代德国便出现了反美主义的呼声,他们认为大众文化会导致社会知识趋于同一水平线。自一战后"美国化"开始在德国传播到二战后在西德的广泛蔓延,德国人民深感传统文化和生活方式遇到了前所未有的威胁,因此,在德国社会中"反美主义"的呼声便越来越高(侯慧舒,2013)。因此,可以认为,作为一个"理性"的国度,其"自由"也是"理性"的。正是因为拥有这种"理性"的自由,不仅使德国在历经两次世界大战后持续的"美国化",也没有使德国人民丧失文化自信;而且,能够理性地展开战争反思。二战后,西德第一任总理阿登纳上任后就明确表示过对犹太人的忏悔态度:"纳粹政权以全体德国人的名义犯下了令人发指的罪行,犹太人及其他受害人为此应得到道义和物质上的赔偿和补偿。"(梁平安,2004)20 世纪 60 年代,随着学生运动的不断爆发,作为"社会良心"的知识分子们开始反思并且忏悔德国的罪责。德国迎来了忏悔的热潮。这股反思的热潮主要就体现在敏感的文化界里。反思文学大家君特·格拉斯和海因里希·伯尔,他们有许多共同点,都参加过二战,战后都沦为战俘,都对法西斯深恶痛绝,都是"四七"社的成员,都获得过诺贝尔文学奖,都是反法西斯文学和反思文学的代表人物。格拉斯的长篇小说《铁皮鼓》,伯尔的作品《正点到达》、《亚当,你当时在哪里》等都是联邦德国战后文学的代表作,并且他们的作品让世界知道德国人对自己在二战中罪行的忏悔是深刻的。为了防止纳粹重新抬头,政府还制定了相关的法律法规,如禁止宣传纳粹思想,禁止使用纳粹标志。

德国人的"忏悔"是持久性的,直至现在仍会在一些新闻类媒体上看见德国人的忏悔行动,例如,总统参观犹太人纪念馆、学校正视法西斯历史、反法西斯电影获奖等等。到了 20 世纪 90 年代两德统一后,由于东西德经济发展的不均衡性,许多东德人民尤其是青年不满于与西德发展的差距,纳粹分子抓住机遇鼓动这些青年加入到新纳粹阵营里。但是,新纳粹主义在以和平和发展为主题的当今社会是不会有发展前途的(于博,2013)。

　　总体来看,正是因为富有"自由"的理性,才使得德国的"理性",在诸多重要的历史时期,能成功地实现"理性"的自由,使德国文化表现出极强的反思精神和批判地吸收外来文化的能力,进而决定其具有极强的文化原动力。当然,如果理性和认真执着过了头或选错了地方和方向,或是把某些事情想得过于理性、走向理性化,进而忽略一些必要因素和复杂的情况,则好事或者好心也可能出现一些问题,甚至会作出错误的选择和决策。这里可以举出两个例子。其一是东西德统一后东部地区的经济转轨问题。两德统一从外交和两德之间政治关系解决的角度看,的确是成功之作。在经济领域,把东部地区原来的指令性计划经济体制改造为社会市场经济体制,这个方向无疑是正确的。但是在理论上正确的东西并不等于在实际政策和实际做法上也必然是正确的。当时的德国领导人把经济的转轨过程想得过于简单和乐观,科尔总理甚至估计东部经济在三五年内就可以赶上西部,因而实际上实行的是"休克疗法",而没有充分考虑到各方面的复杂情况和采用更加稳妥和渐进式的方式。事实很快证明这种做法是一种"恶治",但为时已晚,难以挽回,为此付出了高昂的代价。前总理科尔在 1992 年时不得不承认,他在统一的时间表和费用的问题上犯了错误。另一个例子是自 2000 年以来德法之间发生的关于欧洲一体化"终极目标"的讨论。一般人很容易以为这是由于统一后的德国因实力大增而想支配欧盟,把自己的意志强加给其他成员国。其实,这或多或少与德国人的过于认真执着、追求彻底的精神有一定关系。刘立群在《德法对欧洲一体化目标之争评析》一文中指出,"德国式欧洲联邦主义观点存在的缺陷最终与德国人过于喜好抽象的思辨并因此比较脱离实际有关,即他们主要是从学理的角度出发来考虑和设计欧洲一体化的目标模式,而不是更多地从实际情况出发,根据各个国家的实际情况、尤其是除经济方面以外其他各方面的情况来全面考虑这个问题。而脱离实际、一厢情愿最后只会使自己陷入尴尬的境地"(刘立群,2002)。此外,战争理性和军国主义乃至于"纯粹理性"都在有意无间、直接间接地促成了纳粹德国的兴起,对此,下文在讨论德国的文化形态时再展开进一步的探究。总而言之,德意志民族是一个很有特色的民族,其哲学、文化及思维方式等虽也有其固有的缺陷和缺失,但的确有自己的独特、独到和卓越之处。可以想见,在 21 世纪,有着优良传统的德国文化将可以继续得到发扬光大,并散发出独特的魅力。

（二）德国的"理性"及其流变:德国文化形态分析

如果德国人正如李斯特所说的,首先从理论上学会了怎样行走跳跃,学会了怎样吃喝,怎样啼笑,然后把他的理论知识付诸实践(李斯特,2009)。那么,从文化形态上加以判断,就可以认为其基本处于"外在制度"与"内在制度"高度一致的"和"文化态。当然,文化形态是不断流动迁变的,不同时期显见会呈现出不同的形态,这里只是根据德国作为一个"理性"的国度所表现出来的总体情形而言。作为一个"理性"的国度,特别是富有"自由"的理性和"理性"的自由,出现这样一种"和"文化态,正是其特有的文化基因和传统使然。根据文化形态理论,当一个文化机体处于"和"文化态时,"形式的自由"或"消极自由"会继续降低或者可能处于最低状态,这时"真正的自由"或"积极自由"会随之增强,甚至达到一个高峰。因此,这一时期批判和反思精神、科学和理性精神、民主和自由精神都将可能发挥到极致,社会求真、求善、求美之风也可能蔚然成风,这时应当正是一个区域、一个民族、一个国家、一种文明的"鼎盛时期"。通过对德国文化原动力的相关分析,可以认为,德国虽然并不完全具有"和"文化态的全部优良品性,但是,应当承认其具有这种文化形态的一些主要特征和品性。如果说"和"文化态中的"和",可以表现为人的身与心、人与人、人与自然三个层次上的和谐共处、和合共赢关系,那么,从其"森林崇拜"和生态理性中,便可以看到德国在人与自然的和谐共处上所形成的优秀的文化传统。这种"和"文化态的突出特点是其文化品质上表现为高度和谐的"一致性"。德国历史总体上呈现为与传统中国极其类同的"合久必分,分久必合"的状态,可能既与德国人的"理性"有关,并且与其拥有"自由"的理性和"理性"的自由,以及在总体上呈现为"和"文化态密切相关。正是因为具有这种高度和谐一致的"和"文化态,使得德国人民从神圣罗马帝国、第二帝国、魏玛共和国乃至于纳粹帝国,直至东、西两德等各个时期,始终表现出对于建立一个统一的德意民族国家的强烈愿望。东西德统一后五党并立的局面,虽然在执政联盟的组合模式上变得扑朔迷离,但总体上呈现出和谐共处的格局。在当时的西德,自 20 世纪

50 年代以来形成了两大(联盟党与社民党)一小(自民党)三党并立的政党格局,直至 20 世纪 80 年代初,以倡导环境保护、维护世界和平为主要纲领的绿党迈过了 5% 选票的议会门槛,进入联邦议院,形成了四党并立的局面。通过黑森州的政党联盟风波,德国人再一次意识到,由于近几年来左翼党在全国影响力的扩大,已改变了德国近三十年来四党并立的局面,使联邦议院和很多州议会过去惯常的"黑黄联盟"(联盟党与自民党)和"红绿联盟"(社民党与绿党)都无法获得组成新政府所需的多数,从而造成了由联盟党、社民党两大党和自民党、绿党、左翼党三小党构成的五党并立的政党新格局,执政联盟的组合模式也变得扑朔迷离。2009 年前后,左翼党在全德国范围内的支持率是 10%~12%。根据民意调查结果,民众支持左翼党的主要原因是其极力倡议的社会公正,但它的经济政策、税收政策、教育政策却只得到极少数人的认可。令人不解的是,金融危机使人们看到了新自由主义经济政策蔓延给世界经济带来的危害,但在经济不景气的情况下,选民们却并没有更多地支持新自由主义经济政策的强烈反对者——左翼党,而是更多地偏向于有经济运作能力的政党,如联盟党,甚至新自由主义经济政策的支持者——自民党。据分析,左翼党目前支持率下降的主要原因是:该党近年来的快速发展,主要是由于人们对执政党的不满所致。大部分德国人虽然不相信左翼党有解决实际问题的能力,但却因其抗议者的形象而支持它。这实际上是一种对现政府的抗议行为,意在迫使执政党认清自己的问题。但长期来看,仅仅抗议是不够的,尤其在金融危机的大环境下,选民不仅需要揭露社会问题的政党,更需要能解决社会问题的政党(潘亚玲,2009)。从中也可见德国人的务实和理性。德国绿党的崛起则说明德国人民对于社会和谐、共赢、协调、绿色发展的强烈愿望,也可以认为是德国具有"和"文化态的重要体现。德国绿党虽然不是世界上第一个成立的典型意义上的新型绿党,也不是第一个进入全国议会和政府的绿党,但却是欧洲最成功的生态政党(郇庆治,2000),以至于欧洲绿党联盟称其为"母亲党"。在国际绿色政治舞台上,德国绿党一直起着领导作用,它所取得的成就极大地鼓舞和刺激着世界其他地区绿色政治的发展,它的建党原则和纲领、政策及斗争经验对世界其他绿党产生了很大的影响(沈素红,2007)。

那么,像德意志民族这样一个在近代以来具有深刻的哲学思维、创造了灿烂文化的民族,而且,其文化形态总体上可以认为是一种"和"文化态,为什么会在 20 世纪上半叶出现纳粹统治猖獗一时、酿成人类历史上最大暴行的悲剧？是德国传统历史文化中有着某种'恶魔'式的因素，从中就产生了法西斯主义和法西斯政权？还是法西斯摧残了德国历史文化传统呢？何兆武把德国及国际史学界对这个问题的争论归纳为上述两个问题（迈内克，1991）。刘立群认为，这个问题比较复杂。法西斯势力之所以当时能够在德国得势，还与第一次世界大战之后复杂的国际背景直接有关，即法西斯上台除了复杂的国内原因之外，还有着十分复杂的国际性原因，包括"一战"后对德国过重的赔款要求、1929 年开始爆发的世界经济危机、英法当局想利用希特勒势力对抗苏联等等（刘立群，2002）。于博认为，法西斯时期的德国文化在德国的文化史上极为特殊，它的形成也是受到了多方面因素的影响，包括历史方面的因素，如"一战"德国的惨败和《凡尔赛和约》的签订、1929—1933 经济危机等；思想方面的因素，如根深蒂固的民族主义情结、历史悠久的军国主义传统以及黑格尔、费希特、尼采等人的哲学思想影响。此外，反犹主义在德国源远流长，随着希特勒"种族主义"和"生存空间学说"的提出，在法西斯当政时期德国的反犹文化达到了高潮，纳粹政府制定了一系列的反犹政策，其中最惨无人道的就是大屠杀（于博，2013）。然而，从文化形态的角度来看，因为"和"文化态调控不当，管控不力，也极有可能进而演变成为"纯"文化态，因此，希特勒的上台虽然有其具体的历史原因，有许多复杂因素促成纳粹党的产生，但应当有其文化上的内在必然性。希特勒纳粹党时期的德国文化就是一种典型的"纯"文化态。这种文化形态下，意识形态领域达到了高度的统一性、一致性，于是，纳粹党便可以一个声音吼到底，进而使整个德意志民族被完全纳粹化、希特勒化。早在普法战争爆发前，俾斯麦就曾说过："鉴于法国的态度，我认为我们的民族荣誉感迫使我们进行战争。如果我们不按照这种感情的要求采取行动，我们就会在走向完成民族发展的时候丧失 1866 年取得的全部动力……我深信，填平祖国南北两部分由于种种王朝感情、民族感情以及生活方式等原因而在历史进程中形成的鸿沟的最有效的方法，就是与多世纪以来一直侵略我们的那个邻居进行一场全民族的战争。"（杨静，2011）很显然，希特勒所掀起的法西斯战争也是一场如俾斯麦所说的"全民族的战争"。如果说俾斯麦领导下建立的第二帝国，目的是实现德意志民族统一的梦想，具有正义性，在当时德意志民族精神可能也处于高度一致的"和"文化态，那么，希特勒所掀起的法西斯的"全民族的战争"，则就不折不扣地演变成了"纯"文化态，这在纳粹德国的种种劣迹及其所采取的文化政策当中，得到了显著体现。希特勒纳粹党上台后，除了在政治、经济、军事等方面严格管制外,充分注意到控制文化的重要性,为了鼓吹宣传纳粹的思想文化,制定并实施了一系列以达到传播纳粹思想、巩固纳粹政权为目的的文化政策。纳粹相继开展了"焚书运动",亨利希·曼、斯蒂芬·茨威格、埃利希·凯斯特纳、卡尔·马克思、西格蒙德·弗洛伊德、亨利希·海涅等一大批优秀人物的优秀作品被付之一炬,德国人民宝贵的精神财富随风吹散。许多国外作家的作品也没能幸免地被列入了焚毁的名单,如罗曼·罗兰、海伦·凯勒、列夫·托尔斯泰、杰克·伦敦、厄普顿·辛克莱、海明威等。随后开展了"人才大清洗",爱因斯坦、哈贝、施赖丁格、希拉德、萨克谢尔等这些当时甚至日后在科学和学术领域取得非凡成就的人才就这样被扫出了"日耳曼人的校园"。在纳粹党宣传部部长戈培尔的领导下,德国的文化产业也完全置于政府控制之下。1933 年 9 月 22 日德国文化协会成立,它的目的是:"为了推行德国文化的政策,必须使各方面的创造性艺术家都集合在国家领导下的一个统一的组织中。不仅必须由国家决定思想方面和精神方面的发展路线,而且还必须由国家领导和组织各种专业。"(刘奎,2005)德国文化协会下设七个协会,包括:德国美术协会、德国音乐协会、德国戏剧协会、德国文学协会、德国新闻协会、德国广播协会以及德国电影协会。这些协会并不是虚设,国家法律规定,凡是从事与上述协会相关行业的人,都必须参加这些协会并成为该协会的会员。这些协会不是普通意义上的文化组织,而是为政治服务的,那些犹太艺术家和不愿为"政治文化"服务的艺术家们都被扫地出门。通过严格的文化管制,德国的文化完全地处于纳粹党的管制之中,德国的舆论氛围里完全没有了自由的声音,有的只是没完没了的法西斯宣传。以事实为准绳的报刊和无线电广播业完全沦为了纳粹党的宣传工具。纳粹党的舆论宣传战术成果是显著的,经过这些铺天盖地的宣传,广大德国人民被蒙骗为希特勒的拥护者和支持者,成为战争的直接参与者和受害者(于博,2013)。

在"纯"文化态下,最为显著的特点便是整个社会、整个民族都可能出现"反学习"。在一定意义上说,学习的过程就是反学习的过程。这是因为,一是学习如经济学上所说,是有"机会成本"的。一种学习活动的展开总是以拒绝和放弃甚至于是有意或无意地"反对"其余所有的学习"机会"为代价的。其结果极有可能如莱布尼茨在《人类理智新论》一书中所指出的:基于"现实的知识"和"习惯的知识"的局限,"人们既然一次只能明白清楚地想着单独一件事物,如果只认识他们思想中现实的对象,那人们就会全部太无知了；而那最有知识的人，也会只认识单单一个真理"（莱布尼茨，2006）。二是学习并非只是知识的学习，更多的是学习隐匿于知识背后的关于生产这些知识的逻辑起点、隐藏于知识背后的假设以及知识产生者的心智模式等的学习，也因此，当全面、深入、根深蒂固地接受了某一种、某一类、某一门知识，或者是从事某一类知识的学习和再学习、生产或者是再生产活动的时间越长，就越有可能"溺爱""痴迷"于该类知识，尤其是该类知识背后的隐含逻辑、隐藏假设以及关于该类知识生产者的心智模式等，其结果就越有可能变得"一叶障目"，不及其余，甚至于"顽固不化""冥顽不灵"。问题更在于其三，组织或者个人都极有可能进而形成一种"自系统"的、根深蒂固的、本质上又正是"反学习"的学习文化（吴福平，2014）。很显然，在纳粹党时期，整个德意志民族被"反学习"化了，除了纳粹"知识"外，无论是行动上还是思想观念上都拒绝"学习"任何与纳粹意识形态不一致甚至略有不一致的任何"知识"。这也是一种"理性"，一种纳粹"理性"。"纳粹理性"当然绝非自由的"理性"，因而，也就不可能实现"理性"的自由。于是，"自由"的理性和"理性"的自由共同造就的"和"文化态，就这样演变成为一种"纯"文化态。由此看来，纳粹德国时期，极端化了的"战争理性"完全战胜了思辨理性、语言理性、生态理性等诸理性，主导了整个德意志民族。这可能才是问题的关键和根本。

从柏拉图所构想的"五种政制"来看，纵观德国历史，可以认为，德国政制一直是"荣誉政制"和"民主政制"杂糅交合的政制。柏拉图在《理想国》中所论及的"荣誉政制"，金、银、铜、铁四种人开始混杂，少数人的统治，铜铁集团趋利，金银集团趋向美德和秩序；但是总体上向善之心不纯，大部分时间从事战争，勇敢起主导作用，好胜争强，贪图荣名。统治者品质混杂，一方面爱钱，另一方面又不被许可公开捞钱。秘密地寻欢作乐，避开法律的监督。重视体育，放弃音乐艺术和说服教育。这种政制下的社会和人民比较自信和比较缺乏文化，年轻人在理性与欲望和激情两种力量的较量中成为一个折中性的人物，自制变成了好胜和激情之间的状态，成为一个傲慢的喜爱荣誉的人。柏拉图认为，这是一种善恶混杂的政治制度。在"民主政制"里，金、银、铜、铁四种人彻底混杂，统治者及其人民从那种吝啬的、爱财的寡头思想里培育出来以后，尝到了"雄蜂"的甜头，转变为"民主分子"；他们沉迷于不必要的无益欲望之中，以轻薄浮躁的态度践踏所有的理想，不加区别地把一种平等给予一切人，不管他们是不是平等者。公民都有同等的公民权及做官的机会,官职通常抽签决定。这种政制里的社会和人民认为,所有快乐一律平等,应当受到同等的尊重。那些没有必要的欲望得到了全面释放,称傲慢为有礼,放纵为自由,奢侈为慷慨,无耻为勇敢。年轻人和那些粗暴狡猾之徒和有刺的"雄蜂"为伍,只知千方百计寻欢作乐,蜕化变质为肆无忌惮的小人。这是一种无政府状态的花哨的管理形式。从柏拉图对"荣誉政制"的描述中可以看出,由德国的战争理性孕育出"荣誉政制"具有相当程度的合理性和内在必然性。从古日耳曼人开始,德意志民族一直就有好战传统,实际上大部分时间都在内战或外战,既有为民族统一和独立而展开的正义战争,也有如"十字军东征""三十年战争""一战""二战"等非正义的侵略战争。正是因为富有这样的"理性",再与其思辨理性、语言理性等诸理性交合起来,使得"荣誉政制"里的"金银集团"有趋向于美德和秩序的可能。在十字军东征时,发生过一个有趣的现象。当一些西欧的王公贵族了解到伊斯兰文化的辉煌之后,他们开始逐步地崇拜伊斯兰教文化。当时阿拉伯人的识字率普遍高于西欧人,大部分西欧人在当时还都是文盲,文字和知识只掌握在一些僧侣的手中,而在阿拉伯的知识普及率普遍高很多。这符合柏拉图所说的"荣誉政制"不重体育、不重视文化艺术教育的特点。十字军在东征的过程中很多后裔流亡到了阿拉伯,他们在阿拉伯开始读书写字,开始像阿拉伯的穆斯林一样去生活,但随着交往的进一步深入,古老的商道开始重新焕发新活力,西方的建筑艺术、手工工艺逐步地传入了阿拉伯,而东方的货物开始打入西欧的市场。十字军的东征虽然给东方世界带来了灾难,但由于阿拉伯人对于古代希腊罗马的文化典籍保存的比较完整,这些文化典籍传入欧洲之后,为欧洲后来的文艺复兴运动的兴起奠定了必要的基础(陈闯,2015)。从那时起,德国就开始渐渐地出现了一个学者阶层,并形成了本国独特的文化传统。所以在两次大战后持续的"美国化"过程中,就有德国学者强烈要求保护本国传统文化不受美国文化的威胁,以免最终走向灭亡的反美主义的呼声。德国著名社会学家特奥多尔·盖格尔指出:"德意志的学者阶层自从它作为一个真实的阶层存在以来,就具有他们自己的道德与风格,一种属于他们自己的生活估价和生活引导,一个他们自己的世界了。她们绝大多数都比占有财产的市民要穷得多,但她们是以这个阶层精神和社会上的等级地位而自豪的,就仿佛她们是能够被看作与那些有钱人一样属于同一类的。"(Geiger,1967)同时,德国哲学庞大的系统性和彻底性,使人们对德国哲学及德国哲学家们抱有深深的敬意(刘立群,2002)。他们能够不畏艰险、不惧枯燥,为了完全彻底地解决一系列哲学问题、创建完整的哲学体系而奋斗一生,像莱布尼茨、康德这样的大哲学家一生独身,把自己的全部精力、才智都奉献给了崇高的哲学研究事业。德国哲学及其创造者们受到世界各国学人的尊崇和敬仰是当之无愧的。这可能也是"荣誉政制"和战争理性结出的善果。或许也正因为此,"荣誉政制"与柏拉图持完全否定性态度的"民主政制"交合,在德国可能反而产生出一些肯定性的结果。因为,柏拉图说,"民主政制"的最大特点就是自由,当然这在很大程度上是一种黑格尔意义上的"形式的自由",也正因为此,才会产生波普尔在柏拉图的《理想国》里析别出的"自由悖论",而当这种形式的自由与"荣誉"和诸"理性"等交杂在一起时,却有可能培育锻造出"自由"的理性,并进而实现"理性"的自由。因此,尽管柏拉图意义上的"民主政制"通常来说处于彻底的"超"文化态,而"荣誉政制"往往是一种"合"文化态,然而二者交合杂糅,在德国这样一个具有"理性"传统和独特历史文化传统的国度,倒反而有可能产生出"和"文化态。由于"和"文化态必须警惕其演变为"纯"文化态,在一定的历史条件下,往往也极容易演变成为"纯"文化态,加之"民主政制"下的"自由悖论",人民吵吵嚷嚷地要求一个"僭主",这样,在德国出现一个如希特勒这样的"僭主",就具有了内在必然性。同时,如果可以认为德国历史以来总体上是一种"荣誉政制"和"民主政制"杂糅交合的政制,并且此判断成立,则统一后的德国仍然存在新纳粹分子,虽然远不是主流,在和平与发展为主题的国际形势下,也成不了气候,但仍然需要引起德国人民和全世界爱好和平的人们的警惕。

(三)"理性"何以铸造"辉煌":德国文化软实力分析

富有"自由"的理性和"理性"的自由,总体上处于"和"文化态的德国,基本可以断言,在通常情形下,一定具有极强的"内敛—认异"的学习力、"外张—认异"的革新力、"内敛—认同"的凝聚力和"外张—认同"的传播力。这也可以认为正是德国能以"理性"铸造"辉煌"的文化原因。

1. "内敛—认异"的学习力

"十字军东征"时德意志民族就表现出强大的"内敛—认异"的学习力。可以说正是从那时起,德国人学习了古希腊罗马文化,并在欧洲的宗教改革、启蒙运动等思想解放运动中,发挥了举足轻重的作用。德国人的学习精神是令人敬佩的。像莱布尼茨、康德这样的哲学家一生独身的学术献身精神绝非个例。刘立群认为,"德国人的思维习惯——认真执着,德国哲人追求系统、完整、彻底这种精神也深深影响到德国人一般的思维习惯和作风"

（刘立群，2002）。费希特（J. G. Fichte，1762—1814）在题为"致德意志民族"的演讲中曾说："我们必须严肃认真地对待一切事物，切切不可容忍半点轻率和漫不经心的态度。"（费希特，2010）无论在科学研究领域还是在实际工作领域以至于在日常生活当中，德国人严肃认真、一丝不苟的精神和态度举世闻名，有口皆碑。季羡林先生在《留德十年》一书中记述了几件在二战期间德国教授不顾安危、执着于科学研究的事例。在盟国飞机一次轰炸哥廷根刚刚过后，一位著名的德国教授却冒着生命危险去观察爆炸气流所造成的结果，认为这机会难得，在实验室里不可能做到；无独有偶，在慕尼黑也有一位地球物理学教授在飞机轰炸时，别人向楼下跑以躲避轰炸，他却向楼顶上跑，也是把轰炸当作难得的实验机会，不顾生命危险去认真观察。凡是到过德国旅行考察或学习工作的人，无不对德国社会各个方面管理得井井有条、有板有眼留下深刻的印象。各行各业都普遍敬业爱岗，忠于职守，认真负责，惜时守时，工作第一，事业至上，工作效率普遍很高，使人感到整个社会仿佛是一架庞大的机器在顺利地运行着，每个人都知道自己在这个机器中的位置和作用。凡事都有章可循、有法可依，人们普遍习惯于自觉遵守各种规章制度，而不论有没有人监督。德国制造的各种产品也以其质量耐久可靠、设计独到精妙著称于世，从中可以见到德国人执着认真、严格守信的优秀品质和精神（刘立群，2002）。在德国，德国人将教育看作是振兴自己的民族、促使德国进一步发展的重要方式，教育在德国人的心中有着神圣的地位。德国的文化价值观一直以来都对教育产生着十分深刻的影响。早在1524 年，著名的宗教改革家马丁·路德就在其作品中指出，一个城市最大的利益、最大的保障和最大的力量是具有大量的学识明智、正直和虔诚的市民。他希望通过这样的号召来让人们进一步地认识到教育的重要作用。他甚至要求当局选拔一些优秀的儿童，教授其专业的知识，利用专门的款项来培养这些儿童，并且建议在必要的时候可以采取一些强制性的措施让人们能够接受教育。在他的思想影响下，那个时期出现了一些邦立学校，这种学校所选拔的一些优秀人才大都来自一些贫困家庭；一些家境贫困同时具有拉丁文基础的知识青年，国家则利用公费让他们接受教育，让他们能够在学成之后更好地为政府服务。自 18 世纪以来，德国人开始崇尚神学的理性主义，相信世界是能够被人们理解的，由此而使得很多人的人生观发生了变化，人们更加希望通过学习知识、开展科学研究来进一步解放自己的思想，来认知世界、认知自然。德国人认为，知识能够改变人类的现状，是通向幸福的重要途径,这成为当时德国人心中的普遍思想。在 1810 年洪堡创立柏林大学的时候,正值德国战乱期间,这个时期也是国家最危难的时期,这样的条件下国家一方面需要支付巨额的社会保险费用,另一方面还需要保障战争费用。但是,国家每年却能够抽出巨款来扶植柏林大学的建设,人们认为这一行动类似于战场上最勇敢的行为。后来柏林大学也成了德国科学和学术发展的源头。在德国社会,受过教育的人能够得到更多的尊重。在普鲁士王国实施兵役制的时候,受过高等教育的人可以自愿选择服兵役一年,中学毕业是学生能够开始军官生涯的先决条件。那个时候人们已经不再重视一个人的出身,而是更多地去关注他的学历、尊重他所接受的教育,尤其是在第二帝国时期,这种尊重是当时世界上任何一个国家都无法比拟的(郭影,2015)。到 18 世纪末,教育已经被德国人纳入了公民的义务范畴,国家有义务为公民提供受教育的机会,并且督促公民送子女入学接受教育。法律还规定,如果父母逾期未将子女送入学校,就要到一定的处罚。到了 19世纪末,国家已经变成了专门为民族利益而从事促进民族文化和培育民族理想的机构。人们认为,只有对人类进行进一步的教育,才能使社会逐步走向文明。德国人十分崇尚教育的自主性,他们认为每个人都有平等接受教育的权利。德国政府颁布了一系列的措施来保障公民平等接受教育的权利,对一些家境比较贫寒的学生进行补助,采取免息贷款的方式或者 50%补助加 50%无息贷款的方法,让这些家境贫寒的学生能够平等地接受教育。那时德国已经建立了 12 年义务教育制度。德国人认为教育是国家的责任,为公民提供平等的教育机会是国家应当做的。国家按照国民收入的8%~10%投入教育经费,鼓励公民接受教育(李雨泽,2016)。"二战"后,德国在各项经费支出上一直将教育经费作为优先支出的费用,在 1950 年整个德国的教育经费为 19.75 亿马克,占到了这个时期国民生产总值的 2%(郭影,2015)。2013 年 5 月,德国宣布正式实施终身学习国家资格框架(Deutscher Qualifikations Rahmen,DQR),标志着德国建立起以学习成果为导向、注重学习者职业能力培养、体现终身学习理念的资格框架体系,成为其"工业 4.0"国家战略的关键"强化剂"。德国国家资格框架本质上是一种顶层制度设计,其既是一个综合性的包含各类资格的政策框架,也是一套共享的语言、共同的原则和工具。在 DQR 的开发和实施过程中,德国积极借鉴国际经验和成果,组织专门机构和专家进行讨论和调研,吸纳广泛的利益相关者主动建言献策,通过政府牵头、多部门协同配合建立了一套促进全社会在终身学习国家资格框架体系内合作的规则,从国家层面推动建设学习型社会的进程(赵亚平,等,2015)。

2. "外张—认异"的革新力

如前文所指出,批判德国传统哲学最为深刻的哲学家,如马克思、恩格斯、尼采、海德格尔、M. 霍克海默、T. W. 阿多尔诺等恰恰都来自德国。这种批判和反思能力,也说明其具有强大的革新力。经过文艺复兴、宗教改革、启蒙运动等思想解放运动,整个欧洲大陆关于天赋人权、自由、平等、民主和法制的思想,在德国已经深入人心。康德把人看成是目的,强调唯有人在其自身中拥有自己实存的目的(康德,2002)。马克思强调:"每个人的自由是一切人自由的条件。"在这些思想家的启迪下,拥有天赋人权、自由、平等、民主思想的德国人,其"外张—认异"的革新力得到了全面的激发。正如王海明所指出的,自由是"最根本的人道",自由不仅具有内在价值、目的价值,即"自由是一种内在善";还具有外在价值,即自由是达成其他有价值的事物的一种手段。因为社会不过是每个人之总和,自由是每个人自我实现、"使人成其为人"、发挥创造性潜能的根本条件,同时也是社会繁荣进步的根本条件(王海明,2017)。在德国的教育制度中,就可以看到德国人平等、自由的思想,公民可以自主地去选择自己所接受教育的内容,也应当自主地去选择自己接受教育的方式。德国人对于这些方面是相当的开明。以中等教育为例,公民在接受中等教育的时候可以选择上普通的高中或者是一些职业高中,德国的职业高中是用来培养一些应用型的专门人才的,而上普通高中则是为了进入大学研究更加深奥的知识。学生们可以根据自己的特长来作出选择,如果他们愿意学一些更加深奥的知识,他们会选择普通的高中,以期上大学深造;如果他们愿意直接参与到社会工作当中,那么他们会选择一些职业高中,去学习一些实用性的技能。在学生升入大学之后,德国教育也主张更加自由的学术研究氛围,学生们可以按照自己的想法进行研究,学校不会强制性地规定学生要研究的内容,只要愿意,他们可以自主地选择研究的课题(李雨泽,2016)。不能不说,正是德国的教育制度中的平等、自由、自主的文化思想,促成了德国教育事业的繁荣发展。在德国人的文化价值观中,学术自由和科研是一个统一的整体,科研应当紧密地与学术自由联系在一起,只有拥有了学术自由才能够更好地开展科学研究。如在柏林大学,在这样的思想观念指导下,学生能够拥有更加自主的学术研究的权利,他们能够进一步地拓展自己的思维,更加自由地开展学术研究。虽然德国政府对于一些大学投入了大量的成本和资金,但是这些大学仍然保持着相对独立的团体自治权,在教育过程中更加信奉自由的原则,更加信奉科研与教学统一的原则。德国 90% 以上的科研成果都出于大学科研部门。在国家统一、教育改革、科研体制革新和哲学思潮兴盛的良好态势下,19 世纪初的德国成为世界科学活动中心。这一时期,德国涌现出众多的顶尖科技人才和科技成果。20 世纪诺贝尔奖设立之初,德国获奖数位居世界第一。首届诺贝尔物理学奖、生理学或医学奖都被德国人获取。开始颁奖的头十年(1901—1910),德国的获奖数占总数的 33.3%,远超法国的 16.7%、英国的11.1% 和美国的 2.8%。1900 年到 1944 年间,德国诺贝尔奖获得者有 36位(夏钊,2016)。"二战"时期德国遭受惨败,战后整个国家满目疮痍,但德国人更加重视教育,他们把教育当作民族复兴的一个重要手段,他们不仅仅去培养一些训练有素的工人和业务人员,还在学术上加强人才的培养,投入科研创新资金,希望通过这种方式进一步繁荣和发展教育,培育创造和革新能力(郭影,2015)。

3.“内敛—认同”的凝聚力

一个民族,只有在和其他民族的长期交往过程中才能发现本民族的独特性和独有利益,才会产生深刻的民族意识(常乃文,2010)。从中世纪直到启蒙运动之前,德意志地区诸侯割据,各小邦的统治者为维护自身特权,对统一漠不关心,甚至相互敌视。德意志地区长期的分裂,造成大多数民众只知其为萨克森人、巴伐利亚人、符腾堡人,而不知其为德国人。在欧洲地图上,德意志地区曾经有过莱茵兰、萨克森、普鲁士等大大小小的邦国,德意志民族经历了长期的经济停滞和政治分裂,加之法国的入侵与压迫,使德国无法以经济—政治—文化的路线走英法模式的民族主义发展路径。不满于德国现状的知识分子,一直谋求在文化意识方面扭转德国局面。德国民族意识萌芽于 17 世纪末期,随着启蒙思想在德国的广泛传播,越来越多的知识分子开始摆脱传统的宗教束缚,宣传平等、自由、民主的反封建思想。德国的文学家和哲学家们,针对德国分裂的现实和法国的文化渗透,开始认真思考德意志民族的前途和命运,产生了朦胧的民族意识。这种意识最终于1770—1785 年在德国的文化界发展成了一场反对外来文化入侵、弘扬民族文化的“狂飙突进运动”,它标志着德国的民族意识开始觉醒。19 世纪法国大革命的爆发和随之而来的拿破仑入侵,使德国的知识界和民众面对法国传来的激进革命思想和占领时期的屈辱压迫,产生了应急性的、以文化领域为主要阵地的近代德国文化民族主义思潮。德国文化民族主义有一个主要内容,就是崇尚民族团结和国家统一。德国的思想界力图将德意志地区的民众通过文化的形式团结起来,使其为共同的目标:为国家统一而奋斗。广大民群众为意大利民族运动所鼓舞,为拿破仑三世觊觎莱茵领土而忧虑,他们利用哈布斯堡专制统治的危机,知识界和广大民众团结一致,积极掀起了民族统一运动的高潮。以费希特、威廉·冯·洪堡、克劳塞维茨等为代表的一批知识分子,提出了振兴教育、从文化上统一德意志、逐步建立民族国家的主张。哲学家费希特也把国家的统一视作"今日德意志之天职"(丁健弘,李霞,1993)。1807 年末至 1808 年 3 月,费希特在柏林连续进行了 14 次演讲,号召全德民众团结一致、不分贵贱贫富,将捍卫德意志民族的自由和独立当作至高无上的事业来共同奋斗,接受"熊熊的爱国主义烈火"的铸炼:"高尚的人应该愉快地牺牲自己,而只为别人活着的卑贱的人也必须牺牲自己"(丁健弘,李霞,1993)。费希特回顾了德国历史以及德国人在宗教、政治、文化等领域取得的成就,得出结论:存在一种不可磨灭的"德意志精神",一种较之其他民族更高尚的德意志民族性格。这些演说对德国人特别是青年一代产生了巨大影响,使他们"认识到自己有责任为德意志的复兴进行义无反顾的斗争"(博恩等,1991)。1813 年,克劳塞维茨提出,实现德意志政治统一的唯一道路,是普鲁士通过"剑"实行对德意志其他各邦的统治。爱国诗人恩斯特·莫里茨·阿恩特写下了《莱茵德意志的河流,但不是德意志的边境》《普鲁士人民和军队》《时代精神》等不朽的作品,号召人民维护民族尊严,反对拿破仑统治。爱国的诗篇推动了德意志民族意识的高涨,在 1813 年的德意志各邦反抗拿破仑的解放战争中,大批德国人在阿恩特的鼓舞下奔赴战场。1814 年洪堡提出了制定统一的联邦宪法,建立统一的军队、法院,设立执政府、划分县区以及实行邦议会宪法制的构想。改革家施莱茵也是民族统一的坚决拥护者,正是他首先提出在普鲁士领导下统一北德的建议。以统一为内容和激发民族意识的各种活动——射击比赛、体育表演、歌咏大会等层出不穷。1859 年夏天,在法兰克福举行了历时 10 天的射击比赛,万名武装射手和运动员大显身手。会上,"统一德意志祖国"的呼声震天动地,人们欢呼、歌唱、干杯、拥抱,表现了钢铁般的精神面貌。11 月,全德各地庆祝席勒诞生 100 周年,柏林人民在宪兵广场上举行席勒纪念碑落成典礼,公开向警察专制示威。轰轰烈烈的争取民族统一的人民运动,与资产阶级的软弱形成了鲜明的对比,由于无产阶级还很不成熟,普鲁士霍亨索伦家族便利用其有利的政治、经济和军事条件,展开了一场自上而下统一德意志的活动。德意志文化民族主义是民族统一的先声和号角,其积极作用主要在于为促进德意志的资产阶级改革和革命提供了精神支持,为普鲁士统一德意志提供了坚实的情感基础。对于德意志的统一,学者大多归因于俾斯麦的铁血政策和随之而来的普鲁士王朝战争。但是,在统一的偶然性中显见有着必然的因素。正如常乃文指出的,世界历史不断证明:从长远来看,思想永远比宝剑更有力。民族情感所带来的凝聚力永远是国家统一的前提所在。如果德意志民族没有在长时期的历史过程中形成其独特的民族意识、民族精神的向心力,就很难想象统一过程会如此顺利,并且为统一后的德意志帝国提供强有力的思想武器。可以认为,法国革命标志着德意志民族主义的诞生。然而,真正促成德国文化民族主义勃兴的事件还是拿破仑战争,它促成了德国知识分子在启蒙时期产生的模糊的文化民族主义向政治方向发展(常乃文,2010)。1990 年 10 月 3 日,民主德国正式加入联邦德国。民主德国的宪法、人民议院、政府自动取消,原 14 个专区为适应联邦德国建制改为 5 个州,并入了联邦德国,分裂 40 多年的两个德国重新统一。长期历史进程中形成的德意志民族情感在两德人民中依然存在。在建国的当天,东德建立了具有统一战线性质的全国阵线,该组织的首要目标是"恢复德国的政治的与经济的统一",东德还将国家统一目标规定为宪法义务。1949 年宪法的第一条规定,"德国是一个不可分裂的民主共和国,其基础是德意志人民,只存在一个德意志民族"。两德统一后,"新德国"面临东西德经济社会发展不平衡的突出问题,如何解决这一问题,考验着德国政府的执政水平和治理能力。联邦政府首先是修订了《德意志联邦共和国基本法》,规定了国家必须保持联邦内人民生活条件一致性的目标要求,还从1991 年开始征收"团结附加税",主要用于东部德国的重建(吴友法,邓红英,2004)。针对东部一度严重的失业现象,联邦政府还采取了全覆盖的失业保障金、救济金政策,以及相应配套的养老金政策,对稳定社会、化解矛盾也起到了积极作用。德国的文化民族主义也有其消极的一面。19 世纪末20 世纪初,在德国对外政策转向过程中,民族沙文主义、军国主义、种族主义思潮泛滥,严重毒化着德意志民族的精神思想。1871 年统一后,德意志民族主义浪潮中专制主义的成分开始压过自由派。在人民心中,德国的统一是普鲁士那三场辉煌胜利的战争的结果,普鲁士的忠君思想和军国主义思想开始在德国蔓延。战胜法国的"色当大捷"纪念日和德皇诞辰日,德国民众狂热的庆祝场面正说明了这一点。知识分子为了德意志民族统一的需要而过分地强调德意志民族精神和民族性,最后使德国民族主义思想与理论激化成民族偏见与种族优越的论调(常乃文,2010)。德国的具有高度"一致性"的文化民族主义,原本可以认为能使德国的国家文化基本处于"和"文化态,可以唤醒德意志的民族意识,激励德意志民族反对拿破仑的民族压迫,争取民族独立,消除长期以来的民族自卑感,增强德意志民族的自信心。但是,由于片面强调德意志民族的优秀,过度的文化民族主义却在后来的历史进程中逐渐演变成民族偏见和民族仇恨,最终则如前文提及的,演变成了"纯"文化态,为德国民族主义走向反动的种族主义埋下了祸根。

4. "外张—认同"的传播力

德国哲学在国际上的学术地位是无与伦比的,如休谟、莱布尼茨、康德、黑格尔、费希特、马克思这样的哲学大家实际上仍然主导着整个思想界和意识形态领域,从中便可见德国文化的传播力(刘丽,2011)。对外传播是今天的德国塑造国家形象的战略手段。对外杂志《德国》在全球180多个国家发行,及时报道本国在政治、经济、科学和文化领域的重大事件,塑造了良好的国家形象,成为德国对外传播的名片。对于今天的世界格局特别是欧洲大陆而言,德国在"外张—认同"的传播力上面临的主要是关于"德国的欧洲"还是"欧洲的德国"的问题。德国在欧债危机中遭人围攻,"德国的欧洲"还是"欧洲的德国"的困境再现,反映了一个新起大国的身份定位与归属认同危机。"认同危机"包括对内(自我认同)和对外(被人认同)两个层面。在对内方面,伴随"正常化"的实现和对国家利益的"平反",德国自身的纠结已经化解;但在对外方面则还有很多工作要做(连玉如,2012)。特别是在经济领域,通过实行标准化战略,德国机械制造业长盛不衰甚至逆流而上,德国追求将自己的标准融入欧洲一体化的过程,将自己的影响渗透到欧洲,使欧洲带上德国的色彩。随着德国标准的不断传播,德国对周边国家的敏感度与脆弱度的转变,德国标准已在规范着其他的国家。从这个方面来讲,欧洲正在向着"德国的欧洲"发展。同时,德国通过实行标准化战略,短期内,掌握标准化的先机有利于国家在市场的胜利;长远看,有利于在区域、在全球范围、在全球化的时代取得优势地位。全球化是生产力发展到一定水平才出现的时代现象,标准化则因全球化才显现其重要性,它符合社会化大生产的要求和生产力发展的历史规律。国际标准不仅覆盖了全球范围内其存在的领域,更将覆盖整个资本主义制度所能放射到的冲突范围(王竞楠,2013)。

从建立欧洲煤钢、原子能联营到欧洲经济共同体、欧盟以及欧元区,德国在战后坚持德法和解,坚持在欧洲一体化框架中求发展,是德国成功的最基本的框架条件。如果没有法德和解,没有欧洲一体化,在两次世界大战中罪孽深重的德国就无法回归欧洲大家庭。从这个意义上说,德国正朝着"欧洲的德国"发展。正是通过积极参与和推动欧洲一体化,使得德国得以享受到欧洲共同体所提供的关税同盟、统一大市场等区域一体化的经济好处,使作为拥有先进生产技术和庞大生产能力的工业国的德国能够有非常稳定的商品和劳务的出口和投资市场。显然,德国要塑造强大的"外张—认同"的传播力,必须坚定不移地走"欧洲的德国"的发展道路。1929 年诺贝尔文学奖得主、德国著名作家托马斯·曼(Thomas Mann),在 1953 年向德国汉堡大学学生所作的一次演讲中,针对统一的德国在欧洲的地位和作用问题,语重心长地说:"一个统一的德国不应是欧洲的主宰者和教师爷,而应成为自觉服务于在自信中实现统一的欧洲的一分子。应该清醒意识到,欧洲统一的障碍来自欧洲其他民族对德国纯正目的的怀疑和对德国霸权企图的恐惧;在他们看来,德国的生机与活力将会重现霸权企图,是无法掩饰的。我们必须承认,这些担忧不是无本之木和杞人忧天。一个德国称霸欧洲的梦魇作祟至今,尽管它已随着希特勒的灭亡而被彻底粉碎。因此,德国新一代年轻人的使命是要打破这些怀疑与恐惧,抵制邪恶的历史,明确一致地宣示自己的愿望:不要一个德国的欧洲,而要一个欧洲的德国。"(连玉如,2012)德国近年来同中国关系的发展势头,已经引起欧美大国的警觉和不安。早在 1987年,苏联领导人戈尔巴乔夫搞外交政策"新思维",导致西德加速发展对苏关系,就曾引起美、法等国的不安;如今,苏联换成了中国,德国的世界秩序政策面临新的平衡压力。然而,德国具有"文明国家"内核的现实主义的"贸易国家"外交政策要超越欧洲、走向世界,是势之使然。当今世界正处于动荡、分化和改组的不确定时期,一个"欧洲的德国"和一个改革开放的中国携手合作、互相砥砺,对于应对全球化的挑战,创建和平、稳定与繁荣的"和合世界新秩序",显见具有积极作用和深远意义(连玉如,2012)。

三、以"大和"精神为核心的日本文化原动力传导机制分析

日本文化可上溯到几千年前。日本原初文化有三个时期:(1)绳纹文化(约至公元前 2 世纪)。洞穴群居,以捕鱼、狩猎、采集为生,当时社会仍滞留在母系氏族公社阶段。(2)弥生文化(约公元前 2 世纪到公元 3 世纪)。大

陆文明经由朝鲜半岛传入日本,生产力有了很大提高,进入以稻作农耕经济为主的农耕社会,从石器时代进入了铁器时代。一般认为,弥生文化是由大陆传入的,并成为当时日本文化的主流,但外来人终被原住民同化,自然崇拜和巫术迷信支配着人们的精神生活——这种原始信仰为日本民族宗教,即神道教的形成提供了基础。(3)古坟文化(公元 3、4 世纪到公元 6、7 世纪)。大和国统一"百余国"建立起了天皇制国家,以大和地区为中心,融合诸族形成了"大和民族"。移居日本的汉人和朝鲜人(即所谓的"归化人")开始使用汉字记事,中国的阴阳、天文等知识、儒家经典、佛教等亦传入日本,揭开了日本精神文化的序幕。大化革新(646 年)中,圣德太子(574—662年)仿照唐朝官制,全面进行了政治体制改革,从而把日本建设成为社会法制较完备的中央集权的封建国家。从 7 世纪到 19 世纪中叶,是日本的封建社会历史时期,历经飞鸟(593—710 年)、奈良(710—794 年)、平安(794—1192 年)、镰仓(1192—1333 年)、室町(1333—1573 年)、安室桃山(1573—1603 年)、江户(1603—1868 年)等时代。在早期的封建社会,包括飞鸟、奈良、平安时代,日本主动与隋唐建立密切关系,吸取隋唐、特别是唐代文化,有力地推动了日本文化的发展。日本借用汉字的音和义标记日语的音和声,创造"万叶假名",结束只有语言没有文字的历史。佛教传到日本便为朝廷所利用,受到朝廷保护以至于成为国教。以奈良药师寺为代表的佛教艺术,成为当时一大文化景观。中期封建社会包括镰仓、室町文化时代,具有武士文化特色。后期的封建社会包括安室桃山、江户时代(又称德川时代)。江户时代儒学、特别是朱子学取得独尊地位,同时开始容纳和研究西方文化。1868 年,明治维新,结束了 200 余年的锁国政治,揭开了日本近代史的新篇章。为了实现向资本主义彻底转变,提出文明开化、置产兴业、富国强兵三大政策,一批知识分子掀起了思想启蒙运动,探索以导入西方文化为媒介,创造日本现代文化的道路。到大正时代(1912—1926 年),民主主义风潮席卷日本文化的各个领域,个人主义、理性主义成为大正文化的基调。昭和时代(1926—1989 年)是日本现代史上最能代表 20 世纪风云变幻及其特质的时代。昭和前期正是日本加速帝国主义法西斯化并发动对外侵略战争、直到失败的时期;战后日本社会稳定、经济持续发展,也扩大了思想言论自由度,为文化的繁荣发展创造了条件,但同时由于片面追求文化的消费价值,文化商品化严重,也出现了一种不可忽视的文化颓废与停滞。1989 年裕仁天皇逝世,皇太子明仁即位,年号平成,日本进入平成文化时代。冷战结束后,新的国际环境也给日本文化带来新的影响,素有吸收多元文化之长的日本和日本文化,依然值得关注和重视。

纵观日本的文化和历史,如果说古希腊罗马文化滋养了古日耳曼人,提升了德意志民族精神,催生了今日的德国,那么也可以说,是中华文明最初滋育了古绳纹人,并催生了今天的日本。同时,不能不看到的一个事实是,日本也是一个十分重视并十分善于吸收和输入他国文化的民族,从 7 世纪的"大华革新"大规模地输入大唐文化,到 19 世纪的"明治维新"大规模地吸收与输入西方文化,都对日本的发展和进步起到了巨大的推动作用。与此同时,尽管佛教、儒教乃至于基督教都对日本产生过影响,但在如今的日本,西方文化看似遍布全国,传统文化仍然生生不息(唐向红,2008)。可以说,一部日本文化发展史,极其清晰地诠释了"大和"文化的精神内核。"大和"名字的来源,通常说法是圣德太子(公元 574—622 年)在"十七条宪法"中引用了《论语》中有子(孔子的弟子)的话:"礼之用,和为贵"(《论语·学而》),并在天平宝字元年(757 年)始定用"大和"二字取代"倭"或"大倭"。在中国,"大和"一词溯其辞源,则来自《易经》。日本自称"大和民族",当与《易经》直接相关,而不仅仅是因为当时的"大和国"以大和地区(位于现在的奈良)为中心之故。从公元 3 世纪到 6、7 世纪,当日本从原初的"绳纹文化"、"弥生文化"进入"古坟文化"时期,作为岛国的日本便开始导入大陆的精神文明,中国的阴阳、天文、儒家经典、佛教等传入日本,开启了日本精神文化的序章。《易经》在这一时期应当就已经传入日本,圣德太子时代的知识分子也极有可能读过《易经》。他的"十七条宪法"就是兼取中国法、儒、墨及佛等各家思想,结合日本具体情况而制定的。后世在"明治维新"时期,《易经》成为改革运动的文化之魂,当时提出的组阁原则是"不知《易》者,不得入阁"。日本还出过许多易学大师,最著名的是明治维新时期的高岛吞象,在日本有"易圣"之称,他用《易经》进行了广泛的占卜,小到寻物、天气、婚姻、营商、疾病、个人气运等,大到国家的军事、政治、国际关系,有事必占,据说几乎每占必中,许多占断结果被日本天皇、内阁总理和各省大臣所采纳。由此可见,《易经》作为"大和"文化的思想渊源对日本朝野的影响。《乾卦·象》曰:"大哉乾元,万物资始,乃统天。云行雨施,品物流形。大明始终,六位时成,时乘六龙以御天。乾道变化,各正性命。保合太和,乃利贞。首出庶物,万国咸宁。""大"也读作"太",中国古代"太""大"二字通用。清段玉裁解释:"凡言大,而以为形容未尽,作太。如大宰,俗作太宰;大子,俗作太子;

周大王,俗作周太王是也。"(段玉裁,1970)因而,"保合大和"即"保合太和"。再从"保合大和,乃利贞。首出庶物,万国咸宁"来看,圣德太子用"大和"代替"大倭",寓意深远,表达了对"保合大和"以及对"大和国"统一"百余国"后"万国咸宁"的期望。我国台湾有学者根据历代易学家对《易传》中"大和"的理解与解释,将其归结为三个层次:(1)道德修养论层次,表示保持和顺,达到最和谐的状态(王弼及孔颖达的观点);(2)宇宙论层次,表示阴阳会合、冲和之气(朱熹主张);(3)本体论层次,等同"太极"的意义,表示形而上最高的本体(张载及王夫之主张)。由此可见,"大和"的诠释具有本体化发展的趋向。尤其是王夫之对"大和"的诠释最为完整和全面,他的"大和"思维体系可分成四部分:"大和"就是实体,是最高的本体,等同于"太极";"大和"寓含阴阳二气,是阴阳氤氲之气的合一体;"大和"具有无形性、绝对性及无限性等属性;"大和"寓含道德本质,下学上达,以臻于天人合一(赵中伟,2009)。如果说中国《易经》的"大和"思想具有本体论意义,那么历史地看,自称"大和民族"的日本,对于《易经》"大和"思想的汲取总体上仍流于感性和表象,使得以"大和"精神为核心的文化动力虽表现出显著的开放性、包容性,但同时也存在非理性和颓废性,有着固有的缺陷和缺失。

　　(一)"大和"不"和":日本文化原动力分析

　　研究日本和日本文化,必须看到这样两点:一是海洋文化极其恶劣的岛国生存在条件;二是盛行千年的"访妻婚"。日本是四面环海的岛国,其文化的形成与发展必然受到海洋的影响,其文化产物也必然与海洋息息相关,呈现出海洋文化的特征。黄桂峰、刘澈从物质、制度和精神等三个层面选取代表性事物,分析了日本文化中的海洋性特点。物质层面如饮食文化,日本人自称为"彻底的食鱼民族",各地渔民每年都会举行祭祀活动来庆祝丰收,如"鲍鱼祭""虾祭""螃蟹祭""海胆祭"等等;服饰文化如"和服",具有与温带海洋性季风气候相适应的实用性特点;建筑文化如"和室",具有冬暖夏凉的特性,充分体现出日本民族与海洋互动的智慧;制度文化如婚姻和家庭,日本自大和时代开始,长期存在"访妻婚",直到平安时代后才逐渐退出历史舞台,长达一千多年。访妻婚又称"妻问婚",这种婚姻是夫妇别居,男女各自与自己母亲和同母兄弟姊妹同住,男方在晚上进入女方家中,短则翌日清晨离开,长则在女家逗留数年,然后回到自己的家,所生的子女随母亲生活。这体现了母系社会中女性的特权和中心地位,也说明日本到平安时代可能还存有"绳纹文化"时期的余风,并且与日本四面环海、相对封闭,文化习俗不太容易改变有关。这种婚姻制度甚至影响到今天的日本家庭,传统日本家庭中,女性依然占据着重要地位,妻子负责育儿持家,掌管经济大权。同时,日本家庭重视能力而不是血缘,使得日本向来具有建立超血缘信任关系的文化基因。这可能与"访妻婚"相关,因为子女在女方家长大,没有能力的极有可就会被"舅父辈"忽视、轻视,也有可能与日本人必须应对被海洋隔绝、恶劣的生存环境有关,不适者势必被淘汰出局。在日本的精神文化如文学艺术中,岛国的自然环境决定了日本文学作品中不可避免地带有海洋性色彩,自觉或不自觉地涉及航海、海上探险、海外贸易、海外扩张等内容。宗教信仰方面,神道教是日本传统的宗教,以自然崇拜为主,属于泛灵多神信仰,视自然界各种动植物为神祇。海水在神道教仪式中代表着神圣,可以清除一切污秽和罪恶(黄桂峰,刘澈,2015)。

可以认为,正是海洋文化和"访妻婚"决定了日本的民族特性。美国人类学家本尼迪克特对日本文化的研究作出了巨大的贡献,二战后很多关于日本人和日本文化的研究基本都以她的学说为基础。本尼迪克特是这样归纳日本人的民族性格的:"日本人既好斗又平善,既保守又善于接受新事物,既尚武又爱美,既蛮横又文雅,既顺从又不甘任人摆布,而且这一切相互矛盾的气质都在最高程度上表现出来。"(本尼迪克特,2001)蒋艳君指出,"我们的邻邦日本确实是一个神奇的国度,也是两面性最强的国度。世界上没有任何其他国家能像日本这样纯洁静美,仿佛空气中纯洁到没有一丝尘粒,譬如日本的纯爱电影、小清新影片等,画面徐徐铺展,万物净洁美好;然而世界上也没有任何其他国家能像日本这样的狂暴凶狠,他们的电影中充斥着许多色情暴力的感官刺激,刀起头落、鲜血狂飙、污浊龌龊等画面也屡屡存在于日本电影之中"(蒋艳君,2014)。如何解释"大和"民族性格中的这种极端的两面性呢? 黄桂峰、刘澈认为,"海洋在风平浪静时,显得迷人优美,在波涛汹涌时,又显得面目狰狞,无法捉摸。大海这种极端的两面性无异会渗透进日本民族的文化基因"(黄桂峰,刘澈,2015)。本尼迪克特认为:日本人有着"圈子文化",每个圈子都各有特别的详细规则,并且每个"圈子"的规则也不是以一成不变的方式确立的,当其中的条件变更时,可能会采取完全不同的行动。所以也就形成了以上的看似矛盾的民族性格。日本学者浜口惠俊认为,本尼迪克特的理论出发点就是错误的,日本虽然存在各种"圈子",并刻意保持圈子之间的平衡,但是日本人中是否真的存在二元对立构图,值得质疑,这种二元对立构图是站在西方文化的立场和研究方法上来研究日本,并不适用日本的情况(常娜,2013)。我们认为,本尼迪克特在研究方法上可能存在问题,但是日本是无法否认这种极端的两面性和看似矛盾的民族特性的;而且,这种极端的两面性、看似矛盾的性格,极其可能都与海洋文化及其延续千年之久的"访妻婚"紧密相关。曲金良指出:"海洋文化,就是和海洋有关的文化;就是缘于海洋而生成的文化,也即人类对海洋本身的认识、利用和因有海洋而创造出来的精神的、行为的、社会的和物质的文明生活内涵。海洋文化的本质,就是人类与海洋的互动关系及其产物。"(曲金良,1999)彭明娥认为,形象地说,内地文化保守,海洋文化开放;内地文化信奉故土难离,海洋文化崇尚流动;内地文化劝人忍耐,海洋文化同情反抗;内地文化崇尚勤劳,海洋文化崇尚机遇;内地文化相信"一分汗水,一分收获",海洋文化信奉"爱拼就会赢"。内地文化一切要循规蹈矩,海洋文化处处想不守规矩(彭明娥,2015)。这是有一定道理的。踏在坚实土地上的人们,喜欢"鸟筑巢"式的按部就班与稳定坚守的生活方式,使内陆文化显现出稳、隐、忍、守的文化特质。每天在海上颠簸的人们,造就了"从流飘荡,任意东西"的"游子"般的生活方式,使得海文化显现出流、游、闯、荡的文化形质(吴福平,2006)。至今中国东南沿海还有许多原被称为"棺材岙"的渔村,就是因当年好心的村民埋葬从海上漂浮到海边山岙口的大量无名尸体而得的名,可见早年海上作业的渔民们所遭遇的是怎样恶劣的环境。海洋民族因海洋的残酷、变幻莫测,决定了其生存方式和生活样式既具有包容性、开放性,也必然带有竞争性、扩张性和残酷性。日本自成立国家后,从 4 世纪至20 世纪中叶,一直谋求对外扩张,以释放生存压力。历史上日本多次入侵朝鲜,妄图以朝鲜为跳板征服中国,进而称霸世界,其背后的文化动机当源于此(蒋艳君,2014)。而"访妻婚"则既助长了这种竞争性、扩张性、侵略性乃至于残暴性,也使日本人得以把海洋的迷人优美、纯洁静美发挥到某种极致。这是因为,"访妻婚"可以把男人从"家庭束缚"中彻底地解放出来,进而也把海洋文化中的竞争性、扩张性、残暴性也彻底解放了出来,并构造出了三岛由纪夫"死+鲜血=美"的男性美学程式。日本著名导演三池崇史对血腥和屠戮有一种莫名的崇拜,他的暴力影像就是直接用鲜血狂飙的劲爆来刺激和剜割人的伤口。其代表作是《以藏》,主角以藏所到之处,带来的只有杀戮,见佛杀佛,见祖杀祖,一切规则都是可以被破坏的。在三池崇史的电影语言中,我们看到了日本文化深深的暴力逻辑(蒋艳君,2014)。所以,可能也只有日本才会出现到处流浪、居无定所的穷困武士,即"浪人",并且成为日本近现代社会中十分复杂又具有一定势力的社会阶层。尽管"访妻婚"到平安时代已经逐渐退出历史舞台,但长达一千多年的婚姻制度所根植的文化基因一旦定格,也不太容易凭空消失。另一方面,"访妻婚"体现了母系社会中女性的特权和中心地位,进而可以让女性把和顺柔美的一面也发挥到极致。大凡访问过海岛渔村的人,往往可以发现,再穷的渔民家庭,门前屋后及房间一般都会打扫得整洁干净,一尘不染。这显然是因为男人出海、女人持家的结果。有着"访妻婚"传统的日本,妻子在家盼望出海打鱼的男人平安归来并能够再次来"访"的心情是可以想象的,她们必然更加心细如发,把家收拾得更为整洁美观。同时,由女方一手带大的海岛上的孩子自然更容易受到母亲的耳濡目染,因而,无论男女都能够把和顺柔美的一面发挥到极致。总之,在我们看来,很大程度上,正是以海洋文化和"访妻婚"为基点或基因,造就了今天的日本文化极端两面性的民族性格;当一种文化基因滋长并沉积为文化核心,就具有稳恒性,所以,即便是 7 世纪"大华革新"日本大规模地输入大唐文化,19 世纪的"明治维新"大规模地吸收与输入西方文化,也很难改变日本人骨子里极端两面性的精神气质。

　　这种极端两面性的民族气质,使得日本文化体现出颓废性和非理性的特征;而且,也正是"颓废性"滋生、滋养了"非理性"。蒋艳君认为,颓废是日本审美、文化和艺术的代名词和重要组成元素。日本人追求纯美走到极致,便是对唯美的极端追求,便是颓废、哀伤,积压久后便是生命力的爆发,之后顺着生命的轨迹走向死亡,陷入深深的哀伤之中。日本思维普遍认为,人是两种灵魂的结合体,但不是正义与邪恶的斗争和冲突,而是审美中带有的"柔和"与"猛烈"的斗争,并且认为这两种审美的灵魂都是"善"的。在"柔和"中,日本文化表现出了它的理性、唯美、纯净和洁白,而"凶猛"则象征着暴力、丑陋、恐怖、刺激等,古典的唯美哀伤与现代的暴力死亡在艺术体验上成功打通。因而,在日本文化中,美与丑、纯美与颓废、洁净与暴力、柔和与猛烈不仅可以同时存在,也都可以充分地交融。这种美感的模糊性、不定性,造成了日本审美意义上的颓废性和非理性特质,并体现在日本民族性的方方面面。日本尊崇原始神道教的自然一元论,认为美是自然,死亡是由精神到自然的唯一出路。民间信仰中,太阳是最富有情感和灵魂的东西,山石树木是无比崇高的圣物。日本人喜爱樱花,但这种纯美的樱花其实映射的是文化的妖冶淫荡。浓厚的颓废感不仅仅带来了武士阶层"高贵"的"剖腹"艺术,还带来了艺术领域种种"焚身以火"的"悲壮"气质(蒋艳君,2014)。显然,颓废绝不是真正意义上的美。柏拉图的《理想国》在本质上对真、善、美排出了固有的顺序,其中美具有最高价值,因为美大于善,善大于真;反过来说,则至真必善,至善必美,至美则当成为最高的价值追求。所以,美即是理念(柏拉图,1986)。马克思主义认为,真、善、美三者之间既相对独立,又内在地统一于人类的实践活动之中,通过对真、善、美三者关系的深刻把握可以更好地理解马克思主义哲学中的真、善、美,以及真、善、美的统一对于人类自由的意义(贾秀秀,2014)。"人不仅是自由的,而且是全面的、丰富的,不仅物质生活是最富足的,而且精神生活也很充实,不仅是个别人的全面发展,而且是全体社会成员的全面发展,这样,人才能成为一个完整的人"(武天林,2006)。康德认为,鉴赏是通过不带任何利害的愉悦或不悦而对一个对象或一个表象方式作评判的能力(康德,2002),因而,美是一种"共通感的理念",是没有概念而被认作一个必然愉悦的对象的东西(康德,2002)。"只有那在自身中拥有自己实存的目的的东西,即人,他通过理性自己规定自己的目的,或是当他必须从外部知觉中拿来这些目的时,却能把它们与本质的和普遍的目的放在一起加以对照,并因而也能审美地评判它们与那些目的的协调一致;因而,只有这样的'人',才能成为美的一个理想"(康德,2002)。因此,在康德看来,人是目的,也是美的一个理想。黑格尔充分认识到美的问题的复杂性。他指出,"乍看起来,美好像是一个很简单的观念。但是不久我们就会发现:美可以有许多方面,这个人抓住的是这一方面,那个人抓住的是那一方面;纵然都是从一个观点看去,究竟那一方面是本质的,也还是一个引起争议的问题"(黑格尔,1979)。为了探究美的本质,他重点分析批判了柏拉图、18世纪英国经验派和德国理性派、康德、歌德、席勒等的美学观点,他在肯定康德美学调和感性与理性、理念与形象方面所作的努力,肯定席勒在克服康德美学主观性与抽象性而转向客观性与真实性方面所作的贡献同时,着重批评了康德关于美的本质和审美判断的主观性与抽象性,同时发展了柏拉图关于"美是理念"的思想,提出了他的关于美的定义:"美就是理念的感性显现";并且强调,"正是概念在它的客观存在里与它自身的这种协调一致才形成美的本质……正是这概念与个别现象的统一才是美的本质和通过艺术所进行的美的创造的本质"(黑格尔,1979)。因此,黑格尔坚决反对把美和艺术看作无内容的形式主义和主观主义观点。日本文化显见没有古希腊文明和德国文化的理性和思辨精神,必然无视关于"人"这样的具有完善性的"目的"和"理想",本质上存在着形式主义和主观主义的显著倾向,无视真、善、美的固有序列及其有机统一,而把美和艺术看作无关目的的奢侈和游戏,因而只能在由海洋文化和"访妻制"所缘起的极端的两面性中苦苦追索,在可能的交合中寻找突破,在这一过程中日本的"理性"也被极端地"理性化"了,进而表现出审美意义上的"颓废性"和"非理性"。由此看来,从某种意义上说,日本文化的"大和"只是形式的"和",而非本体论意义上的"和"。也正因为此,使得大和文化及"大和式思维"既拥有一些优良品质,也存在着固有的缺陷。

日本民族自称为"大和"民族,凡是日本本土固有的东西,比如"和歌"(日本诗)、"和绘"(日本画)、"和琴"(日本琴)和"和服"等,都以"和"字冠之。日本现代的伦理学家和哲郎(1889—1960 年)不是以个人为研究对象,而是把人际关系放在伦理价值的中心,提出了"作为人际之学的伦理学"(卜崇道,1999)。日本哲学家、原京都国际日本文化研究所所长梅原猛把日本人重视人际关系,以宽宥态度处理人际关系的做法提炼为"和"的思想。他认为,"和"的观念是贯穿于日本文化的原理,是日本精神的核心和日本人价值观的基础(龚颖,2001)。曾仕强、刘君政认为,日本人的"大和式"思维,是一种"一统全局"思维,其特性有六:一是对绝对服从上级或长辈的命令。有意见,但不坚持,看长辈或上级的意见而定,以长辈和上级的是非为是非。二是对内互助而对外抗争。团体内的规则是上级和长辈定的,必须全力遵照执行,必须保持团体内的高度一致和团结互助。内部向心力、凝聚力强大,对外却存在相当的"敌意"。三是认为其对长辈和上级的最大尊重,可以换来上级或长辈对下属或后辈的最大关怀,并以此消弭了制衡心理。下属和晚辈认为,既然上级或长辈所做的一切都为了我们,就没有必要制衡,以免伤害彼此的情感。只要绝对服从上级,尊重长辈,自然就会换来上级或长辈对自己的关怀。四是团体荣辱就是一切。一荣俱荣,一损俱损。团体不以个人为单位,是一种完全的、彻底的集体主义。五是不容许个人有突出表现。没有个人英雄主义生存的空间,不容许个人有突出表现,不容许破坏团体合力,一切思想、行为都必须圈定在团体之内。六是组织成员行动一致。情大于法,也大于理。义气大于公理,团体戒律大于法律。朋友感情至上,团体荣辱就是一切。"一统全局"思维的优点:一是适合于小变动的环境。因为上有政策,下必服从。在变动小的环境中,确是克敌制胜的法宝。二是执行起来几乎没有阻力。整个社会各个集团各自独立,自成一体,互不干涉内政。上有政策,下即服从,执行阻力少。三是充分沟通才能作出决策。在作出决策前,非常愿意征求、听取部属意见。因为,管理层非常清楚,只有在决策前,部属才敢畅所欲言;作为下属也很清楚,只有在决策前,才有进言的机会。而在执行决策时,资历浅者或下属即使发现有巨大的错误也必须先执行。四是集体商量才能改变决定。集体的决定必须集体商量才能改变,个人再大的理由也不能随意改变。一旦作出决定,每个人都必须全身心投入。五是团体约束力强。集团内共患难、同命运,团体规章严密,约束力非常强,个人也愿意服从。六是组织成员充分合作。集团就是一切,命运休戚相关,密不可分。因此,那些热心参与团体活动的,就非常受欢迎;不热心于团体活动的,会受到很大的猜忌。违反集团规则的,会受到严厉惩处。团体成员必须保持充分的合作。"一统全局"思维的缺点:一是决策错误时损失惨重。因为对上级和长辈唯命是从,不敢越雷池一步,不敢有丝毫异议,有也必须保留,一旦上级或长辈的决策错误,便会付出惨重的代价。二是团体内压力太大、约束力过强。团体内的规章制度订得非常严密,执行得也很彻底,对内团队精神可嘉,对外有时粗暴蛮横。三是个人牺牲太大。个人在团体内身心均不自由,不能有自主行动,更不敢有独立思想。四是个人一旦离开团队,简直就无活路。一旦脱离组织,就不知所措。整个社会都不愿意接受"跳槽"的人。五是情势不利往往自杀。因为个体在团体内受到上级长期用心的"关怀",一旦自己做错事,或是遭遇失败,往往会自杀以谢知遇之恩。六是必须从一而终。到了某个集团,即使明珠暗投,也必须忍受维持长期雇佣关系,忍受长时间的历练和煎熬,没有自由,不能自主。当然,在全球文化互动中,当代年轻的日本的"一统全局"的文化已经出现变化的征兆(曾仕强,刘君政,2005)。崔妍认为,传统文化是战后日本经济腾飞最为重要的因素之一。日本传统文化对社会经济的影响主要呈现在以下几个层面:以"忠""勇""务实"为核心的日本传统文化,促使日本不断探求强国之路;"内聚外排"的传统村落文化,促成了现代日本社会集团性、排他性的特征,形成了内外迥异的经济合作与竞争标准;"利义合一"的日本化儒家文化传统,实现了儒家道德伦理与商业利益的结合,为日本经济发展提供了必要的精神营养;日本传统文化融汇、创新的特征,形成了日本社会"拿来主义"基础上的多元价值模式,促成了日本"引进、改造、发展"三结合的技术方针,为日本经济快速发展打下了坚实的科技基础。从幕府时代末期至二战之后,日本在走向现代化的道路上对西方先进文化一直采取"拿来主义"的积极姿态。明治维新时期提出"求知识于世界""以西洋文明为目标",引进欧洲文化;

"二战"之后掀起"美化"之风,以美国为榜样。加之从江户时代便形成的"以完美和极致为荣"的工匠精神,经过战后几十年的不懈努力,使日本从一个科技弱国一跃成为一流的科技强国,在许多科技领域已经超过美国,如半导体激光技术、新陶瓷技术、光电调和元件等(崔妍,2013)。

但是,日本文化恐怕只有韦伯意义上的工具理性,没有康德意义上的实践理性,更不可能具有纯粹实践理性的动力。日本从西方文化中学到的至多是康德意义上的"消极自由",甚至是黑格尔意义上的"形式的自由",而非"真正的自由"。这可以从 20 世纪 70 年代中期以来日本出现的以校内暴力和其他青少年不良行为为主要特征的"教育荒废现象"窥其一斑。"和"的观念强调在等级制基础上的人伦关系,造成儿童社会不平等,在儿童社会和成人社会多种权威的压制下,儿童的身心遭受了摧残,无法体会到人的尊严和人生的乐趣。有的被欺侮,有的被施以暴力,有的不敢上学,有的中途退学,有的使用暴力手段报复他人或转向欺侮比自己更弱小的人或动物,有的染上了吸毒等不良行为习惯不能自拔,有的甚至被逼自杀,等等。"和"的观念也很大程度上造成了儿童人际关系的淡漠、内心孤独等,除少数团体中的领导者外,团体中的大部分儿童处于被压抑的地位,不得不压抑自我,表现出忍让和宽容,到了忍无可忍的时候,就会爆发出来,引起欺侮、暴力和其他不良行为。如果说欺侮是日本土生土长的教育方面的问题,反映了日本文化的集团性性格——集团对个体或少数人的一种欺侮行为和东方文化的"克己"性,内心烦恼却不愿求援,宁愿选择自杀或杀人行为,那么,校内暴力则反映了"二战"后西方文化对日本的影响,反映出西方文化的"扬己"性——倾向于将不满诉诸暴力,通过破坏性行为来发泄内心的不满和紧张。从总的趋势来看,欺侮的发生件数从 1996 年以来呈现逐年递减的现象;与此相反,校内暴力的发生件数则从 1994 年开始逐年上升,到 2000 年发展到一个高峰。20 世纪 70 年代以来日本教育各种现象所反映出来的不仅是道德教育或教育的危机,而且也是东西方文化在日本国土上互相碰撞后在儿童心灵方面折射出的危机(曹能秀,王凌,2005)。日本人的这种"和"的观念,与西方强调个人、自由和平等的观念是相对立的。"和"的影响当然并不纯粹是负面的,它使日本的各阶层在纵式的等级关系中各安其职、各行其是,维持了社会的稳定和发展、民族的团结和进步。但是,它同时也强化了日本社会等级制的人际关系,甚至起到增强日本国民天皇制意识的作用,阻碍了自由、平等和个性等西方文化在日本的传播。正如费孝通所指出的,扬己和克己也许是东西方文化差别的一个关键(费孝通,2003)。可以认为,日本文化在东方文化的"克己"和西方文化的"扬己"方面,都没有真正做到"大和",而仅仅是一种形式的"和"。究其根源,正是因为日本文化的极端的两面性的精神气质与缺少形而上学和思辨理性,使得"大和"文化仅仅停留在"消极自由"和"形式的自由",进而使得日本的批判精神陷于实用主义或新实用主义的"拿来主义",从根上便缺乏反思精神,日本的文化原动力显然存在着固有的缺陷和缺失。所以,前联邦德国总理的维利·勃兰特在波兰华沙犹太人纪念碑前可以双膝下跪,为德国人在"二战"时对犹太人犯下的不可饶恕的罪行谢罪,而日本历任首相却一直在参拜"靖国神社"。或许在极端的两面性的民族气质、非理性的"审美"和形式化的"大和"思维里,屠杀也是一种"美"。德国人还注意到要让下一代人直视历史的重要性,所以德国教育法规定,历史教科书必须真实地反映纳粹的历史,尤其是大屠杀的内容。学校还会组织学生去参观纳粹集中营旧址,让学生了解历史真相。德国人的举动赢得了国际社会的尊重,德国人的自我批评也成为日本等不愿反思历史的国家的一面镜子。德国还成立了联邦公民教育中心,各州设有分支机构。该中心原为去纳粹化而设,以民主化、公民化为目标,定期举办公民政治讲座,发放相关书籍资料,组织青少年到世界各地访问,帮助他们远离激进思想(孙来斌,2016)。相反,日本却在绞尽脑汁篡改历史教科书。

(二)"大和"文化的精神气质及其流变:日本文化形态分析

极端的两面性的精神气质,始终陷于"消极自由"甚至是"形式的自由",必然要丧失思辨理性。这就使得"大和"思维往往只是、也只能在"纯美"和"猛烈"的两极之间游走,而对于那些具体规定,如黑格尔在批评中国传统哲学时所说的那样,"没有概念化,没有被思辨地思考,而只是从通常的观念中取来,按照直观的形式和通常感觉的形式表现出来。因此在这一套具体原则中,找不到对于自然力量或精神力量有意义的认识"(黑格尔,2013)。继承了中国传统文化"保合太和"思想的"大和"式思维,同样"不具备古希腊辩证法那种彻底性和思辨性",不但缺乏形而上学的种子,而且最终导致了"放弃和抹杀自己的主体生存"(邓晓芒,2008)。在日本的天皇制下,个体生存论同样不可能从形而上学的种子里生长,主观性精神因素没有、也不可能得到充分发挥,这是因为,"个体若与自在自为者对立,则本身既不能有任何价值,也无法获得任何价值。只有与这个本体合而为一时,它才有真正的价值。但与本体合而为一时,个体就停止其为主体,[主体就停止其为意识],

而消逝于无意识之中了"(黑格尔,2013)。因此,所谓的"大和"在一定程度
上反而只是强化了日本社会等级制的人际关系。由于思辨理性的缺失,天
皇便成了日本直观的和通常感觉或表象意义上的"神"。同时,海洋文化和
"访妻婚"制度熏陶出来的"大和式"思维,一方面有着海洋文化海纳百川的
兼容性、扩张性(黄桂峰,刘澈,2015),另一方面从传统的日式住宅建筑到日
本社会的人际、风俗、文化、语言等,随处可见"内外有别"的思想痕迹(单澄,
2014),形成"内外有别"的"圈子文化";一方面追求精致和"纯美",另一方面
又显得粗暴"猛烈";一方面崇拜自然神,坚持泛灵多神论,视各种动植物为
神祇,另一方面又崇尚武士道,以"颓废"为"审美";一方面倡导"以和为贵",
另一方面又唯长辈、唯命是从;一方面敢于接受新的生活方式,另一方面社
会大众和大多数知识分子还是热衷于自己传统文化的发展(赵思宇,2016)。
由此看来,日本的文化形态是极其复杂的,但是,整体上可以认为其长期处
于"纯"和"超"文化形态之间,或者是两者的杂糅交合体。因为在"超""合"
"和""纯"四种文化形态中,"纯"文化态与"超"文化态也处于两个极端,有着
极端的两面性精神气质的"大和"式思维,便可能同时处于这两种文化形态
之间。在不同的历史时期,也可能把"纯"文化态和"超"文化态都推向两个
极端。"纯"文化态是一种外在制度与内在制度高度一致的文化形态,因而
就很容易形成"内外有别"的"圈子"或"圈子文化",并且往往稳固地坚守这
种"纯"文化传统。而在内、外两种制度完全不一致的"超"文化的不断冲击
下,则又可能表现出极强的兼容性和学习能力。当这两种文化形态出现有
机交合时,就可能出现"以和为贵"的"大和"局面,当把这两种文化形态都推
向极端,便可能出现文化危机。如处于极端的"超"文化态,当外在制度与内
在制度处于极端不一致时,就可能出现文化断裂,甚至出现文化"公地悲
剧"。前述关于 20 世纪 70 年代以来,东西方文化在日本本土激荡和碰撞
后,由于缺少整合而在儿童心灵方面折射出的教育危机便是例证。当日本
文化处于极端的"纯"文化态时,如"二战"时期,日本文化把武士道精神、"猛
烈"以及天皇崇拜等推向了高度的一致性,在我们看来,这可能也正是日本
法西斯军国主义产生的文化根源。由此看来,日本产生法西斯与德国产生
纳粹的文化根源,既有区别也有联系。从联系来看,都走向了极端的"纯"文
化态,从区别来看,日本由于存在着极端的两面性精神气质,所以会从文化
形态中的"超"文化态直接突变到"纯"文化态,而德国则可以认为是从"和"
文化态逐渐演变成"纯"文化态的。虽然我们所说的"四种文化形态"只具有

相对的文化意义,但是,通常来说,"纯"文化态、"超"文化态由于处在内、外制度极端的一致和极端的不一致两种极端情形,就容易导致非理性,甚至如德国这样的"理性"国度,也由于陷入极端的"纯"文化态,国民失去了思辨能力和理性精神,而给世界人民带来了深重灾难,因而本质上处于"纯"文化态特别是极端"纯"文化态的社会,是始终值得警惕的。

　　在"纯"文化态和"超"文化态之间不断游移的日本文化,也决定了历史上其政制基本上在柏拉图所界说的"荣誉政制""寡头政制"甚至是"僭主政制"之间交合更替。首先,在"纯"文化态的作用下,日本直到今天,依然能使天皇成为名义上的最高统治者。日本最早的神话书籍《古事记》称,日本天皇乃是"天照大神"之后裔,这也成为日本君权神授的依据。旧时的日本史书一直宣称天皇是万世一系的,即所有天皇都来自同一家族,日本历史上从来没有出现过王朝更迭。自镰仓幕府(1192—1333 年)建立以来,日本历史上共经历了镰仓幕府、室町幕府、德川幕府三个幕府历史时期,天皇权力被架空了 682 年之久。1867 年 12 月 9 日,倒幕派发动"王政复古"政变,宣布废除幕府制度,德川幕府的最后一位"征夷大将军"德川庆喜被迫宣布"奉还大政",日本明治天皇睦仁又重新掌握政权。伊藤将天皇看作"神圣不可侵犯"的存在,将皇族视为西方基督教中的神圣家族。"天皇的赤子们"(His Majesty's children)的说法,成为国家整合的理念而发挥着特有的功能。进而,日本的政治权力只有在天皇的主权之下才能获得正统性并得到保障,这便是基于祭神的"神事"与治民的"政治"在天皇那里"合而为一"并且"自然天成"的思想(李晟台,2016)。明治时期之后,天皇的权力达到了顶峰,使得裕仁天皇(昭和)在位时可以极具号召力地发动侵略中国和亚太其他国家的罪恶战争。直到 1946 年,美国迫使昭和天皇裕仁发表"人间宣言",承认天皇也与平民无异,只是受国民拥戴的国家象征,天皇才成为名义上的最高统治者。问题在于,天皇仍然能够成为名义上的国家元首,正说明了日本传统文化的"纯"粹性、稳恒性、传承性。再从日本政制来看,自镰仓幕府以来,日本就一直崇尚武士道精神。日本学者猪口孝指出,在中世纪,日本崇尚"荣誉个人主义",武士以勇气和强大为荣。每当个人缺乏基本安全保障,以及个人只能依靠自身力量保护自己的时期,个人主义便占据统治地位。在混战的武士中,个人英雄主义是盛行的行为准则。武士以拥有勇气、自立、决心和力量为荣。即使在武士阶层以外,个人英雄主义也盛行。如诗人一休和尚,以自由地游历于各个庙宇间、作诗来描述自己与一个又一个尼姑相爱的故事而广为人知。16 世纪中后期,日本处于战国时代,战国时大名互相打仗,企图入驻京都,统一全国。战国时代的荣誉个人主义演变成为德川时代的荣誉集体主义。所谓"荣誉集体主义",可以被定义为"一种社会文化的信条,强调通过自尊和对组织的忠诚来促进形成共同的周密的想法和行动"(猪口孝,2010)。鉴于天皇制和荣誉个人主义或荣誉集体主义,可以认为,至德川时代,日本本质上一直处于柏拉图意义上的"荣誉政制""寡头政制"甚至是"僭主政制"之间交合更替的政制。"僭主政制"追求权力,"荣誉政制"追求"荣誉","寡头政制"追求财富,这样就可以理解,从 1868 年 10 月 23 日(旧历九月八日)日本宣布时改元明治开始,日本何以能走上一条由天皇操纵并主导政权的,向着封建军国主义国家发展的邪恶道路。"二战"后,在美国的主导下,日本建立了议会民主制。但是,基于传统的"荣誉政制""寡头政制"或者"僭主政制",在当代日本衍生出的本质上是"派阀政治"。今天日本的政党政治很大程度上只是一种没有党员的政党把戏,而民主政治则在举行选举的过程中变得更加程序化和普及化。"与原来比较重视合法性与政策绩效等实质问题相比,现在程序问题更加受到重视。透明性和责任性等过程问题受到更多关注,而结果则不再有人强调"(猪口孝,2010)。战后的日本,政治家的职业就是竞选,胜选的政治家往往不清楚政府的实际运作。日常行政工作由各省事务次官以降的各级官僚负责实施。日本官僚集团的待遇也很高,政府中层的平均收入高出制造业约 50%(日本厚生省数据),和金融行业相当。所以,日本现在很流行用一句谚语"酱和大粪是一样的"来形容政坛现状,意思差不多就是"天下乌鸦一般黑"。2014 年 11 月 17 日,日本前首相野田佳彦在东日本旅客铁道津田沼车站发表演说,但听众竟无一人。21 世纪以来的日本自民党政坛,从小泉到麻生太郎,虽然经历了小泉时代派阀政治改革,使自民党外部环境和内部结构,以及各派阀力量的对比等都发生了重大变化,但是日本自民党的派阀政治并未消失,而且到安倍时代派阀政治又卷土重来,福田和麻生时代派阀政治更是愈演愈烈。这必然促使日本自民党保守派施政纲领的重心明确偏向外交,彻底抛弃日本"和平立国"政纲,提出修改宪法,要求清算战后"重经济、轻军事"的治国路线,希望日本"入常",早日摆脱"战败国"包袱,成为"能够参与制定规则的大国"等等,并且成为长期影响日本政治和外交的重要因素。从民主党自身执政地位来看,民主党首先从稳定自己的政权需要出发,也希望和中国等亚洲国家保持一个比较稳定的关系,尽量减少在外交上出现的风波。虽然在政治安全上日本民主党仍把中国作为主要对手和防范对象,但在经济增长和发展战略上对中国的依赖性还是在增强。为了追求对美自主外交、构建"对等的同盟关系",民主党开始更重视亚洲、重视中国,正如小泽说,要使日、美、中关系成为"等边三角形",这种提法与自民党稳健派代表人物加藤弘一如出一辙。还必须看到,近年在美国高调"重返亚洲"战略的鼓噪下,日本对美国的迎合使中日之间又出现了新的甚至较大的起伏波动,导致亚洲安全局势更加复杂动荡。在中日交往出现摩擦时,日本对华的态度更加强硬和有恃无恐,其外交政策的右倾程度甚至更甚于以往(许楠,2012)。现任日本自民党总裁安倍晋三连任第 97 任首相以来,所奉行的显然是同样的内政和外交策略,这也正是日本政制界于"寡头政制"和"荣誉政制"之间的具体体现。"安倍政治"的核心内容就是"摆脱战后体制"。在党内,他要构建一个可持续的"新自民党";在国内,他要通过修改宪法、重整教育,恢复日本民族的自豪感;在国外,他要使日本成为一个能进行战斗的国家(王屏,2013)。

(三)"内外有别"的"大和式"思维:日本文化软实力分析

海洋文化和"访妻婚"制度熏陶出来的"大和"式思维,使得日本的批判精神陷于实用主义或新实用主义的"拿来主义",缺乏反思精神和德国人的思辨理性,有着极端的两面性的精神气质,决定了日本文化形态的复杂性,总体上处于在文化形态上也具有极端意义的"超"文化态和"纯"文化态或者是二者的交合杂糅状态。在文化软实力方面,日本也因而可能具有基于"超"与"纯"文化态交合而成的文化态作用下而产生的极强的"内敛—认异"的学习力和"外张—认异"的革新力;同时,其因处于"纯"文化态而形成强大的"内敛—认同"的凝聚力,但在"外张—认同"的传播力方面,则必然地存在着与生俱来的缺陷。

1."内敛—认异"的学习力

在某种意义上说,日本既是学习和传承中国传统文化的模范,也是较为成功地融会西方文化的典型,大和民族显见具有极强的"内敛—认异"的学习力。然而,由于缺乏形而上学的思辨理性,可能仅仅处于康德意义上的"消极自由",因而,日本的学习力,是一种实用主义或新实用主义的学习力;同时,在追求"极致"和"纯美"的思维模式下,日本把实用主义乃至于新实用主义的学习力也发挥到了某种极致。特殊的地理环境让日本人民形成了一种很强的危机意识与学习心理,在几千年的历史发展中,日本不仅能够大量吸收东方的天文、汉字、美术以及建筑等多种文化,而且于 1543 年之后,将西方文化中的政治、医学、文学、地理及教育理念进行有效融合。日本人在对外来文化进行学习时,并非是全面接受,而是将其与本土优秀文化与外来文化的精粹进行融合,形成了一种具备日本民族典型特征、个性突出,且风格独特的思想文化体系,这一点在日本人民的语言、服饰、饮食、建筑等方面都得到了充分的体现(况云筑,2016)。日本作为我们的邻居,其文化受到了中国的诸多影响,如中国的文字、礼仪、政治制度等。但是,无论日本和中国在历史上文化交流多么频繁,受中国影响多么深远,从古至今,日本文化的发展还是有它的许多特点,有许多既不同于中国、又不同于西方的发展规律。在日本文化形成与发展的过程中,许多看起来很矛盾、对立的现象,又和谐地结合在一起,从而形成了独具一格的东亚文化。日本文化是风格和样式迥异的东西方文化并存和混合的产物,其例子比比皆是。比如政治体制,其既学习了西方的议会政治,又保留了传统的天皇制度,属于新旧政治的混合体。在衣、食、住方面,与西式结合,西装加和服,和食加西餐,和式房间加西式客厅。在宗教信仰方面,神佛合一,既拜神又拜佛。在语言文字方面,既有从中国借来的汉字,又有独创的平片假名,近年来又大量增加了罗马字,如此复杂的文字世界罕见。日本文化产生“多重性”的原因,主要在于日本人对异国文化抱有强烈的好奇心,同时对本国文化也具有异常的保护心理。身居岛国,不受外敌入侵,根据自己的需要有目的地吸收外来文化,这也是日本人长期养成的性格特点(刘海鹰,2010)。第二次世界大战后,日本的崛起令世人刮目相看,日本学者高桥龟吉在谈到战后日本经济起飞的根本原因时认为:“日本人对于与本国不同的文化,不是看作异端,也没有排斥和偏见,相反善于以外国先进文化与思想为师,进行移植和吸收。”(刘海鹰,2010)时至今日,日本经济高度发达,国民拥有很高的生活水平,是全球最富裕、经济最发达和生活水平最高的国家之一。可以说,日本取得的成绩与其具有极强的“内敛—认异”的学习力这一文化特点密不可分,特别是日本传统文化与现代社会交融后发生的变化,对今天日本的社会、政治、经济发展都产生了重要影响(刘海鹰,2010)。然而,正如姜春梅所指出的,日本文化具有重学习、模仿和综合再创造的能力,而且对外来文化的选择、消化和吸收都比较迅速,这注定了在之后的发展过程中,日本文化将力量倾注于搜寻先进文化,并模仿和学习。这种文化吸收虽然可以快速成长,但发展方向并不是自主的,而是由当时最优秀的文化,或对日本发展有利的文化决定的。这种发展方式纵然可以带来文化的快速跃迁,但也蕴藏着危险,例如,日本用相当短的时间完成了近代化,但对外来文化的学习往往沦于支离破碎的表面,没能深入地了解各种文化中的哲学内涵,因而每当发展遇到困惑时,日本大多选择向外眺望,却很少自我审视,日本文化在发展的原生性方面是有所缺失的。日本近代著名学者吉田精一认为,日本从未创造出任何具有独创性的哲学和宗教。日本文化的优势在于学习的选择性、开放性和包容性,而劣势在于由此导致的重他人经验、轻思辨的文化发展定势(姜春梅,2016)。

2. "外张—认异"的革新力

日本虽被公认为单一民族的国家,但其文化具有复合性特点,有的学者称日本文化为"复合文化"。"日本人并不视外来文化为怪物,日本民族认为,外来文化总有可借鉴之处,对外来文化的摄取,会使日本文化的内涵变得丰富。因此,先拿来再对其进行重塑和再造"(姜春梅,2016)。每一种外来文化,当它被移植到日本土壤之后,其枝叶都经过这个民族匠心独具的修剪,使之能按日本社会的意愿开花结果。日本文化在演变过程中具有独特的选择机理。如神道教并没有因为佛教的兴隆而式微,相反受到佛教的启发而得到进一步发展,逐渐形成了自己的宗教体系。日本国土面积非常小,因此,随着日本经济水平的进一步发展,各类高层建筑逐步取代传统的日式庭院建筑。在对日本现代公寓进行设计时,大部分的设计师都开始以现代、实用、时尚以及方便等为设计的原则,并且为了适应日本人民的居住习惯,设计人员会加入一部分传统建筑元素,让现代化日式建筑的兼容性得到充分的体现。例如,设计人员对现代公寓进行设计时,为迎合日本人民供奉神像的习惯,会在公寓内部设计出一个"壁龛",让住户可以更方便地进行宗教活动。此外,设计人员进行建筑设计时,会对日本人民传统的居住习俗进行全面的考虑,如将推拉门的形式充分运用到公寓建筑中,让住户可以自由拓宽室内的空间,并将日本席地而卧的习惯保留下来。这种方式把现代建筑和传统建筑进行了较好的融合,形成了极具日本特色的现代化新型建筑风格(姚继中,聂宁,2013)。这也充分体现了日本的规划文明和革新能力。日本人非常喜欢茶和酒,而日本人的酿酒技术也来自中国,在引入日本之后经过长期的改造和创新,酿制出了日本独有的清酒,甚至让清酒成为日本本土文化的一个象征。但凡青少年年满20周岁,都要穿着华丽的服饰,先参拜神社,然后饮一杯清酒,表示自己已经成年,这一习俗也是日本传统文化存续于现代风俗之中的一个重要体现。另外,日本的茶道同样来自中国,尤其是在盛唐时期,日本就已经派遣了使者至中国学习各种茶道与茶艺,然后经过长期的历史发展,在对中国茶文化不断的学习与借鉴中,逐步形成具有日本文化特色的茶艺与茶道,并且一直风行在日本社会中的各个阶层,成为日本传统文化一个至关重要、极具特色的标志(况云筑,2016)。日式和服是日本服饰的代表,其制作与穿着都比较复杂,且还带着少量的中国汉服风格,尤其是女性的和服,不管是制作还是穿着都非常讲究,而且对应于不同的活动类型,和服的款式与图案也有所不同。和服上面的图案决定着和服的穿着效果,在和服的制作过程中,制作人员会对图案进行严格的选择,其中比较常见的和服图案是一些自然景物、水文以及花鸟等;同时,随着文化的进一步交融,很多带有中国风格的图案也开始出现在日本的和服中(张舒,2011)。黄德诚认为,从绳纹末期至弥生时期,中国文化传播到日本,使日本文化有了较大的发展;后来在中国隋唐时期,中日文化交流促使日本进行大化革新,可以说,明治维新以前中国文化就是日本的本体文化。近代一百多年来,日本在保持传统文化的基础上,又大量吸收西方文化,使日本文化呈现兼收东西方文化的特色。因此,日本文化的复合性是指以日本民族文化为母本,以外来文化为父本,相互汇合而逐渐产生出新的文化形态,日本文化是东西方文化撞击、交融的产物(黄德诚,2001)。古代日本吸收中国文化一般分为两个阶段:第一阶段是模仿期,第二阶段为消化期。模仿和消化是两种性质完全不同的时期,模仿是低级的,消化则是高级的,模仿是消化的基础,最终使外来文化融进本土文化之中,使之民族化和本土化。日本北九州地区出土的弥生时代前期的大量铜器,绝大部分是来自中国的"舶来品"和日本的仿制品。而从日本近畿地区出土的弥生时代后期文物看,当时日本人不仅熟练掌握了铜器的冶炼和制作技艺,而且还制造出中国所没有的铜器。这充分证明外来的铜器文化已被日本吸收消化。日本历史上的"奈良时代"(710—794 年)对中国唐朝文化的吸收达到了登峰造极的程度。当时的日本人习汉文,读汉典,穿唐衣,住唐式建筑,把唐朝的各种典章制度照搬照抄,甚至连当时的首都奈良也仿效长安修建。但奈良时代之后,日本则关起门来,在总结、提炼本国文化的基础上,把吸收的唐代文化加以消化,融进自己的文化之中,逐渐形成独具特色的文化。1868 年明治维新后,日本开始从封建社会向资本主义社会过渡,这一过渡时期就日本近代文化的形成而言是东西方文化冲突、渗透、吸收和交融的过程。日本近代文化的形成并非一帆风顺,充满着两种思潮的激烈斗争。"日本主义""回归古典"的国粹主义思潮把日本传统文化中的保守性、封建性等糟粕推出来,长期锁国。明治维新"开国"后,发现西方拥有先进的科技、民主制度和现代文明,于是崇欧之风盛行,传统儒家思想被否定,对自己的传统文化产生极端的自卑感,福泽谕吉提出"脱亚入欧"的主张,是这一时期"西洋化"的典型代表。但企图抛弃日本传统文化而走全盘西化的道路是根本行不通的。所以,最终日本并没有全盘西化,他们找到了一条摄取西方文化而保持传统文化的捷径。当时有识之士生动而又形象地把东方文化比作主食,西方文化比作副食,主张两者结合,相得益彰。于是开始提出"东洋道德,西洋艺术""器械艺术取于彼,仁义忠孝存于我",后来又提出"和魂洋才"的口号。"和魂"即日本传统文化,"洋才"指以科学技术为主的西方文化。"和魂洋才"文化模式的推出,实际上在一定程度上正确处理了"洋学"和"和学"、外来文化和本土文化的关系,调和了两种文化的冲突和矛盾。因此,可以说,日本在批判国粹主义和西化主义的基础上,找到了"西方模式日本化和日本传统转型化"相结合的模式,促使日本真正完成了资本主义近代化(黄德诚,2001)。自1949 年日本物理学家汤川秀树获得日本第一个诺贝尔奖以来,迄今为止,日本物理学家已经有 9 人获得物理学奖,化学奖、生理学或医学奖也有 11人获奖,总数达到 20 人。2008 年诺贝尔物理学奖获得者益川敏英说,"日本在明治时期就教育这一块做得非常好。把国内的学者送到海外学习,与此同时,引进海外先进的教育技术等。光是注重教材的编写这一点就为研究者进行实验研究提供了很多方便。这也是被国外的很多学者认为值得推崇的地方"(李英杰,白欣,2016)。那么,如何培育创新型人才呢? 益川敏英的观点也是很值得重视的。他说,日本在"二战"时期曾经推广过"英才教育",把全国各地被称为"神童"的人集合到一起,让他们去解一些难题、迷题。这些人无疑是优秀的,因为他们是优秀的,才会学习,但是这些孩子们并不适合创新,因为对于创新来说仅有聪明是不够的,因为搞研究并不是一个立竿见影的事情。它每前进一步都是很艰难的,需要投入相当多的精力和时间。所以这些人在成为助手之前虽然也做了一些成功的研究,但是之后就会进入一个瓶颈期,一旦陷入这样的困境之中,他们是做不出突破这个瓶颈所需要的努力的。反而是那些反应不太灵活但善于思考的人比较适合搞研究,最后能够取得重大学术研究成果的也往往是这些人。益川敏英进而强调,"所以,我是不太喜欢'英才教育'的。学术研究并不是靠三天打鱼两天晒网就能做出来的,它需要对当前陷入的难题去积极思考,坚持不懈地努力。这种持之以恒、不屈不挠的精神是非常重要的。'英才教育'聚集起来的这些人当中没有一个人最终成为天才"(李英杰,白欣,2016)。松野丰认为,日本企业"创新力"(研发力)的来源包括:第一,日本的研发经常以民间为主体,对市场变化较为敏感,因而商业成功概率较大。第二,产业团体通常是创新中心,拥有各项技术及其研发人员的数据信息,为评价反馈工作提供了有力支持。第三,研发体制着眼中长期目标。日本企业往往会制定详细的创新目标和计划,分组进行,持续性和自我调整能力较强。第四,研发的物理环境优越。日本大学和企业的研究机构都会对机器进行妥善保养,保持清洁有序,所以不容易出现测量误差,这正是新兴国家研究人员容易忽略的地方。第五,以中小企业为主体的"技术服务业"发达。一些服务企业可以为一篇学生的硕士论文专门设计和组装复杂的实验机器。为进一步加强企业创新力,日本政府近期提出"科学技术立国"的愿景,加强对企业研发的支持,比如对中小企业免征研发设备投资税等。不久前,日本政府发布"第五期科学技术基本计划",计划从 2016 年起,在五年内投入约 26 万亿日元(松野丰,2016)。世界银行数据显示,2011 年日本每百万人从事研发的人数高达 5158 人。2014 年的数据显示,日本高等院校总数为 4963 所,其中国立为 15 所,公立为 3628 所,私立为 1320 所,这要远远高于中国的高校数(叶淑兰,2015)。

　　3. "内敛—认同"的凝聚力

　　大凡拥有"纯"文化态基因的民族,通常就会具有强大的"内敛—认同"的凝聚力。日本民族历经数千年,最终整合成为公认的单一民族的国家,正是其具有极强的"内敛—认同"的凝聚力的有力证明。旅居日本的学者大多会对日本文化中的"同质性"(homogeneity)有着学术和实践意义上的惊讶体验。有人对"日本人"作为一个人种的同质性感到惊讶,也有人对不同于战后日本"经济奇迹"(economic miracle)的"社会奇迹",也即"社会和谐"(某种意义上又是经济奇迹的基础)表示钦佩(李晟台,2016)。欧洲的传统"最终实现的是将个人从他者中完全独立的社会"。与此相对,日本的传统则"一直强调必须将自己与不是自己——更准确地说是西方传统语境中的非我,也即自然和他者——视为一体的必要性"(Berque,1992)。冈仓觉三(又名冈仓天心)指出,"日本以其固有的清晰特性,处于实现这一多样性中的大一统(unity-in-complexity)的特权地位。从未中断的主权、从未被征服的民族自豪感和自立,以及得以坚守祖先的思考方式或本能的(地理上的)隔离,使得日本成为亚洲式的思想和文化的真正宝库"(Kakuzo,1942)。但是,"内外有别"又是日本文化的重要特征之一。它源自日本传统的家族构造和集团主义倾向,并以家庭为最初的承载体。在日本文化中,"内"与"外"既相互对立又相互联系,共同构成了日本人的思维、表达及待人处事所依据的基本原则。语言与文化有着天然的联系,如抱着"内外有别"的意识去观察日语,无论从语体、语法,还是从词汇的角度,都不难发现种种与此有关的语言现象。日语不同于其他语种的最大特征之一,是它有两种语体:简体和敬体。简体在口语中用于家庭成员和朋友之间,以及上对下的人际关系中;在书面语中用于日记、报纸、论文、书信等文体。敬语在口语中用于不熟悉的人之间,以及下对上的人际关系中,或在书面语中用于礼貌的书信。"集团+の+个人"的自我定位和排他性介绍方式,千百年来已经深深植根于日本人的心灵,成为日本人传统文化的一部分。对于日本个人来说,最小的"内"是一己个体,本人之外最小的"内"是家庭,家庭之外更大的"内"则把有血缘关系的亲戚包含在内。比亲戚更大的"内",可以拓展到居住区域(村庄、城镇等)、就学的学校、就职的单位、加入的俱乐部等等(单澄,2014)。可见,因为日本的"凝聚力"也是介于"超"文化态和"纯"文化态之间或从二者交合体中产生的,使得其凝聚力也具有两面性,在特殊历史时期甚至呈现为极端的两面性。这种"内敛—认同"的凝聚力,既可以成为"二战"时期发动一场上下一心的"全民族战争"的"帮凶",也对日本"二战"后迅速崛起有着不容忽视的作用;既可以使整个民族真正做到"以和为贵",形成"荣誉集体主义",为日本整合成一个单一的民族奠定基础,也为形成"内外有别"或"圈子文化"提供便利;既可以在"超"和"纯"文化态的推助下,以凝聚力催生极强的学习力和革新力,也使得日本的批判精神陷于实用主义或新实用主义的"拿来主义",从根本上缺乏反思精神和思辨理性。日本"内敛—认同"的凝聚力集中体现在"大和"精神上,但是,这种"大和"精神很大程度上仍然只是形式意义上的"和"。

4."外张—认同"的传播力

以海洋文化和"访妻婚"文化为基点或基因,经过 7 世纪"大华革新"大规模地输入大唐文化,19 世纪的"明治维新"大规模地吸收与输入西方文化,在东西方文化冲突、渗透、吸收和交融的过程中,造就了今天的日本文化的基本格局和独特的个性,也因此而具有一定的"外张—认同"的传播力。

早在 1979 年,大平正芳就提出了"文化立国"口号。在 1980 年发表的《文化的时代》报告书中,日本提出了"从经济建设为中心向重视文化建设的转变,从中央集权到地方分权的转变,提高人民对丰富的精神和文化生活的追求,振兴地方文化建设和加强国际文化交流"等政策性建议。1996 年 7 月,文化厅正式提出了《21 世纪文化立国方案》,表示要扩大国际文化交往,传播日本文化,这标志着日本"文化立国"战略的正式确立。1998 年 3 月,日本文化政策促进会提交了《文化振兴基本设想——为了实现文化立国》的报告,对"文化立国"战略进行阐释。日本"文化立国"战略的目标是使日本成为国际思想、观念和理念的发源地和全球重要思想的重要贡献者。在"文化立国"战略的实施过程中,日本大力加强文化基础设施建设,实施地域性的"文化街区建设计划",推动大型"参与型"文化事务活动(叶淑兰,2015)。面对 21 世纪的新形势,日本政府在充分认识到文化外交重要性的基础上,为新世纪的文化外交工作的展开定下了如下三个目标:一是促进国民对本国文化的理解、加强魅力文化建设工作以提高国家形象,从而获得国际社会的认可和信赖;二是在这个文化冲突矛盾愈发激化的时代,寻找一个能够有效回避纷争的,使不同文化、不同文明得以相互理解、相互促进的共存空间;三是为培养全人类的共同理想和价值观作贡献。为了达到这三个目标,也为了更好地向世界传播"发信、受容、共生"的文化外交新理念,日本政府在文化外交的运作机制和重点对象地域上进行了及时的调整。外务省对现有的运作机制从四个方面进行了相应的调整和改进:(1)设立文化外交恳谈会制度,从全局的高度来提高文化外交的决策层次,对各种资源进行整合,从而有效地制定对外文化传播战略相关的具体政策;(2)强化完善文化交流的基础设施机构建设,特别是加大对相关机构设施的环境改善;(3)拓宽文化交流活动的经费来源,尤其是在推广日语教育、创新日本现代文化等领域的投入;(4)为激发政府、企业、大学及民间组织联合培养人才的快速成长,制定文化外交的人才培养计划和奖励章程,并奖励和表彰对传播日本文化作出贡献的国内外人士,以此稳定人才队伍、激发士气。冷战结束后,日本便将文化外交的重点对象地域向亚太区域转移。21 世纪以来,亚洲地区经济的快速发展以及国际情势的微妙变化,使得日本更加注重对亚洲地区尤其是邻国开展文化外交,并且针对东亚地区以及中东的伊斯兰地区的不同情况开展了因地制宜的文化交流活动。继在日留学生达到 10 万人后,日本政府又制定了"30 万人留学生计划",希望大量吸收海外优秀人才赴日本学习交流。同时，日本还积极支援海外教育机构开展日本文化研究，以培养新一代"知日派"。如 2008 年日本通过国际交流基金会以派遣专家、赞助资金、捐赠图书等方式，向分布在 34 个国家的 64 个日本研究机构开展了文化资助项目，还从 36 个国家邀请到 118 位日本问题研究人员赴日交流访问。此外，日本还在努力做好留日归国学生与留日海外人员之间的心灵沟通工作，以培养、加强海外驻日人才的对日好感（高阳，2013）。在东亚，日本被贴上了"侵略国家"和"战败国家"的标签。战后日本虽然号称奉行"和平宪法"，但始终无法摆脱"政治侏儒"的形象。冷战结束后，日本谋求成为"正常国家"，极力争取成为联合国常任理事国。但是，因为其错误的历史认识、篡改历史教科书以及参拜靖国神社等问题，日本的诸多努力并没有得到东亚国家的认同和支持（叶淑兰，2015）。早在 2001 年，《纽约时报》的一项民意调查显示，65% 的美国人认为日本"可钦可佩"；但仅有 34% 的韩国人认为日本"可钦可佩"，反而有 59% 的人认为日本人傲慢（奈，2005）。由此可见，日本文化"外张—认同"的传播力仍然存在着诸多的缺陷，可能至多是只有"外张"而缺乏"认同"和感召力的片面的传播力。日本唯有强化思辨精神，真正发挥"大和"文化的魅力，在政治、经济、社会、文化、生态等诸多领域都发扬和追求"唯美"精神，同时全面反思各种极端倾向，真正吸收"中国智慧"和中国文化中的"止戈为武""以和为贵"以及西方文化中的自由、平等、民主、博爱等文化思想精华，才能真正打造出为世界所公认的"外张—认同"的传播力和文化软实力。

四、本章小结

综上所述，通过对美国、德国、日本三个国家经济社会发展的文化动力的分析，可以看出，如美国这样的作为"上帝选民"的国度，在上帝面前如奥古斯丁所阐发的那样，本质上是没有"自由意志"的，更没有康德意义上的"积极自由"能力。所以美国一直以来奉行的至多是一种实用主义的"消极自由"，甚至是黑格尔意义上的"形式的自由"，进而，也在上帝面前丧失了批判和反思能力。这正是美国和美国文化的"硬伤"。以基督新教为核心的美国多元文化、"熔炉文化"本质上不"熔"，且整体上可以判定为一种"合"文化态。从美国历史以及今天显著的民粹主义倾向看，美国政制只不过是一种以追求"自由"为主导价值的"民主政制"和以追求"财富"为主导价值的"寡头政制"杂交的政治体制。尽管美国在"使人成其为人"的自由方面有其独步世界的特别之处,而使美国这个新生的只有 200 多年历史的国家一直保持着强盛的学习力和革新力,也有一定的凝聚力和传播力等文化软实力,但是,由于美国自由的"悖论"、有"批判"而不"反思"的传统,"内敛—认同"的凝聚力时有失效,"外张—认同"的传播力存在着严重的片面性和单向性,且常常遭受挫折。这就特别需要今天的特朗普政府采取有效或有力的措施,加以认真反思和慎重对待。正是因为富有"自由"的理性和"理性"的自由,才使德国文化表现出极强的反思精神和批判地吸收外来文化的能力,进而决定其具有极强的文化原动力。尽管"民主政制"通常来说处于彻底的"超"文化态,而"荣誉政制"往往是一种"合"文化态,然而二者交合杂糅,在德国这样一个具有"理性"传统和独特历史文化传统的国度,倒反而有可能产生出"和"文化态。由于"和"文化态尤须警惕其演变为"纯"文化态,而且在一定的历史条件下,往往也极容易演变成为"纯"文化态,加之"民主政制"下的"自由悖论",人民吵吵嚷嚷地要求一个"僭主",这样,在德国出现一个如希特勒这样的"僭主",就具有一定的内在必然性。从某种意义上说,日本文化的"大和"只是形式的"和",而非真正意义上的"和",因而,所谓的"大和"文化或"大和"式思维既有其优越性,也存在着固有的缺陷或缺失。正是以海洋文化和"访妻婚"为基点或基因,造就了今天的日本文化及其极端两面性的民族性格;当一种文化基因滋长并沉积为文化核心,就具有一定的稳恒性,所以,即便是 7 世纪"大华革新"大规模地输入大唐文化,19 世纪的"明治维新"大规模地吸收与输入西方文化,也很难改变日本人骨子里极端两面性的精神气质。这种极端两面性的民族气质,使得日本文化又体现出颓废性和非理性的特征;其中,"颓废性"又滋生、滋养、助长了这种"非理性"。日本极端的两面性的精神气质,始终陷于"消极自由"甚至是"形式的自由",必然要丧失思辨理性。这就使得"大和"思维往往只是也只能在"纯美"和"猛烈"的两极之间游走。在"纯"文化态和"超"文化态之间或之中不断游走的日本文化,也决定了历史上其政制基本上在"荣誉政制""寡头政制"甚至是"僭主政制"之间交合更替。

　　通过对美国、德国、日本三个国家经济社会发展文化动力的分析,可能还可以得出这样一个结论,那就是"先民决定论"。以基督新教为核心的美国多元文化的形成,与早期那批盎格鲁—撒克逊清教徒自认为是上帝的优秀"选民",有责任、有义务向世界其他地区传播基督教文明,并把这看作是清教徒在尘世履行的使命等观念和"理想"相关联。美国的"熔炉文化""美国梦""例外论""民主扩张论""大陆扩张论"等建国理念和"理想"的形成,乃至于追求"财富"的"寡头政制"和崇尚"自由"的"民主政制"的建立,其根源很大程度上都与早期来到北美大陆的那批清教徒的理想和建国初衷密切相关。德国人的祖先是过着游牧生活的古日耳曼人,这个多灾多难的民族在数千年不屈不挠的抗争及几乎是无休止的征服或被征服中,磨炼了战争理性、思辨理性、语言理性、生态理性,有其内在的历史逻辑。而且,德国在长期的历史中形成的以追求"荣誉"为主导的"荣誉政制"和以追求"自由"为主导的"民主政制",并且今天的德国能够以"理性"铸造一个个"辉煌",恐怕都和最早的游牧生存方式有着千丝万缕的联系。环境恶劣的日本岛国原初的绳纹文化、弥生文化、古坟文化三个时期,也基本确定了日后文化流变的主脉。特别是绳纹文化的洞穴群居、捕鱼、狩猎、采集的先民的生产条件和生存方式,由于岛国封闭的环境,极有可能导致日本长期滞留在母系氏族公社阶段,进而使得日本自"大和时代"开始,长期存在"访妻婚"制,直到"平安时代"才逐渐退出历史舞台。正是以海洋文化和"访妻婚"为基础和根源,形成了被绝大多数学者所认为的极端两面性的日本民族气质,导致其思辨理性的缺失,甚至还具有一定的审美意义的"非理性",使得日本的"大和"很大程度上仅仅是形式上的,并且还是两极意义上的。"大和"式思维的一个极端,相当于孔子说的"君君,臣臣,父父,子子"(《论语·颜渊》:"齐景公问政于孔子。孔子对曰:君君,臣臣,父父,子子。公曰:善哉!信如君不君,臣不臣,父不父,子不子,虽有粟,吾得而食诸?")。社会秩序的和谐建基于角色、名分、资历,这当然是一种"和",然而这是方法论意义上的,并且很大程度上是形式意义上的"和"。另一个极端就是集团主义、圈子文化等,这也是一种"和",然而这是"内外有别"的"和",而非真正的"大和"。这种形式上的"大和"式思维,直接决定了其"荣誉政制""寡头政制""僭主政制"三者交合杂糅政制的形成,同时也影响到今天日本的"派阀"政治。拉普拉斯在《概率的哲学探讨》中指出,自然界现在的状态是它以前状态的结果,只要给定宇宙在某一时刻的结构,由给定的一组定律即可精确地决定它的演化(王幼军,2009)。也就是说,在自然界的演化过程中,"初始条件"或"初始结构"有着决定性意义。现在看来,一个民族或国家社会历史发展的"先民决定论",似乎也可以找到拉普拉斯"概率哲学"的基础。但是,由于以前的状态又是它更早以前状态的结果,如果始终找不到一个初始,那么就可以断言,是规则决定了结果。这样看来,拉普拉斯的哲学探讨也许存在着偏误,因为无须

"给定某一时刻的结构",无须"初始条件",只要给定一组规则,就可以精确地决定事件的结局。或许我们可以认为,正是因为"初始条件"的极端重要性,恰恰说明其极端不重要。这又进而说明,大凡出现极端重要的事件或"现象"的时候,恰恰又正是需要考虑其可能的极端不重要的时候,也就是说,不能被那些看起来"极端"重要的事件或"现象"所迷惑。综合来看,文化的"基因"亦即"初始条件"的极端重要性,一方面可能说明,人类文化似乎从来就没有"被文化"过,而只是一直处于如哈耶克所说的"自生自发"状态,这又进而说明,使文化成为一门独立的科学具有极端的必要性和迫切性;另一方面,则又恰恰说明其极端的不重要性,这是因为"初始条件"的背后一定存在着某种规律或规则,是规则决定了结果,认识人类文化演变背后可能隐藏着的运行机理、机制和基本规律、规则等,才是文化研究的终极目的。最后的结论应该是,一个民族或国家的社会历史发展是极其复杂的动态的过程,"先民决定论"显然也只能部分地说明社会历史发展的某些现象、某种规律、某种逻辑,充其量只能为理解一个国家、一个民族的社会历史和文化发展提供一个可能的思路和进路。

第6章 新中国经济社会发展文化原动力及传导机制分析

新中国成立以来,中华民族历经艰苦卓绝的努力,在伟大的复兴之路上,取得了一个又一个举世瞩目的辉煌成就。在此过程中,特别是1978年改革开放以来,国内学者做了很多追踪研究,国外学者对于新中国的重视和关注度也在不断提高,关于"中国问题""中国道路""中国模式"的研究热情近年来持续升温。国内学者对于"文化大革命"那段特殊历史时期所展开的研究以及改革开放以来我党发展观的变迁、国家发展战略、中国特色社会主义道路等的研究,国外学者从早期炮制的"中国崩溃论""中国威胁论"再到今天的"中国崛起论",从"华盛顿共识""后华盛顿共识"再到今天的"北京共识",从欧美模式、苏联模式、亚洲"四小龙"模式再到今天的"中国模式"研究,折射出国内外学者对中国发展道路认识的变迁,凸现出中国特色社会主义发展道路对国际社会的积极影响。2013年3月23日,第五届世界中国学论坛在上海展览中心隆重开幕,论坛的主题是"中国道路:现代化与前景",来自31个国家和地区的100多位中国学研究专家和300余位中国学者出席了本次论坛,50多个国家的外交机构和智库代表与会,百余家中外知名媒体对论坛展开报道,共话中国学。这充分证明了在当今中国和平崛起的新时代,各国专家学者、对华智库、研究机构对中国问题和中国学研究的高度重视。对于当代中国问题的研究主要存在两种观点:一种观点是20世80年代美国学者保罗·柯文(P. A. Cohen)提出的"中国中心观",他在《在中国发现历史:中国中心观在美国的兴起》一书中,主张应当尽量采取内部的(即中国的)而不是外部的(即西方的)准绳来决定中国历史中哪些现象具有历史重要性,并且系统地批判了美国20世纪80年代之前的中国研究,包括冲击—回应模式、传统—近代模式以及帝国主义模式,这代表了20世纪70年代初以来美国及世界各国学者对当代中国研究的趋势。另一种观点主张从"国际化"的角度来解读中国的近世变迁,认为不深入研究中国所处的特殊的国际大格局,或者说,不把中国放在同际大格局中加以考察,就很难准确地把握中国的近世史(蒋婵,2008)。总体来看,前者更侧重于"纵向"的研究,强调历时性或历史主义的方法论;后者更侧重于"横向"的研究,强调共时性或谓之"国际性"的研究。两种方法可以相互补充,相得益彰。

国内外学者对于中国经济社会发展与文化关系的研究,既注重中国传统文化的研究,也重视中国化马克思主义、中国特色社会主义先进文化对当代中国经济社会发展作用的研究。关于中国经济社会发展与中国传统文化关系的研究,主要存在两种观点:一种是"文化决定论"。马克斯·韦伯在《中国的宗教》一书中认为,儒教过于重视家庭的思想阻碍了资本主义在中国的发展,是资本主义能够在西方而不能在中国自动地发展起来的根本原因。美国中国问题研究的领军人物、著名历史学家、"头号中国通"费正清(John King Fairbank,1907—1991)认为,"欲知中国的潜力、前途和局限何在,首先必须了解中国的历史"(费正清,2002)。其在《中国:传统与变迁》一书中,上溯半坡、龙山远古中华文明,下迄 20 世纪 80 年代,内容涵盖中国社会在政治、经济、军事、教育及意识形态各个方面的传承与流变,从自然地理人文环境到政治、经济与革命,详尽地描述了 3000 多年来中国传统文明在相对隔绝状况下的衍变。作者跳出"天命""五德终始"的圈子,从统治者个人、经济和政治因素切入,透析了王朝循环这一历史怪圈。他其至将中华人民共和国的成立界定为中国历史"循环"的一个环节。这种典型的历史循环论当然是不符合客观事实的,也是违背社会历史发展规律的。费正清著作等身,其中《中国对西方的反应》(*China's Response to the West*)和《美国与中国》(*The United States and China*)奠定了美国的中国学研究的基本框架和模式,作为框架核心的"冲击—回应"模式贯穿于他的中国近代史研究始终。在他看来,现代的西方文明洋溢着勃勃生机,而古老的东方文明则充斥着顽固的惰性。传统模式的迟滞与稳固、资源与文化的自给自足使近代中国对西方文明表现出顽强的抵触与排斥,更不能作出积极的反应,因而阻碍了中国近代化的进程。由于中国社会的超稳定结构,中华文明缺乏内在动力去突破传统框架,只能在西方巨大的冲击下,被迫作出反应,这就是费正清著名的"冲击—回应"模式("impact-response" model)。费正清的"冲击—回应"模式有其合理的一面,但其实质是把西方视为中国的"恩人"和"施舍者"。这种历史观是"种族优越观",是"西方中心论",带有明显的意识形态偏见(蒋婵,2008)。费正清后期也认识到,"西方的冲击只是中国这个舞台上众多因素之一"(Teng & Fairbank,1954)。国内学者张培刚在其主编的《新发展经济学》中指出,中国传统文化意识上的安平乐命和不思进取,强化了中国传统社会经济的落后状态,严重影响着现代经济的兴起和发展(张培刚,1992)。戴锦秀在《中国传统文化的现代转型》中指出,"中国传统文化产生于绵延几千年的封建社会体系的内部,其核心内容和基本价值指向,是为旧的社会生产方式、政治体制服务的,因而,在当代意义上,它自然地会对现实产生种种限制。要想打破这种局限,只能通过超越传统来实现"(戴锦秀,2009)。另一种观点认为,传统文化没有积极与消极、优质与低劣之分,关键在于如何看待和利用中国传统文化。彭永捷在《论中国传统文化的再生问题》中认为,"传统文化是在落后的自然经济的土壤中生长起来的,它不适应现代商品经济的发展;传统文化忽视个性,过分强调群体意识,这与进行现代化、搞改革需要强调发扬个性是相矛盾的。但同时传统文化中的精华在任何历史时期所起的凝聚本民族的民族精神方面的作用在今天也是不可缺少的"(彭永捷,1995)。潘繁生在《从西方现代病看中国传统文化的现代意义》中指出,"应弘扬传统文化中的天人合一、人际和谐、不为物累、虚静内省的人生观,以促进许多人际关系的良性循环"(潘繁生,2000)。关于当代中国经济社会发展与文化关系研究的另一个角度,则是关于当代中国经济社会发展与中国化马克思主义、中国特色社会主义先进文化关系的研究。崔妍认为,当代中国经济是社会主义经济,其发展离不开中国化马克思主义的指导,离不开中国特色社会主义先进文化的引领。新中国经济在发展的过程中既有挫折、也有成功,从1978年开始的改革是对新中国成立以来社会主义建设的重大变革,这场变革能否使中国经济既坚持社会主义道路,又充满生机和活力,高效率地发展,关键在于如何对待中国化马克思主义的经济动力作用,以及如何处理好经济发展过程中的一系列问题(崔妍,2013)。林琳和顾光海在《经济体制比较之分析与思考》中认为,实行经济体制改革必须把马克思主义基本原理与本国实际相结合,从本国具体国情出发,与时俱进,走自己的路(林琳,顾光海,2003)。陈争平在《马克思主义理论与近代中国社会经济变革》中认为,"中国社会经济基本制度在20世纪中叶发生重大变革,为民族复兴创造了基本条件,而这一重大变革可以说是马克思主义中国化的重要成果"(陈争平,2008)。顾钰民在《马克思主义是中国改革的理论基础》中指出,社会主义市场经济理论是指导中国经济改革的理论依据,马克思主义经济学则是社会主义市场经济理论的基石(顾钰民,1997)。胡钧在《马克思的经济理论是我国经济发展和经济体制改革的理论依据》中指出,马克思的经济理论,既是革命的理论,也是经济发展的理论。它不仅为我们在发展经济方面提供了重要的理论和方法,而且也为我们实行经济体制改革提供了重要的理论依据(胡钧,2003)。周肇光在《论马克思开放型经济发展思想及其现实意义》中认为,马克思主义开放型经济发展思想,有利于我们充分利用有利的国际形势,坚定不移地实行对外开放;有利于科学地确定理性的开放度;有利于适度保护民族产业的安全与发展(周肇光,2004)。这些研究都具有重要的借鉴意义和指导作用。然而,以往的这些研究,无论是关于中国传统文化还是中国化马克思主义,以及中国特色社会主义先进文化与当代中国社会发展关系的研究,由于未能深入到文化的内核,未能从文化作为一个动态复杂有机系统及其衍生、演化、流变规律的角度,把文化从静态的功能性研究推向动态的规律性研究,总体看来,大都局限于现象性的罗列而非规律性的揭示。本书试图采取历时性和共时性、纵向和横向相结合的研究方法,运用马克思主义的立场、观点和方法,展开新中国经济社会发展的文化动力研究,通过对新中国经济社会发展的文化原动力、文化形态的流变以及文化软实力等的系统阐释,进一步厘清新中国经济社会发展的内在文化逻辑,进而为深化"中国道路""中国模式"和中国学的研究提供一个新的思考路径。

一、基于马克思主义自由观:新中国经济社会发展文化原动力分析

马克思主义哲学是以实现人的自由和解放为宗旨的实践哲学。自由问题是马克思主义哲学中的一个基本问题,人类的自由与解放是马克思终身为之奋斗的伟大事业。马克思主义的自由观是历史的、具体的、实践的。青年马克思在其博士论文中就指出:"不能抽象地理解自由,不能通过把人同周围环境分开并把二者绝对对立的办法来实现自由。只有当人不被看作是抽象的个别性,而是从人同周围环境的密切联系和相互作用中来考察人的时候,自由问题才能得到解决。"(马克思,恩格斯,1995)在《共产党宣言》中,马克思明确提出了原创性的、具有划时代意义的自由观:"代替那存在着阶级和阶级对立的资产阶级旧社会的,将是这样一个联合体,在那里,每个人的自由发展是一切人的自由发展的条件。"(马克思,恩格斯,1995)在《德意志意识形态》中,马克思、恩格斯指出,"德国哲学从天国降到人间;和它完全

相反,这里我们是从人间升到天国。这就是说,我们不是从人们所说的、所设想的、所想象的东西出发,也不是从口头说的、思考出来的、设想出来的、想象出来的人出发,去理解有血有肉的人。"同时,明确提出了"人的自由和全面发展问题"(陶伯特,2014)。如果说马克思主义的自由观和其他一切哲学自由观有什么不同的话,那就在于,过往的自由观大都在"天国",马克思则把"自由"通过存在论的变革而拉回了"人间"。正如有学者所指出的,如果说古希腊哲学是有"物"故我在,中世纪哲学是有"神"故我在,理性主义哲学是有"理"故我在,非理性主义哲学是有"欲"故我在,那么,马克思主义哲学的原创性和革命性意义在于:我"行"故我在。马克思主义自由观与康德、黑格尔等德国古典哲学自由观的区别在于:康德的"积极自由"是指"纯粹的并且本身实践的理性的自己立法"的自由,亦即是离绝一切经验的先验的自由;"消极自由"则是指独立于"欲求的客体"同时又迟滞于经验世界的自由(康德,1999)。因而,可以说康德的自由一半在"天国",一半在"人间"。黑格尔认为,"自由本质上是具体的,它永远自己决定自己,因此同时又是必然的";"内在的必然性就是自由"(黑格尔,1980)。可见,黑格尔的"自由"正是他的"绝对精神"的内在规定性,是绝对精神的绝对运动,因而,他的自由观仍是一半在"天国",一半在"人间"。马克思主义自由观与海德格尔"此在存在论"自由观的区别在于:海德格尔认为,"此在"应该是真正的"自己",自由也是此在"自身"的自由,亦即"此在"自身"实际地向来符合于它的自由"(海德格尔,2000);进而得出,"真理的本质乃是自由(Das wesen der wahrheit ist die Freiheit)"(海德格尔,1996)。也就是说,自由的功能和效用正在于获得真理,或者说真理的"此在"即自由。在海德格尔看来,自由从根本上是由整体存在者的存在决定的。"让存在者存在"就是让存在者成其存在。每一个存在者都处于敞开状态,也就是处于自行显示状态。人只有复归到存在者的敞开状态,也就是在表象存在者存在之前,让存在者以自身的方式公开自身,表象性陈述才能符合"正确性之可能性的根据"(海德格尔,1996)。由此看来,在消解形而上学主客二分的思维方式带来的对人的本真存在的遮蔽后,马克思和海德格尔都从各自的角度重新为人的自由寻找新的根基。在马克思那里,劳动实践成为由必然到自由的通达的手段,劳动本身就是人的存在方式,既是人自由的生存根基,也是人获取自由的手段。在海德格尔那里,生存便是自由的根基。"此在"的本质就是生存,总是在领悟着自身本真存在的自由状态。可以认为,海德格尔和马克思都把自由拉回到了"此在"，自由即是"此在"的自由，或者说是"人间"的自由。但是，马克思的构成他者总体的集体，与海德格尔的整体存在者有着显著区别，海德格尔的"整体存在者"仍带有飘忽不定的先验论的"统觉"，并且忽略了劳动和实践这一根本维度。统观上述，马克思主义哲学不仅超越了整个人类思想史、哲学史上关于人的生存论存在论意义的一切哲学构造、哲学沉思，实现了革命性的存在论变革，而且是一种劳动的、行动的、"人间"的实践哲学。《共产党宣言》正是在批判英国经验论自由观、大陆唯理论自由观、法国唯物主义、空想社会主义自由观、德国古典哲学自由观、理性批判自然法观念中的缺陷，以及思考巴黎公社失败的原因的基础上，寻踪溯源，从自然法观念出发，理解人的自然权利的界定，提出人的全面发展的自由定义（姚兰，2013）。在哲学层面上，马克思主义的自由观指人类对自然界和社会认识上的自由。人类对自然规律和社会规律的认识越深刻、越正确，思想就越解放，行动就越自由。在实践和行动层面上，马克思主义的自由观指人类不断摆脱各种枷锁，在体力、智力和活动能力等方面获得自由发展。"人的自由发展是马克思全部理论活动的归宿。马克思对自然、社会及人自身的反思，对资本主义的批判，对未来社会的展望，无不是以实现人的自由为依归的。自由问题作为马克思主义哲学的重要组成部分，是马克思完成哲学史上革命性变革的关键"（刘衍峰，2008）。王海明在考察国家制度的价值标准时指出，自由是最根本的人道，包括"把人当人看"的"博爱的人道主义"和"使人成其为人"的"自我实现的人道主义"。同时，自由是使人成为人，使每个人实现自己的创造潜能的最根本的必要条件，也是自由最重要的价值（王海明，2017）。马克思主义自由观，既强调了每个人的自由，也突出了一切人的自由，是"每个人的自由"和"一切人的自由"的有机统一，也是把"每个人当人看"和"使每个人成其为人"的有机统一，因而是最根本的人道，也是劳动的、实践的、"人间"的自由，是对过往一切自由观的全面超越。马克思特别强调，"自由王国只是在必要性和外在目的规定要做的劳动终止的地方才开始；因而按照事物的本性来说，它存在于真正物质生产领域的彼岸"；"这个自由王国只有建立在必然王国的基础上，才能繁荣起来。工作日的缩短是根本条件"（马克思，恩格斯，1979）。当马克思把"自由王国"推向"真正物质生产领域的彼岸"时，也就是在把"此在"的"自由"推向了一个极点，并且可以认为是一种真正的"理性"的自由，或者说是一种真正的"自由理性"。这种"自由理性"表明，"此在"的每一个人的自由发展，必须以一切人的自由发展为条件，且"工作日的缩短是根本条件",不然,永无可能有"此在"的自由。这充分说明,马克思的自由观不仅超越了康德的必然与自由的关系的对立范式,超越了康德的作为纯粹形式的自由和处于单纯的道德状态的自由,成功地走出了康德的困境,克服了认识论上无法克服的困难,并把自由拉回到了"人间",拉回到"劳动"和实践领域。正如马克思、恩格斯在《共产党宣言》中强调:"政治自由、思想自由、信仰自由,都以商品经济的一定发展为基础,精神自由任何时候都离不开物质的自由活动,所谓政治自由不过是阶级社会中特定社会集团所处经济地位在政治思想领域的表现而已。"(马克思,恩格斯,2014)因此,"马克思主义自由观不仅从理论上为我们指明了人类社会的追求目标与发展方向,也让我们能够对共产主义实践的理论内涵有了深入的理解,让我们在纷繁复杂的社会主义实践中加深对各类新现象、新事物的认识,实现精神与物质、主观与客观的科学统一,是对形而上学自由观的革命性变革"(姚兰,2013)。"其宗旨是为否定一切压迫人、剥削人的劳动关系提供新的形而上学基础。哲学不再是单纯解释世界,而是变革世界。马克思确定实践的核心地位,并不是放弃从存在论立场上来解释世界,而是从实践的维度去重新确立存在本体论,去重新解释世界,为人的自由的发展提供更深广的视野"(刘衍峰,2008)。由此深入,按照海德格尔的说法就是,不自由、受奴役的存在,恰恰说明"此在"本质上应当自由地存在,"一种栖居之所以能够是非诗意的,只是由于栖居本质上是诗意的"(海德格尔,1996)。只有消灭了压迫、剥削和奴役的共产主义社会,才能让全人类真正"诗意地栖居在这片大地上"。

　　毛泽东的自由观和马克思主义的自由观,具有深层的源流关系。青年时期的毛泽东就曾指出,"自由思想,自由生活,本人生第一之权利,而亦第一之义务也。盖精神界最贵之特权,固未有尚于自立者也,而自立之精神,在其思想之自由"(毛泽东,1990)。关于无产阶级的个人自由和政治自由的具体内容,马克思提出了其基本内容,但仍然不具体。接受马克思主义后,毛泽东结合自己领导中国新民主主义革命和社会主义建设的实践,通过文章、文件等将无产阶级的个人自由和政治自由的具体内容尽可能地细化。1935年,在《论反对日本帝国主义的策略》一文中,毛泽东指出:"人民共和国去掉帝国主义的压迫,使中国自由独立,去掉地主的压迫,使中国离开半封建制度,这些事情就不但使工农得了利益,也使其他人民得了利益。"(毛泽东,1991)在1940年起草的《论政策》中,毛泽东强调:"应规定一切不反对抗日的地主资本家和工人农民有同等的人权、财权、选举权和言论、集会、结社、思想、信仰的自由权。"（毛泽东，1991）1945 年，毛泽东在中共七大的政治报告《论联合政府》中指出："没有人民的自由，就没有真正民选的国民大会，就没有真正选的政府。""人民的言论、出版、集会、结社、思想、信仰和身体这几项自由，是最重要的自由。"（毛泽东，1991）之后，1949 年的《共同纲领》和 1954 年宪法的相关条文中也体现了毛泽东关于新中国人民（公民）的个人自由和政治自由的见解和主张。新中国成立以后，毛泽东在很多会议和报告中，反复强调自由和民主问题，尽管在"文化大革命"时期，中国社会主义事业出现波折，但是，用马克思主义武装起来的中国共产党，坚持马克思主义自由观，坚持社会主义道路，坚持以实现共产主义和人的自由和全面发展、实现中华民族伟大复兴为己任，这种优良传统和优秀的文化基因代代相传，并且不断得到发扬和光大。邓小平指出，"一个革命政党，就怕听不到人民的声音，最可怕的是鸦雀无声。现在党内外小道消息很多，真真假假，这是对长期缺乏政治民主的一种惩罚。有了又有集中、又有民主，又有纪律、又有自由，又有统一意志、又有个人心情舒畅、生动活泼的政治局面，小道消息就少了，无政府主义就比较容易克服"（邓小平，1978）。邓小平在改革开放初期就旗帜鲜明地提出"解放思想""实事求是"的科学主张，正是对马克思主义自由观的继承和发展。他说："我们讲解放思想，是指在马克思主义指导下打破习惯势力和主观偏见的束缚，研究新情况，解决新问题。"（邓小平，1983）又说："解放思想就是使思想和实际相符合，使主观与客观相符合，就是实事求是。今后，在一切工作中要真正坚持实事求是，就必须继续解放思想。认为解放思想已经到头了，甚至过头了，显然是不对的。"（邓小平，1983）这样，就不仅把"解放思想"与"实事求是"联系了起来，而且也系统地阐述了解放思想的内涵及其与实事求是的内在统一性（王岚，2005）。同时，也实现了马克思主义自由观本质内涵中精神和物质、主观和客观的科学统一。正是本着解放思想、实事求是，一切从实际出发的思想、路线和方针，邓小平同志第一次比较系统地回答了中国社会主义发展的一系列基本问题，围绕着建设有中国特色社会主义这个主题形成了一系列互相关联、有机统一的基本观点，形成了邓小平理论。邓小平理论是马克思主义在中国发展的新阶段，虽然邓小平没有刻意建构一个理论体系，但事实上邓小平对社会主义理论问题的思考已形成了一个严整的科学体系，"代表着八十年代以来中国改革开放过程的基本内容和历史大势，形成了关于落后国家如何建设、巩固社会主义、发展生产、共同富裕的独创性理论体系,深刻揭示了社会主义本质,深入到社会主义互相联系的各个层面,反映了当代中国社会主义发展的特点,形成历史逻辑和理论逻辑的统一"(杨海征,2000)。邓小平理论开辟了马克思主义的新境界,为我们党进一步认识执政党的执政规律,为"三个代表"重要思想、科学发展观、习近平新时代中国特色社会主义思想的形成和中国梦的伟大构想奠定了理论基础。如果说邓小平同志是在科学社会主义历史上第一次把社会主义本质直接同生产力发展相联系,那么可以说,"三个代表"重要思想是在无产阶级政党学说史上第一次把共产党的本质直接同先进生产力的发展要求相联系(郭杰忠,2008)。江泽民在庆祝中国共产党成立八十周年大会上的讲话中指出:"推进人的全面发展,同推进经济、文化的发展和改善人民物质文化生活,是互为前提和基础的。人越全面发展,社会的物质文化财富就会创造得越多,人民的生活就越能得到改善,而物质文化条件越充分,又越能推进人的全面发展。社会生产力和经济文化的发展水平是逐步提高、永无止境的历史过程,人的全面发展程度也是逐步提高、永无止境的历史过程。这两个历史过程应相互结合、相互促进地向前发展。"(江泽民,2006)江泽民在阐述"三个代表"重要思想时则强调:"代表中国先进生产力的发展要求,代表中国先进文化的前进方向,代表中国最广大人民的根本利益,是统一的整体,相互联系,相互促进。发展先进的生产力,是发展先进文化,实现最广大人民根本利益的基础条件。人民群众是先进生产力和先进文化的创造主体,也是实现自身利益的根本力量。不断发展先进生产力和先进文化,归根到底都是为了满足人民群众日益增长的物质文化生活需要,不断实现最广大人民的根本利益。"(江泽民,2006)胡锦涛在党的十七大报告强调:"和谐社会,要从解决群众最关心、最直接、最现实的利益问题入手,为群众多办好事、实事。这是坚持以人为本的必然要求,也是坚持发展为了人民、发展依靠人民、发展成果由人民共享的必然要求。"(胡锦涛,2006)胡锦涛在阐述科学发展观时指出:"按照民主法治、公平正义、诚信友爱、充满活力、安定有序、人与自然和谐相处的总要求,以解决人民群众最关心、最直接、最现实的利益问题为重点,着力发展社会事业、促进社会公平正义、建设和谐文化、完善社会管理、增强社会创造活力,走共同富裕道路,推动社会建设与经济建设、政治建设、文化建设协调发展。"(胡锦涛,2005)实现中华民族伟大复兴的中国梦是习近平系列重要讲话的一根主线。习近平说:"中国梦是中华民族的梦,也是每个中国人的梦。我们的方向就是让每个人获得发展自我和奉献社会的机会,共同享有人生出彩的机会,共同享有梦想成真的机会,保证人民平等参与、平等发展权利,维护社会公平正义,使发展成果更多更公平惠及全体人民,朝着共同富裕方向稳步前进。"(习近平,2014)2014 年 5 月 4 日在北大考察时的讲话中,习近平指出:"经过反复征求意见,综合各方面认识,我们提出要倡导富强、民主、文明、和谐,倡导自由、平等、公正、法治,倡导爱国、敬业、诚信、友善,积极培育和践行社会主义核心价值观。富强、民主、文明、和谐是国家层面的价值要求,自由、平等、公正、法治是社会层面的价值要求,爱国、敬业、诚信、友善是公民层面的价值要求。这个概括,实际上回答了我们要建设什么样的国家、建设什么样的社会、培育什么样的公民的重大问题。"(习近平,2014)总之,马克思主义自由观既是社会主义核心价值观的基本内容,也是中国特色社会主义建设中在社会层面的价值要求。毛泽东思想、邓小平理论、"三个代表"重要思想、科学发展观、习近平新时代中国特色社会主义思想中所倡导的自由,是马克思主义的自由观,是历史的、具体的、实践的自由观,是主观和客观、精神和物质科学统一的自由观。没有解放思想、实事求是的态度,没有充分解放和发展了的先进生产力的支持,没有先进文化的引领,没有和谐社会的建设,不致力于实现伟大的中国梦,奢谈空想的、抽象的"自由"是毫无意义的。这也正是中国共产党一贯坚持的一切从实际出发,理论联系实际,实事求是,在实践中检验和发展真理的思想路线和科学态度。

继承和发展了马克思主义历史的、具体的、实践的自由观的中国共产党,天然地具有强烈的批判和反思精神。积极开展批评和自我批评是我党的优良传统。面对"文化大革命"及一些历史遗留问题,邓小平在党的十一届三中全会召开前的中共中央工作会议的闭幕会上说:"我们的原则是'有错必纠'。凡是过去搞错了的东西,统统应该改正。有的问题不能够一下子解决,要放到会后去继续解决。但是要尽快实事求是地解决,干脆利落地解决,不要拖泥带水。对过去遗留的问题,应当解决好。不解决不好,犯错误的同志不作自我批评不好,对他们不作适当的处理不好。"(邓小平,1978)同时强调:"我们要创造民主的条件,要重申'三不主义':不抓辫子,不扣帽子,不打棍子。在党内和人民内部的政治生活中,只能采取民主手段,不能采取压制、打击的手段。宪法和党章规定的公民权利、党员权利、党委委员的权利,必须坚决保障,任何人不得侵犯。"(邓小平,1983)面对党内问题特别是党风廉政问题,邓小平以后的历届党中央领导集体,都敢于直面问题,敢于

动真格。1997 年 1 月 29 日,江泽民在中共中央纪律检查委员会第八次全
体会议上发表《大力发扬艰苦奋斗精神》的讲话,强调指出:"在改革开放和
发展社会主义市场经济的过程中,由于多种原因,党的艰苦奋斗、勤俭节约
的好传统、好作风,在相当一部分党员和干部中淡忘了,有的甚至已经丢得
差不多了。讲排场、比阔气、挥霍浪费的现象,在不少地方、部门和单位盛行
起来。一些人沉溺于物质享受,过着纸醉金迷的生活,令人触目惊心。这种
吃喝之风是怎么刮起来的? 应该说,新中国成立以后,在相当一段时期内,
这方面的问题是解决得很好的。为什么现在泛滥起来了? 值得我们深思和
研究。"(江泽民,1997)"奢侈浪费既是消极颓废的表现,也是腐败问题得以
产生和蔓延的温床。如果现在再不引起大家高度重视,不坚决加以整治,后
果不堪设想。"(江泽民,1997)胡锦涛在党的十八大报告中强调:"要坚定不
移反对腐败,永葆共产党人清正廉洁的政治本色。反对腐败、建设廉洁政
治,是党一贯坚持的鲜明政治立场,是人民关注的重大政治问题。这个问题
解决不好,就会对党造成致命伤害,甚至亡党亡国。反腐倡廉必须常抓不
懈,拒腐防变必须警钟长鸣"(胡锦涛,2012)。党的十八大以来,以习近平同
志为核心的党中央直面党自身存在的问题,坚持全面从严治党,创新性地回
应了时代的关切,创新性地把马克思主义基本原理与中国反腐倡廉的实践
需要相结合,创新性地发展了党建理论,以新思想、新理论、新举措推动实现
了反腐败斗争压倒性态势的形成。马克思主义认为,人具有自然属性和社
会属性。要根治腐败问题,就要从人的后天实践和交往活动入手。一个人
如果处于腐败的环境下,他要想不腐败会很不容易;如果是处于一个风清气
正的政治生态下,他要想腐败也不容易。因此,建设风清气正的政治生态是
极端重要的。要建设这样一个政治生态,就必须既打"老虎"也拍"苍蝇",构
筑一个"不敢腐、不能腐、不想腐"的科学制度防治腐败(陈江生,2017)。在
党的十九大报告中,习近平总书记指出,"打铁必须自身硬","全面从严治党
永远在路上","要深刻认识党面临的执政考验、改革开放考验、市场经济考
验、外部环境考验的长期性和复杂性;深刻认识党面临的精神懈怠危险、能
力不足危险、脱离群众危险、消极腐败危险的尖锐性和严峻性,坚持问题导
向,保持战略定力,推动全面从严治党向纵深发展"(习近平,2017)。

　　自 20 世纪 80 年代以来,国际社会开始关注中国道路发展问题,并提出
了"中国模式"这一概念。进入 21 世纪,中国的改革开放和社会主义现代化
建设取得了巨大成就,特别是经受住了 2008 年由美国次贷危机引发的全球

金融危机,成功举办了 2008 年北京奥运会,顺利举办了 2009 年中华人民共和国成立 60 周年庆典和 2010 年上海世界博览会,等等,这些光辉的成就吸引了国际社会越来越多地把目光投向中国、聚焦中国。当代中国将发生什么变化,发展的中国将给世界带来什么影响,越来越成为国际社会广泛关注的问题,"中国模式"再一次成为热议的话题。法国《世界报》2008 年 5 月 29 日以"中国新的社会契约"为题对中国共产党进行评价:"我们今天再也不能把中共政府描绘成另一个时代信条中过时的、已废弃的、教条主义的、僵化的老人政府。"(陈凤翔,2008)著名学者约瑟夫·奈指出,改革开放 30 多年来,"中国共产党带领数以亿计的中国人摆脱贫困,在经济管理上取得了巨大成功,这是中国共产党软实力的重要来源。中国共产党的软实力是这个政党本身的吸引力和凝聚力,是吸引党员和群众自愿跟随的能力"(周余云,2014)。著名中国问题专家、南非斯坦陵布什大学中国研究中心主任马丁·戴维斯,自 1986 年以来先后访问中国 25 次,对改革开放以来中国的经济发展情况有着独到的见解。他说,中国政府作出的增强自主创新能力、建设创新型国家的科学发展战略决策具有远见卓识。30 多年来,中国科技界在纳米、超导、古生物、航天科技等方面一项项自主创新成果让中国科学家站到了世界前沿。从"两弹一星"到"载人航天",中国科学家更加自信,中国自主创新能力更强,中国科技发展的前景更辉煌(杨金海,吕增奎,2009)。概括起来说,在国外学者的视野中,"中国模式"具有以下几个明显特点:第一,原创性,它是中国基于自己国情的独立创造,是解决中国经济问题的"实用的模式";第二,渐进性或增量改革,它以一种循序渐进、摸索与积累的方式,从易到难地进行改革,并吸取中外一切优秀的思想和经验;第三,人民性,它致力于实现绝大多数人的利益;第四,稳定性,它意味着强有力的政府主导和政治稳定(朱可辛,2009)。综上所述,新中国成立特别是改革开放以来,继承和发展了马克思主义及其自由观的中国共产党,以强烈的批判和反思精神,坚持解放思想,实事求是,一切从实际出发,坚持以马克思列宁主义、毛泽东、邓小平理论、"三个代表"重要思想、科学发展观和习近平新时代中国特色社会主义思想为指导,坚持以实现中国梦和中华民族的伟大复兴为己任,凭着不竭的文化原动力,不仅成功塑造了在全国各族人民心中的吸引力、凝聚力、感召力,而且领导中国人民克服重重艰难险阻,成功地走出了一条有中国特色的社会主义道路,创造了一个让世界瞩目的"中国模式"。在中国共产党的领导下,中国人民正在奋力开拓新时代中国特色社会主义更为广阔的发展前景。

二、新中国成立以来国家文化形态分析

根据文化的实践性定义,一个国家、一个民族、一个社会在长期的实践和认识活动中所形成的真正居于核心地位,并且能够真正实时地发挥主导和统领作用,真正成为使一定的社会系统得以运转、一定的社会秩序得以维持的基本精神支撑的核心价值体系,主要的应当存在于文化实践性定义三分结构中的"互动的和"部分。对于国家文化而言,这一部分应当更为集中地体现着国家的"总体心理程序"和"个性"(Hofstede,1991),并且经过长期的累积沉淀,就可能成为一个国家、一个民族、一个社会的核心价值观。一个社会的核心价值观,反映社会意识的本质,决定社会意识的性质,涵盖社会发展的指导思想、意识形态、价值取向,影响人们的思想观念、思维方式和行为规范。不同的社会形态,有不同的价值体系和核心价值体系。先进的价值体系和核心价值体系,是引领社会前进的精神旗帜(李慎明,2007)。由于文化"互动的和"部分的大小强弱依赖于文化内在制度(潜规则)与外在制度(显规则)相容和合程度,因而,基于一个或者一个以上文化的初因所滋生、建构的内在制度(潜规则)与外在制度(显规则),在互动中将产生"四种文化形态",即"超"文化态、"合"文化态、"和"文化态、"纯"文化态(吴福平,2006)。新中国成立以来,总体来看,这四种文化形态均有所体现。

（一）"纯"文化态及其体现

国内外学者对于"文化大革命"时期的研究成果丰硕,最先将"文革"作为研究对象的是国外学者。"文革"爆发后不久,《中国季刊》(China Quar-terly)、《亚洲概览》(Asian Survey)等学术刊物就有关于"文革"的文章发表。之后,随着"文革"的影响越来越大,更多的学者对此倾注了研究的热情。国外这方面的研究以麦克法夸尔、费正清、沈迈克等为代表。国内的"文革"研究起源于20世纪80年代。有不少"文革"的参与者在"文革"期间已经开始对运动本身展开了反思并且形成了文字,这些思考成为著作公开发表大多在20世纪八九十年代以后,如刘国凯的"文革"研究系列著作,杨曦光、丁学良等"文革"亲历者的回忆录。随着研究的深入,出现了一批影响广泛的成果,以高皋、王年一、金春明等人的通史类著作为代表。

"文化大革命"时期,可以认为是一种典型的"纯"文化态。当整个国家各个领域被整合成极度的一致性,便很有可能会掩蔽、湮没一切的差异性、

多样性,从而导致一种典型的"纯"文化态。在这种文化形态下,人们的思想被高度"统一"了,整个国家变成了一个反学习系统,丧失了最基本的反思能力和批判精神,最终演变成鸦雀无声的、听不到一点反对声音的一潭死水。

"文革"时期"纯"文化态的形成,其原因是复杂的,但显然与林彪、"四人帮"等一伙阴谋家直接相关,邓小平同志和《关于建国以来党的若干历史问题的决议》的评价是科学和客观的。邓小平在党的十一届三中全会报告上说:"最近国际国内都很关心我们对毛泽东同志和对'文化大革命'的评价问题。毛泽东同志在长期革命斗争中立下的伟大功勋是永远不可磨灭的。回想在1927年大革命失败以后,如果没有毛泽东同志的卓越领导,中国革命有极大的可能到现在还没有胜利,那样,中国各族人民就还处在帝国主义、封建主义、官僚资本主义的反动统治之下,我们党就还在黑暗中苦斗。所以说没有毛主席就没有新中国,这丝毫不是什么夸张。毛泽东思想培育了我们整整一代人。我们在座的同志,可以说都是毛泽东思想教导出来的。没有毛泽东思想,就没有今天的中国共产党,这也丝毫不是什么夸张。毛泽东思想永远是我们全党、全军、全国各族人民的最宝贵的精神财富。我们要完整地准确地理解和掌握毛泽东思想的科学原理,并在新的历史条件下加以发展。当然,毛泽东同志不是没有缺点、错误的,要求一个革命领袖没有缺点、错误,那不是马克思主义。我们要领导和教育全体党员、全军指战员、全国各族人民科学地历史地认识毛泽东同志的伟大功绩。"(邓小平,1978)同时,对于"文化大革命",邓小平强调:"……也应该科学地历史地来看。毛泽东同志发动这样一次大革命,主要是从反修防修的要求出发的。至于在实际过程中发生的缺点、错误,适当的时候作为经验教训总结一下,这对统一全党的认识,是需要的。'文化大革命'已经成为我国社会主义历史发展中的一个阶段,总要总结,但是不必匆忙去做。要对这样一个历史阶段作出科学的评价,需要做认真的研究工作,有些事要经过更长一点的时间才能充分理解和作出评价,那时再来说明这一段历史,可能会比我们今天说得更好。"(邓小平,1978)党的十一届六中全会通过的《关于建国以来党的若干历史问题的决议》中强调指出:"对于'文化大革命'这一全局性的、长时间的左倾严重错误,毛泽东同志负有主要责任。但是,毛泽东同志的错误终究是一个伟大的无产阶级革命家所犯的错误。""在'文化大革命'中,我们党没有被摧毁并且还能维持统一,国务院和人民解放军还能进行许多必要的工作,有各族各界代表人物出席的第四届全国人民代表大会还能召开并确定了以周恩来、邓小平同志为领导核心的国务院人选,我国社会主义制度的根基仍然保存着,社会主义经济建设还在进行,我们的国家仍然保持统一并且在国际上发挥重要影响。这些重要事实都同毛泽东同志的巨大作用分不开。因为这一切,特别是因为他对革命事业长期的伟大贡献,中国人民始终把毛泽东同志看作是自己敬爱的伟大领袖和导师。""在'文化大革命'中,我们尽管遭到林彪、江青两个反革命集团的破坏,但终于战胜了他们。党、人民政权、人民军队和整个社会的性质都没有改变。历史再一次表明,我们的人民是伟大的人民,我们的党和社会主义制度具有伟大而顽强的生命力。"(《中国共产党中央委员会关于建国以来党的若干历史问题的决议》,1981)

(二)"超"文化态及其体现

研究中国历史,不难发现中国以前的改革者罕有成功的先例,如商鞅变法、王安石变法及近代的"戊戌六君子"变法等。20世纪70年代末,正式登上舞台的改革开放也是这样一种最困难、最危险也最少成功把握的事业,尽管在30多年后的今天,历史已经证明邓小平领航的这场改革取得了成功,但是这场改革却并非左右逢源、一帆风顺。1976年,是中国人民永远无法忘却的一年。周恩来、朱德、毛泽东三位伟人相继逝世,全国人民沉浸在极度的悲痛之中。10月,在党中央的领导下,"四人帮"反革命集团被粉碎,举国上下一片欢腾,长达10年给中国人民带来深重灾难的"文化大革命"终于结束了。当时中国面临的形势是严峻的:要从长期以来的"左"的错误中摆脱出来,绝不是一件轻而易举的事情。整个国家百废待兴,问题堆积如山,濒于崩溃的国民经济需要重新恢复和发展。中国改革的前14年(1978—1992)是改革目标确定的过程,也是激烈的政治斗争过程。几经起落的邓小平恢复工作后,表现出作为战略家的远见卓识。他在千头万绪中首先抓住具有决定意义的环节:从思想路线的拨乱反正入手。他明确提出必须完整准确地理解毛泽东思想,强调毛泽东思想的精髓是"实事求是",反对"两个凡是"的错误观点,支持开展真理标准问题的讨论,使长期以来禁锢人们思想的僵化的局面被打破。党内外思想活跃,出现了努力研究新情况、解决新问题的生动景象。这是一次伟大的思想解放运动。这种思想上的拨乱反正,成为十一届三中全会的先导。1978年12月召开的中共十一届三中全会,是中国共产党历史上的伟大转折。邓小平在全会前夕的中央工作会议上作了《解放思想,实事求是,团结一致向前看》的讲话,这个讲话实际上成为十一届三中全会的主题报告。邓小平深刻分析了解放思想、实事求是的意义,指出我们过去搞革命靠的是实事求是,现在搞建设也要靠实事求是。从这个指导思想出发,三中全会果断地停止使用"以阶级斗争为纲"这个不适用于社会主义社会的口号,作出把工作重点转移到社会主义现代化建设上来的战略决策,集中力量发展社会生产力。邓小平一再强调:一定要一心一意,不受任何干扰,坚定不移地搞社会主义现代化建设(邓小平,1993)。这是政治路线上最根本的拨乱反正,从而开辟了改革开放的新时代。

　　20 世纪 80 年代末 90 年代初,中国又走到了一个重要的历史关口。国内形势复杂,经济发展进入加快发展的关键时期;国际环境多变,国际社会主义运动陷入低谷,鼓吹资本主义意识形态的"历史终结论"甚嚣尘上。由于受国际风云变幻的影响,资产阶级自由化思潮以及作为东西两大阵营交锋最前沿的柏林墙一夜之间轰然倒塌,更是产生了一连串的"骨牌"效应,导致苏联和东欧地区的政局持续恶化,使得意识形态的争论在当时的中国变得非常敏感,并引起了全世界的关注。不少人担心私营企业的膨胀发展最终会造成社会主义中国的"变色",那些针对改革政策的质疑指责从四面八方射来,《人民日报》原评论部主任编辑马立诚和资深记者凌志军在《交锋》一书中记录说,"那些密集的连珠炮似的批评文章满天飞,这是'文化大革命'结束之后十分罕见的现象"。新华社原高级记者杨继绳认为,当时中国有"四股政治力量":第一股力量还是坚持毛泽东晚年的一些思想路线,即坚持无产阶级专政下继续革命,就是"文革"那套路线,后来以"两个凡是"作为一种比较好的表达。这个力量在粉碎"四人帮"以后就大大地削弱了。第二股力量是政治上还是保持原来的状态,经济上松动一点,计划经济作为一种体制不变,但是加上一些市场的调节手段。第三股力量主张,政治上还是不变,经济上更放开一些,不一定要坚持计划经济,可以搞商品经济甚至市场经济。第四股力量主张,政治上搞民主化,经济上搞市场化,这在当时来说没有合法地位和话语权。真正势力比较强的就两个:政治上都保持不变,一个要搞计划经济,一个要搞市场经济;在政治上高度一致的情况下,在经济上走什么路,进行了一系列的博弈(杨继绳,2008)。争论从改革之初就存在,一直贯穿了整个改革过程。30 多年来,争论从来没有停止过,并出现过三次高潮。第一次高潮是 1981—1984 年的争论,争论的焦点是要搞产品经济还是搞商品经济,最后以得出"有计划的商品经济"的结论而告终。第二次高潮是在 1992 年前后,争论焦点是搞计划经济还是搞市场经济,最后以得出"社会主义市场经济"的结论而告终。20 世纪末及其后相当长一个时期,至 2004 年对国企改革的激烈争论,是第三次争论高潮。这场争论提出的问题的广度和深度,远远超出了 30 年改革的时限。进入 2007 年,争论进一步白热化,理论思维十分活跃。争论的内容不仅是改革中出现的问题,还关系到中国改革下一步如何走,关系到中国现代化的道路(杨继绳,2008)。因此,如果从文化形态上说,改革开放初期,可以认为是一种典型的高活力、同时又是高风险的"超"文化态。当时神州大地上姓"社"和姓"资"等问题的争论重新笼罩在人民心头,在政治上高度一致的情况下,在经济上走什么路,是继续坚持"一个中心、两个基本点"的基本路线,还是回到以"反和平演变"为中心的阶级斗争的老路,成为争论的焦点。在批右的过程中,"左"的思潮也迅速抬头,把矛头指向改革开放,认为"所有制改革就是搞私有制""搞市场经济就是搞资本主义""改革就是改变社会主义方向",等等。这些貌似革命的"左"的言论在理论和实践上都对当时的改革开放造成了不小的冲击,人们在姓"资"姓"社"的问题上充满疑惑和分歧,以致彷徨不前。当时出现了两种"改革观",一种是"坚持社会主义方向的改革",另一种是"自由化即资本主义化的改革"(杨继绳,2014)。面对这一潮流,邓小平最担心的是改革开放事业夭折。在这个关键时刻,邓小平视察武昌、深圳、珠海、上海等地,明确指出:"计划多一点还是市场多一点,不是社会主义与资本主义的本质区别。""计划经济不等于社会主义,资本主义也有计划;市场经济不等于资本主义,社会主义也有市场。"(邓小平,1993)这就从根本上解除了把计划经济和市场经济作为姓"资"还是姓"社"的标志这样一个传统思想的束缚,对我国的经济体制改革产生了极大的推动作用。邓小平还用简洁凝练的 28 个字概括了社会主义的本质,这就是:解放生产力,发展生产力,消灭剥削,消除两极分化,最终达到共同富裕。这短短的 28 个字从生产力和生产关系相结合的角度科学地揭示了社会主义本质,实现了本质与特征、目的与手段的高度统一。社会主义本质论廓清了弥漫在人们头脑中的思想迷雾,科学地回答了"什么是社会主义"的问题,同时也为"怎样建设社会主义"指出了明确的方向。小平同志反复强调:"不坚持社会主义,不改革开放,不发展经济,不改善人民生活,只能是死路一条。"(邓小平,1993)并且,一针见血地指出:"有些理论家、政治家,拿大帽子吓唬人的,不是右,而是'左'。'左'带有革命的色彩,好像越'左'越革命。'左'的东西在我们党的历史上可怕呀!一个好好的东西,一下子被他搞掉了。右可以葬送社会主义,'左'也可以葬送社会主义。中国要警惕右,但主要是防止'左'。右的东西有,动乱就是右的！'左'的东西也有。把改革开放说成是引进和发展资本主义，认为和平演变的主要危险来自经济领域，这些就是'左'。"(邓小平,1993)邓小平的这些话如黄钟大吕，斩钉截铁、掷地有声，解决了理论上的争论，消除了思想上的顾虑。不仅回答了长期束缚人们思想的许多重大认识问题，澄清了人们的模糊认识，而且帮助人们冲决了思维樊篱。事实表明，邓小平对于社会主义本质的阐述，既指明了社会主义的价值目标，又体现了社会主义发展的动态过程，他提出的对待和处理"左"和右的科学态度和正确方法，是社会主义建设必须始终遵循的态度和方法。美国《时代》周刊评选邓小平为1978 年世界风云人物的"原因"中说："邓小平是历史上杰出的领导者之一。他正从事着雄心勃勃的事业，主张对外开放，引导他的古老的祖国走向通往现代化的道路。他决心使中国的面貌焕然一新。"(中华人民共和国大典,1994)美国《时代》周刊评选邓小平为 1985 年世界风云人物的"原因"中说："邓小平正领导着 10 亿人民进行意义深远的勇敢而大胆的第二次革命。他敢于向传统的清规戒律挑战，力图调和那些似乎是不可调和的因素，例如公有制和私有制，计划经济和市场经济，政治专制和给予经济与文化一定的自由。改革具有很大的风险，国内一些人反对改革。但是如果他坚持改革，那么世界也会改变模样。"(中华人民共和国大典,1994)邓小平作为中国改革开放的总设计师，以政治家非凡的战略远见和政治气魄，成功地驾驭了中国改革开放初期因国际国内错综复杂的形势而形成的"超"文化态，克服种种艰难险阻，使中国成功地走上了改革发展的科学轨道和正确道路，并且使中国的面貌焕然一新。

（三）"合"文化态及其体现

江泽民、胡锦涛时期在学术界有时也称为"后邓小平时代"。有学者认为，"后邓小平时代"的具体特征表现为:(1) 还是沿着邓小平所规定的路线：一方面大力推进市场经济，一方面坚持和加强中国共产党的领导，在不放弃"四项基本原则"的同时，引入了"三个代表"和建立"和谐社会"的思想。(2)中国还是以经济建设为中心，把发展经济放在重要位置，但人们在关注经济发展的同时，更加关注社会问题的解决，即更关注民生和社会公平。(3)邓小平开创的改革还在继续，但改革不是像当初那样，由战争年代造就的政治强人推动，而是由 20 多年改革期间形成的各种社会力量的合力来推动。(4)重建意识形态的历史任务已经提出，言论空间比过去相对宽松。(5)强人政治转向了常人政治，普通人开始进入中国高层。(6)"后邓小平时代"也是一个高风险的时代。中国改革的路径选择是先易后难,最困难的改革留到最后。和邓小平时期的改革相比,"后邓小平时代"的改革是风险较大的改革。(7)中国更加融入世界。自从成为 WTO 成员方以后,中国的经济、政治、思想、文化与世界的联系更加紧密。来自国外的思想,以更大的力度荡涤着中国的历史积淀,更多的人类文明成果进入中国。当然,中国也更容易受到世界风潮的侵蚀。由于中国经济的发展,中国经济在世界上的地位提高,中国应当承担更重的世界责任。作为经济大国,妥善处理好国际关系将需要不同于邓小平时期的新理念、新做法。特别是在第三次争论高潮中,争论双方都承认现实社会存在的问题,都对现实中存在的这些问题不满意,想改变它。这是共识。但是,一谈到这些社会问题的产生原因以及解决办法时,双方的看法就尖锐对立。左派人士是想回到计划经济时代,改革派是想建立完善的市场经济和现代民主制度。对那些不是从意识形态出发的广大群众来说,是利益诉求。他们对某些改革政策的质疑是对上述种种社会问题的不满,是利益受损的倾诉,是对不良社会现象的谴责。对那些持左派观点的青年来说,他们是出于对底层群众的同情,他们想当弱势群体的代言人,想实现社会公正。但是,他们是从抽象的道德出发质疑改革的。他们不懂得改革以前中国的状况,不了解改革过程中是如何探索、如何作出艰难选择的。在质疑改革者当中,的确有一些原有体制的卫道者。这些人表面上以弱势群体的代言人自居,实际上,他们是以群众中的不满情绪为依据(不再是像前两次那样以经典著作中的某些论断为依据),由质疑改革措施和政策上升到质疑政治路线和政治方向,从而全盘否定改革。然而,问题很简单,往回走是没有出路的(杨继绳,2008)。"后邓小平时代"还面临各种思潮,包括新自由主义、民主社会主义、历史虚无主义等各种新思潮(张笛,2011)。新自由主义是西方资本主义所推崇的所谓的自由主义,它否定马克思主义、否定公有制、否定共产党人的革命历史,大肆宣扬私有制、个人主义、"三权分立",以追求个人利益最大化为社会核心价值。这些影响也在不断地冲击着马克思主义、科学社会主义。民主社会主义是西方小资产阶级的社会改良主义,是国际右派对社会主义的歪曲解释,他们认为应该通过资本主义过渡到社会民主主义。20 世纪 90 年代,英国工党领袖布莱尔就曾推崇过此种理念,在不改变资产阶级统治的基础上,提出那些所谓的自由、公正和民主,将其称之为民主社会主义。民主社会主义与科学社会主义本质上存在着巨大的差异。从指导思想看,它们不以马克思主义为指导,而是以"大杂烩"的形式追求多元化;从理论来源看,它是资产阶级思想理论的集合,甚至将基督教伦理学作为自己的理论来源;从思想实质看,以个人为本位、极端追求个人社会价值的资产阶级特性暴露无遗;从价值性质看,其主体抽象化、客体虚拟化、价值关系扭曲化、价值目标臆造化,完全背离马克思主义价值观。这种民主社会主义从根本上否定马克思主义、否定科学社会主义,并大肆鼓吹只有民主社会主义才能救中国的谬论,对我国社会主义建设造成了许多负面的影响。历史虚无主义是对主流意识形态优秀成果的否定,否定历史发展的整体过程。这种思潮主要表现在对历史客观发展规律的否定、对共产党领导的否定,歪曲历史、捏造历史,与我们所倡导的社会主义核心价值背道而驰,混淆人们的价值判断标准,不断打击我们的民族自信心和自尊心,其危害不容忽视。另外,一些反动流派也在我国社会主义建设中起到了不小的负面影响,他们大肆宣扬个人主义、拜金主义、享乐主义等违背马克思主义的思潮。过分强调个人价值在社会中的实现,以私利为诱饵,误导广大干部和人民群众,混淆他们的视听,动摇他们的马克思主义信仰。因此,从文化形态流变的角度看,要深入全面地贯彻落实党的十一届三中全会确定的路线、方针和政策,真正在全党和全国上下都做到解放思想,实事求是,团结一致向前看,要从邓小平时期高活力又高风险的"超"文化态整合成为"合"或者"和"文化态,依然任重而道远。

以江泽民同志为核心的第三代领导集体,为应对"后邓小平时代"面临的挑战、机遇和各种艰难险阻,坚定不移地走邓小平开创的有中国特色的社会主义道路,站在世纪交替的历史高度,继承历史,立足现实,首先是展开了从严治党工作,开展了"三严四自"和"三讲"等活动,提出了"三个代表"重要思想,加强和改进了党的建设,发展了马克思主义的建党学说。"三严四自"、"三讲"和"三个代表"构成江泽民同志的一首完整的从严治党三部曲(韦有多,2002)。1995 年 9 月,江泽民同志在《领导干部一定要讲政治》的重要讲话中指出,"各级党组织对领导干部要严格要求,严格管理,严格监督","各级领导同志更应该自重、自省、自警、自励,在各方面以身作则,树立好的榜样"(江泽民,2001)。这就是"三严四自"。要求每一位干部必须自觉地把外在的"三严"内化为对自身进行管理的"三严",从而做到严于律己,防微杜渐,使干部自重、自省、自警、自励。"三严四自"奏响了从严治党的序曲。1995 年 11 月,江泽民同志在北京考察工作时指出:"根据当前干部队伍的状况和存在的问题,在对干部进行教育当中,要强调讲学习,讲政治,讲正气。全国都应这样做,北京市更要起带头作用。"(江泽民,2001)党的十五大以后,按照党中央的部署,在县级以上党政领导班子、领导干部中深入开展以"讲学习、讲政治、讲正气"为主要内容的党性党风教育,即"三讲"教育活动。这是党在改革开放和发展市场经济条件下为加强自身建设而采取的一项重大举措。2001 年 7 月 1 日,江泽民同志在庆祝中国共产党成立 80 周年大会上的讲话中,阐述了"三个代表"重要思想的科学内涵,深刻回答了新的历史条件下加强和改进党的建设需要解决的重大问题,指出:"总结 80 年的奋斗历程和基本经验,展望新世纪的艰巨任务和光明前途,我们党要继续站在时代前列,带领人民胜利前进,归结起来,就是必须始终代表中国先进生产力的发展要求,代表中国先进文化的前进方向,代表中国最广大人民的根本利益。"(江泽民,2001)同时强调:"我们党要始终代表中国先进文化的前进方向,就是党的理论、路线、纲领、方针、政策和各项工作,必须努力体现发展面向现代化、面向世界、面向未来的、民族的科学的大众的社会主义文化的要求,促进全民族思想、道德素质和科学文化素质的不断提高,为我国经济发展和社会进步提供精神动力和智力支持。"通过"三严四自"、"三讲"和"三个代表"从严治党的三部曲,我党高举中国先进文化的前进旗帜,努力建设和弘扬反映革命、建设和改革要求的新文化,大力倡导爱国主义、集体主义和社会主义思想,始终坚持以科学的理论武装人,以正确的舆论引导人,以高尚的精神塑造人,以优秀的作品鼓舞人,在全党和全国人民中形成凝聚人心、统一意志的正确指导思想和共同的理想信念,培养了一代又一代具有较高思想道德素质和科学文化水平的社会主义公民,极大地推动了社会主义事业的发展和进步。

以胡锦涛同志为总书记的第四代领导集体,坚持以人为本,坚持全面、协调、科学、可持续发展观,努力实现包容性增长,倡导树立社会主义荣辱观,建设社会主义和谐社会。这是马克思主义关于发展的世界观和方法论的集中体现,是我国经济社会发展的重要指导方针,是发展中国特色社会主义必须坚持和贯彻的重大战略思想。2003 年 10 月,胡锦涛在中国共产党的第十六届三中全会上第一次提出了"科学发展观"这一概念。在党的十七大报告中,胡锦涛对科学发展观的实质内涵作了明确的阐述,明确了科学发展观的具体内涵与外延。从内涵来看,"科学发展观,第一要义是发展,核心是以人为本,基本要求是全面、协调、可持续,根本方法是统筹兼顾"(《中国共产党第十七次全国代表大会文件汇编》,2007)。具体而言,"坚持以人为本,就是要以实现人的全面发展为目标,从人民群众的根本利益出发谋发展、促发展,不断满足人民群众日益增长的物质文化需要,切实保障人民群众的经济、政治和文化权益,让发展的成果惠及全体人民。全面发展,就是要以经济建设为中心,全面推进经济、政治、文化建设,实现经济发展和社会全面进步。协调发展,就是要统筹城乡发展、统筹区域发展、统筹经济社会发展、统筹人与自然和谐发展、统筹国内发展和对外开放,推进生产力和生产关系、经济基础和上层建筑相协调,推进经济、政治、文化建设的各个环节、各个方面相协调。可持续发展,就是要促进人与自然的和谐,实现经济发展和人口、资源、环境相协调,坚持走生产发展、生活富裕、生态良好的文明发展道路,保证一代接一代地永续发展"(《十六大以来重要文献选编》,2008)。从其外延来看,"科学发展观,是对党的三代中央领导集体关于发展的重要思想的继承和发展,是马克思主义关于发展的世界观和方法论的集中体现,是同马克思列宁主义、毛泽东思想、邓小平理论和'三个代表'重要思想既一脉相承又与时俱进的科学理论,是我国经济社会发展的重要指导方针,是发展中国特色社会主义必须坚持和贯彻的重大战略思想"(《中国共产党第十七次全国代表大会文件汇编》,2007)。以江泽民同志为核心的第三代领导集体和以胡锦涛同志为总书记的第四代领导集体,紧密结合新世纪新阶段国际国内形势的发展变化,引入了"三个代表"和建立"和谐社会"的思想,提出以人为本、实现科学发展、构建社会主义和谐社会、树立社会主义荣辱观,推动建设和谐世界,实现包容性增长等重大战略思想和重大战略任务,是在马克思主义、毛泽东思想、邓小平理论指导下取得的重要成果,思想上不断有新解放,理论上不断有新发展,实践上不断有新创造,不仅维护、巩固和发展了邓小平开创的改革开放事业,有力地回应了新自由主义、民主社会主义、历史虚无主义等各种思潮,也使马克思主义在中国放射出了更加耀眼的真理光芒。通过进一步深化改革开放,江泽民、胡锦涛时期成功实现了从高度集中的计划经济体制到充满活力的社会主义市场经济体制、从封闭半封闭到全方位开放的伟大历史转折,极大地推动了社会生产力的发展和综合国力的跃升。1978 年,我国国内生产总值为 3645 亿元,到 2006 年已经达到 21 万多亿元,增长了 57.5 倍;到 2007 年则达到了 24.66 万亿元。1978 年中国的外汇储备只有 15 亿美元,2008 年底达到 1.53 万亿美元,稳居世界第一位。中国改革开放后的 30 年,GDP 年平均增长 9.7%,而世界经济同期只有 3% 左右的增长;粮食、棉花、肉类、钢铁、煤炭、化肥等主要产品的产量位居世界第一;载人航天成功实现,月球探测工程顺利推进,等等,这些都充分体现了我国社会生产力的极大提高和综合国力的全面提升。中国在这30年的发展中一枝独秀。其他国家也曾有过快速发展,可能是5年、10年,甚至是15年,但未见有像中国这样持续30年保持这么高的增长率发展的国家。1978年,中国农村贫困人口有2亿5千万,占总人口的30%。2006年下降至2148万,仅占总人口的2.3%。世界银行公布的数字表明:近25年来,全人类取得的扶贫事业成就中,67%的成就应归功于中国。中国为世界脱贫事业作出了巨大贡献。2007年与1978年比,我国城镇居民人均可支配收入由343.7元提高到13786元;农民人均纯收入由133.7元提高到4140元,扣除物价因素以后,两者平均年增长7%。同时,城镇居民家庭的恩格尔系数从57.5%下降到36.3%,农村居民家庭的恩格尔系数由67.7%下降到43%,这都充分说明了我们生活水平的明显改善和消费水平的显著提高。2006年1月1日起,党和国家为进一步提高农民收入、改善农民生活,取消了在中国有着2600多年历史的农业税,这在中国历史上是一个重大事件,也充分证明了改革开放的最终目的就是要让人民群众过上好日子。改革开放给中国的面貌带来的历史性变化,还不仅仅是生活水平的提高,还有精神生活和思想观念的巨大转变。30年改革开放的一个最大变化就是打破了过去那种单调统一的、带有个人崇拜和违背人性的生活方式和思维模式,精神和文化生活日趋多样化,思想观念日益多元化。竞争、效率、民主、法治等等意识是30年前所不可想象的,特别是,人们可以自由地思想,自由地选择,自主地决定自己的命运,自由、自主、独立,这是改革开放带给人们精神领域的一个最大变化。人的思想从僵化、半僵化,从"两个凡是"走了出来,国家也从封闭、半封闭走向了开放和自信。精神生活和思想观念的变革调动了亿万群众的积极性和创造性,使我国的社会主义建设和改革开放出现了前所未有的突飞猛进的局面。30多年发展的巨大成就,充分证明了改革开放之路的无比正确性。当然,任何事物都有两面性,对外开放在带来国外先进管理理念和经验的同时,也会带进一些糟粕,就像多年前邓小平所说,"开放了,新鲜空气进来,但有的时候,苍蝇蚊子也进来了。所以,我们要保持头脑清醒,国门要打开,好的东西放进来,不好的要拒绝,苍蝇蚊子要赶掉"(邓小平,1995)。因此,我们要正确看待改革开放中出现的一些工作上的失误。应当看到,在社会主义条件下发展市场经济,是前无古人的伟大创举。在这场深刻的社会变革中,难免会出现前进中的曲折、发展中的挑战,但我们走过的道路、我们取得的成就已经表明,不改革开放只能是死路一条;社会的发展还将证明,深化改革、扩大开放,才能巩固成果,再创辉煌。从文化形态来看,可以认为,江泽民、胡锦涛时期成功地把邓小平时期高活力又高风险的"超"文化态整合成了更具活力同时又兼具和谐发展能力的"合"文化态。

(四)"和"文化态及其体现

党的十八大以来,我国经济社会发展迈入新常态。错综复杂的国际国内环境、艰巨繁重的改革发展任务,中华民族伟大复兴的中国梦、全面深化改革的历史使命、全面共享改革成果的坚定承诺,这一系列的机遇和挑战、目标和任务共同构筑了新一届领导集体执政的时代大环境(黄蓉生,崔健,2016)。从国际看,当前,和平与发展的时代主题仍然没有变,合作、共赢已经成为引领这个时代的潮流。只有通过合作、共赢,才能促进和平发展。从国内看,经过改革开放 30 年,社会、经济、政治、文化结构发生了许多复杂变化,我国社会主义意识形态建设也面临着十分严峻的挑战,主要表现为错误社会思潮的严重泛滥,对社会主义意识形态的建设和发展构成了带有根本性和整体性的挑战(姜迎春,2015)。我国仍然处于大有作为的战略机遇期,但机遇期的内涵已经发生了深刻的变化,即正在由原来加快发展速度的机遇,转变为加快经济发展方式转变的机遇。因此,在当前和今后一个时期,必将会面临诸多矛盾叠加、风险隐患增多的严峻挑战。特别是国内经济进入新常态、国家治理面临新挑战、全面深化改革要啃硬骨头、社会矛盾多发、文化和价值观多元、生态环境恶化等。从党自身面临的挑战来看,"四大危险""四大考验"依然存在。以习近平同志为核心的党中央,紧扣中国特色社会主义发展主题,科学判断中国经济社会发展特征,坚持道路自信、理论自信、制度自信、文化自信,坚持创新、协调、绿色、开放、共享五大发展理念,根据经济建设、政治建设、文化建设、社会建设、生态文明建设"五位一体"发展的总体布局,作出了全面建成小康社会、全面深化改革、全面依法治国、全面从严治党"四个全面"的战略布局。在从严治党方面,通过"两学一做",即"学党章党规、学系列讲话,做合格党员",做到"四讲四有",即"讲政治、有信念,讲规矩、有纪律,讲道德、有品行,讲奉献、有作为"的学习教育,严格执行"八项规定",强调要改进调查研究、精简会议活动、精简文件简报、规范出访活动、改进警卫工作、改进新闻报道、严格文稿发表、厉行勤俭节约。强调全体党员要树立政治意识、大局意识、核心意识、看齐意识等"四个意识",努力克服形式主义、官僚主义、享乐主义和奢靡之风,要求党员必须严以修身、严以用权、严以律己,同时谋事要实、创业要实、做人要实,要有铁一般信仰、铁一般信念、铁一般纪律、铁一般担当,打造一个学习型、服务型、创新型的"三型"政党。具体工作中,提出"科技创新是提高社会生产力和综合国力的战略支撑","必须把发展的基点放在创新上","统筹兼顾是中国共产党的一个科学方法论","发展必须是遵循经济规律的科学发展,必须是遵循自然规律的可持续发展,必须是遵循社会规律的包容性发展","让居民望得见山、看得见水、记得住乡愁","既要金山银山,又要绿水青山,绿水青山就是金山银山","改革开放只有进行时没有完成时","中国开放的大门永远不会关上","人民对美好生活的向往,就是我们的奋斗目标","小康不小康,关键看老乡","决不让困难地区和困难群众掉队"等一系列发展思想和理念。这些治国理政的新思想、新理念、新思维,来源于中国特色社会主义建设事业的伟大实践,根植于全面深化改革、全面建成小康社会的时代要求,是以习近平同志为核心的党中央总结发展经验,在持续推进实践基础上的理论创新的最新成果,成为中国特色社会主义理论体系浓墨重彩的崭新篇章,标志着中国特色社会主义进入新时代。

　　正如习近平总书记在党的十九大报告中所强调指出的,党的十八大以来,"我们党以巨大的政治勇气和强烈的责任担当,提出一系列新理念、新思想、新战略,出台一系列重大方针政政策,推出一系列重大举措,推进一系列重大工作,解决了许多长期想解决而没有解决的难题,办成了许多过去想办而没有办成的大事,推动党和国家事业发生历史性变革"(习近平,2017)。在习近平治国理政新思维的引领下,我国经济保持中高速增长,在世界主要国家中名列前茅,稳居世界第二,对世界经济增长贡献率超过 30%。供给侧结构性改革深入推进,经济结构不断优化,数字经济等新兴产业蓬勃发展,高铁、公路、桥梁、港口、机场等基础设施建设快速推进。农业现代化稳步推进,粮食生产能力达到 12000 亿斤。城镇化率年均提高 1.2 个百分点,8000 多万农业转移人口成为城镇居民。区域发展协调性增强,"一带一路"建设、京津冀协同发展、长江经济带发展成效显著。创新驱动发展战略大力实施,创新型国家建设成果丰硕,"天宫""蛟龙""天眼""悟空""墨子""大飞机"等重大科技成果相继问世。开放型经济新体制逐步健全,对外贸易、对外投资、外汇储备稳居世界前列。改革全面发力、多点突破、纵深推进,着力增强改革系统性、整体性、协同性,全力拓展改革广度和深度,推出 1500 多项改革举措,重要领域和关键环节改革取得突破性进展,主要领域改革主体框架基本确立。中国特色社会主义制度更加完善,国家治理体系和治理能力现代化水平明显提高,全社会发展活力和创新活力明显增强。科学立法、严格执法、公正司法、全民守法深入推进,法治国家、法治政府、法治社会建设相互促进,中国特色社会主义法治体系日益完善,全社会法治观念明显增强。深入贯彻以人民为中心的发展思想,一大批惠民举措落地实施,人民获得感显著增强。脱贫攻坚战取得决定性进展,6000多万贫困人口稳定脱贫,贫困发生率从10.2%下降到4%以下。教育事业全面发展,中西部和农村教育明显加强。就业状况持续改善,城镇新增就业年均1300万人以上。城乡居民收入增速超过经济增速,中等收入群体持续扩大。覆盖城乡居民的社会保障体系基本建立,人民健康和医疗卫生水平大幅提高,保障性住房建设稳步推进。社会治理体系更加完善,社会大局保持稳定,国家安全全面加强。生态环境治理明显加强,环境状况得到改善。引导应对气候变化国际合作,成为全球生态文明建设的重要参与者、贡献者、引领者。坚持反腐败无禁区、全覆盖、零容忍,坚定不移"打虎""拍蝇""猎狐",不敢腐的目标初步实现,不能腐的笼子越扎越牢,不想腐的堤坝正在构筑,反腐败斗争压倒性态势已经形成并巩固发展。马克思主义在意识形态领域的指导地位更加鲜明,中国特色社会主义和中国梦深入人心,社会主义核心价值观和中华优秀传统文化广泛弘扬,群众性精神文明创建活动扎实开展。主旋律更加响亮,正能量更加强劲,文化自信得到彰显,国家文化软实力和中华文化影响力大幅提升,全党全社会思想上的团结统一更加巩固(习近平,2017)。据2016年9月中国青年报社会调查中心的一项问卷调查显示,69.4%的受访者认为,中央八项规定出台近4年,社会风气有了明显改善,和谐社会建设取得显著成效(邹雅婷,2016)。因此,从文化形态来看,可以认为,新中国历经艰难险阻进入习近平时代,已经成功打造出了一种和谐有序、稳中求进的"和"文化态,踏上了文化强国建设的新征程。

三、新中国文化软实力分析

近年来,随着关于中国问题、"中国道路"、"中国模式"研究热情的持续升温,国内外学者对于中国文化软实力和核心竞争力的研究也日渐深化。在美国,许多人把中国延续数千年的发展归功于"一大A四小a":"一大A"是Ability(能力),"四小a"是accumulation ability(积累能力)、assimilation ability(吸收能力)、accommodation ability(包容能力)和 adaptability(应变能力)。"一大 A"由"四小 a"形成,而且随时随地都不能离开"四小 a"而独立存在,中国经久不衰就靠这"一大 A""四小 a"(谭中,2007)。日内瓦大学亚洲研究中心高级研究员张维为指出,中国政府是一个强势政府,中国没有一个强势政府,很多事情就很难做。如果像中国这样的国家采取西方的政治模式,就成了"软政府",要想实现现代化几乎不可能,原因是这样的政府缺少凝聚力、整合力和执行力。他进一步强调,强势政府是中国的核心竞争力,强势政府自身也有问题,出现问题需要逐步纠正,也可以纠正(张维为,2009)。秦宣指出,中国改革开放 30 多年所取得的举世瞩目的成就赢得了世人的高度关注。国外学者从"忽视中国"转变到"重视中国",中国发展道路正成为国外学术界探讨的热点问题;国外政要从"否认"中国转变到"承认"中国,"中国因素"正日益成为国际政要认识和把握世界格局的重要影响因子;国外政府从"戒备"中国转变到"借鉴"中国,"中国经验"正成为国外政府治国理政的重要参考。这一切凸现出中国特色社会主义发展道路对国际社会的积极影响,更加坚定了中国人民走中国特色社会主义道路的信心。同时强调,虽然世界各国发展水平不一,意识形态、价值取向、宗教信仰存在较大差异,与中国的关系远近不一,但有一些共同点是值得关注的:第一,许多国家已经明显意识到,现在世界的发展需要中国,世界要实现经济增长需要中国。他们同时也意识到,孤立中国既无必要,也无可能。强大的中国可能是一种挑战,但衰落、涣散和失控的中国则是一种后果难以估量的威胁。第二,中国作为世界上人口最多的国家,在石油、钢铁、煤炭方面的消费会拉动世界经济的增长,中国的利益是符合世界利益的。未来可能更多的不再是世界如何改变中国,而是中国如何改变世界。第三,中国传统文化倡导包容,容忍各种形式的社会制度,尊重选择和尝试,关注团体利益,强调社会利益优先于个人利益。这些思想会替代冷战时期的对抗思维而成为 21 世纪的主流。第四,中国模式的最成功之处是不照搬其他国家的模式,中国式的发展模式显然也不能照搬到其他国家,但其中包含的许多经验是值得学习和借鉴的(秦宣,2008)。尽管国内外学界、政界、智库研究机构等对于是否存在"中国模式"尚有争议,但是,争议本身恰恰说明中国核心竞争力、国际影响力和文化软实力正在日益增强和提升。国内学者对于新中国特别是改革开放以来国家核心竞争力和"中国模式"也有较为深广的研究。有学者认为"中国模式"是经济模式、政治模式和社会模式三位一体的综合,且三个方

面都具有自身的特点。有些学者则从社会主义经济建设、政治建设、文化建
设和社会建设四个方面阐述了"中国模式",在经济建设上突出强调发展社
会生产力,坚持以公有制为主体多种经济成分并存,把市场和政府两者结合
起来调节资源配置;政治建设上发展社会主义的人民民主,拒绝多党轮流执
政和议会政治,不断推进政治体制改革;文化建设上强化马克思主义在意识
形态上的指导地位,允许不同社会思潮的存在,坚持社会主义核心价值观;
在社会建设上着力解决人民群众的根本利益问题,促进社会公平正义,完善
社会管理,走共同富裕道路(刘同舫,2009)。张新文认为,在中国历史上,比
较公认、最为后人称道的盛世有三次,即西汉盛世、大唐盛世和清代的"康雍
乾盛世"。我国改革开放 30 多年取得了举世瞩目的成就,经济繁荣,社会稳
定,人民安居乐业。可以说,我们正处于一个新盛世的开端。比较、分析中
国历史上"三大盛世"的形成和发展历程,虽然具体情况有很大差异,但总体
上看有许多共同点。(1)"三大盛世"都承乱勃兴,速臻大治;(2)三大盛世"
都励精图治,政局稳定;(3)"三大盛世"都经济发展,国富民强;(4)"三大盛
世"都文化昌盛,社会久安;(5)"三大盛世"都人心思进,胸襟开阔。30 多年
的改革开放,影响和改变了国家的前途和命运,取得了举世瞩目的巨大成
就。(1)政治局势空前稳定;(2)经济快速健康发展;(3)人民生活水平明显
提高;(4)中国重新融入世界主流文明。总之,改革开放 30 多年,是新中国
成立以来最好的历史时期,是中国近代史以来唯一的天下大治时期。改革
开放 30 多年使社会主义中国具备了盛世的基本特征,使我们正处于一个新
盛世的开端,使中华民族迎来伟大复兴的光明前景。改革开放 30 多年的伟
大历程证明:没有中国共产党的领导,就没有改革开放事业的全面开启和顺
利推进,党的领导是我国改革开放事业不断取得胜利的根本保证。盛世应
该是各阶层人民和谐共处、可持续发展的美好状态,而不是一劳永逸的目
标。中国历史上的"三大盛世"虽然都先后持续了 100 多年的时间,但堪称
典范并产生巨大影响的时期都不过四五十年。今天的改革开放与历史上的
盛世有着质的不同。而且,改革开放伟大事业有党的正确领导,我们今后的
发展是古代盛世所无法比拟的。同时,也需要看到,古今中外兴亡之理、治
乱之道相通。今天,只要我们深刻汲取历史上盛世兴衰的经验和教训,认清
历史发展规律,时刻保持清醒的头脑,就一定会把改革开放伟大事业继续推
向前进,一定会使改革开放新盛世持久延续下去(张新文,2008)。

　　我们认为,如果从学习力、革新力、凝聚力和传播力等四个角度来讨论

新中国的文化软实力,还需要强调一条主线,也就是必须坚持马克思主义的自由观和文化观,强化马克思主义在意识形态领域的指导和领导地位,坚定不移地坚持四项基本原则,坚持走中国特色社会主义的正确道路。在此前提下,在今天决胜全面建设小康社会,夺取新时代中国特色社会主义伟大胜利的征程中,可能还需要重视建立在"乡土社会"根基上的、新中国必须直面的传统中国问题。费孝通指出,中国"乡土社会"的基层结构是一种"差序格局",是一个"一根根私人联系所构成的网络"(费孝通,1998)。这种格局和现代西洋的"团体格局"是不同的。主要表现为:一是形成原因不同。在团体格局里个人间的联系靠着一个共同的架子;先有架子,每个人结上这架子,而互相发生关联。这种结构很可能是从初民"部落"形态中传下来的。部落形态在游牧经济中最显著的特征是"团体格局"。生活相互依赖的一群人不能单独的、零散的在山林里求生。对他们而言,"团体"是生活的前提。但是,在一个安居的乡土社会,每个人可以在土地上自食其力地生活时,只在偶然的和临时的非常状态中才感觉到伙伴的需要。对于他们来说,和别人发生关系是后起和次要的,而且他们在不同的场合下需要不同程度的结合,并不显著地需要一个经常的和广被的团体。因此乡土社会采取了"差序格局"(费孝通,1998)。二是"道德体系"不同。"团体格局"社会中的道德体系,离不开他们的宗教观念。宗教的虔诚和信赖不但是他们道德观念的来源,而且还是支持行为规范的力量。在象征着团体的神的观念下,有着两个重要的观念:每个个人在神前的平等;神对每个个人的公道。耶稣称神是父亲,是每一个人共同的父亲,他甚至当着众人的面否认了生育他的父母。亲子间个别的和私人的联系在这里被否认了。其实这并不是"无稽之谈",而是有力的象征,象征着"公有"的团体,团体的代表——神,必须是无私的(费孝通,1998)。而差序格局则"以'己'为中心,像石子一般投入水中,和别人所联系成的社会关系,不像团体中的分子一般大家立在一个平面上的,而是像水的波纹一般,一圈圈推出去,愈推愈远,也愈推愈薄"(费孝通,1998)。所以,乡土社会的传统道德体系中没有一个像基督教里那种"爱"的观念——不分差序的兼爱;而且我们也很不容易找到个人对于团体的道德。在西方团体格局的社会中,公务、履行义务,是一个清楚明白的行为规范,而这在中国传统中是没有的(费孝通,1998)。三是"家"的性质不同。在西方家庭团体中,夫妇是主轴,夫妇共同经营生育事务,子女在这个团体中是配角,他们长成了就离开这个团体。对他们而言,政治、经济、宗教等功能由其他团体来负担，不在家庭的分内。两性感情的发展，使他们的家庭成了获取生活上安慰的中心。在我们的乡土社会中则全然不同，家是绵续性的"事业社群"，它的主轴是在父子之间，在婆媳之间，是纵的，不是横的。夫妇成了配轴。配轴虽则和主轴一样并不是临时性的，但是这两轴却都因事业的需要而排斥了普通的情感。所谓普通的感情是和纪律相对照的。一切事业都不能脱离效率的考虑，求效率就得讲纪律，而纪律排斥私情的宽容。在中国的家庭里有家法，在夫妇间得相敬，女子有"三从四德"的标准，亲子间讲究负责和服从。这些都是事业社群的特色。因此，"我所知道的乡下夫妇大多是'用不着多说话的'，'实在没有什么话可说的'。一早起各人忙着各人的事，没有工夫说闲话。出了门，各做各的。妇人家如果不下田，留在家里带孩子。工做完了，男子们也常留在家里，男子汉如果守着老婆，没出息。有事在外，没事也在外。茶馆、烟铺、甚至街头巷口，是男子们找感情上安慰的消遣场所"（费孝通，1998）。同时，"一方面我们可以说中国乡土社会中，不论政治、经济、宗教等功能都可以利用家族来负担，另一方面也可以说，为了要经营这许多事业，家的结构不能限于亲子的小组合，必须加以扩大。而且凡是政治、经济、宗教等都是需要长期绵续性的，这个基本社群绝不能像西洋的家庭一般是临时的。家必须是绵续的，不因个人的长成而分裂，不因个人的死亡而结束，于是家的性质变成了族。氏族本是长期的，和我们的家一般"（费孝通，1998）。费孝通称我们这种社群为"小家族"，也表示了这种长期性的意思，和家庭的临时性相对照。四是权力结构不同。费孝通把权力区分为"同意权力"和"横暴权力"。"同意权力"是共同授予的权力，这种权力的基础是社会契约，是"同意"。"同意权力"基于社会分工，分工愈复杂，这种权力便愈扩大。"横暴权力"表现在社会不同团体或阶层间主从的形态里。在上的是握有权力的，他们利用权力去支配在下的，发号施令，以他们的意志去驱使支配者的行动。团体格局的社会大体上以"同意权力"为主导。但是也不尽然，譬如美国，表面上是偏重"同意权力"的，但种族之间事实上却依旧是"横暴权力"。差序格局的乡土社会属于小农经济，在经济上每个农家除了盐铁之外，必要时可关门自给。所以"同意权力"也可以小到"关门"的程度。"我们常常见到这种社会恰是皇权的发祥地，那是因为乡土社会并不是一个富于抵抗能力的组织。农业民族受游牧民族的侵略是历史上不断的记录"（费孝通，1998）。而且，乡土社会里的权力结构，虽然名义上可以说是"专制""独裁"的，但是除了自己不想持续的末代皇帝之外，从人民实际生活上看,特别是山高皇帝远的地区,人民的切身公事也让给"同意权力"去活动了,所以,实质上又是松弛和微弱的,是挂名的,是"无为"的(费孝通,1998)。新中国成立初期,我们党面对的就是这样一个旧中国,这样一个"乡土社会",而且是一个满目疮痍、百业凋零、百废待兴、愚昧落后的"乡土中国"。如何在这样一个乡土社会建立起一个新中国,这个艰难的任务摆在了新中国第一代领导集体的面前。从费孝通对乡土社会的分析中,可以得到这样两点启示:一是乡土社会中家或氏族是一个有着"差序格局"的"事业社群"或"事业组织",包括费孝通、鲁迅及后来的刘再复、林岗等在内,对于乡土中国的"差序格局"大都持完全批判的态度。然而,可能也应当看到,由于乡土社会中的氏族,如费孝通所看到的那样,具有绵续性、长期性、稳定性,特别是一个事业社群,可以根据事业的大小而具有伸缩性,"如果事来小,夫妇两人的合作已够应付,这个家也可以小得等于家庭;如果事业大,超过了夫妇两人所能担负时,兄弟伯叔全可以集合在一个大家庭里。这说明了我们乡土社会中家的大小变异可以很甚"。虽然,"无论大小上差别到什么程度,结构原则上却是一贯的、单系的差序格局"(费孝通,1998)。"差序格局"造成了乡土社会私德发达,公德缺失,如一盘散沙等问题;但是,这种"差序格局"里也明显地蕴藏一股力量,至少是一种家族团结的力量,为了家族永续发展和兴旺发达而拼搏的力量。根据费孝通的分析,这种"差序格局"能够在乡土中国绵续几千年,也说明其顽强的生命力。但是,"差序格局"极容易形成"圈子文化""码头文化"等,其所蕴藏的负能量显而易见要超过"正能量",所以必须加以彻底改造。二是在乡土社会搞个人主义或个人自由显然行不通。个人主义和集体主义之间,存在着一个重大的世界观分野。个人主义的世界观认为,个人动机是所有社会行为的基础和研究社会现象的参照点。它承认,个人的行为对他人有副作用,这要求社会有起约束作用的规则系统。个人主义者一般都偏好保护自由领域和允许自发协调的规则系统。集体主义者则视社会为一个整体。他们认为,社会在任何时点上都大于构成社会的所有个人之和。他们假设,社会真理和总体利益是可被认识的,可以建立一些法定的权威机构来照看这些利益(柯武刚,史漫飞,2003)。"差序格局"的"事业组织"本身就是一个"小集体",一个"小家族",所以,在乡土社会搞个人主义和个人自由,在氏族里既行不通也无意义,而如西方的那一套"天国"的附着于"团体格局"的自由、平等、博爱,则更不可能植入乡土社会。马克思主义强调,每个人的自由发展是一切人自由发展的条件,既强调了每个人的自由,也突出了一切人的自由,是个人自由和一切人自由的有机统一,因此是对过往一切自由观的全面超越,并且也是"我行故我在"的、行动的、实践的自由观。马克思主义的"自由理性",是在"自由"的理性基础上实现"理性"的自由的根本保障和最现实、最可靠的途径。因此,今天在建设中国特色社会主义文化,决胜全面建成小康社会,夺取新时代中国特色社会主义伟大胜利的征程中,必须坚持马克思主义和马克思主义自由观。再从学习力、革新力、凝聚力、传播力等四种文化软实力来分析"差序格局"的"事业组织","内敛—认同"的凝聚力肯定是极为强大的,这也正是能够被费孝通称为"差序格局"的原因。当然,这种凝聚力也仅仅停留在"差序格局"内。而其"内敛—认异"的学习力、"外张—认异"的革新力和"外张—认同"的传播力,当然因不同的"事业组织"而存在差异甚至是显著的差异,但是,对于绝大多数的氏族而言,则恐怕是难以期待的。这可能也正是为什么传统中国被大多数批评者所诘难的那样,总是显得重经验,好历史,反对冒险,轻视创新等的根源所在。因此,从文化软实力的角度看,如何运用马克思主义的自由观和文化观,彻底改造乡土社会的"差序格局"可能的残余,培育出学习力、革新力、凝聚力、传播力等国家文化软实力,为中华民族的伟大复兴,夺取新时代中国特色社会主义伟大胜利,提供强有力的智力保障和文化支持,是摆在我党面前的一项艰巨任务。在马克思主义的引领下,新中国成立以来,经过几代中国领导集体和全国人民的不懈努力,我们国家的学习力、革新力、凝聚力、传播力等文化软实力建设日益受到重视,不断得到增强。

(一)"内敛—认异"的学习力

毛泽东在新中国成立初期就强调:"学风问题就是一个非常重要的问题,就是第一个重要的问题。"(毛泽东,1991)并且明确指出:"将来我们国家富强了,我们一定还要坚持革命立场,还要谦虚谨慎,还要向人家学习,不要把尾巴翘起来。不但在第一个五年计划期间要向人家学习,就是在几个五年计划之后,还应当向人家学习。一万年都要学习嘛!这有什么不好呢?"(毛泽东,1999)邓小平指出,只有学习好,才能领导好,只有领导好,才能取得社会主义建设的胜利。相反,如果轻视学习,"如果不好好学习,不总结经验,我们也会在建设问题上栽跟头"(邓小平,1989)。在改革开放初期,邓小平总结了新中国成立后的经验,认为新中国成立初期我们学得不坏,进城以后很快就恢复了经济,成功地完成了社会主义改造。但后来"应当承认学得不好,主要的精力放到政治运动上去了,建设的本领没有学好,建设没有上去。因此,全党必须再重新进行一次学习。根本的是要学习马列主义、毛泽东思想,努力把马克思主义的普遍原则同我国实现四个现代化的具体实践结合起来。同时必须大胆吸收和借鉴人类社会创造的一切文明成果,吸收和借鉴当今世界各国包括资本主义发达国家的一切反映现代社会化生产规律的先进经营方式、管理方法"(邓小平,1993)。他同时要求大多数干部要着重抓紧三个方面的学习:一个是学经济学,一个是学科学技术,一个是学管理(邓小平,1993)。2001 年 5 月,江泽民在亚太经合组织人力资源能力建设高峰会上,提出了"构筑终身教育体系,创建学习型社会"的口号。在中共十六大报告中,江泽民再次向全党和全社会提出了要"形成全民学习、终身学习的学习型社会,促进人的全面发展"(江泽民,2006)。在以"讲学习、讲政治、讲正气"为主要内容的党性党风教育活动中,又曾强调指出,"勤于学习,善于学习,不仅有利于我们更好地改造客观世界,而且也有利于我们更好地改造主观世界。全党同志特别是领导干部,一定要坚持学习、学习、再学习"(江泽民,2006)。胡锦涛也多次强调:"要坚持发扬理论联系实际的马克思主义学风,坚持改造主观世界与改造客观世界相统一。"(《十七大以来重要文献选编》,2009)多次倡导"在全社会进一步树立终身学习的理念,鼓励人们通过多种形式和渠道参与终身学习"(《十六大以来重要文献选编》,2005)。要求人们"广泛学习法律、科学、文化、社会、历史等方面的知识,学习现代化建设所需要的一切知识,用人类创造的优秀文明成果充实自己、提高自己"(《十六大以来重要文献选编》,2006)。习近平总书记把理想信念比喻为共产党人精神上的"钙",要防止"缺钙"和"软骨病",就要坚定理想信念,树立崇高信仰。习近平指出:"要练就'金刚不坏之身',必须用科学理论武装头脑,不断培植我们的精神家园。"(习近平,2014)同时强调:"好学才能上进。中国共产党人依靠学习走到今天,也必然要依靠学习走向未来。我们的干部要上进,我们的党要上进,我们的国家要上进,我们的民族要上进,就必须大兴学习之风,坚持学习、学习、再学习,坚持实践、实践、再实践。"(习近平,2014)

新中国成立以来,以毛泽东同志为核心的党的第一代中央领导集体,坚持马克思主义普遍原理与中国革命具体实践相结合,带领全党全国各族人民完成了新民主主义革命,进行了社会主义改造,确立了社会主义基本制度,成功实现了中国历史上最深刻最伟大的社会变革,为当代中国一切发展进步奠定了根本政治前提和制度基础。在探索过程中,虽然经历了严重曲折,但党在社会主义建设中取得的独创性理论成果和巨大成就,为新的历史时期开创中国特色社会主义提供了宝贵经验、理论准备和物质基础。以邓小平同志为核心的党的第二代中央领导集体带领全党全国各族人民深刻总结我国社会主义建设正反两方面经验,学习借鉴世界社会主义历史经验,作出把党和国家工作中心转移到经济建设上来、实行改革开放的历史性决策,深刻揭示了社会主义的本质,确立社会主义初级阶段基本路线,明确提出走自己的路、建设中国特色社会主义,科学地回答了建设中国特色社会主义的一系列基本问题,成功开创了中国特色社会主义道路。以江泽民同志为核心的党的第三代中央领导集体带领全党全国各族人民坚持党的基本理论、基本路线,在国内外形势十分复杂、世界社会主义出现严重曲折的严峻考验面前捍卫了中国特色社会主义,依据新的实践确立了党的基本纲领、基本经验,确立了社会主义市场经济体制的改革目标和基本框架,确立了社会主义初级阶段的基本经济制度和分配制度,开创了全面改革开放的新局面,推进党的建设新的伟大工程,成功地把中国特色社会主义推向了 21 世纪。以胡锦涛同志为总书记的党的第四代领导集体,紧紧抓住新世纪新阶段重要战略机遇期,在全面建设小康社会进程中推进实践创新、理论创新、制度创新,强调坚持以人为本、全面协调可持续发展,提出构建社会主义和谐社会、加快生态文明建设,形成中国特色社会主义事业总体布局,着力保障和改善民生,促进社会公平正义,推动建设和谐世界,推进党的执政能力建设和先进性建设,成功地在新的历史起点上坚持和发展了中国特色社会主义。党的十七届四中全会提出要把建设马克思主义学习型政党作为“重大而紧迫的战略任务”,党的十八大则进一步提出了建设学习型、服务型、创新型马克思主义执政党的任务。以习近平同志为核心的党中央率先垂范、以身作则,践行建设马克思主义学习型政党的各项基本要求,提出了建设学习型政党的一系列思想、原则和方法。新中国成立以来,我党逐步形成的中国特色社会主义理论体系,就是包括邓小平理论、“三个代表”重要思想、科学发展观和习近平新时代中国特色社会主义思想在内的科学理论体系,是对马克思列宁主义、毛泽东思想的坚持、继承和发展,也是学习借鉴一切人类文明成果的伟大成就和学习成果,充分体现了我党戒骄戒躁、谦虚谨慎的学习态度和学习能力,为夺取新时代中国特色社会主义建设伟大胜利,建成富强民主文明和谐美丽的社会主义现代化强国,实现中华民族的伟大复兴,奠定了坚实的基础,提供了强大的智力保障和文化支持。

　　(二)"外张—认异"的革新力

　　马克思说:"不是人们的意识决定人们的存在,而是人们的社会存在决定人们的意识。"(马克思,恩格斯,1972)他又曾强调:"从来的哲学家只是各式各样地说明世界,但是重要的乃在于改造世界。"(马克思,恩格斯,1972)皮尔松·普森在《一生的护照——终身学习与未来社会的个人生存》一书中提到:"人类社会正迅速步入知识经济时代。学习成了这个时代最重要的特征之一。但究其本质而言,学习的目的并非是学习本身,而是为了在竞争中取胜,维护生存的可能。"(普森,2003)学习不是、至少不仅仅只是为了解释、说明和理解世界,更在于创新。一部中国革命和发展史就是一部不断学习、与时俱进、开拓创新的历史。中国革命走什么样的发展道路?这是中国在鸦片战争后逐步沦为半殖民地半封建社会时就摆在中国人民和中国革命者面前的一个严峻课题。历史告诉我们,西方资产阶级的文明、资产阶级的民主主义、资产阶级共和国的方案,都挽救不了中国。俄国"十月革命"给我们送来了马克思列宁主义,成立了中国共产党,中国革命才有正确的航向。正如毛泽东说:"十月革命一声炮响,给我们送来了马克思列宁主义。十月革命帮助了全世界也帮助了中国的先进分子,用无产阶级的宇宙观作为观察国家命运的工具,重新考虑自己的问题。走俄国人的路——这就是结论。"(毛泽东,1991)毛泽东还强调:"马克思这些老祖宗的书,必须读,他们的基本原理必须遵守,这是第一。但是,任何国家的共产党,任何国家的思想界,都要创造新的理论,写出新的著作,产生自己的理论家,来为当前的政治服务,单靠老祖宗是不行的。"(毛泽东,1959)毛泽东在《新民主主义论》(1940年1月)一文中进一步强调指出,半殖民地半封建条件下的中国革命,唯一正确的发展道路,只能是走新民主主义的道路:第一步,建立以中国无产阶级为首的各个革命阶级联合专政的新民主主义社会;第二步,发展到建设社会主义社会。这是历史发展的必然,中国革命正是沿着这条道路走过来的(毛泽东,1991)。同时指出:"中国应该大量吸收外国的进步文化,作为自己文化食粮的原料,这种工作过去还做得很不够。这不但是当前的社会主义文化和新民主主义文化,还有外国的古代文化,例如各资本主义国家启蒙时代的文化,凡属我们今天用得着的东西,都应该吸收。但是一切外国的东西,如同我们对于食物一样,必须经过自己的口腔咀嚼和胃肠运动,送进唾液胃液肠液,把它分解为精华和糟粕两部分,然后排泄其糟粕,吸收其精华,才能对我们的身体有益,决不能生吞活剥地毫无批判地吸收。所谓'全盘西化'的主张,乃是一种错误的观点。形式主义地吸收外国的东西,在中国过去是吃过大亏的。中国共产主义者对于马克思主义在中国的应用也是这样,必须将马克思主义的普遍真理和中国革命的具体实践完全地恰当地统一起来,就是说,和民族的特点相结合,经过一定的民族形式,才有用处,决不能主观地公式地应用它。公式的马克思主义者,只是对于马克思主义和中国革命开玩笑,在中国革命队伍中是没有他们的位置的。中国文化应有自己的形式,这就是民族形式。民族的形式,新民主主义的内容——这就是我们今天的新文化。"(毛泽东,1991)历史雄辩地证明,没有创造性运用马克思主义,不把马克思主义的普遍真理同中国革命的具体实践完全地、正确地统一起来,中国革命和建设事业就有可能走入歧途甚至夭折途中。共和国的历史巨轮驶入邓小平时代,对于什么是社会主义本质,哪些范畴属于社会主义本质,在相当长一个时期,我们并没有完全搞清楚这些问题,甚至对于社会主义本质这个概念本身,也很少提及。有的传统理论纯粹从上层建筑出发考察社会主义本质,或者把社会主义的某些特征和表现当作社会主义本质,或者把某些教条式的理解作为社会主义本质的主要范畴,等等。这些观点和做法不仅没有把握社会主义本质的科学内涵,反而造成了思想上的混乱。反映到实践中,就是关起门来搞建设,片面强调社会主义意识形态,把计划手段当作经济工作中的灵丹妙药,把市场当作资本主义的毒草拒之门外。这种做法偏离了基本国情、偏离了生产力运动规律、偏离了社会主义在中国实践的特殊性,我们为此付出了很大的代价。邓小平在南方谈话中用简洁凝练的 28 个字从生产力和生产关系相结合的角度科学地揭示了社会主义本质。"社会主义本质既是邓小平理论的理论基石,又是中国特色社会主义理论体系的理论基石"(汪玉奇,龚剑飞,2012)。社会主义本质论既是邓小平南方谈话最核心的思想,也是马克思主义的普遍原理和中国革命的具体实践相统一、相结合的新的重大理论成果。江泽民在建党八十周年的讲话中则强调:必须不断根据实践的要求与时俱进、开拓创新。"创新是一个民族的灵魂,是一个国家兴旺发达的不竭动力,也是一个政党永葆生机的源泉。"(江泽民,2001)"建设国家创新体系,是党中央、国务院为推进我国科技进步和创新,使科学技术在我国现代化建设中更好地发挥第一生产力的作用而作出的重大决策……我国要在激烈的国际竞争中掌握主动,必须大大提高科技创新的能力,必须在世界高科技领域占有一席之地。这是关系中华民族发展的大战略。如果不抓紧提高自主创新能力，我们就会始终处于被动地位。"（中共中央文献研究室，2008）胡锦涛强调："提高自主创新能力，建设创新型国家，这是国家发展战略的核心，是提高综合国力的关键。要坚持走中国特色自主创新道路，把增强自主创新能力贯彻到现代化建设各个方面。"（胡锦涛，2007；中共中央文献研究室，2008）习近平总书记指出："今天，我们比历史上任何时期都更接近中华民族伟大复兴的目标，比历史上何时期都更有信心、有能力实现这个目标。而要实现这个目标，我们就必须坚定不移贯彻科教兴国战略和创新驱动发展战略，坚定不移走科技强国之路。科技是国家强盛之基，创新是民族进步之魂。"（习近平，2016）2014年6月9日，习近平在出席中国科学院第十七次院士大会、中国工程院第十二次院士大会时强调，我国科技发展的方向就是创新、创新、再创新。要坚定不移走中国特色自主创新道路，坚持自主创新、重点跨越、支撑发展、引领未来的方针，加快创新型国家建设步伐（习近平，2014）。2016年1月18日，习近平《在省部级主要领导干部学习贯彻党的十八届五中全会精神专题研讨班上的讲话》进一步强调指出："把创新摆在第一位，是因为创新是引领发展的第一动力。发展动力决定发展速度、效能、可持续性。对我国这么大体量的经济体来讲，如果动力问题解决不好，要实现经济持续健康发展和'两个翻番'是难以做到的。当然，协调发展、绿色发展、开放发展、共享发展都有利于增强发展动力，但核心在创新。抓住了创新，就抓住了牵动经济社会发展全局的'牛鼻子'。"

改革开放以来，我国的创新能力大幅提升，创新型国家建设取得了卓越成就。为提升国家综合国力和核心竞争力，2006年中国提出建设创新型国家的战略目标：到2020年，经济增长的科技进步贡献率从39％提高到60％以上，全社会研发投入占GDP的比重从1.35％提高到2.5％，进入创新型国家行列（胡锦涛，2006）。纪宝成选取瑞士洛桑国际管理学院《2007年度世界竞争力年鉴》的国家创新指数，对55个主要国家和地区的创新现状进行的评价分析，结果显示，中国排在第26位（纪宝成，2008）。中国科协发展研究中心国家创新能力评价研究课题组构建的国家创新能力评价指标体系，对34个国家和地区的国家创新能力进行评价分析，结果显示，中国排在第23位（中国科协发展研究中心国家创新能力评价研究课题组，2009）。中国科学技术发展战略研究院构建的国家创新指数，选取40个主要R&D经费支出国家与地区，对其国家创新指数进行了9个年度的评价。结果显示，中国国家创新指数排名不断攀升,从 2000 年的第 38 位上升到了 2008 年的第 21 位(中国科学技术发展战略研究院,2010)。欧盟创新指数报告(2006 年、2008 年)分别构建了全球创新指数,并对 481 个主要 R&D 支出国家与地区进行评价。结果显示,中国分别排在第 36 位和第 34 位(崔维军,郑伟,2012)。崔维军、陈亚兰基于全球创新指数报告数据,通过中国创新型国家建设排名与聚类分析,对中国 2007 年以来的创新型国家建设进程进行分析,通过各分项指标排名对中国创新型国家现状特征和优劣势的比较,得出如下结论:(1)中国创新型国家建设取得明显成效,已经进入创新追随国家行列。无论是排名变化还是聚类结果,2007 年以来,中国创新型国家建设成效明显,排名不断上升,已经逐渐从中等创新国家进入创新追随国家。按照目前趋势,未来若干年,中国有希望进入创新领先国家行列。(2)与其他金砖国家相比,中国在创新型国家建设方面优势明显。从分析结果来看,在 2007 年之后,中国在创新型国家建设方面已经超越了其他 4 个金砖国家,率先进入创新追随国家行列。(3)中国科技产出水平高、创新效率高、资本环境好、基础教育有一定优势。从分析结果来看,中国创新输入模块排名较低,产出排名较高,效率优势明显。同时,从单向指标来看,中国创新型国家建设资本环境好、基础教育优势明显。(4)宏观环境和高等教育成为中国创新型国家建设的主要束缚因素。总体来看,中国创新型国家建设取得明显成效,排名不断上升。当然,在创新型国家建设方面,我们也存在着一些短板和问题。如中国高校和基础研究的低占比不仅与中国科技发展的总体规模和企业迅速增长的发展现状不相适应,也远不能满足中国加强原始创新、建设创新型国家的要求。中国以后发优势战略创造了 GDP 世界第二的"中国奇迹",但此种战略的边际收益递减性会造成与先发国家之间难以逾越的"最后最小差距"。所以,要实现对发达国家的赶超,不能只关注研发活动的规模,更要注重基础研究、应用研究和试验发展之间的比例协调关系,尤其要加大基础研究投入,提高原始创新能力。与多数创新型国家约 15% 的基础研究投入相比,中国的基础研究强度长期徘徊在 4%～5%,虽经多年呼吁,但并未随研发经费规模扩大和强度提高而显著上升。基础研究低强度虽为发展中国家的普遍现象,但对于已步入工业化中后期的中国来说 ,这已经成为一个明显的结构性问题。另外,作为基础研究主力军的高等学校,在全国 R&D 经费中的占比长期偏低,再加上高校 R&D 经费中基础研究的低占比,造成中国基础研究环节的薄弱(刘建生,玄兆辉,2015)。例如,

2012 年中国高校 R&D 经费支出中只有 35.3％用于基础研究,这一比例在 2004 年的美国已达到 71.4％(刘云,2013)。

(三)"内敛—认同"的凝聚力

梁启超在 1901 年至 1903 年期间,提出了对外要"厉国耻"、求独立,对内要"倡民权"、废暴政,最终目标是要达到众生平等的"大同"之境。他认为,一个国家只有万众一心才能富强,否则即成为一盘散沙。他多次强调,"西人之议瓜分中国也,数十年于兹矣",偌大中国"均归人手","仅余外观之皮毛",长此以往将"鞠为茅草"。他进一步认为,造成这种惨状的原因有二:一是中国有"最腐败之政府";一是中国有"最散弱之国民"。虽然他对"最腐败之政府"不遗余力地予以抨击,但其认为"最散弱之国民"是更为重要的原因。他在《十种德性相反相成议》《新民说》《致康有为书》和《新民议》等文章中,反复阐述了这些观点。新中国成立后,结束了旧中国一盘散沙的局面,大大增强了中华民族的凝聚力。项福库认为,不同历史时期,推动中华民族凝聚力增强的因素是不同的,它处于动态发展之中,新中国成立以来推动中华民族凝聚力持续增强之要素有三:一是中华民族对爱国主义的继承与弘扬;二是社会主义制度所具有的强大生命力与巨大优越性;三是中国共产党的英明领导(项福库,2012)。沈其新认为,新民主主义革命理论使中华民族凝聚力的两大核心要素"天下大一统"观念和爱国主义在抗日民族统一战线中实现了与时俱进。因此,马克思主义中国化的毛泽东思想不仅成为中国共产党的指导思想,同时成为中华民族新凝聚力的象征。纵观中华民族凝聚力的近现代化进程,经历了由传统凝聚力向新凝聚力升华。这一历史时代的跃进,归功于伟大的毛泽东思想,毛泽东思想是马克思列宁主义基本原理与中国革命实践相结合的结晶,是中国人自鸦片战争后不断求索的中华民族新凝聚力的象征。中华民族新凝聚力象征的诞生给我们三点启示:其一,马克思主义中国化的毛泽东思想取代西化的孙中山"三民主义"成为中华民族新凝聚力的象征,说明新凝聚力的建构必须从本民族文化中诞生,不可以从西方原封不动地搬进来。其二,民族凝聚力是民族发展自下而上的基石,是民族统一、振兴、强大的前提。在今天的改革开放之中,必须牢记坚持"四项基本原则",继续高举毛泽东思想,使中华民族新凝聚力在新世纪得到进一步的发展与升华。其三,中华民族凝聚力必须坚持与时俱进,才能成为中华民族文化振兴的力量源泉(沈其新,2003)。从毛泽东思想到邓小平理论、"三个代表"重要思想、科学发展观、新时代中国特色社会主义思想的深入人心,就是中华民族凝聚力的象征坚持与时俱进的典型体现。周苏玉认为,邓小平理论的创立,为当代中华民族凝聚力的维护和巩固确立了新的方向,将当代中华民族凝聚力的发展推进到了一个新的历史阶段。作为社会意识体系和价值体系,它对当代中华民族凝聚力的提升有着巨大的精神主导与支柱功能。社会主义初级阶段理论为当代中华民族凝聚力找到了新的起点和动力,"以经济建设为中心"的思想为当代中华民族凝聚力找到了新的支点;邓小平理论提出的改革特别是经济体制改革为中华民族凝聚力的发展注入了新的活力,夯实了基础;"一国两制"方针则为国家统一与民族凝聚找到了可行途径。从文化的角度看,"和合"文化是中华民族传统精神的重要内容。"一国两制"是对崇尚和平、团结这一中华民族传统精神的继承和发展。"和合"思想反映了历史上人民企盼国家统一、民族和睦的愿望。"和合"不是无差异、无矛盾。这种差异,在当今的祖国统一问题上就是制度的差异,"一国两制"用两种制度加以解决,所依据的根本原则就是"求同存异",求一国之同,存两制之异。在改革开放进程中,面对如何体现社会主义优越性,如何实现共同富裕问题时,邓小平更是一针见血地指出:"只有社会主义,才能有凝聚力,才能解决大家的困难,才能避免两极分化,逐步实现共同富裕。"(邓小平,1993)"社会主义最大的优越性就是共同富裕,这是体现社会主义本质的一个东西。""如果仅仅是少数人富有,那就会落到资本主义去了。"(邓小平,1993)从这些论述中,我们可以看出邓小平在这个问题上的坚定信念和明确态度,这就是社会主义必须避免两极分化,社会主义也能够避免两极分化,这是社会主义的优势,也是社会主义安身立命之所在(冷溶,汪作玲,2007)。江泽民的民族凝聚力思想包含着十分丰富的内容,其中尤以增强党的凝聚力为中心的凝聚核心论、以三个纽带为依托的民族纽带论、以民族精神为动力的综合国力论、以发展为第一要务的路径选择论、以团结为主题的基本经验论、以实现中华民族伟大复兴为目标的价值目标论为主要内容。这些内容相互联系、相互影响、相互作用,共同构成了一个比较完整的民族凝聚力思想体系。它坚持和发展了马克思主义经典理论和毛泽东、邓小平的民族凝聚力思想,深刻地反映了当代中华民族凝聚力发展的本质特征和客观规律,为源远流长的中华民族凝聚力思想宝库增添了新内容,是"三个代表"重要思想科学体系的有机组成部分(罗国基,2005)。胡锦涛在倡导弘扬中华民族精神上继承并发扬了前几代中央领导集体的思想,面对新的时代要求,不断丰富和发展中华民族伟大的民族精神,从我国发展的实际出发,在社会主义市场经济的大环境下,不断进行理论创新,相继提出了科学发展观、构建社会主义和谐社会、加强党的执政能力建设和先进性建设、建设社会主义新农村、建立资源节约型和环境友好型社会、树立社会主义荣辱观、建设和谐世界等一系列重大战略思想。胡锦涛在党的十七大报告中强调要"弘扬中华文化,建设中华民族共有精神家园";"中华文化是中华民族生生不息、团结奋进的不竭动力"(胡锦涛,2007)。习近平总书记关于提升中华民族凝聚力的思想是他治国理政思想体系的重要方面,内涵丰富、博大精深,是新形势下做好民族工作乃至各方面工作的重要基础。党的十八大报告强调指出,社会主义核心价值体系是兴国之魂,决定着中国特色社会主义的发展方向。要深入开展社会主义核心价值体系学习教育,用社会主义核心价值体系引领社会思潮、凝聚社会共识。在党的十九大报告中,习近平总书记进一步强调:"必须坚持马克思主义,牢固树立共产主义远大理想和促进中国特色社会主义共同理想,培育和践行社会主义核心价值观,不断增强意识形态领域主导权和话语权,推动中华优秀文化传统创造性转化、创新性发展,继承革命文化,发展社会主义先进文化,不忘本来、吸收外来、面向未来,更好构筑中国精神、中国价值、中国力量,为人民提供精神指引。"(习近平,2017)可以看到,从党的十八大到十九大,为实现中华民族伟大复兴的中国梦而实施的"四个全面"战略布局和"五大发展"理念等的一系列的新战略新举措,表明以习近平同志为核心的党中央对社会主义的认识、对建设中国特色社会主义方略的把握达到了一个前所未有的新高度,将党和国家的发展推进到了一个新的重要历史时段,中国特色社会主义已经进入新时代,这对于凝聚中华民族最大共识、提升中华民族凝聚力和促进中国可持续发展更是产生了重大而深远的影响。总之,新中国成立以来,中国共产党在团结带领中华民族推进社会主义革命、建设和改革进程中,继承与弘扬了中华民族爱国主义传统,领导各族人民万众一心经受住了 20 世纪 80 年代末 90 年代初国内外政治风波的考验;顶住了亚洲金融危机及 2008 年以来国际金融危机对我国的严重冲击;战胜了百年不遇的特大洪水并取得抗击"非典"及汶川地震救灾的胜利;成功举办了北京奥运会与残奥会。在这一系列斗争中,中华民族凝聚力得到不断增强,相继培育出抗美援朝精神、雷锋精神、焦裕禄精神、红旗渠精神、铁人精神、大庆精神、"两弹一星"精神、抗洪精神、抗震救灾精神、载人航天精神、北京奥运精神等中华民族的时代精神。这些精神充分体现出各族人民对祖国发展与民族振兴的强烈责任感和使命感,充分表达出各族人民都把本民族的发展进步同祖国的发展进步与中华民族的伟大复兴紧密联系起来的共同愿望,它越来越成为振兴中华民族的强大精神力量,既是新中国成立以来中华民族凝聚力不断增强的内在推动力量,也是中华民族凝聚力不断增强的有力体现(项福库,2012)。

（四）"外张—认同"的传播力

新中国的国家传播力、影响力、感召力,宏观层面可以从外交上来加以解读。20 世纪的中国历史大致可以划分为三个明显的三十年:新中国成立前的三十年,也就是从 1919 年到 1949 年,是中国人民为了谋求民族独立和解放前赴后继,英勇奋斗,勇于牺牲,敢于胜利的三十年。无数仁人志士,抛头颅、洒热血,终于在中国共产党的领导下获得了民族独立和解放,成立中华人民共和国,中国人民从此站起来了。新中国成立至今这六十多年,又可以划分为新中国成立后的三十年和 1978 年改革开放以来的三十多年。从外交上看,前三十年是反对大国威胁、巩固独立、维护主权和领土完整的三十年,后三十年则是适应形势的发展和变化,为国内经济建设创造良好周边环境、促进发展的三十年(张清敏,2009)。这六十多年,作为一个独立主权国家,彻底改变了旧中国"弱国无外交"的国际地位和国家形象。七届二中全会首次提出革命胜利后的外交政策,《共同纲领》倡导拥护世界和平与合作,反对侵略和战争,其中第五十六条明确规定:"凡与国民党反动派断绝关系、并对中华人民共和国采取友好态度的外国政府,中华人民共和国中央人民政府可在平等、互利及互相尊重领土主权的基础上,与之谈判,建立外交关系。"新中国成立当天,毛泽东宣告:愿与平等待我之国家建交。新中国成立第一年便与 17 个国家建交(第一个国家是苏联)。由于当时国际关系上社会主义与资本主义两大阵营的对立,美国从全球遏制共产主义的战略出发,推行对华不承认政策和在台湾问题上的敌对姿态,对中华人民共和国采取极端孤立与排斥政策。中华人民共和国"另起炉灶",即不承认国民政府旧的屈辱外交关系,致力于建立新的平等外交关系,使中国改变了半殖民地的地位,在国际交往中独立自主,为巩固中国的独立和主权、建立平等互利的外交关系奠定了基础。1953 年为解决中印、中缅关系,提出"和平共处五项原则",标志着新中国外交政策的成熟,并取得了卓越的外交成就。1954年的日内瓦会议,是新中国第一次以世界五大国之一的身份参加的国际会议。1955 年亚非会议上,周恩来提出"求同存异"的方针,在 20 世纪 50 年代中期至 60 年代末的外交中,成功地与"一大片"亚非拉国家建立了友好关系。20 世纪 70 年代中国外交取得重大发展。1971 年基辛格秘密访华,成为最出人意料的外交新闻;1972 年尼克松访华,发表《中美联合公报》,两国关系开始正常化;我国国际地位显著提高,1971 年加入联合国,并恢复安理会常任理事国合法席位;1972 年,田中角荣访华,中日两国关系正常化,打开了我国外交的新局面,国际上出现了同中国建交的热潮。到 1979 年对外开放之际,中国已经在和平共处五项原则的基础上与 111 个国家建立了平等的外交关系,实现了中华民族与其他国家和民族的完全平等。改革开放以来,坚持反对霸权主义、强权政治和不结盟政策,重视和第三世界发展关系(新中国成立以来一直延续着重视亚非拉国家的传统政策),积极开展与周边国家的睦邻友好关系,维护世界和平,坚持长期实行对外开放政策。进入新世纪,中国实行"与邻为善、以邻为伴"的方针,加强同周边国家的睦邻友好和务实合作,参与或促成一些多边机制,化解周边热点,对尚存的难题则根据"搁置争议"的原则达成临时协议,营造了一个和平稳定、平等互信、合作共赢的周边环境,创造了中国与周边国家关系的历史最好时期。在解决全球性问题和处理地区冲突问题上,中国坚持和平谈判、外交磋商,在尊重相关国家主权的原则下,派出维和部队进入热点地区,得到国际社会的充分肯定。中国在朝核问题上主动斡旋;主张政治解决伊朗核问题;在其他国家和地区发生经济危机和自然灾害时,尽己所能提供援助;在世贸组织框架内,在解决全球气候变化、公共卫生等问题上,积极承担相应国际义务,履行自己的承诺,国际形象得到很大的改善。2013 年 9 月 7 日,中国国家主席习近平在哈萨克斯坦纳扎尔巴耶夫大学作演讲,提出共同建设"丝绸之路经济带"的重大倡议。2015 年 3 月 28 日,国家发展改革委、外交部、商务部联合发布了《推动共建丝绸之路经济带和 21 世纪海上丝绸之路的愿景与行动》。"一带一路"倡议旨在借用古代丝绸之路的历史符号,高举和平发展的旗帜,积极发展与沿线国家的经济合作伙伴关系,共同打造政治互信、经济融合、文化包容的利益共同体、命运共同体和责任共同体。共建"一带一路"符合国际社会的根本利益,彰显人类社会共同理想和美好追求,是国际合作以及全球治理新模式的积极探索,为世界和平发展增添新的正能量。2005年,英国广播公司(BBC)对外部进行的民意测验显示,在调查所及的 22 个国家当中有 14 个国家的大多数或较多数公民认为,中国在世界上的影响力具有积极意义,有近一半(48%)的人认为中国的影响力比美国更具有积极意义。美国《时代》周刊、美国皮尤调查中心等近年来多次在全球进行的关于国家形象的调查中,中国正面形象始终处于世界的前五位(张清敏,2009),充分说明中国国家传播力正在日益增强。

微观层面,文化传播力是国家文化软实力重要和有机的组成部分。"文化产品已经成为文化传播的最主要载体,它内在地蕴涵着生产者的思想和观念。因此,文化产品流通输出的同时也就是文化观念的传播辐射。事实证明,文化产品输出大国无一例外都拥有发达的文化产业,以及较高的文化认同度和文化吸引力、影响力。美国在这方面就是最好的例证"(王景云,2008)。对外文化输出是我国文化软实力建设中的一个重要内容,文化输出是文化交流中带有主动竞争性质的一个传播策略。从竞争角度来看,文化交流的最终目的是扩大国际影响力,而国际影响力的扩大又可以直接促进世界范围内的财富与资源聚拢。因此,文化传播尚未能跳出国与国之间的竞赛主题。当然,随着世界文明的整体进步,人类在文化交流过程开始致力于多极世界的发展建设,这也是文化传播的必然的和重要的结果之一(陈美华,陈祥雨,2013)。党的十七大以来,国家大力倡导文化产业,强调不能把文化"走出去"仅仅局限在对外宣传和友好交流的框架内,而是应该按照市场法则进行文化产品的国际贸易,在竞争中占领国际市场,扩大中国文化的阵地和影响(杨利英,2010)。党的十八大报告明确提出要"构建和发展现代传播体系,提高传播能力"(胡锦涛,2012)。在当今世界军事、科技、经济竞争激烈的背景下,文化在国际舞台上的地位和作用日益凸显,很多国家都把提高文化"软实力"和传播力作为重要的发展策略。在中国跃居为全世界第二大经济体、国际影响力与日俱增的大好形势下,很多学者开始关注并呼吁我国的文化"软实力"建设。国内学者从这个角度提出的以提高国际影响力、感召力为主旨的文化软实力,基本上均可以认为是我们所说的"外张—认同"的传播力。为了提高国家文化软实力和传播力,与之相应的是我国政府加大了汉语国际推广和海外文化传播的扶持力度。自 2004 年第一个孔子学院在韩国首尔成立以来,我国已经在全世界 106 个国家的 350 多个教学机构落户、创办了孔子学院。我国在 2004 到 2012 年 8 年间,在这一项目上的投资已超过 5 亿美元。孔子学院在中国语言文化的海外传播中扮演了十分重要的角色,成为中国在全球推广中华文化的主要力量,成为"体现中国'软实力'的最亮牌"和"当代中国'走出去'的符号"(陈刚华,2008)。2008年"人文奥运"的概念一经提出,便在全世界产生了广泛影响。"人文奥运"传递了我国构建和谐社会、和谐世界的理念,不仅更容易让西方世界接受中国的文化理念,也促进了他们对中国价值、中国精神、中国智慧的理解。奥运会结束后,世界掀起了一股"中国热",中国优秀的民族文化得到广泛传播,在美国汉语已成为学习人数增长最快的外语,在美国 3000 多所大学里,有近 800 所开设了汉语课程。在中国周边国家中,韩国政府 2005 年 2 月宣布在所有公务文件和交通标识等领域,全面恢复使用汉字和汉字标记,并规定将目前使用韩国文字的公务文件改为韩、汉两种文字并用。2007 年 11 月 28 日,韩国第一份中文日报《亚洲日报》正式创刊,以满足在韩国的 30 万～40 万华侨和 200 万名学习中文的韩国人。在越南,以著名法学家范维义为代表的十多位有影响的专家学者联名向越南教育部上书,建议在全国中小学实行必修汉语的制度。在日本,每年举办的汉字检定考试,参加的受测人数已超过 200 万人。目前,汉语的传播范围覆盖了亚洲、大洋洲、俄罗斯、东欧、中东和非洲的 80 多个国家和地区(刘斌等,2005),这给中国文化的对外传播带来了前所未有的机遇,同时也说明中国国家文化软实力和传播力的日益增强。当然,从传播力的微观层面看,中国文化对外传播的层次仍然较低。据有关学者对美国和泰国的一些孔子学院学生的调查,国外青年对兵马俑、茶叶、中国菜等的兴趣强烈且认知较为正面,而对中国人的中庸之道等思想持中性态度,对有些文化理念和价值观念也存在抵触现象。总体来看,国外民众对于我国文化的感知大都还停留在一个较浅的层次上。我国也正在采取有力措施,改变现状,但因"创意匮乏和缺乏再创新",导致我国文化产品仍存在"对西方民众缺乏吸引力"的问题(李秀梅,2013)。

四、本章小结

马克思主义自由观不仅超越了一切的哲学自由观,而且,把自由拉回到了"劳动"和"实践"领域。马克思主义的"自由理性"是在"自由"的理性基础上实现"理性"的自由的根本保障和最有效、最现实的途径,是经济社会科学可持续发展的"最初动力的动力",也是"最后动力的动力"。创造性地运用马克思主义的中国共产党,具有强烈的批判和反思精神,经过几代中央领导集体带领全国各族人民艰苦卓绝的努力,有力地激发了中华民族文化发展原动力,成功建构了兼具学习力、革新力、凝聚力和传播力的国家文化软实力,国家文化日益呈现出与时俱进、和谐稳定、充满活力的"和"文化形态,成功打造出经济社会发展的"中国模式",在中华民族伟大复兴之路上,取得了一个又一个举世瞩目的辉煌成就。事实胜于雄辩,在人类历史上,没有一个理论家能如马克思那样,能够全面而且深刻地改变世界,创造历史,并且影响持续而深远。同时,在人类文明史上,无论涌现过多少理论和主义,也不得不承认,恐怕没有比共产主义社会昭示的真、善、美理想更值得追求的文化理想了。共产主义理想正是新中国经济社会发展的不竭的文化原动力。

　　党的十六大、十七大、十八大,特别是十九大以来,我们党立足于建设中国特色社会主义的总体布局,从新时代新阶段科学发展、和谐发展、和平发展、保障人民文化权益、满足人民美好生活需要出发,提出了推动社会主义文化大发展、大繁荣的文化强国战略,把文化建设与政治建设、经济建设、社会建设、生态建设设置于同等重要地位,可以说明我国的文化建设正处在一个非常重要的历史节点上。当今时代,文化因素在全球秩序中变得越来越重要(亨廷顿,2002),文化战略对于一个国家和区域社会的进步和发展愈来愈受到重视。文化发展战略思想直接影响和制约着经济、政治、社会等的发展和国家总体发展战略目标的实现,也关系到一个国家综合实力和良好国际形象的树立。在新时期、新阶段,我们以科学发展、和谐发展、和平发展、合作共赢发展为着眼点,我们的文化战略谋划的是"建立在以人为本基础上的,以文化综合与创新为基本内容,以协调、可持续发展为特征,以人类文明进步为最终目标的革命性的发展战略"(王彤,2005),既具有科学性、指导性、长期性,也具有国际、国内统筹兼顾、和合共赢的全局性。"文化强国战略是多重因素共同作用的结果。中国五千年的优秀历史为文化强国战略的提出奠定了基础,我党对文化建设认识的不断深化是文化强国战略提出的现实依据,世界发展趋势的大力推动是文化强国战略提出的时代背景,民众精神文化需求和'硬实力'与'软实力'的失衡是文化强国战略提出的内在动力。无论是国际环境还是国内形势,都要求我们必须高度重视文化建设"(陈计冰,2012)。正如习近平总书记在十九大报告中所强调指出的:"中国特色社会主义文化,源自于中华民族五千多年文明历史所孕育的中华优秀传统文化,熔铸于党领导人民在革命、建设、改革中创造的革命文化和社会主义先进文化,植根于中国特色社会主义伟大实践。发展中国特色社会主义文化,就是以马克思主义为指导,坚守中华文化立场,立足当代中国现实,结合当代时代条件,发展面向现代化、面向世界、面向未来的、民族的科学的大众的社会主义文化,推动社会主义精神文明和物质文明协调展。"(习近平,2017)为此,我们必须坚持马克思主义的自由观和文化发展观,以强烈的批判和反思精神,坚持解放思想,实事求是,一切从实际出发,坚持以马克思列宁主义、毛泽东思想、邓小平理论、"三个代表"重要思想、科学发展观、习近平新时代中国特色社会主义思想为指导,坚持以实现中华民族伟大复兴的中国梦为己任,着力培育社会主义核心价值观,全面夯实国家文化软实力,坚持社会主义和谐社会建设,奋力开拓新时代中国特色社会主义更为广阔的发展前景,为最终实现共产主义理想而努力奋斗!

第7章 结论与展望:文化是否可以成为一门独立科学

　　本研究试图提升文化理论与文化政策实践的关联度,解决文化如何"化"以及以什么"文"来化等基础理论问题。通过文化原动力及其传导机制理论模型的构建以及探索性案例研究,验证了文化原动力及其传导机制模型对于文化动力系统分析的合理性、科学性、有效性。在我们看来,丧失或丢弃了自由意志(求善)、反思(求真)、批判(求美)精神和能力,则文化动力将无从谈起,也因此而成为经验世界具有经验限界的文化原动力。自由意志(求善)、反思(求真)、批判(求美)精神和能力的大小强弱,直接影响着"超"(S)文化态、"合"(I)文化态、"和"(H)文化态、"纯"(P)文化态等四种"文化形态"流变的趋向,不同的"文化形态"同时也直接影响着"内敛—认异"的学习力、"外张—认异"的革新力、"内敛—认同"的凝聚力、"外张—认同"的传播力等文化软实力的强弱。显然,管理或治理视阈的文化,作为一个有着动态有机性复杂的系统,这一传导和演化过程是非线性的,是可以双向的乃至于多面向互动的。运用本研究构建的文化原动力及其传导机制模型,不仅可用于对任何一个现实存在的文化机体展开动力系统分析,而且,也因此可以为提升文化理论与文化政策实践的关联度,解决文化如何"化"以及以什么"文"来化等问题作出实质性的文化贡献。在文化实践中,如果既能搞清楚以什么"文"来化,又能解决如何"化",那么,文化或文化研究成为一门独立科学,应当可以期待。与此同时,在我们看来,运用文化原动力及其传导机制模型不仅可以用来研究和梳理我们的思想史、哲学史、文化史,而且,经过这样的梳理和研究,还可以从全新的视角,得到一些新的有启发意义的结论。

一、研究的主要结论

　　第一,马克思主义及其所倡导的劳动和实践是文化动力的源头活水。

理由在于：其一，马克思主义哲学是实践的、劳动的、"我行故我在"的行动哲学，是对既往一切哲学思想、哲学追求批判性继承基础上的原创性、革命性发展。文化的本质是人化的"自然"或者是自然的"人化"，人化的本质是"人的活法"，一直就在"人间"，从来就是劳动和实践的产物。文化的，就是公共的，也是实践的，实践是文化革新、文化创造的源头活水。其二，自由问题是马克思主义哲学中的一个基本问题，人类的自由与解放始终是马克思终身为之奋斗的伟大事业。在柏拉图那里，自由常常要陷入"悖论"；在马勒伯朗士那里，自由是"神秘的"；在费希特那里，自由仅仅是在关于行动的必然概念中得到规定的；在斯宾诺莎那里，自由是毫不知道原因的，且很显然认为来自于上帝；在笛卡尔那里，自由是"自明"的；在康德那里，自由是离绝一切经验质料的存在；在黑格尔那里，自由仅仅表现为永远自己决定自己；在海德格尔那里，自由从根本上是由"谜"一样的整体存在者的存在决定的；在萨特那里，自由是命定的。显而易见，唯有马克思主义的自由观是历史的、具体的，也是实践的。其三，在整个人类思想史上，唯有马克思主义在对古典哲学和资本主义的反思和批判中，让我们认清了追求真、善、美的统一对于人的自由和全面发展的重大意义。马克思主义的文化观表明，没有比共产主义社会昭示的真、善、美更值得追求的文化理想了，共产主义的真、善、美的理想是真正的、内容意义上的文化原动力。统观上述，马克思主义强调的每个人的自由发展是一切人自由发展的条件，或者说一切人的自由发展必须以每个人的自由发展为前提，既强调了每个人的自由，也突出了一切人的自由，是"每个人的自由"和"一切人的自由"的有机统一，也是"把人当人看"和"使人成其为人"的有机统一，是最根本的人道，因而也是劳动的、实践的、"人间"的自由，是对一切哲学自由观的全面超越。马克思主义自由观及其实践地体现着的"自由理性"，是在"自由的理性"基础上实现"理性的自由"的根本保障和最有效、最现实的途径，也是哈贝马斯的"交往理性"实现行动的合理性和社会合理化的前提和基础，甚至也是康德纯粹理性、实践理性、审美理性求真、求善、求美的"背景"或"前景"。

　　第二，文化原动力的核心即"自由"。文化原动力的核心要素——自由意志、批判和反思三者，本质上都需要以自由为基础和基点。任何一个民族、国家、团体、组织乃至于家庭或个体人的创新能力、创造活力、文化动力的源头，都可以归结到自由。自由是最根本的人道，就是既要"把人当人看"又要"使人成其为人"，既关切"每个人的自由"也关切"一切人的自由"，这是真正激发每个人以及全社会乃至于全人类的创造潜能、创造活力，实现马斯洛所说的人的最高层次的需要：自我实现的根本条件，也是实现人的自由和全面发展的前提和基础。进而，可以认为，自由也是培育一个民族、国家、团体、组织乃至于家庭的"内敛—认异"的学习力、"外张—认异"的革新力、"内敛—认同"的凝聚力、"外张—认同"的传播力等文化软实力的决定性因素。因为，"内敛—认异"的学习力和"外张—认异"的革新力都是一种创新力，没有自由，这种创造潜力便成无本之木、无源死水；"内敛—认同"的凝聚力和"外张—认同"的传播力都是一种感召力，一种没有创造活力的文化，如其"内敛"性过强，就会变得重经验、好历史、反对冒险、轻视创新，最终演变成为一种平宁死寂和"反学习"的"纯"文化态；没有创造活力的"外张"，其被"认同"的感召力也势必大打折口。当然，也必须要看到，自由始终就是一个"悖论"。一切的自由，必须以批判和反思为其筑起一道"防火墙"。文化上高擎批判和反思精神，不仅有望力避柏拉图的"自由悖论"，甚或也可以为哈贝马斯的"生活世界"筑牢"防护坝"，防止行为冲突的爆发与意义的分裂，陷入"意见"纷呈、价值观混乱的"超"文化态，也是防止陷于平宁死寂、一潭死水的"纯"文化态的有效途径，进而成功培育、塑造出和谐稳定、和合共赢、活力充盈的"和"文化态或"合"文化态，为交往行动的真实性、正确性、真诚性提供保障。

　　第三，没有比文化决策更需要慎重的公共决策。任何的公共性事务的展开都必然地要经由或者是面对文化了的或者是正在被文化的人。同时，文化产品是一种特殊产品，任何一个文化产品即便是纯粹的私有品，其公共性的功能和效用本质上也始终没有被湮没，作为人类文明成果的一种存在或存在方式，其公共性的功能和效用仍然要通过产品本身或其拥有者的价值认同、认知而时时外溢、外现于公共领域。任何文化品均有其看得见的有形作用，也往往还有着看不见的无形作用；而且，很多时候其无形作用比有形作用还要强大，还要深远。从这个意义上说，文化和文化决策的理论性和科学性，相较于任何其他的公共决策，恐怕难度更大，要求亦更高。特别是由于文化产品无形作用的存在，就需要决策者必须有敏锐的洞察力以及更高的关于文化和公共文化产品、公共财政、公共管理、文化社会学、社会心理学等在具体工作中必然要牵涉到的方方面面的理论知识储备和理论素养。同时，实施文化公共治理，需要整个人类思想史、哲学史上一切优秀文明成果、思想成就的有力支持和指引，文化上的批判和反思更是需要站在马克思这样的具有批判和反思能力和精神的巨人的肩膀上。没有比文化决策更需要慎重的公共决策了,这可能是文化建设中最需要引起重视的问题。

第四,文化的初因或基因(DNA)具有稳固性、遗传性、自足性,导致文化上可能或多或少地存在着某种程度的"先民决定论"。

第五,自由即美。在康德,自由即是善。因为,康德的道德法则可以径直导致自由概念。在海德格尔,自由即真理。因为海德格尔认定,"真理的本质乃是自由(Das wesen der wahrheit ist die Freiheit)"(海德格尔,1996),真理的"此在"即自由。然而,让自由迟滞于真、善,却有着显著的缺陷和缺失。其一,在柏拉图看来,"善是知识和真理的源泉,又在美方面超过这二者"(柏拉图,1986)。同时,虽然善本身不是实在的,但是在地位和能力上都高于实在的东西(柏拉图,1986)。可见,善大于真。而且真、善、美三者有其固有的序次,即美、善、真。且美大于善,善大于真。反过来说,则还可以认为,至真必善,至善必美。所以,在柏拉图那里,美应当是最高追求。其二,康德已经认识到,审美判断是通过不带任何利害的愉悦或不悦而对一个对象作评判的能力,美是一种"共通感的理念",是没有概念而被认作一个必然愉悦的对象(康德,2002)。同时,只有"人",才具有审美的评判与目的协调一致的能力,并因此而成为"美的一个理想"(康德,2002)。由此深入,"没有概念"就可以看成是某种意义上的自由,因而,美本身就可以是自由或自由的对象,而真与善却都是观念性、利害性的存在或实在。"美"在地位和能力上不仅高于如柏拉图所阐发的那种本身不是实在的"善",更高于具有显著实在性的"真"。究其原因,正在于美作为一种不带任何利害的愉悦或不悦,没有概念而被认作一个必然愉悦的对象的东西,其本质正是自由。由此,就不难理解,为什么恩格斯说,文化上的进步也意味着向自由迈进。如若"美"是"没有概念"而被认作一个必然愉悦的对象,而且,文化的衍生,演化和发展是从洛特曼所阐发的"符号的零状态"开始的,那么,这种"没有概念"和"零状态"本质上也可以认为是一种"'零'存在",而"'零'存在"的经验直观则可以被认定为正是"自由"。于是,根据"'零'存在机制",也可以进而推演出自由即"美",而且,自由必"美"。这同时又决定了,自由是一个很高的范畴。就公共领域言之,这种"自由",特别是马克思主义的"自由理性",必然是一个社会和谐有序发展的"最初动力的动力",也是"最后动力的动力"。而要驾驭这种具有"美"的所有特质的"自由",首先是必须防范陷入波普尔识别出的关于柏拉图的"自由悖论",同时还需要防止其溢出马克思主义所倡导的劳动和实践领域或者是哈贝马斯所说的"生活世界"之外。或者可以进而认为,如果说"'零'存在机制"体证的是大自然的自由和美,那么,马克思主义的"自由理性"找到的当是劳动的、实践的、"人间"的自由和美。

第六,文化应当分为四个层次。其中,第四层次,文化当是自然的"人化"。从《周易》提出"天行健,君子以自强不息"(《周易·乾卦·象传》);"地势坤,君子以厚德载物"(《周易·坤卦·象传》)开始,传统中国的文化人一直用很大一部分的心力在做着自然的"人化"工作。人类文化很大一部分可能都可以看成是自然"人化"的产物。第三层次,文化是人化的"自然"。很显然,柏拉图的"理念",康德的"纯粹理性"、黑格尔的"绝对精神",在某种意义上也可以看成是人化的"自然"。当哈耶克把文化看成是一种"自生自发的秩序"时,一方面可以把文化研究从静态的功能性研究推向动态的规律性研究,另一方面,则把文化全面推向了人化的"自然",虽然这种"自然"在本质上又应当被看成是"非自然—非人为的"。第二层次,文化是人的神圣性的世俗表达。人的神圣性在康德的目的秩序中得到了充分体现。正是因为人的"神圣性",所以,我们主张文化管理上需要作出一个"天地人"的人性假设。"天地人"人性假设,"阐述的是一种思想,颂扬的是一种精神,顺应的是社会文化和人类文明发展的一种趋势。更加注意的是关于'人'的哲学化思考,更加突出的是'人'在'天'"、'地'之间'万物之灵'、'天地之心'的地位,更加关注的是天、地、人的同生并存、和合共赢发展。其对人的基本判断是:人是'天地人'。在哲学层面上,是主客观相和合的关于我们所生息的宇宙物质世界的高度哲学概括;在管理思想上,既强调了'人'在'天'、'地'之间所应有的地位,又主张'天大、地大、人亦大',并以实现'天地人和'为最高目标;也因此,是对管理学史上既往一切管理人性假设的超越,且不仅与文化管理的基本理念和目标完全一致,亦有望全面提升和拓展文化管理的理论视域。可以深信,依此展开文化管理管理理论、管理模式、管理方法的构建,将有利于克服'这个时代的管理挑战',实现管理学的'一个根本的转型',即'从基于攫取自然和社会资本、专门为私利而进行的创新,转向为滋养社会和生态的健康福祉的创新',进而有效地解决当今时代出现的管理失灵和发展失灵"(吴福平,2012;吴福平,周利兴,2012)。第一层次,如按照黑格尔的说法,可能会被表述为,文化是绝对理念的绝对表达。但是,黑格尔意义上的绝对理念显然在"天上",只能被认定为是虚无缥缈的有意或无意的"谎言"。如前所述,马克思主义的自由观及其实践地体现着的"自由理性",是在"自由的理性"基础上实现"理性的自由"的根本保障和最有效、最现实的途径,因此,马克思主义的以实现人的自由和全面发展为终极目标的文化,才是真正第一层次的文化。这四个层次的"文化",前两个层次是形式的和本质特征意义上的文化,后两个层次则是内容意义上的,同时涉及"表达"或现象层面的文化。总体来看,四个层次,层层演进,逐步提升,都既是今天文化研究的对象,高层次的特别是第一层次的马克思主义的以实现人的自由和全面发展为终极目标的文化则应当成为全人类的文化追求。

第七,文化应当成为一门独立的科学。理由至少有三:其一,如果文化上的"先民决定论"可以成立,究其原因,首先可能是因为生活在某一特定文化圈中的人,要真正认识生息于其中的文化,恐怕要比古希腊德尔斐神庙门楣上的铭文"认识你自己"更加困难,加之每个人匆匆几十年,即便如孔夫子那样贤哲好学,到了七十岁也仅能做到"从心所欲不逾矩",要对栖息生活于其中的文化加以革新,几乎就是一种"绝对困难"。这可能又成为文化管理或治理往往不能得到足够重视并进而成为一门独立科学的原因,可能也正因为如此,才使得文化一直以来成为哈耶克所说的"自生自发的秩序"。"先民决定论"的存在,一方面恰恰说明,人们的"意志"在文化上是不自由的乃至于是先天的不自由的,这同时又可以进一步说明本文以"自由意志"为核心,以批判和反思为两翼的文化原动力模型构建及其传导机制研究的理论和实践意义;另一方面,则也可以说明,努力使文化成为一门独立的科学,具有极端的重要性、必要性和迫切性。其二,如果正如本研究所得到的,文化的实践性定义不仅可用以深入剖析吉登斯的社会结构理论及哈贝马斯的交往行动理论,可用以深入解读哈耶克所阐发的"第三范畴",还可以与社会资本、社会质量等当代社会理论概念深度接域。同时,文化动力更主要的是源于由价值、信仰、习俗、习惯等构筑的内在或潜在的规则与知识、语言、法律、礼仪、符号等大体上处于物化或者是外化状态的外在制度(显规则)所构成的规则系统"互动的和"部分生发的精神力量。因此,社会资本、社会质量、社会"结构"乃至于哈耶克所说的对于社会研究具有极端重要意义的"第三范畴"研究,就都可运用文化实践性定义加以澄清。这说明文化不仅应当成为一门独立的科学,而且似乎应当成为社会科学研究的核心。其三,公共领域或者说是管理视阈的文化问题,很显然需要面对和解决两大问题:一个是如何"化"的问题,另一个则是以什么"文"来化的问题。一方面,由于自由意志(求善)、反思(求真)、批判(求美)原生的是、也一直是人类文化和文明进步的原动力。另一方面,运用以自由意志为核心,以批判和反思为两翼构建的文化原动力及其传导机制模型,可以对包括美国、德国、日本以及新中国等当前国际舞台上有着重大影响的大国强国,甚至是如柏拉图所构想的"理想国"及老子的"小国寡民"社会,展开较为系统和全面的文化动力分析和案例研究;而且,就公共领域的文化和文化治理而言,如果既能解决如何"化",又能得出以什么"文"来化的问题,那么,基于文化的实践性定义,通过对文化外在制度与内在制度特别是其"互动的和"部分深入剖析和解读,以及基于文化原动力及其传导机制、传播路径、基本规律等的全面揭示,马林诺夫斯基所希望建立的"一个审慎严谨的文化论",莱斯特•怀特所希望致力于构建的能够关注文化系统的结构和功能,展示文化的普遍性方面的文化科学(White,1959),可能可以期待。要言之,无论如何,文化不能再任由其继续"飘零"在各学科的边缘地带,而迫切需要也极其可能成为一门独立科学,这应当可以成为一种共识。

二、研究的主要不足及展望

文化和文化动力亟待研究和深度考量的方面还很多,本书只是希望对这一前沿性、本质上也是一个基础性的课题研究上作一些努力,并希望有所贡献,有所突破。本书存在的问题是显见的,主要的局限和不足,除了个人的学术能力之外,还有以下几个方面。

第一,由于本书很大程度上是一种历史—哲学的方法,主要依靠解读文献,缺乏第一手的数据统计和分析;同时,由于写作期间作者未能到美国、德国、日本进行实地考察,因此对于这些国家的文化动力分析只是一种间接认知,对于各国的文化原动力及其传导机制的分析,也仅停留在定性分析和逻辑演绎上,可能缺乏严密性,解读过程中也难免会出现以偏概全的现象。

第二,因为要对一个国家的文化形态作出一个总体性批判,难度本来就相当大,而且,由于文化形态是历史的、变动的,本来也不应该"静态"地去判断,因此,在分析和判断上极有可能不完全符合事实;特别是对新中国经济社会发展的文化原动力、文化形态和文化软实力及传导机制的分析,限于能力和水平,也可能存在偏误。

第三,本书更着重于文化原动力及其传导机制理论模型的构建,并希望通过提升文化理论与文化政策实践的关联度,解决文化如何"化"以及以什么"文"来化等基础理论问题;由于学术水平以及篇幅所限,未能对当前中国经济社会发展的文化动力问题,提出具体的文化政策建议,不能不说也是一大缺陷。

第四,本书原定计划是试图运用所构建的文化原动力模型及其传导机制对中国历朝开国及亡国两大重要历史时期展开探索性案例研究,以进一步验证本研究所构建的理论模型的实用价值和实践意义,由于这是一个浩大的工程,限于篇幅及本人的能力和水平,且在如此之短的时间里也不足以写出真正具有学术深度的著述,暂予搁置。

总之,本书更多的是一种观察,存在的问题和不足是显见的,正确与否都尚待检验;同时,本书亟待深化的问题和方面还很多,主要是以下几个方面。

第一,基于本研究侧重于定性研究的基础上,如何进一步地展开定量分析研究? 这首先涉及如何对意志自由、批判和反思这样的文化原动力核心要素进行测量,如何引入回归分析、因子分析、聚类分析、通径分析以及系统动力学分析和结构方程等当前通行的一些公共管理定量分析方法,对文化原动力、文化形态、文化软实力三者之间的传导机制、传播路径等加以更具体的和定量的研究等问题。 同时,由于文化产品是一种特殊产品,任何一个文化品即便是私有品,本质上亦天然的具有公共性;且任何文化品均有其看得见的有形作用,也往往还有着看不见的无形作用,并且很多时候,其无形作用比有形作用还要强大,还要深远。 这就对构建科学的、可操作的文化评估测量量表提出了更高的要求,增加了更大的难度;同时,这样的量表构建很显然需要具备文化学、社会学、公共管理学、文化传播学、价值哲学以及组织学习理论等等方面理论和知识的储备,需要这些方面的专家学者的共同参与。 本书只能暂且搁置。

第二,基于文化的实践性定义,我们已经将文化作为内在制度与外在制度"互动的和"部分,与社会资本、社会质量等重要的社会学概念以及吉登斯的社会结构理论、哈贝马斯的生活世界范式等,进行了理论接域,并且认为,本质上是文化的质量决定了社会资本和社会乃至于"生活世界"的质量,从中可见,本书给出的文化的实践性定义在社会学及公共管理学等学科意义上的理论和实践价值。 通过本书以及笔者前述三部拙著的努力,还可以看出,之所以存在如怀特所得出的"本质上是非生物性的"文化,存在本书所得出的"先民决定论",乃至于出现如吉登斯所说的"未被认知的行动条件"和"非预期的行动后果",恰恰说明我们对于文化的初因、文化的力量与质量、文化的结构和功能、文化的重心和核心、文化的内部性动力与外部性动力、文化的型态和形态、"文化质量周期"和组织生命周期(吴福平,2012)、文化"公地悲剧"、文化原动力及其传导机制、文化形态及其流变的基本规律、文化软实力培育的基本路径等尚缺乏了解、研究和把握。如若在这些方面加强系统性的理论建构和深化研究,那么,可能不仅可以深刻地认识到,文化尽管如哈耶克所说的既非人为设计又非自然的非自然—非人为的"自生自发的秩序",仍然是可以"化"的,而且也可以明确回答克利加德和兰德斯提及的问题。显然,只有科学、明确、精当地回答了这些大问题,文化才有望成为一门独立的科学。现在看来,尽管本书作了一些努力,但仍需要做大量具体细致的工作。

　　第三,如何运用文化原动力模型,对哲学史、思想史上每一种重要思想展开更深入的探究,进而更清晰地梳理出人类思想的历史脉络,并予每一种重要思想以更正确和客观的评价,这是一项浩大工程,也是一件很值得做的具有重要意义和价值的事。

参考文献

[1] Adams J T. The Epic of America[M]. London: Transaction Publishers,2012.

[2] American Character Gets Mixed Reviews: U. S. Image Up Sligltly, But Still Negative, 16-Nation Pew Global Attitudes Survey[M]. The Pew Global Attitude Project,2005.

[3] Beck W, van der Maesen L,Walker A. The Social Quality of Europe[M]. The Hague: Kluwer International,1997.

[4] Benardete S. On Plato's Republic [M]. Chicago: University of Chicago Press, 1989.

[5] Berque A. Identification of the Self in Relation to the Environment, in Rosenberger N R. (ed) Japanese Sense of Self[M]. New York: Cambridge University Press,1992.

[6] Bourdieu P,Wacquant L. An Invitation to Reflexive Sociology [M]. Chicago: University of Chicago Press,1992.

[7] Cannon B. Rethinking the Normative Content of Critical Theory: Marx, Habermas and Beyond [M]. New York: Palgrave, 2001.

[8] Clark T N. The City as an Entertainment Machine [M]. Netherlands,Boston,MA: Jai/Elsevier, 2010.

[9] Cullen J. The American Dream:A Short History of an Idea That Shaped a Nation [M]. New York: Oxford University Press,2003.

[10] Demandt A. Die Deutschen,Eine Kleine Kulturgeschichte[M]. Berlin: Propyläen, 2008.

[11] Diamond L. Political Culture and Democracy in Developing Countries[M]. Boulder, CO: Lynne Rienner,1994.

[12] Douglas M. Purity and Danger: An Analysis of Concepts of Pollution and Taboo [M]. London and NewYork: Routledge Classics,1966.

[13] Dunne N. Patriotic African Americans Still Feel Bitterness[M]. London:The Financial Times,2001.

[14] Durkheim E. The Elementary Forms of Religious Life[M]. New York: Press of Glencoe,1968.

[15] Edward L G, Jed K, Albert S. Working Paper: Consumer City [J]. National Bureau of Economic Research, 2000 (7): 79-82.

[16] Elshtain J B. Democracy on Trial[M]. New York: Basic Books, 1996.

[17] Ennis R. A Concept of Critical Thinking[J]. Harvard Educational Review, 1962(29): 128-136.

[18] Fine G. (ed)Plato 2: Ethics, Politics, Religion and the Soul [M]. Oxford: Oxford University Press,1999.

[19] Firth R. Elements of Social Organization[M]. London: Watts and Co. ,1951.

[20] Fisk J. Understanding Popular Culture[M]. London, Routledge: Taylor & Francis Group,1990.

[21] Foner E. The Story of American Freedom[M]. NewYork: W. W. Norton & Company,1998.

[22] Foster R D. America's Rise to World Power: 1898-1954[M]. New York: Harper and Brothers, 1955.

[23] Geertz C. The Interpretation of Cultures[M]. New York: Basic Books,1973.

[24] Geiger T. Die Soziale Schichtung des Deutschen Volks[M]. Darmstadt: Wissenschaftliche Buchgesellschaft, 1967.

[25] Harris M. Culture Materialism: The Struggle for a Science of Culture[M]. New York: Random House,1979.

[26] Harris M. The Rise of Anthropological Theory: A History of Theories of Culture [M]. New York: Thomas Y. Crowell, 1968.

[27] Harris M. Town and Country in Brazil[M]. New York: Columbia University Press, 1956.

[28] Hirschman C. The Role of Religion in the Origins and Adaptation of Immigrant Groups in the United States[J]. International Migration Riview, 2004, 38(3): 120-123.

[29] Hobolt S B, Klemmemsen R. Responsive Government? Public Opinion and Government Policy Preferences in Britain and Denmark[J]. Political Studies, 2005, 53(2): 379-402.

[30] Hofstede G. H. Cultures and Organizations: Software of the Mind[M]. London:McGraw-Hill, 1991.

[31] Hofstede G H. Culture's Consequences: Comparing Values, Behaviors, Institutions and Organizations across Nations[M]. Shanghai: Shanghai Foreign Language Education Press, 2008.

[32] Kakuzō Okakura. The Ideals of the East[M]. Tokyo: Kenkyusha,1942.

[33] Landes D S. The Wealth and Poverty of Nations[M]. New York: Norton,1998.

[34] Lévi-Strauss C. Structural Anthropology[M]. New York: Basic Books, 1963.

[35] Lévi-Strauss C. Structural Anthropology[M]. New York: Basic Books,1976.

[36] Ling T. Delivering Joined-up Government in the UK: Dimensions, Issues and Problems[J]. Public Administration, 2002, 80(4): 615-642.

[37] Lucas R E. On the Mechanics of Economic Development[J]. Journal of Monetary Economics,1988, 22(5): 3-42.

[38] Madsen D L. American Exceptionalism[M]. University Press of Mississippi,1998.

[39] Malinowski B. A Scientific Theory of Culture and other Essays [M]. Chapel Hill: University of North Carolina Press, 1971.

[40] Mcloughlin J. Revivals,Awakening and Reform: An Essay on Religion and Social Change in America 1607-1977[M]. Chicago:

Chicago University Press,1978.

[41] Morgan L H. Ancient Society or Researches in the Lines of Human Progress from Savagery, through Barbarism to Civilization [M]. New York: Henry Holt, 1970.

[42] Morone J A. The Democratic Wish: Popular Participation and the Limits of American Government [M]. New York: Basic Books,1991.

[43] Nuss B. Das Faust-syndrom, Ein Versuch die der Deutschen [M]. Bonn,Berlin: Bouvier Verlag,1993.

[44] Nye J S. (Jr.)Soft Power: The Means to Success in World Politics[M]. New York: Public Affairs, 2004.

[45] Ongaro E. The Role of Politics and Institutions in the Italian Administrative Reform Trajectory [J]. Public Administration, 2011, 89(3): 738-755.

[46] Osborne D, Gaebler T. Reinventing Government, How the Entrepreneurial Spiritis Transforming the Public Sector[M]. Massachusetts: Addison-Wesley Publishing Company, 1992.

[47] Parsons T. The Social System [M]. New York: Free Press,1959.

[48] Pollitt C. Joined-up Government: A Survey[J]. Political Studies Review, 2003, 1(1): 34-49.

[49] Popper K R. Objective Knowledge[M]. Oxford: Clarendon Press, 1972.

[50] Putnam H. Realism and Reason, Philosophical Papers[M]. Vol. 3 Cambridge: Cambridge University Press,1983.

[51] Putnam R D. Making Democracy Work: Civic Traditions in Modern Italy [M]. Princeton, NJ: Pinceton University Press,1993.

[52] Pye L, Verba S. (ed) Political Culture and Political Development[M]. Princeton,NJ: Prtinceton University Press,1965.

[53] Radcliffe-Brown A R. On the Concept of Function in Social Science. In: Structure and Function in Primitive Society[M]. Lon-

don: Chohen and West, 1952.

[54] Radcliffe-Brown A R, Lévi-Strauss C. In The Social Anthropol-
ogy of Radcliffe-Brown. A. Kupper[M]. London: Routledge &
Kegan Paul, 1977.

[55] Rosen S. Plato's Republic: A Study[M]. Yale: Yale University
Press, 2005.

[56] Silver D. The American Scenescape: Amenities, Scenes and the
Qualities of Local Life[J]. Economy and Society, 2012 (6):
97-114.

[57] Steward J. Cultural Ecology in International Encyclopedia of the
Social Sciences[M]. NewYork: Macmillan,1968.

[58] Steward J, Louis F. Native Peoples of South America[M]. New
York: Columbia University Press, 1959.

[59] Strauss L. The City and Man[M]. Chicago: University of Chi-
cago Press, 1964.

[60] Taylor C C W. Plato's Totalitarianism[J]. Palis, 1986,5(2): 4-
20.

[61] Teng SY, Fairbank J K. China's Responseto the West:A Docu-
mentary Survey,1839-1923[M]. Cambridge: Harvard Universi-
ty Press, 1954.

[62] Trivers R L. The Evolution of Reciprocal Altruism[J]. Quarter-
ly Review of Biology,1971, 46(1): 35-57.

[63] Tylor E B. Primitive Culture[M]. New York: Harter & Row,
2001(reprint).

[64] Tylor E B. Researches into the Early History of Mankind and
the Development of Civilization [M]. Chicago: University of
Chicago Press, 1964.

[65] Veliz C. The New World of the Gothic Fox: Culture and Econo-
my in English and Spanish America[M]. Berkeley,CA: Univer-
sity of California Press, 1994.

[66] Williams W A. (ed) The Shaping of American Diplomacy, 1750-
1914[M]. Chicago: Rand Mc-Nally&Company,1972.

[67] Waterfield R. Plato's Republic[M]. trans. Waterfield, Oxford: Oxford University Press, 1993.

[68] White L A. The Science of Culture: A Study of Man and Civilization[M]. New York: Grove, 2005.

[69] White L. The Evolution of Culture: The Development of Civilization to the Fall of Rome [M]. New York: McGraw-Hill, 1959.

[70] Wilson C M. The Idea of Fraternity in America[M]. Berkeley: University of California Press, 1973.

[71] Yeaton G. The US: Race and War[N]. The Guardian, 2003 (8): 16-20.

[72] 阿·热. 可怕的对称[M]. 荀坤, 劳玉军, 译. 长沙: 湖南科学技术出版社, 1996.

[73] 阿多尔诺. 否定的辩证法[M]. 张峰, 译. 重庆: 重庆出版社, 1993.

[74] 阿尔弗莱德·马歇尔. 经济学原理[M]. 廉运杰, 译. 北京: 华夏出版社, 2005.

[75] 阿尔君·阿帕杜莱. 全球文化经济中的断裂与差异[M]. 转引自: 汪晖, 陈燕谷. 文化与公共性[M]. 北京: 生活·读书·新知三联书店, 2005.

[76] 阿拉斯戴尔·麦金太尔. 追寻美德: 伦理理论研究[M]. 宋继杰, 译. 南京: 译林出版社, 2003.

[77] 阿诺德·汤因比. 历史研究(下卷)[M]. 郭小凌, 等, 译. 上海: 上海人民出版社, 2010.

[78] 阿诺德·约瑟夫·汤因比, 池田大作. 展望二十一世纪: 汤因比与池田大作对话录[M]. 荀春生, 朱继征, 译. 北京: 国际文化出版公司, 1985.

[79] 爱德华·泰勒. 原始文化[M]. 连树声, 译. 上海: 上海文艺出版社, 1992.

[80] 爱尔维修. 精神论[M]. 转引自: 叔本华. 伦理学的两个基本问题[M]. 任立, 孟庆时, 译. 北京: 商务印书馆, 1996.

[81] 安德烈·戈尔茨. 萨特和马克思[J]. 新左派评论, 1966(37): 131-137.

[82] 安东尼·吉登斯.社会学(第五版)[M].李康,译.北京:北京大学出版社,2009.

[83] 安东尼·吉登斯.社会的构成[M].李康,李猛,译.北京:生活·读书·新知三联书店,1998.

[84] 奥古斯特·孔德.论实证精神[M].黄建华,译.北京:商务印书馆,1996.

[85] 奥古斯特·孔德.实证哲学教程[M].参见:汉默顿.西方名著提要[M].何宁,译.北京:中国青年出版社,1958.

[86] 奥斯瓦尔德·斯宾格勒.西方的没落[M].江月,译.北京:商务印书馆,2001.

[87] 柏拉图.理想国[M].郭斌和,张竹明,译.北京:商务印书馆,1986.

[88] 包亚明.布尔迪厄访谈录——文化资本与社会炼金术[M].上海:上海人民出版社,1997.

[89] 保罗·史密斯.文化研究的回顾与前瞻[M]//陶东风.文化研究精粹读本.北京:中国人民大学出版社,2006.

[90] 彼得·圣吉.第五项修炼:学习型组织的艺术和实务[M].上海:上海三联书店,1997.

[91] 卞崇道.跳跃与沉重——二十世纪日本文化[M].北京:东方出版社,1999.

[92] 查利·多巴·布洛德.五种伦理学理论[M].田永胜,译.北京:中国社会科学出版社,2002.

[93] 曹能秀,王凌.论日本文化对教育荒废的影响[J].比较教育研究,2005 (1):58-62.

[94] 柴宇球.毛泽东大智谋(下册)[M].北京:中国档案出版社,1998.

[95] 常娜.日本学者对日本文化的看法[J].黑龙江生态工程职业学院学报,2013 (11):159-160.

[96] 常乃文.近代德国的文化民族主义与国家统一[D].太原:山西大学,2010.

[97] 陈闯.浅析德国文化史[J].商业故事,2015 (13):122-123.

[98] 陈凤翔.中国共产党的国际新形象[J].政工研究文摘,2008 (6):107-108.

[99] 陈刚华.从文化传播角度看孔子学院的意义[J].学术论坛,2008 (7):162-167.

[100] 陈计冰.党的十七届六中全会提出文化强国战略的历史必然性 [J].传承,2012 (13):16-19.

[101] 陈江生.习近平反腐倡廉思想的三大创新[N].人民网,2017- 08-23.

[102] 陈立旭."文化"研究中的"文化"[J].文化艺术研究,2008 (1): 49-56.

[103] 陈美华,陈祥雨.当代中国文化软实力建设背景下的国际文化传 播与语言规划[J].艺术百家,2013 (6):40-44.

[104] 陈宪民,吴福平.后现代背景下文化概念的新界定[J].上海行政 学院学报,2010 (4):99-103.

[105] 陈玉峰.关于文化发展动力的思考[J].科技信息,2007 (19): 56-59.

[106] 陈占彪.试论文化发展的内在动力[J].扬州大学学报,2005, (3):23-31.

[107] 陈争平.马克思主义理论与近代中国社会经济变革[J].清华大 学学报(哲学社会科学版),2008,增(1):86.

[108] 陈中耀.阿拉伯哲学[M].上海:上海外语教育出版社,1995.

[109] 成官泯.试论柏拉图《理想国》的开篇——兼论政治哲学研究中 的译注疏[J].世界哲学,2008 (4):86-91.

[110] 成中英.合外内之道——儒家哲学论[M].北京:中国社会科学 出版社,2001.

[111] 程巍.语言的囚牢及越狱的可能[J].理论与创作,1991 (2): 79-81.

[112] 崔维军,郑伟.中国与主要创新经济体创新能力的国际比较:基 于欧盟创新指数的分析[J].中国软科学,2012 (2):42-51.

[113] 崔妍.中国经济发展的动力探源[D].长春:吉林大学,2013.

[114] 崔岩岩.价值认异问题探究[J].广西教育学院学报,2009 (1): 103-106.

[115] 戴锦秀.中国传统文化的现代转型[J].齐齐哈尔师范高等专科 学校学报,2009 (2):119-120.

文化原动力

[116] 戴茂堂,魏素琳. 现代西方哲学的"三大批判"[J]. 人文杂志, 1999 (2):10-14

[117] 戴维·S.兰德斯. 国富国穷[M]. 门洪华,等,译. 北京:新华出版社,2010.

[118] 戴维·奥斯本,彼德·普拉斯特里克. 摒弃官僚制:政府再造的五项战略[M]. 谭功荣,刘霞,译. 北京:中国人民大学出版社,2002.

[119] 丹尼尔·贝尔. 资本主义文化矛盾[M]. 严蓓雯,译. 南京:江苏人民出版社,2010.

[120] 单澄. 从日语看"内外有别"的日本文化[J]. 开封教育学院学报, 2014 (11):279-280.

[121] 单连春. 精神文化发展动力论[J]. 重庆工学院学报,2007 (5): 33-39.

[122] 道德经[M]. 陈国庆,张爱东,注译. 西安:三秦出版社,1995.

[123] 道格拉斯·C.诺斯. 经济史中的结构与变迁[M]. 罗华平,等, 译. 上海:上海人民出版社,1994.

[124] 德里达. 马克思的幽灵[M]. 何一,译. 北京:中国人民大学版社,1999.

[125] 德沃金. 原则问题[M]. 张国清,译. 南京:江苏人民出版社,2012.

[126] 邓蜀生. 美国移民政策的演变及其动因[J]. 历史研究,1989 (3):77.

[127] 邓小平文选(1975—1982)[M]. 北京:人民出版社,1983.

[128] 邓小平文选(第 1 卷)[M]. 北京:人民出版社,1989.

[129] 邓小平文选(第 2 卷)[M]. 北京:人民出版社,1993.

[130] 邓小平文选(第 3 卷)[M]. 北京:人民出版社,1993.

[131] 邓晓芒,赵林. 西方哲学史[M]. 北京:高等教育出版社,2005.

[132] 邓晓芒. 思辨的张力——黑格尔辩证法新探[M]. 北京:商务印书馆,2008.

[133] 邓正来. 哈耶克论文集[M]. 北京:首都经济贸易大学出版社,2001.

[134] 笛卡尔. 哲学原理[M]. 关文运,译. 北京:商务印书馆,1980.

[135] 笛卡尔.笛卡尔文集[M].江文,编译.北京:中国戏剧出版社,2008.

[136] 丁纯.欧洲哀鸿遍野,柏林一枝独秀:德国模式缘何笑傲危机?[J].人民论坛,2012,06:46-48.

[137] 丁健弘,李霞.普鲁士的精神和文化[M].杭州:浙江人民出版社,1993.

[138] 董小川.二十世纪美国宗教与政治[M].北京:人民出版社,2001.

[139] 杜会.老子的治国之道[J].锦州师院学报(哲学社会科学版),1994,26(1):1-4.

[140] 杜丽娟,王红英.文化发展动力浅论[J].河北省社会主义学院学报,2006(4):68-70.

[141] 段吉方.理论与经验:托尼·本尼特与20世纪英国文化研究[J].马克思主义美学研究,2009(2):103-115.

[142] 恩格斯.路德维希·费尔巴哈和德国古典哲学的终结[M].中共中央马克思恩格斯列宁斯大林著作编译局,北京:人民出版社,2014.

[143] 恩格斯.自然辩证法[M].于光远,等,译.北京:人民出版社,1984.

[144] 费尔南·布罗代尔.文明史纲[M].肖昶,等,译.南宁:广西师范大学出版社,2003.

[145] 费夫尔.西方文化的终结[M].丁万江,曾艳,译.南京:江苏人民出版,2004.

[146] 费希特.伦理学体系[M].梁志学,李理,译.北京:商务印书馆,2007.

[147] 费希特.对德意志民族的演讲[M].梁志学,沈真,等,译.北京:商务印书馆,2010.

[148] 费孝通.关于"文化自觉"的一些自白[J].学术研究,2003(7):39-31.

[149] 费孝通.文化论中人与自然关系的再认识[J].新华文摘,2003(1):130-132.

[150] 费孝通.乡土中国生育制度[M].北京:北京大学出版社,1998.

[151] 费正清.中国:传统与变革[M].张沛,译.北京:世界知识出版
　　　　社,2002.

[152] 冯俊,等.后现代主义哲学讲演录[M].北京:商务印书馆,2003.

[153] 冯平.杜威价值哲学之要义[J].哲学研究,2006(12):55-62.

[154] 冯溪屏、彭毅力.老子"道法自然"思想的缘起——兼论《道德经》
　　　　政治自由的双向建构[J].西南民族大学学报(人文社会科学
　　　　版),2010(11):81-86.

[155] 冯友兰.冯友兰学术文化随笔[M].北京:中国青年出版
　　　　社,1996.

[156] 冯友兰.中国哲学与未来世界哲学[J].涂又光,译.哲学研究,
　　　　1987(4):39-44.

[157] 弗朗西斯·福山.国家构建——21世纪的国家治理与世界秩序
　　　　[M].黄胜强,许铭原,译.北京:中国社会科学出版社,2007.

[158] 弗朗西斯·福山.历史的终结及最后之人[M].黄胜强,许铭原,
　　　　译.北京:中国社会科学出版社,2003.

[159] 弗朗西斯·福山.衰败的美利坚——政治制度失灵的根源[J].
　　　　外交(双月刊),2014,9/10.

[160] 弗里德里希·李斯特.政治经济学的国民体系[M].陈万煦,译.
　　　　北京:商务印书馆,1961.

[161] 弗里德里希·迈内克.德国的浩劫[M].北京:生活·读书·新
　　　　知三联书店,1991.

[162] 弗里德里希·尼采.查拉图斯特拉如是说[M].钱春绮,译.北
　　　　京:生活·读书·新知三联书店,2007.

[163] 高阳.21世纪日本文化外交研究[D].北京:对外经济贸易大
　　　　学,2013.

[164] 革栏目·兰顿.中西哲学中的本体"一"与伊斯兰的"一"[J].伊
　　　　犁师范学院学报(社会科学版),2010(4):132-146.

[165] 格林,沙皮罗.理性选择理论的病变:政治学运用批判[M].徐湘
　　　　林,等,译.桂林:广西师范大学出版社,2004.

[166] 葛荣晋.21世纪将是回归《道德经》的时代——中国人眼中的
　　　　《道德经》[J].中共宁波市委党校学报,2013(6):83-88.

[167] 龚颖.和也哲郎对"作为人际之学的伦理学"的前提论证[J].哲

学动态,2001(11):38-41.

[168] 顾沛.对称与群[M].北京:高等教育出版社,2011.

[169] 顾钰民.马克思主义是中国改革的理论基础[J].财经研究,1997
(4):67-69.

[170] 郭杰忠.论邓小平关于生产力思想的逻辑[J].江西社会科学,
2008(4):24-29.

[171] 郭戊英.中医数学病理学[M].上海:上海科学普及出版
社,1998.

[172] 郭影.德国文化价值观对于德国教育的影响[J].商业故事,2015
(13):54-55.

[173] 哈贝马斯.公共领域的结构转型[M].曹卫东,等,译.上海:学林
出版社,1999.

[174] 哈贝马斯.后形而上学思想[M].曹卫东,等,译.南京:译林出版
社,2012.

[175] 哈贝马斯.交往行动理论(第1卷)[M].洪佩郁,蔺青,译.重庆:
重庆出版社,1996.

[176] 海德格尔.存在与时间[M].陈嘉映,等,译.北京:生活·读书·
新知三联书店,1999.

[177] 海德格尔.路标[M].孙周兴,译.北京:商务印书馆,2000.

[178] 海德格尔.在通向语言的途中[M].孙周兴,译.北京:商务印书
馆,1997.

[179] 海德格尔.海德格尔选集(上)[M].孙周兴,译.上海:上海三联
书店,1996.

[180] 韩元元.加尔文主义对美国政治观念的影响[J].山东工会论坛,
2015(4):106-108.

[181] 汉斯·摩根索.国家间政治:权力斗争与和平(第七版)[M].徐
昕,郝望,等,译.北京:北京大学出版社,2006.

[182] 贺麟.文化与人生[M].上海:上海人民出版社,2011.

[183] 黑格尔.逻辑学(上卷)[M].杨一之,译.北京:商务印书
馆,1976.

[184] 黑格尔.逻辑学(下卷)[M].杨一之,译.北京:商务印书
馆,1976.

[185] 黑格尔.小逻辑[M].贺麟,译.北京:商务印书馆,1980.

[186] 黑格尔.精神现象学(上卷)[M].贺麟,王玖兴,译.北京:商务印书馆,1979.

[187] 黑格尔.精神现象学(下卷)[M].贺麟,王玖兴,译.北京:商务印书馆,1979.

[188] 黑格尔.美学(第 1 卷)[M].朱光潜,译.北京:商务印书馆,1979.

[189] 黑格尔.哲学史演讲录(第1卷)[M].贺麟,等,译.上海:上海人民出版社,2013.

[190] 亨利希·海涅.论德国宗教和哲学的历史[M].海安,译.北京:商务印书馆,1974.

[191] 洪治钢.蔡元培经典文存[M].上海:上海大学出版社,2008.

[192] 侯慧舒.德国文化中的美国化探析[D].哈尔滨:黑龙江大学,2013.

[193] 胡锦涛.高举中国特色社会主义伟大旗帜,为夺取全面建设小康社会新胜利而奋斗——在中国共产党第十七次全国代表大会上的报告[N].人民日报,2007-10-16(3).

[194] 胡锦涛.把科学发展观贯穿于发展的整个过程[J].求是,2005(1):3.

[195] 胡锦涛.坚持走中国特色自主创新道路 为建设创新型国家而努力奋斗——在全国科学技术大会上的讲话[J].求是,2006(2):3-9.

[196] 胡锦涛.坚定不移沿着中国特色社会主义道路前进,为全面建成小康社会而奋斗——在中国共产党第十八次全国代表大会上的报告[N].人民日报,2012-11-8.

[197] 胡锦涛.全面贯彻落实科学发展观,推动经济社会又快又好发展[J].求是,2006(1):1.

[198] 胡钧.马克思的经济理论是我国经济发展和经济体制改革的理论依据[A].《资本论》与社会主义市场经济理论与实践[C],2003.

[199] 胡塞尔.第一哲学(上卷)[M].王炳文,译.北京:商务印书馆,2010.

[200] 胡塞尔. 内时间意识现象学[M]. 倪梁康, 译. 北京: 商务印书馆, 2010.

[201] 华盛顿选集[M]. 聂崇信, 译. 北京: 商务印书馆, 1983.

[202] 郇庆治. 欧洲绿党研究[M]. 济南: 山东人民出版社, 2000.

[203] 黄德诚. 论日本文化的复合性[J]. 日本问题研究, 2001 (2): 53-56.

[204] 黄桂峰, 刘澈. 略论日本文化的海洋性特点[J]. 湖北函授大学学报, 2015, 28(12): 191-192.

[205] 黄柯可. 乔治·华盛顿的告别词[J]. 世界历史, 1982(3). 译自 H. S. 康玛杰. 美国历史文献. (Commager H S. Documents of American History, Third Edition, New York, 1943.)

[206] 黄蓉生, 崔健. 五大发展理念的理论创新要义论析[J]. 学校党建与思想教育, 2016 (8): 11-14.

[207] 黄淑燕, 陈燕. 理性与理性化之间的迷思和张力——解读马克斯·韦伯"理性化"[J]. 平原大学学报, 2008 (3): 18-20.

[208] 黄月慧. 胡锦涛弘扬中华民族精神理论与实践之研究[D]. 湘潭: 湖南科技大学, 2011.

[209] 吉登斯. 社会理论与现代社会学[M]. 文军, 译. 北京: 社会科学文献出版社, 2003.

[210] 纪宝成. 中国走向创新型国家的要素: 来自创新指数的依据[M]. 北京: 中国人民大学出版社, 2008.

[211] 贾春峰. 文化力[M]. 北京: 中国经济出版社, 2007.

[212] 贾秀秀. 马克思主义哲学观之真善美的统一[J]. 美与时代, 2014 (4): 53-54.

[213] 江泽民论"三个代表"[M]. 北京: 中央文献出版社, 2001.

[214] 江泽民论党的建设[M]. 北京: 中央文献出版社, 2001.

[215] 江泽民文选(第1卷)[M]. 北京: 人民出版社, 2006.

[216] 江泽民文选(第3卷)[M]. 北京: 人民出版社, 2006.

[217] 姜春梅. 论日本文化的复合性特征[J]. 考试周刊, 2016(93): 34

[218] 姜迎春. 论习近平意识形态建设理论的整体性[J]. 江海学刊, 2015(4): 5-9.

[219] 蒋婵. 论费正清与美国的中国研究——以毛泽东思想、邓小平理

论研究为主线[D].上海:华东师范大学,2008.

[220] 蒋艳君.从日本电影看日本文化的颓废性[J].电影文学,2014
　　　(8):60-61.

[221] 焦晓芳.组织学习方式与知识创新研究综述[J].价值工程,2010
　　　(4):5-6.

[222] 杰里·D.穆尔.人类学家的文化见解[M].欧阳敏,邹乔,等,译.
　　　北京:商务印书馆,2009.

[223] 解志伟.文化人类学视野下的公民文化研究[J].进出口经理,
　　　2015(11):141-142.

[224] 金·S.卡梅隆,罗伯特·E.奎因.组织文化诊断与变革[M].北
　　　京:中国人民大学出版社,2006.

[225] 金春明."文化大革命"史稿[M].成都:四川人民出版社,1995.

[226] 金迪斯,鲍尔斯.人类的趋社会性及其研究:一个超越经济学的
　　　经济分析[M].浙江大学跨学科社会科学研究中心,译.上海:上
　　　海世纪出版集团,2006.

[227] 金元浦.文化生产力与文化产业[J].求是,2002(20):35-39.

[228] 卡尔·艾利希·博恩.德意志史[第3卷(上)][M].北京:商务
　　　印书馆,1991.

[229] 卡尔·波普尔.开放的社会及其敌人(第一卷)[M].陆衡,等,
　　　译.北京:中国社会科学出版社,1999.

[230] 卡尔·雅斯贝尔斯.历史的起源与目标[M].魏楚雄,俞新天,
　　　译.北京:华夏出版社,1989.

[231] 卡尔·雅斯贝尔斯.时代的精神状况[M].王德峰,译.上海:上
　　　海译文出版社,华夏出版社,2005.

[232] 卡弘.哲学的终结[M].冯克利,译.南京:江苏人民出版
　　　社,2001.

[233] 卡罗尔·恩伯,梅尔文·恩伯.文化的变迁[M].杜杉杉,译.沈
　　　阳:辽宁人民出版社,1987.

[234] 康德.纯粹理性批判[M].蓝公武,译.北京:商务印书馆,1960.

[235] 康德.道德形而上学探本[M].唐钺,译.北京:商务印书
　　　馆,2012.

[236] 康德.判断力批判[M].邓晓芒,译.北京:人民出版社,2002.

[237] 康德. 实践理性批判[M]. 韩水法, 译. 北京: 商务印书馆, 2009

[238] 柯武刚, 史漫飞. 制度经济学——社会秩序与公共政策[M]. 韩朝华, 译. 北京: 商务印书馆, 2003.

[239] 克利福德·格尔茨. 文化的解释[M]. 韩莉, 译. 南京: 译林出版社, 1999.

[240] 克洛德·列维斯特劳斯. 结构人类学[M]. 张祖建, 译. 北京: 中国人民大学出版社, 2006.

[241] 肯·宾默尔. 博弈论与社会契约: (第 1 卷)公平博弈[M]. 王小卫, 钱勇, 译. 上海: 上海财经大学出版社, 2003.

[242] 孔进. 公共文化服务供给: 政府作用[D]. 济南: 山东大学, 2010.

[243] 库萨的尼古拉. 论隐秘的上帝[M]. 李秋零, 译. 北京: 商务印书馆, 2012.

[244] 库萨的尼古拉. 论有学识的无知[M]. 王荫庭, 洪汉鼎, 译. 北京: 商务印书馆, 1988.

[245] 况云筑. 从生活习俗分析日本文化的兼容性[J]. 科教导刊, 2016(7): 149-150

[246] 拉塞尔·M.林登. 无缝隙政府: 公共部门再造指南[M]. 汪大海, 吴群芳, 译. 北京: 中国人民大学出版社, 2002.

[247] 莱布尼茨. 人类理智新论(上册)[M]. 陈修斋, 译. 北京: 商务印书馆, 2006.

[248] 赖欣巴哈. 科学哲学的兴起[M]. 伯尼, 译. 北京: 商务印书馆, 1983.

[249] 蓝国桥, 真善美三分一体结构说反思[J]. 人文杂志, 2014(2): 56-64.

[250] 劳伦斯·A.博兰. 批判的经济学方法论[M]. 王铁生, 译. 北京: 经济科学出版社, 2000.

[251] 冷溶, 汪作玲. 邓小平年谱(1975-1997)(下)[M]. 北京: 中央文献出版社, 2007.

[252] 李伯杰. 论德国文化中的森林崇拜[J]. 德国研究, 2010(1): 49-53.

[253] 李昌德. 文化软实力的形成机制及提升文化软实力对策研究: 势科学视阈中的文化软实力研究[C]. "陕西文化产业发展"论坛交

流论文选编,2011.

[254] 李长健,伍文辉.和谐与发展新农村文化动力机制建构研究[J].长白学刊,2007 (1):123-127.

[255] 李传柱."政治文化"概念的界定及研究意义[J].安徽教育学院学报,1997(2):6-9.

[256] 李德昌.经济与创新素质——势科学视角下的教育、管理和创新[M].北京:中国计量出版社,2007.

[257] 李德昌.势科学视域中的组织资源与创新机制[C].系统工程与和谐管理——第十届全国青年系统科学与管理科学学术会议论文集,2008.

[258] 李工真."美国主义"与文化批评:魏玛德国文化批评运动浅析[J].世界历史,1999(2).

[259] 李剑鸣.美利坚合众国总统就职演说全集[M].天津:天津人民出版社,1997.

[260] 李军波,江翱.企业文化评估研究述评[J].湘潭大学学报(哲学社会科学版),2006,30(5):58-62.

[261] 李慎明.大力推进社会主义核心价值体系建设[J].理论前沿,2007(21):11-13.

[262] 李晟台.论日本"社会性"的伦理意涵——从"大东亚共荣圈"到《罗生门》中的他者[J].社会科学,2016(1):73-81.

[263] 李鲜红.可能性与限度:对"美国梦"的反思——评《典型的美国佬》[J].暨南学报(哲学社会科学版),2013(2):76-83.

[264] 李秀梅.全球化背景下的语言战略[J].环球财经,2013(5):54-57.

[265] 李英杰,白欣.日本的理论物理学与诺贝尔奖——访日本诺贝尔物理学奖获得者益川敏英[J].科学学研究,2016,34(4):481-489.

[266] 李雨泽.近代德国文化对德国社会的影响[J].亚太教育,2016(2):233-234.

[267] 李玉山."三生万物"对世界前沿科学研究的启示[J].太原师范学院学报(社会科学版),2003(3):10-12.

[268] 李远国.老子之道的哲学理解[J].中华文化论坛,2007(3):

126-129.

[269] 李云智.当代社会发展的文化动力[J].北京工业大学学报(社会科学版),2013(1):7-17.

[270] 李兆忠.暧昧的日本人[M].广州:广东人民出版社,1998.

[271] 理查德·沃林.文化批评的观念——法兰克福学派、存在主义和后结构主义[M].张国清,译.北京:商务印书馆,2000.

[272] 连玉如.21世纪新时期"德国问题"发展新考[J].德国研究,2012(4):18-29.

[273] 梁平安.精神和道义的忏悔——二战后德国的战争赔偿历程[J].社会观察,2004(2):22.

[274] 梁启超.梁启超讲文化[M].天津:天津古籍出版社,2005.

[275] 梁漱溟.东西文化及其哲学[M].上海:上海人民出版社,2015.

[276] 梁周敏.老子《道德经》经济思想管见[J].学习论坛,1994(7):35-37.

[277] 列维·布留尔.原始思维[M].丁由,译.北京:商务印书馆,1981.

[278] 林安梧.关于老子《道德经》中的"道、一、二、三、万物"问题之探讨[J].湖北社会科学,2009(9):112-116.

[279] 林琳,顾光海.经济体制比较之分析与思考[J].新疆师范大学学报(哲学社会科学版),2003,24(2):110-113.

[280] 林南.社会资本——关于社会结构与行动的理论[M].张磊,译.上海:世纪出版集团,上海人民出版社,2005.

[281] 刘斌.对北京奥运会民族文化传播提升国家文化软实力的评估[J].新闻界,2010(5):25-26.

[282] 刘发海,熊伟.文化发展动力辩证[J].陕西教育学院学报,2000(3):101-110.

[283] 刘海鹰.从日本文化的起源看其与现代文化的交融[J].洛阳师范学院学报,2010,29(1):160-162.

[284] 刘建生,玄兆辉.创新型国家研发经费投入模式及其启示[J].中国科技论坛,2015(3):5-11.

[285] 刘菊.价值认异——全球化背景下价值冲突的一种消解之道[D].南京师范大学,2006.

[286] 刘奎.法西斯喉舌戈培尔[M].北京:中国戏剧出版社,2005.

[287] 刘立群.德国哲学与文化漫论[J].德国研究,2002(1):47-52.

[288] 刘丽.德国对外传播中的国家形象塑造——以对外杂志德国为例[J].德国研究,2011(1):48-53.

[289] 刘少杰.重新认识文化研究在中国社会学中的地位——兼论孙本文对文化社会学研究的贡献与局限[J].社会科学研究,2012(5):116-121.

[290] 刘世华.小国寡民,无为而治——浅析老子的理想王国[J].丝路视野,2015(3):37-40.

[291] 刘同舫."中国模式"与马克思人类解放理论的现实性运用[J].中国特色社会主义研究,2009(5):21-25.

[292] 刘文义."小国寡民"的现代思考与启示[J].文史资料,2016(13):70-119.

[293] 刘衍峰.存在与自由——马克思与海德格尔自由观比较研究[D].南宁:广西大学,2008.

[294] 刘叶涛.批判性思维及其社会文化功能[J].学术论坛,2009(9):30-33.

[295] 刘云.美国基础研究管理体系、经费投入与配置模式及对我国的启示[J].中国基础科学,2013(3):42-52.

[296] 鲁思·本尼迪克特.菊与刀[M].吕万和,等,译.北京:商务印书馆,2001.

[297] 陆玉胜.哈贝马斯《交往行动理论》中的一般与个别[J].长春工程学院报(社会科学版),2005,6(1):4-7.

[298] 路易·阿尔都塞.保卫马克思[M].顾良,译.北京:商务印书馆,2010.

[299] 罗伯特·F.墨菲.文化与社会人类学引论[M].王卓君,译.北京:商务印书馆,2009.

[300] 罗伯特·瓦希布罗特.不可避免的相对主义:评麦金太尔的实践性"道德"[J].耶鲁法律杂志,1983,92(3).转引自:[美]阿拉斯戴尔·麦金太尔.追寻美德:伦理理论研究[M].宋继杰,译.南京:译林出版社,2003.

[301] 罗蒂.偶然、反讽与团结[M].徐文瑞,译.北京:商务印书

馆,2003.

[302] 罗蒂.哲学和自然之镜[M].李幼蒸,译.北京:生活·读书·新知三联书店,1987.

[303] 罗蒂.筑就我们的国家[M].黄宗英,译.北京:生活·读书·新知三联书店,2006.

[304] 罗尔斯.正义论[M].何怀宏,等,译.北京:中国社会科学出版社,1988.

[305] 罗国基.试论江泽民对党的民族凝聚力思想的历史贡献[J].党史文苑,2005(6):13-15.

[306] 罗杰·B.迈尔森.博弈论:矛盾冲突分析[M].费剑平,译.北京:中国经济出版社,2001.

[307] 罗梦,李早,等.理性铸就的辉煌——论德国民族特质对两次德国电影高峰的影响[J].科技信息,2009(8):117.

[308] 罗清旭.批判性思维理论及其测评技术[D].南京:南京师范大学,2000.

[309] 罗若山.中国文化动力研究刍议[J].毛泽东邓小平理论研究,2000(5):19-23.

[310] 罗时叙.由蜜月到反目:苏联专家在中国[M].北京:世界知识出版社,1999.

[311] 洛克.人类理解论(上册)[M].关文运,译.北京:商务印书馆,1959.

[312] 马佳.浅谈文化人类学的魅力[J].名家名作,2015(4):14-15.

[313] 马克思,恩格斯.共产党宣言[M].北京:人民出版社,2014.

[314] 马克思恩格斯全集(第1卷)[M].北京:人民出版社,1995.

[315] 马克思恩格斯全集(第1卷)[M].北京:人民出版社,1956.

[316] 马克思恩格斯全集(第20卷)[M].北京:人民出版社,1971.

[317] 马克思恩格斯全集(第46卷)[M].北京:人民出版社,1979.

[318] 马克思恩格斯选集(第1卷)[M].北京:人民出版社,1972.

[319] 马克思恩格斯选集(第2卷)[M].北京:人民出版社,1972.

[320] 马克思恩格斯选集(第3卷)[M].北京:人民出版社,1995.

[321] 马克思恩格斯选集(第4卷)[M].北京:人民出版社,1972.

[322] 马克思恩格斯选集(第4卷)[M].北京:人民出版社,1995.

[323] 马克思恩格斯选集(第4卷)[M].北京:人民出版社,2012.

[324] 马克思主义理论与近代中国社会经济变革[J].清华大学学报(哲学社会科学版),2008,(增1):86.

[325] 马克斯·霍克海默,西奥多·阿多尔诺.启蒙辩证法(哲学断片)[M].渠敬东,曹卫东,译.上海:上海人民出版社,2006.

[326] 马克斯·韦伯.新教伦理与资本主义精神[M].彭强,黄晓京,译.西安:陕西师范大学出版社,2002.

[327] 马克斯·韦伯.宗教社会学[M].康乐,简惠美,译.桂林:广西师范大学出版社,2011.

[328] 马克斯·韦伯.新教伦理与资本主义精神[M].彭强,黄晓京,译.西安:陕西师范大学出版社,2002.

[329] 马林诺夫斯基.文化论[M].费孝通,等,译.北京:中国民间文艺出版社,1987.

[330] 玛格丽特·卡凡诺.阿伦特政治思想再释[M].陈高华,译.北京:人民出版社,2012.

[331] 迈德诺尔夫·迪尔克斯,等.组织学习与知识创新[M].上海社会科学院知识与信息课题组,编译.上海:上海人民出版社,2001.

[332] 麦克尔·卡里瑟斯.我们为什么有文化:阐释人类学和社会多样性[M].陈丰,译.沈阳:辽宁教育出版社,1998.

[333] 毛泽东、邓小平、江泽民论科学发展[M].北京:中央文献出版社,党建读物出版社,2008.

[334] 毛泽东文集(第7卷)[M].北京:人民出版社,1999.

[335] 毛泽东文集(第8卷)[M].北京:人民出版社,1999.

[336] 毛泽东选集(第1卷)[M].北京:人民出版社,1991.

[337] 毛泽东选集(第2卷)[M].北京:人民出版社,1991.

[338] 毛泽东选集(第3卷)[M].北京:人民出版社,1991.

[339] 毛泽东选集(第4卷)[M].北京:人民出版社,1991.

[340] 毛泽东选集(第5卷)[M].北京:人民出版社,1977.

[341] 毛泽东早期文稿[M].长沙:湖南出版社,1990.

[342] 毛泽东著作选读[M].北京:人民出版社,1986.

[343] 莫里斯·梅洛-庞蒂.符号[M].姜志辉,译.北京:商务印书

馆,2003.

[344] 倪梁康.自识与反思[M].北京:商务印书馆,2002.

[345] 牛文浩,王琳.文化软实力三论[J].重庆科技学院学报(社会科学版),2011(4):166-167.

[346] 欧德穆斯伦理学[M].转引自:叔本华著.伦理学的两个基本问题[M].任立,孟庆时,译.北京:商务印书馆,1996.

[347] 欧阳逸.解决企业文化的断裂.转引自:吴福平.文化测量:原理与方法[M].杭州:浙江大学出版社,2014.

[348] 潘繁生.从西方现代病看中国传统文化的现代意义[J].西北师大学报,2000(7):74-78.

[349] 潘维洛,陈闽.中国大陆改革开放以来美国学者对中国问题的研究[J].当代中国研究,1994(3):112-118.

[350] 潘亚玲."9·11"后的美国爱国主义与对外政策[D].上海:复旦大学,2007.

[351] 潘亚玲.从2009超级大选年看德国左翼党[J].当代世界社会主义问题,2009(2):56-61.

[352] 彭明娥.基于语料库的《老人与海》主题性与海洋文化分析[J].名作欣赏,2015(36):154-156

[353] 彭永捷.论中国传统文化的再生问题[J].中国人民大学学报,1995(5):45-50.

[354] 皮亚杰.结构主义[M].倪连生,王琳,译.北京:商务印书馆,1989.

[355] 普特南.载有人类面孔的实在论[J].江怡,译.世界哲学,2003(1):40-56.

[356] 齐格蒙特·鲍曼.后现代伦理学[M].张成岗,译.南京:江苏人民出版社,2003.

[357] 齐格蒙特·鲍曼.生活在碎片之中:论后现代道德[M].郁建兴,周俊,等,译.上海:学林出版社,2002.

[358] 钱厚诚.哈贝马斯与批判理论的规范基础——以《认识与兴趣》为主要依据的考察[J].河南理工大学学报,2012,13(4):401-406.

[359] 钱满素.自由的刻度——缔造美国文明的40篇经典文献[M].

北京:东方出版社,2016.

[360] 乔尔丹诺·布鲁诺.论原因、本原与太一[M].汤侠声,译.北京:商务印书馆,1984.

[361] 秦宣.国际视野中的"中国模式"——兼论中国特色社会主义的国际影响[J].中国人民大学学报,2008(4):9-15.

[362] 段玉裁.说文解字注[M].台北:艺文印书馆,1970.

[363] 曲金良.海洋文化概论[M].青岛:青岛海洋大学出版社,1999.

[364] 让·保罗·萨特.辩证理性批判(上册)[M].林骧华,等,译.合肥:安徽文艺出版社,1998.

[365] 让·雅克·卢梭.社会契约论[M].何兆武,译.北京:商务印书馆,1996.

[366] 萨克文·伯科维奇.共识的典仪[M].外国文学研究,2002(5):27-31.

[367] 萨缪尔·亨廷顿.失衡的承诺[M].周端,译.北京:东方出版社,2005.

[368] 萨特.存在与虚无[M].陈宜良,等,译.北京:生活·读书·新知三联书店,1987.

[369] 塞缪尔·亨廷顿,劳伦斯·哈里森.文化的重要作用——价值观如何影响人类进步[M].程克雄,译.北京:新华出版社,2010.

[370] 塞缪尔·亨廷顿.全球化的文化动力[M].康敬贻,译.北京:新华出版社,2004.

[371] 塞缪尔·亨廷顿.文明的冲突与世界秩序的重建[M].周琪,等,译.北京:新华出版社,2002.

[372] 桑德尔.自由主义与正义的局限[M].万俊人,等,译.南京:译林出版社,2001.

[373] 舍尔马茨基.佛教逻辑[M].宋立道,舒晓炜,译.北京:商务印书馆,2013.

[374] 沈其新.毛泽东思想与中华民族凝聚力更新[M].湖南社会科学,2003(6):14-16.

[375] 沈素红.德国绿党崛起的原因及影响研究[D].武汉:华中师范大学,2007.

[376] 十六大以来重要文献选编(上)[M].北京:人民出版社,2005.

[377] 十六大以来重要文献选编(中)[M].北京:人民出版社,2006.

[378] 十七大以来重要文献选编(上)[M].北京:中央文献出版社,2009.

[379] 史蒂芬·霍金.时间简史[M].许明贤,吴忠超,译.长沙:湖南科学技术出版社,2002.

[380] 叔本华.伦理学的两个基本问题[M].任立,孟庆时,译.北京:商务印书馆,1996.

[381] 舒开智.日常生活审美化:马克思主义美学的理论视角[J].青岛科技大学学报(社会科学版),2010(9):59-61.

[382] 司马云杰.文化社会学[M].太原:山西教育出版,2007.

[383] 斯宾诺莎.简论上帝、人及其心灵健康[M].顾寿观,译,北京:商务印书馆,2010.

[384] 斯宾诺莎.伦理学[M].贺麟,译.北京:商务印书馆,1958.

[385] 斯宾诺莎.伦理学[M].贺麟,译.北京:商务印书馆,1983.

[386] 斯宾诺莎.知性改进论[M].贺麟,译.北京:商务印书馆,1960.

[387] 斯宾诺莎.笛卡尔哲学原理[M].王荫庭,洪汉鼎,译.北京:商务印书馆,1980.

[388] 斯宾诺莎.知性改进论[M].贺麟,译.北京:商务印书馆,2013.

[389] 斯图尔特·霍尔.表征——文化表征与意指实践[M].徐亮,等,译.北京:商务印书馆,2003.

[390] 松野丰.日本企业创新力强的秘诀何在[J].中国中小企业,2016(2):17.

[391] 宋喆.老子文化思想辩正[J].理论探索,1993(2):31-33.

[392] 宋志艳.美国外交政策中的理想主义及其意识形态渊源[J].南昌航空大学学报(社会科学版),2010(3):70-75.

[393] 苏珊·哈克.粗俗的实用主义:一种无益教化的见解[M]//萨特康普·罗蒂和实用主义:哲学家对批评家的回应.张国清,译.北京:商务印书馆,2003.

[394] 孙来斌.德国国家治理的经验与启示[J].人民论坛,2016,1(上):79-81.

[395] 孙立平,李强,沈原.中国社会结构转型的近中期趋势与潜在危机[A].参见:李培林,李强,孙立平.中国社会分层[M].北京:

社会科学文献出版社,2004.

[396] 孙立平. 转型与断裂:改革以来中国社会结构的变迁[M]. 北京:清华大学出版社,2004.

[397] 孙秋云,周浪. 文化社会学的内涵、发展与研究再审视[J]. 中南民族大学学报(人文社会科学版),2016(7):94-100.

[398] 索绪尔. 普通语言学教程[M]. 高名凯,译. 北京:商务印书馆,1980.

[399] 塔尔科特·帕森斯,尼尔·斯梅尔瑟. 经济与社会[M]. 刘进,等,译. 北京:华夏出版社,1989.

[400] 台震林. 宇宙全息统一论与中国传统文化[M]. 济南:山东人民出版社,1995.

[401] 谭宏. 公地悲剧与非物质文化遗产保护[J]. 上海经济研究,2009(2):140-144.

[402] 谭中. 要把"中国学问"发扬光大[N]. 新加坡,联合早报,2007-10-05.

[403] 汤荣光. "五大发展理念"焕发马克思主义哲学旺盛生命力[N]. 光明日报,2016-04-09(7).

[404] 唐君毅. 文化意识与道德理性[M]. 北京:中国社会科学出版社,2005.

[405] 唐向红. 日本文化的发展与变迁[J]. 黑龙江科技信息,2008(32):200-201.

[406] 唐向红. 日本文化与日本经济发展关系研究[D]. 大连:东北财经大学,2012.

[407] 陶同. 对象学——大爆炸与哲学的振兴[M]. 北京:中国民航出版社,1996.

[408] 特里·L.库珀. 行政伦理学:实现行政伦理的途径[M]. 张秀琴,译. 北京:中国人民大学出版社,2001.

[409] 特瑞·伊格尔顿. 文化的观念[M]. 方杰,译. 南京:南京大学出版社,2003.

[410] 田贵平,竟辉. 马克思主义文化观的再解读[J]. 重庆邮电大学学报(社会科学版),2014,26(4):57-63.

[411] 佟新,沈旭. "文革"研究对认识中国社会的意义——一种国家与

社会的视角[J].开放时代,2007(2):43-44.

[412] 托马斯·伍德.万法唯识——唯识论的哲学与教理分析[M].晏可佳,等,译.上海:上海古籍出版社,2015.

[413] 托尼·本尼特.文化与社会[M].王杰,等,译.桂林:广西师范大学出版社,2007.

[414] 万高.简论"政治文化"[J].人大复印资料(政治学),1995(2):8.

[415] 汪玉奇,龚剑飞:"晚年邓小平"与邓小平理论的一致性——纪念邓小平南方谈话发表 20 周年[J].江西社会科学,2012(3):5-10.

[416] 王邦佐,孙关宏,王沪宁,等.新政治学概要[M].上海:复旦大学出版社,2011.

[417] 王国豫.创造性与德国哲学的走向——第 20 届德国哲学大会主席阿贝尔教授、第 17 届德国哲学大会主席胡比希教授访谈录[J].世界哲学,2006(4):3-15.

[418] 王海明.国家制度的价值标准和取舍原则[J].浙江社会科学,2017(2):20-30.

[419] 王恒富."文化生产力"的崛起[M].北京:人民出版社,1998.

[420] 王景云.对国家文化软实力的再认识[J].学术交流,2008,169(4):179-181.

[421] 王竞楠.德国标准与德国崛起[D].济南:山东大学,2013.

[422] 王君君.从汉字构造看"三生万物"思想[J].西昌学院学报(社会科学版),2016(9):117-119.

[423] 王岚.邓小平对解放思想、实事求是思想路线的贡献[J].西南民族大学学报(人文社科版),2005(1):173-174.

[424] 王立新.美国例外论与美国外交政策[J].南开学报(哲学社会科学版),2006(1):10-17.

[425] 王莅.从"唯物史观"到"人类史观"——文化人类学对马克思历史研究的影响[J].教学与研究,2016(12):41-48.

[426] 王苹.当代中国行政文化建设[M].成都:四川出版集团巴蜀书社,2004.

[427] 王屏."2012 大选"后的日本政局走向[J].当代世界,2013(1):32-34.

[428] 王浦劬.政治学基础[M].北京:北京大学出版社,2006.

[429] 王绍光.理性与疯狂:文化大革命中的群众[M].香港:中文大学出版社,1993:9.

[430] 王守仁.王阳明全集(第一卷)[M].徐枫,等,点校.天津:天津社会科学院出版社,2015.

[431] 王彤.我国文化发展战略的立论基础[J].理论学习,2005(3).

[432] 王晓德.美国开国先辈们的自由贸易思想探析[J].世界历史,2003(2):24-33.

[433] 王新生.市民社会论[M].南宁:广西人民出版社,2003.

[434] 王幼军.拉普拉斯早期概率思想的发展[J].自然辩证法通讯,2009(4).

[435] 王元化.清园论学集[M].上海:上海古籍出版社,1994.

[436] 威廉姆·庞德斯通.囚徒的困境[M].吴鹤龄,译.北京:北京理工大学出版社,2005.

[437] 韦有多.江泽民同志从严治党三部曲——"三严四自"、"三讲"、"三个代表"[J].贵州大学学报(社会科学版),2002,20(5):1-5.

[438] 维特根斯坦.逻辑哲学论[M].贺绍甲,译.北京:商务印书馆,1996.

[439] 魏明.全球信息时代中国文化软实力发展战略研究[D].武汉:华中师范大学,2008.

[440] 吴福平,刘莉.区域社会文化软实力测量模型构建[J].浙江社会科学,2014(5):98-104.

[441] 吴福平,吴思遥."'0'存在机制"及其存在论意义[J].浙江社会科学,2017(2):94-105.

[442] 吴福平,李德昌.对称性与审美视角下的"势科学——吴福平系数"研究[J].浙江社会科学,2016(2):78-88.

[443] 吴福平.文化管理的视阈:效用与价值[M].杭州:浙江大学出版社,2012.

[444] 吴福平.文化全面质量管理——从机械人到生态和谐人[M].北京:中国社会科学出版社,2006.

[445] 吴福平.动态复杂自反馈系统预警系数与黄金分割律[J].浙江社会科学,2012(3):89-97.

[446] 吴福平. 文化测量：原理与方法[M]. 杭州：浙江大学出版社,2014.

[447] 吴福平. 文化质量预警系数及测量模型构建[J]. 浙江社会科学,2011(12)：26-35.

[448] 吴福平. 与霍金对话——中国自然哲学之于新宇宙学[M]. 北京：中国社会科学出版,2006.

[449] 吴军. 文化动力：一种解释城市发展与转型的新思维[J]. 北京行政学院学报,2015(4)：143-148.

[450] 吴晓波. 跌荡一百年(1870-1977)[M]. 上海：中信出版社,2009.

[451] 吴晓明. 当代中国的精神建设及其思想资源[J]. 中国社会科学,2012(5)：4-20.

[452] 吴友法,邓红英. 从主张德国统一到寻求民族分离——1949-1974年德意志民主共和国德国政策的演变[J]. 华中师范大学学报(人文社会科学版),2004(9)：107-112.

[453] 吴忠超：无中生有[J]. 读书,1994(3)：23-26.

[454] 武天林. 马克思主义人学导论[M]. 北京：中国社会科学出版社.2006.

[455] 西奥多·舒尔茨. 经济增长与农业[M]. 郭熙保,译. 北京：中国人民大学出版社,2015.

[456] 习近平. 在山东曲阜考察时的讲话[N]. 光明日报,2013-11-26.

[457] 习近平. 决胜全面建成小康社会,夺取新时代中国特色社会主义伟大胜利——在中国共产党第十九次全国代表大会上的报告[M]. 北京：人民出版社,2017.

[458] 习近平. 青年要自觉践行社会主义核心价值观——在北京大学师生座谈会上的讲话[N]. 人民日报,2014-05-05.

[459] 习近平出席两院院士大会并发表重要讲话强调实施创新驱动发展战略,建设创新型国家[J]. 农业信息化,2016(4)：8-12.

[460] 习近平谈治国理政[M]. 北京：外文出版社,2014.

[461] 习近平在中科院第十七次院士大会、工程院第十二次院士大会上的讲话[R],中科院第十七次院士大会、工程院第十二次院士大会,2014-06-09.

[462] 习近平总书记系列重要讲话读本[M]. 北京：学习出版社,人民

出版社,2014.

[463] 夏尔·阿列克西,德·托克维尔.论美国的民主[M].董果良,译.北京:商务印书馆,1988.

[464] 夏妍.黑格尔"反思"思想探究[D].石家庄:河北师范大学,2007.

[465] 夏钊.20世纪前期德国诺贝尔奖的高产成因刍议[J].安徽大学学报(哲学社会科学版),2016(4):22-28.

[466] 向前.政治身份体系下的社会冲突:文革初期群众行为的社会根源[D].上海:复旦大学,2010.

[467] 项福库.新中国成立以来中华民族凝聚力持续增强之三要素探析[J].学校党建与思想教育,2012(3):49-50.

[468] 肖遥.从天职到禁欲——看新教伦理如何塑造资本主义精神[J].人民论坛,2015(32):212-214.

[469] 谢丹."势"与"语势":庞德翻译理论研究[J].四川师范大学学报(社会科学版),2012(3):128-132.

[470] 徐崇温."美国梦"变成了虚幻的神话——国际金融危机严重冲击了"美国梦"[J].红旗文稿,2012(21):25-30.

[471] 徐大同,高建.试论中国传统政治文化的基础与特征[J].新华文摘,1988(1):155.

[472] 徐杰舜,刘冰清.乡村人类学[M].银川:黄河出版传媒集团,宁夏人民出版社,2012.

[473] 徐友渔.形形色色的造反[M].香港:中文大学出版社,1999.

[474] 许亮.《奥巴马是个灾难》翻译报告[D].呼和浩特:内蒙古大学,2013.

[475] 许明,花建.文化发展论[M].北京:北京大学出版,2005.

[476] 许楠.日本自民党派阀政治对本世纪中日关系的影响[D].石家庄:河北师范大学,2012.

[477] 雅克·德里达.论文字学[M].许堂家,译.上海:上海译文出版社,1999.

[478] 亚里士多德.形而上学[M].吴寿彭,译.北京:商务印书馆,1986.

[479] 杨国宜,肖建新.略论《道德经原旨》的帝德论[J].安徽师范大学学报(人文社会科学版),2006(3):328-333.

[480] 杨海征.邓小平理论的逻辑体系[D].南京：东南大学,2000.

[481] 杨继绳.邓小平南巡回望[J].晚霞,2014(8)：14-15.

[482] 杨继绳.中国改革进程中的主要问题与改革前景[J].开放导报,2008(3)：5-11.

[483] 杨金海,吕增奎.国外学者眼中的中国改革开放[J].上海党史与党建,2009(1)：7-10.

[484] 杨静.德意志民族主义对普鲁士统一德国的影响[J].传承,2011(2)：65.

[485] 杨静.德国军国主义传统的形成[J].牡丹江教育学院学报,2008(3)：136-139.

[486] 杨利英.关于新时期中国文化产业发展的思考[J].安阳工学院学报,2010(5)：38-42.

[487] 杨亮.政治文化对我国政治体制改革推动力研究[D].成都：四川师范大学,2013.

[488] 杨卫东.论美国开国先辈的大陆扩张思想[J].天津师范大学学报(社会科学版),2005(2)：8-13.

[489] 杨信礼.马克思主义价值观视野中的发展理念[J].学习时报(中共中央党校主办),2016-04-18(A3).

[490] 杨曾宪.试论文化价值二重性与商品价值二重性——系统价值学论稿之八[J].东方论坛,2002(3)：10-18.

[491] 姚继中,聂宁.日本文化记忆场研究之发轫[J].外国语文(双月刊),2013,29(6)：13-18.

[492] 姚兰.论马克思主义自由观的形成、核心与最终目的[J].人民论坛,2013(3)：204-205.

[493] 叶琳娜·米哈伊洛芙娜·斯科瓦尔佐娃.文化理论与俄罗斯文化史[M].王亚明,等,译.兰州：敦煌文化艺术出版社,2003.

[494] 叶淑兰.日本文化软实力：生成与借鉴[J].社会科学,2015(2)：12-22.

[495] 叶裕民,焦永利,朱远.统筹城乡发展框架下的政府职能转变路径研究——以成都为例[J].城市发展研究,2013,20(5)：118-127.

[496] 叶自成.雷人的特朗普为何大受追奉[J].人民论坛,2016(4)：9.

[497] 伊芙·玛丽·恩格斯.哈贝马斯的社会批判观念述评[J].哲学译丛,1980(5):42-46.

[498] 英格·陶伯特.德意志意识形态·费尔巴哈[M].李乾坤,等,编译.南京:南京大学出版社,2014.

[499] 于博.浅析法西斯时期的德国文化[D].哈尔滨:黑龙江大学,2013.

[500] 于怀彬.新增长理论初探[J].理论学刊,2004(10):60.

[501] 余莲.势——中国的效力观[M].北京:北京大学出版社,2009.

[502] 袁明.美国文化与社会十五讲[M].北京:北京大学出版社,2003.

[503] 约尔根·莫尔特曼.被钉十字架的上帝[M].阮炜,等,译.上海:上海三联书店,1997.

[504] 约翰·P.科特,詹姆斯·L.赫斯克特.企业文化与经营业绩[M].李晓涛,译.北京:中国人民大学出版社,2004.

[505] 约翰·杜威.我们如何思维[M].伍中友,译.北京:新华出版社,2010.

[506] 约翰·杜威.哲学的改造[M].许崇清,译.北京:商务印书馆,2002.

[507] 约翰·费斯克.理解大众文化[M].王晓珏,宋伟杰,等,译.北京:中央编译出版社,2001.

[508] 约翰·汤普森.意识形态与现代文化[M].高铦,等,译.南京:译林出版社,2005.

[509] 约瑟夫·奈.软实力:权力,从硬实力到软实力[M].马娟娟,译.北京:中信出版社,2013.

[510] 约瑟夫·奈.软力量:世界政坛成功之道[M].吴晓辉,钱程,译.北京:东方出版社,2005.

[511] 曾繁健."美国梦"的建构与解构:美国核心文化的是与非[J].江西理工大学学报,2015(4):70-75.

[512] 曾仕强,刘君政.管理思维[M].北京:东方出版社,2005.

[513] 詹姆斯·科尔曼.社会理论的基础[M].邓方,译.北京:社会科学文献出版社,2008.

[514] 张保权.转型社会中的经济文化研究[D].上海:华东师范大

学,2008.

[515] 张波波.《理想国》只是一部政治哲学著作吗？——对于成官泯教授的一种回应[J].现代哲学,2016(4)：88-96.

[516] 张春华.传播力：一个概念的界定与解析[J].求索,2011(11)：76-77

[517] 张岱年.中国古典哲学概念范畴要论[M].北京：中国社会科学出版社,1989.

[518] 张岱年.中国文化概论(修订版)[M].北京：北京师范大学出版社,2004.

[519] 张德,吴剑平.文化管理——对科学管理的超越[M].北京：清华大学出版社,2009.

[520] 张笛.胡锦涛社会主义核心价值观研究[D].大连：大连海事大学,2011.

[521] 张海东.社会质量研究：理论、方法与经验[M].北京：社会科学文献出版社,2011.

[522] 张海燕,黄尚峰.文化动力理论的思想渊源[J].河北北方学院学报,2007,23(6)：25-30.

[523] 张海燕,秦启文.文化动力的生产机制——洛特曼文化符号学理论研究[J].西南大学学报(社会科学版),2010(1)：107-111.

[524] 张红梅,李福岩.近代德国的三种自由叙事述论[J].武汉理工大学学报(社会科学版),2015,28(3)：485-489.

[525] 张鸿雁.论特色文化城市理论体系建构研究与实践创新——中国本土化特色文化核心价值的理论体系与范式建构[J].南京社会科学,2012(8)：1-11.

[526] 张践明.囚徒困境、理性悖论、交互认识论[J].湘潭大学学报(哲学社会科学版),2007,31(6)：35-40.

[527] 张杰,袁媛,孙茹.美国"熔炉"不熔：奥巴马政府时期拉美裔移民问题探究[J].拉丁美洲研究,2016(1)：82-97.

[528] 张康之.寻找公共行政的伦理视角[M].北京：中国人民大学出版社,2002.

[529] 张林洪,胡德斌,张云平.文化涵化和传播理论的物理学原理解释[J].重庆与世界(学术版),2013(10)：9-12.

[530] 张勉，张德.组织文化测量研究述评[J].外国经济与管理,2004
　　　　(8):2-7.

[531] 张清敏.外交成就:辉煌的六十年,卓越的成就[EB/OL].中国
　　　　网.china.com.cn2009-07-2http://www.china.com.cn/inter-
　　　　national/txt/2009-07/28/content_18218419_2.htm

[532] 张舒.试论中日年节习俗及其文化异同[J].青年作家(中外文艺
　　　　版),2011,6(11):55-56.

[533] 张彤.哈贝马斯的"生活世界范式"[J].学术交流,2015(2):
　　　　31-36.

[534] 张维为.从东欧困境看中国模式[J].红旗文稿,2009(23):4-6.

[535] 张晓东.实践理性向工具理性的蜕变——杜威工具主义伦理观
　　　　探析[J].学术研究,2009(9):12-19.

[536] 张新文.三大盛世与改革开放三十年[J].理论前沿,2008(19):
　　　　34-36.

[537] 张鑫炎.无根基的共同体——罗蒂国家理论之考察[J].浙江社
　　　　会科学,2017(2):31-39.

[538] 张玥.文化软实力的内在构成及其价值研究[J].学理论,2009
　　　　(27):222-223.

[539] 赵克勤.集对分析及其初步应用[M].杭州:浙江科学技术出版
　　　　社,2000.

[540] 赵莉,乔鹏程.浅议案例研究法在经济管理研究中的应用[J].新
　　　　会计,2013(5):23-24.

[541] 赵思宇.当代日本文化与社会意识浅析[J].才智,2016(6):
　　　　188-189.

[542] 赵亚平,王梅,安蓉.德国终身学习国家资格框架研究[J].职业
　　　　技术教育,2015(31):73-79.

[543] 赵中伟.保合太和,乃利贞——《易传》"大和"思维之本体诠释探
　　　　析[C]//七届先秦两汉学术会议论文集,2009.

[544] 郑昕.康德学术[M].北京:商务印书馆,2012.

[545] 中国共产党第十七次全国代表大会文件汇编[M].北京:人民出
　　　　版社,2007.

[546] 中国科协发展研究中心国家创新能力评价研究课题组.国家创

新能力评估报告[M].北京:科学出版社,2009.

[547] 中国科学技术发展战略研究院. 国家创新指数报告 2010 [R].2011.

[548] 中国社会科学院哲学所"浙江经验与中国发展研究"课题组. 科学发展观与新文化观[J].哲学研究,2006(11):3-15.

[549] 中华人民共和国大典编委会. 中华人民共和国大典[M].北京:中国经济出版社,1994.

[550] 周苏玉.邓小平理论对中华民族凝聚力现代走向的影响论析 [J].社会主义研究,2006(2):32-34.

[551] 周余云.中国共产党的国际形象[J].求是,2014(13):43-46.

[552] 周肇光.论马克思开放型经济发展思想及其现实意义[C]//中国《资本论》研究会第十二次学术研讨会暨第七次会员代表大会论文集,2004.

[553] 朱富强."公地悲剧"如何转化为"公共福祉"——基于现实的行为机理之思考[J].中山大学学报(社会科学版),2011(3):182-189.

[554] 朱可辛.国外学者对"中国模式"的研究[J].科学社会主义,2009 (4):26-29.

[555] 朱学敏.浅析美国多元化文化对美国社会发展的影响[J].海外英语,2010(9):195.

[556] 猪口孝.日本文化变迁与民主发展:经验与反思[J].朱哲莹,译.复旦政治学评论,2010(1):167-180.

[557] 邹雅婷.十八大以来,中共这样治党[N].人民日报(海外版),2016-10-24.

图书在版编目（CIP）数据

文化原动力 / 吴福平著. —杭州：浙江大学出版社，
2018.11
ISBN 978-7-308-18368-0

Ⅰ. ①文… Ⅱ. ①吴… Ⅲ. ①中华文化－研究
Ⅳ. ①K203

中国版本图书馆 CIP 数据核字（2018）第 137268 号

文化原动力

吴福平　著

责任编辑	余健波
责任校对	杨利军　李增基
封面设计	周　灵
出版发行	浙江大学出版社
	（杭州市天目山路 148 号　邮政编码 310007）
	（网址：http://www.zjupress.com）
排　　版	杭州好友排版工作室
印　　刷	浙江新华数码印务有限公司
开　　本	710mm×1000mm　1/16
印　　张	25
字　　数	422 千
版 印 次	2018 年 11 月第 1 版　2018 年 11 月第 1 次印刷
书　　号	ISBN 978-7-308-18368-0
定　　价	88.00 元